D1995232

Rainer Liedtke / Klaus Weber (Hrsg.)

Religion und Philanthropie

Religion und Philanthropie in den europäischen Zivilgesellschaften

Entwicklungen im 19. und 20. Jahrhundert

Herausgegeben von

RAINER LIEDTKE und KLAUS WEBER

FERDINAND SCHÖNINGH
Paderborn · München · Wien · Zürich

Gedruckt mit Unterstützung der Fritz Thyssen Stiftung, Köln

Übersetzungen aus dem Französischen von Dorothea Schimanski
Übersetzungen aus dem Englischen von Carsten Mish und Florian Schnürer
Redaktionelle Bearbeitung: Klaus Weber

Titelbild:
Bettler vor einer Kirchentür. Aufnahme (Sepia) eines französischen Photographen
(Ort und Datum unbekannt). © avant demain/bridgemanart.de

Bibliografische Information der Deutschen Nationalbibliothek

Die Deutsche Nationalbibliothek verzeichnet diese Publikation in der Deutschen
Nationalbibliografie; detaillierte bibliografische Daten sind im Internet über
http://dnb.d-nb.de abrufbar.

© 2009 Ferdinand Schöningh, Paderborn
(Verlag Ferdinand Schöningh GmbH & Co. KG, Jühenplatz 1, D-33098 Paderborn)

Internet: www.schoeningh.de

Alle Rechte vorbehalten. Dieses Werk sowie einzelne Teile desselben sind urheberrechtlich geschützt.
Jede Verwertung in anderen als den gesetzlich zugelassenen Fällen ist ohne vorherige schriftliche
Zustimmung des Verlages nicht zulässig.

Einband: Evelyn Ziegler, München

Printed in Germany.
Herstellung: Ferdinand Schöningh, Paderborn

ISBN 978-3-506-76384-6

Inhalt

Vorwort

Dieser Sammelband ist aus dem größeren Forschungsprojekt »Jewish Philanthropy and Social Development in Europe, c. 1800-1940: The Case of the Rothschilds« hervorgegangen, das in den Jahren 2004-2008 in Zusammenarbeit zwischen dem *History Department* des *Royal Holloway College*, *University of London* und dem *Rothschild Archive* in London durchgeführt wurde. Das Projekt untersucht die freiwillige jüdische Wohlfahrtspflege in England, Frankreich, Deutschland, Österreich und Italien im Kontext der übrigen, säkularen wie christlichen Traditionen freiwilligen Engagements, die sich teils symbiotisch, teils konkurrierend mit dem aufkommenden Wohlfahrtsstaat auseinandersetzen mussten. Die transnationale Perspektive wird dabei durch einen Fokus auf karitativ engagierte Mitglieder der in den fünf Ländern vertretenen Bankiersfamilie Rothschild verstärkt.

Im Oktober 2005 wurde im *Rothschild Archive* ein von der Fritz Thyssen Stiftung geförderter Workshop mit dem Titel »Western European Concepts of ›Welfare‹, ›Philanthropy‹ and ›Charity‹: Changes in Meaning over Space and Time, c. 1800-1940« veranstaltet. Dabei wurden erste Ergebnisse des Projekts vorgestellt und zugleich ein breiteres Forum für verschiedene Ansätze in diesem Forschungsfeld geschaffen. Der größere Teil der hier abgedruckten Beiträge geht auf den Workshop zurück. Er befasste sich mit Philanthropie und Wohltätigkeit im Allgemeinen, aber dabei zeichneten sich bereits starke Bezüge zur Religion ab. Die überarbeiteten Vorträge und einige später hinzugekommene Artikel konzentrieren sich nun verstärkt darauf. Der Schwerpunkt liegt auf West- und Mitteleuropa, doch haben wir auch einen Beitrag zu Japan aufgenommen, der die Frage stellt, in wie weit dortige Konzepte mit den westlichen Vorstellungen von »Wohltätigkeit« und »Zivilgesellschaft« vergleichbar waren, und bis zu welchem Punkt westliche Rezepte in diesem anderen Kulturbereich übernommen wurden.

Ein grundlegendes Problem bei der Beschäftigung mit Philanthropie und Wohltätigkeit ist die Terminologie, zumal wenn verschiedene Sprachen und nationale Kontexte berücksichtigt werden. *Charity*, *bienfaisance*, *beneficenza*, Wohltätigkeit und so weiter sind zwar ähnliche, aber nicht völlig gleich besetzte Begriffe. Gleiches gilt für *social welfare*, *assistance publique*, *assistenza sociale* oder Sozialfürsorge. Selbst das in den meisten Sprachen praktisch gleiche griechische Lehnwort Philanthropie hat in verschiedenen nationalen Kontexten, aber auch unterschiedlichen Epochen recht verschiedene Bedeutungen. Deshalb haben wir auf terminologische Vorgaben und auf eine editorische Vereinheitlichung der Begriffe verzichtet; dies hätte die Aussagen der einzelnen Beiträge verfälscht.

Weder der Workshop noch die Veröffentlichung der Beiträge wäre möglich gewesen ohne die Unterstützung, die wir von verschiedenen Seiten erfahren haben. N M Rothschild & Sons danken wir für die Bereitstellung von Tagungsräumen. Allen Teilnehmerinnen und Teilnehmern am Workshop sei für ihre Kommentare, Einwände und Anregungen gedankt. Besonders hervorheben möchten wir die Mitwirkung der Diskussionsleiter und Kommentatoren, darunter Laurence Fontaine (Paris), Christiane Swinbank (London), David Cesarani (London) und Peter Mandler (Cambridge). Das gesamte Forschungsprojekt wurde großzügig durch die Stiftung Yad Hanadiv (heute: Rothschild Foundation Europe), das Arts & Humanities Research Board und die Fritz Thyssen Stiftung gefördert. Das Rothschild Archive hat die Kosten für die Übersetzung der englischen und französischen Beitrage übernommen. Die Thyssen Stiftung hat zudem die Kosten für die Drucklegung dieses Bandes getragen.

Gießen und London, April 2008

RAINER LIEDTKE KLAUS WEBER

Einleitung

Zivilgesellschaften im Spannungsfeld von Religion, Staat und Philanthropie

von

RAINER LIEDTKE / KLAUS WEBER

Seit dem Aufkommen der mittel- und osteuropäischen Demokratiebewegungen in den 1980er Jahren und der etwa gleichzeitig einsetzenden Demokratisierung in verschiedenen lateinamerikanischen, afrikanischen und asiatischen Ländern hat das Konzept von *civil society* bzw. Zivilgesellschaft eine erstaunliche Konjunktur erlebt, in den Sozial- und Politikwissenschaften wie in der Historiographie.[1] Diese Konjunktur ist auch durch die wirtschafts- und sozialpolitischen Wechselbäder begünstigt worden, denen weite Teile der Welt in den vergangenen Dekaden ausgesetzt waren. Nachdem der Glaube an die staatliche Planbarkeit gesellschaftlicher Entwicklung aufgezehrt war, setzte man auf den Markt, als vermeintlich effizienteren Anbieter vieler bislang staatlich gewährter Leistungen. Jedoch mussten viele Menschen erfahren, dass die neue Heilslehre der 1980er und 90er Jahre ihnen keinesfalls verbesserte Lebensumstände beschert hat. Organisationen, die in dem Raum zwischen Staat und Markt agieren, wurde daraufhin vermehrte Aufmerksamkeit geschenkt. »Zivilgesellschaft« ist zu einem vielseitig verwendeten Begriff geworden, über den allerdings auch wenig definitorische Klarheit besteht und der je nach Disziplin und Untersuchungsgegenstand unterschiedliche Bedeutungen haben kann.[2] Im Allgemeinen aber ist der Begriff ganz überwiegend positiv besetzt. Er wird meist zur Bezeichnung von politisch-gesellschaftlichen Rahmenbedingungen benutzt, die dem idealerweise mit bürgerlichen Grundrechten ausgestatteten Einzelnen in einer öffentlichen Sphäre ein selbstbestimmtes soziales und politisches Engagement erlauben. Da dies häufig im Verein mit Gleichgesinnten verwirklicht wird, ist *sociability* bzw. Geselligkeit in den verschiedensten Ausprägungen ein wichtiges Element in dieser Sphäre (wobei der deutsche Ausdruck dem breiteren Bedeutungsspektrum von *sociability* oder *sociabilité* nicht ganz gleichkommt). Entsprechend wird die Zivilgesellschaft meist als Ergänzung oder

---

1 Jose Harris, ›Introduction‹, in: Jose Harris (Hg.), Civil Society in British History. Ideas, Identities, Institutions, Oxford 2003, S. 1-12, hier S. 2. Siehe auch Brian Harrison, ›Civil Society by Accident? Paradoxes of Voluntarism and Pluralism in the Nineteenth and Twentieth Centuries‹, in: Harris (Hg.), Civil Society in British History, S. 79-96, hier S. 79. Neuere Sammlungen zentraler Studien in: Ralph Jessen/Sven Reichardt/Ansgar Klein (Hg.), Zivilgesellschaft als Geschichte. Studien zum 19. und 20. Jahrhundert, Wiesbaden 2004; Thomas Adam (Hg.), Philanthropy, Patronage, and Civil Society: Experiences from Germany, Great Britain, and North America, Bloomington 2004; Arnd Bauerkämper/Manuel Borutta (Hg.), Die Praxis der Zivilgesellschaft. Akteure, Handeln und Strukturen im internationalen Vergleich, Frankfurt/M. 2003.

2 Frank Prochaska, Schools of Citizenship: Charity and Civic Virtue, London 2002, S. 4. Siehe auch Robert Whelan, ›Introduction‹, in: Ebd., S. IX-XII, hier S. IX.

gar Antagonistin anderer Ordnungsformen gesehen, zuvorderst gegenüber dem Staat, aber auch gegenüber der Wirtschaft und der Familie. In diesem Sinne soll Zivilgesellschaft auch hier verstanden werden.[3] Dabei dürfen wir nicht aus den Augen verlieren, dass der Begriff Zivilgesellschaft selbst erst in den letzten zwei bis drei Jahrzehnten in breitem Maße gebräuchlich wurde und dass er zunächst den sich modernisierenden Gesellschaften der westlichen Welt auf den Leib geschneidert wurde. Die Akteure der Zivilgesellschaften des 19. und frühen 20. Jahrhunderts haben ihn kaum benutzt.[4]

Es liegt auf der Hand, dass viele historische wie gegenwartsbezogene Untersuchungen der – wie auch immer im Detail definierten – zivilgesellschaftlichen Sphäre sich mit großen und kleinen Assoziationen wie etwa Vereinen, Stiftungen oder auch Nichtregierungsorganisationen (NGO) befassen.[5] Für die westliche Welt waren es die seit dem späten 18. Jahrhundert immer weiter verbreiteten bürgerlichen Vereine und Gesellschaften, die von der Forschung zunächst als ein oder sogar als der wichtigste Kern der Zivilgesellschaft ausgemacht wurde. Begünstigt wurde das sicher auch dadurch, dass deren Aktivitäten und Strukturen recht gut dokumentiert sind. Mittlerweile sind jedoch auch Organisationsformen der unterbürgerlichen Schichten, vor allem der Arbeiter, einbezogen worden. Was erst von der neuesten Forschung in den Blick genommen wurde, sind die randständigen Gruppen der Gesellschaft. Wegen der ungünstigeren Quellenlage fanden Arme, Alte, Obdachlose und Wohlfahrtsempfänger bislang fast nur Platz in Studien zu den Wohlfahrtseinrichtungen. Ein Epochen übergreifendes Forschungsprojekt der Universität Trier hat erst jüngst eben diese Gruppen in den Mittelpunkt der Untersuchungen gestellt.[6]

Der hier vorliegende Sammelband befasst sich mit den aus der bürgerlichen Ober- und Mittelschicht heraus geschaffenen wohltätigen Einrichtungen und mit den Protagonisten solcher zivilgesellschaftlicher Institutionen. Philanthropie soll hier nicht in der im deutschen Sprachgebrauch bisweilen üblichen Eingrenzung auf die Kunst- und Kulturförderung verstanden werden, sondern als gemeinnütziges Engagement im weiteren Sinne – vor allem im sozialen Bereich, wie es auch dem Verständnis im englischen und im französischen Sprachraum entspricht. Frank Prochaska hat eine besonders weit

---

3 An diesem Ort kann nicht auf die ganze Vielfalt der Definitionen des Begriffs und seine Abgrenzungen bzw. Inklusionen eingegangen werden. Sie sind zudem an anderer Stelle bereits erläutert worden. Siehe dazu ausführlich beispielsweise Dieter Gosewinkel, Zivilgesellschaft – eine Erschließung des Themas von seinen Grenzen her, Discussion Paper Nr. SP IV 2003-505, Wissenschaftszentrum für Sozialforschung, Berlin 2003, S. 1-7. Zu den historischen Vordenkern des Konzepts – avant la lettre – siehe Frank Adloff, Zivilgesellschaft, Theorie und politische Praxis, Frankfurt/M. – New York 2005, S. 22-50.

4 Lawrence Goldman, ›Civil Society in Nineteenth-century Britain and Germany‹, in: Jose Harris (Hg.), Civil Society in British History (wie Anm. 1), S. 97-113, hier S. 98. Harrison, Civil Society by Accident (wie Anm. 1), S. 80.

5 Für die Geschichtsforschung ist das stark auf Assoziationen bezogene Konzept von Zivilgesellschaft unter anderem von Jürgen Kocka entwickelt worden. Siehe Jürgen Kocka, ›Zivilgesellschaft als historisches Problem und Versprechen‹‹, in: Manfred Hildermeier/Jürgen Kocka/Christoph Conrad (Hg.), Europäische Zivilgesellschaft in Ost und West. Begriff, Geschichte, Chancen, Frankfurt/M. 2000, S. 13-39; ders., ›Zivilgesellschaft in historischer Perspektive‹, in: Forschungsjournal Neue Soziale Bewegungen 16 (2003), S. 29-37. Siehe auch den konzisen Überblick von Prochaska, Schools of Citizenship (wie Anm. 2).

6 Andreas Gestrich/Steven A. King/Lutz Raphael (Hg.), Being Poor in Modern Europe. Historical Perspectives 1800-1940, Bern 2006.

reichende Definition geschaffen, nach der Philanthropie jedwedes gütige, selbstlose Handeln einschließt, gleich ob es von Reicheren an Ärmere gerichtet oder als gegenseitige Hilfe bzw. Selbsthilfe innerhalb der mittleren und unteren Schichten zu verstehen ist.[7] So breit soll die Bedeutung hier nicht gespannt werden. Sie beschränkt sich vielmehr auf das Engagement von Vertretern der reicheren Gesellschaftsschichten zugunsten von sozial deutlich schwächeren Gruppen.

Dies bedeutet freilich auch, dass die Empfänger solcher Wohltaten auch im vorliegenden Band eher in ihrer passiven Rolle erscheinen. Jedoch weisen die Beiträge darauf hin, dass so genannte gesellschaftliche Randgruppen oder überhaupt die soziale Ungleichheit in der Gesellschaft für die Ausbildung und das Funktionieren zivilgesellschaftlicher Strukturen von ganz erheblicher Bedeutung waren. Auch die Zielgruppen philanthropischen Engagements waren und sind Akteure innerhalb der Zivilgesellschaft, selbst wenn die Aktion darin bestehen sollte, die Unterstützung durch eine freiwillige Einrichtung der Hilfe durch den Staat vorzuziehen, oder umgekehrt staatliche Hilfe zu wählen – oder gar keine. Und auch wenn die Interaktion zwischen Philanthropen und Hilfsempfängern für viele wohltätige Assoziationen nur unzureichend dokumentiert und daher aus unserer Sicht schwierig nachzuvollziehen ist: Ohne ihre Klientel wäre diese klassische zivilgesellschaftliche Sphäre nicht existent. Die Untersuchung philanthropischer Aktivitäten zeigt auch, dass selbstloser Idealismus, wenn es einen solchen überhaupt gibt, nur eine Seite der Medaille der Wohltätigkeit ist. Wie die Beiträge in diesem Band illustrieren, konnten auch Eitelkeit, der Wunsch nach sozialer Abgrenzung, die Verteidigung oder Verbesserung der eigenen gesellschaftlichen Position zentrale Motive für Engagements zugunsten Schwächerer oder zur Förderung »guter Werke« sein. Die Kategorien »Macht« und »Inklusion/Exklusion«, in der Forschung zur Zivilgesellschaft wenig berücksichtigt[8], sind ganz wesentliche analytische Größen für das Verständnis der Funktionsweisen gemeinnütziger Organisationen und des philanthropischen Handelns.

In kaum einem anderen zivilgesellschaftlichen Bereich spielt Religion eine derart wichtige Rolle wie bei den Assoziationen für wohltätige Zwecke oder im individuellen philanthropischen Engagement. Wenn Ernest Gellner auch 1994 noch eine prinzipielle Gegensätzlichkeit von organisierter Religion und Zivilgesellschaft postulierte[9], hat die Forschung schon seit den 1980er Jahren die positiven Zusammenhänge beider Bereiche immer deutlicher herausgearbeitet. Es wird vielmehr betont, dass Religion ein »zentrales Objekt historischer Zivilgesellschaftsforschung« sein muss.[10] Dass wesentliche soziale, wirtschaftliche und politische Entwicklungen im Europa des 19. Jahrhunderts

---

7 Frank Prochaska, The Voluntary Impulse, Philanthropy in Modern Britain, London 1986, S. 1-10.

8 Gosewinkel, Zivilgesellschaft (wie Anm. 3), S. 19-23. Siehe auch Thomas Adam, ›Introduction‹, in: Ders. (Hg.): Philanthropy, Patronage, and Civil Society (wie Anm. 1), S. 1-12, hier S. 5. Zu »Philanthropie und Macht« siehe den gleichnamigen Themenband der Zeitschrift Traverse, 37 (1/2006).

9 Gellner spricht dabei insbesondere von »ritualisierter« Religion. Ernest Gellner, Conditions of Liberty. Civil Society and its Rivals, London 1994, S. 14-15, 26-29.

10 Manuel Borutta, Religion und Zivilgesellschaft. Zur Theorie und Geschichte ihrer Beziehung, Discussion Paper Nr. SP IV 2006-404, Wissenschaftszentrum Berlin für Sozialforschung, 2005, S. 1-57, hier S. 3; Grundlegend David Herbert, Religion and Civil Society. Rethinking Public Religion in the Contemporary World, Aldershot 2003; Frank Trentmann, ›The Problem with Civil Society.

– wie Industrialisierung, Urbanisierung, Demokratisierung oder Nationalstaatsbildung – mit einer durch die Folgen der Französischen Revolution beschleunigten Säkularisierung einhergingen, und dass diese Entwicklungen und die Säkularisierung sich gegenseitig verstärkten, ist durch neuere kulturgeschichtlich orientierte Forschungen überzeugend widerlegt worden. Autoren wie Wolfgang Altgeld, Nicholas Atkin, Olaf Blaschke, Boyd Hilton, Frank Tallett oder Helmut Walser Smith – die Liste könnte hier erheblich verlängert werden – haben in ihren Arbeiten gezeigt, dass Interaktion und Konkurrenz der Religionsgruppen untereinander und ihre Auseinandersetzungen mit dem Staat ein konstitutiver Teil dieser Entwicklungen waren.[11] Kirchen und religiöse Erneuerungsbewegungen dieser Zeit, wie der Evangelikalismus in England oder der Pietismus und Verbandskatholizismus in Deutschland, standen nicht im Widerspruch zur Modernisierung, sondern sie waren ein Teil dieses von Reibung und Konflikt geprägten Prozesses, und sie modernisierten dabei auch fortlaufend sich selbst. Das gilt gerade für die Bereiche der staatlichen und nicht-staatlichen Wohlfahrtspflege, in denen Kirchen und kirchliche Gruppen stark engagiert waren.[12] Die Kirchen, die in hohem Maße von gemeindlicher Selbstorganisation und einem eigenen Assoziationswesen leben, sind also zweifellos wichtige zivilgesellschaftliche Institutionen – selbst wenn es, wie auf katholischer Seite, eine zentralistische Hierarchie gibt.[13]

Zugleich stellten die Kirchen und die von ihnen propagierten Ordnungsmuster in einer von Revolutionen, Kriegen und beunruhigend rapidem sozioökonomischem Wandel geprägten Zeit eine Konstante dar. Sie boten einen Handlungsrahmen, innerhalb dessen kirchlich gebundene Bürger ihr individuelles Selbstverständnis und ihre Gruppenidentität durch wohltätiges Engagement sichern oder weiterentwickeln konnten. Die letztliche Motivation des Einzelnen ist dabei kaum ergründbar. Gerade religiös begründete Selbstlosigkeit kann zum Beispiel – bewusst oder unbewusst – mit der Hoffung auf eine jenseitige Belohnung verknüpft sein. Die hier versammelten Beiträge zeigen aber zugleich, wie sehr die religiöse Ebene auch mit den zeitgenössischen Debatten um Arbeit, Markt und angemessenen Lohn verwoben war.

Philanthropie und Wohltätigkeit sind besonders gut geeignete Untersuchungsfelder, um darüber hinaus zu verdeutlichen, dass zwar auch die institutionalisierte Kirche, aber noch mehr die von Institutionen losgelöste Religiosität einen entscheidenden Einfluss auf zivilgesellschaftliches Handeln hatte und hat. Gerade der Blick auf die an keine kirchenähnliche Institution gebundene jüdische Philanthropie zeigt, dass Reli-

Or putting Modern European History back into Contemporary Debate‹, in: Marlies Glasius et al., (Hg.), Exploring Civil Society. Political and Cultural Contexts, London 2004, S. 26-35.

11 Wolfgang Altgeld, Katholizismus, Protestantismus und Judentum, Über religiös begründete Gegensätze und nationalreligiöse Ideen in der Geschichte des deutschen Nationalismus, Mainz 1992. Olaf Blaschke/Frank-Michael Kuhleman (Hg.), Religion im Kaiserreich. Milieus – Mentalitäten – Krisen (= Religiöse Kulturen der Moderne Bd. 2), Gütersloh 1996. Boyd Hilton, The Age of Atonement. The Influence of Evangelicalism on Social and Economic Thought, 1795-1865, Oxford 1988. Nicholas Atkin/Frank Tallett (Hg.), Religion, Society and Politics in France since 1789, London – Rio Grande 1991. Helmut Walser Smith, German Nationalism and Religious Conflict: Culture, Ideology, Politics, 1870-1914, Princeton 1995.

12 Siehe etwa Beate Althammer/Inga Brandes/Katrin Marx, ›Religiös motivierte Armenfürsorge in der Moderne – Katholische Kongregationen im Rheinland und in Irland 1840-1930‹, in: Andreas Gestrich/Lutz Raphael (Hg.), Inklusion/Exklusion. Studien zu Fremdheit und Armut von der Antike bis zur Gegenwart, Frankfurt/M. 2004, S. 537-579.

13 Vgl. dazu die Argumentation in Borutta, Religion und Zivilgesellschaft (wie Anm. 10), S. 5.

giosität und nicht organisierte Religion wesentliche Antriebskräfte für zivilgesellschaftliches Handeln sind, dass freie Assoziationen und nicht die religiöse Institution die Orte sind, an denen sich dieses verwirklicht. Selbst religiös begründete jüdische Assoziationen mit wohltätigem Zweck, wie Beerdigungsbruderschaften, müssen auch als zivilgesellschaftlich organisierte Körperschaften betrachtet werden, da sie in ihrer praktischen Tätigkeit analog zu völlig areligiösen jüdischen Organisationen mit verwandten Zwecken agierten. Die Übergänge zwischen dem religiösen und dem Säkularen sind dabei fließend. So können auch die zumeist nicht religiös gebundenen britischen *friendly societies* als eine säkulare Version der Laienbruderschaften verstanden werden, die besonders in den katholischen Ländern florierten. Religiosität diente aber, zumindest bis zu einem gewissen Grad, fast allen Assoziationen und philanthropischen Unternehmungen als Begründung, raison d'être oder wenigstens Anlass für ihre Tätigkeit. Das galt auch für die jüdischen Vereine.[14]

Bei der Untersuchung der Zusammenhänge zwischen Religion und Philanthropie wird auch deutlich, dass der viel zitierte Raum »Kinder, Kirche, Küche«, in den das bürgerliche Zeitalter die Frauen verbannte, nicht immer so einengend sein musste, wie er oft geschildert wurde. Gerade auf dem Gebiet der Wohlfahrtspflege konnten Frauen der Mittel- und Oberschicht eine beachtliche Autonomie erreichen – als Stifterinnen großer Einrichtungen, als Leiterinnen der Institutionen, oder auch als Innovatorinnen, die neue Konzepte für den Umgang mit dem Phänomen der neuen Armut in den großen Industriestädten entwickelten. Aber selbst wenn in den meisten Assoziationen Männer die führenden Positionen besetzten und Frauen eher ausführende Funktionen einnahmen, bot dies den Frauen immer noch (zivil)gesellschaftliche Gestaltungsräume.

Die Beiträge dieses Bandes beleuchten die Zusammenhänge zwischen Religion und Philanthropie, zwischen staatlichem und privatem Agieren aus verschiedenen Perspektiven: im Vergleich zwischen einzelnen Ländern, im Blick auf einzelne Institutionen oder auf bestimmte religiöse Gruppen oder Minderheiten, und in der Untersuchung von innereuropäischen oder gar globalen Kulturtransfers. Mit einem Frankreich, Großbritannien und Deutschland übergreifenden Vergleich der Schlüsselbegriffe »Wohlfahrt«, »Philanthropie« und »Caritas« eröffnet Klaus Weber die Reihe der Aufsätze. Ob die dabei sichtbar werdenden Unterschiede und ihre teils konfessionellen Hintergründe sich auch in der sozialen Wirklichkeit der verschiedenen Länder oder gar noch in unseren heutigen Wertewelten niederschlagen, wird durch einen Vergleich des Verhältnisses zwischen staatlicher und privater Wohlfahrtspflege in den jeweiligen Staatswesen sowie anhand neuerer Umfrageergebnisse überprüft. Der Beitrag zeigt, dass religiöse Traditionen nicht nur die unmittelbar kirchlich kontrollierte Wohlfahrtspflege beeinflussten, sondern dass sie eine auch die staatliche Sozialpolitik prägende Kraft hatten.

Diesen Ansatz vertiefen Thomas David und Janick Marina Schaufelbuehl in ihrer Untersuchung eines zentraleuropäischen, in vergleichenden Studien allerdings oftmals vernachlässigten Gemeinwesens. Sie nehmen das in der zweiten Hälfte des 19. Jahr-

14 Für die jüdischen Gemeinden siehe Rainer Liedtke, Jewish Welfare in Hamburg and Manchester, c. 1850-1914, Oxford 1998, passim. Für die »friendly societies« siehe Joanna Innes, ›State, Church and Voluntarism in European Welfare, 1690-1850‹, in: Hugh Cunningham/Joanna Innes (Hg.), Charity, Philanthropy and Reform from the 1690s to 1850, London – New York 1998, S. 15-65, hier S. 40-41.

hunderts von bürgerlicher Seite organisierte freiwillige Wohlfahrtswesen der Schweiz in den Blick, speziell das dicht geflochtene philanthropische Netzwerk der reformierten Protestanten. Ihre Institutionen, in denen der Wert der Arbeit und ethisch-religiös fundierte Tugenden wie Enthaltsamkeit, Ordnung und Disziplin propagiert wurden, waren Teil einer politischen Strategie. Mit Hilfe ihrer Wohlfahrtseinrichtungen konnte diese konservativ-protestantische Elite sich eine institutionell verankerte Machtausübung auch dann noch sichern, als sie auf Kantonsebene bereits von liberalen Kräften zurückgedrängt wurde. Der Reformprotestantismus prägte so nicht nur die Ausbildung philanthropischer Netzwerke, sondern trug mittelbar auch dazu bei, dass der schweizerische Wohlfahrtsstaat sich im europäischen Vergleich verspätet entwickelte. In diesem Fall förderten philanthropische Organisationen zwar einerseits die Ausbildung zivilgesellschaftlicher Strukturen, andererseits trugen sie aber aufgrund ihrer religiös-moralischen Ausrichtung wesentlich dazu bei, weniger angepasste Teile der Gesellschaft von wohltätigen Leistungen auszuschließen.

Mit der bereits sehr viel breiter erforschten privaten Wohltätigkeit in Großbritannien beschäftigt sich Keir Waddington. Er stellt das ganze Arsenal der Mittel und Methoden vor, mit denen die freiwilligen Einrichtungen die viktorianische Seele zum Spenden für den guten Zweck bewegten. Dabei filtert er aus der Rhetorik der Spendenkampagnen die Wünsche und Emotionen heraus, die beim Publikum gerührt werden sollten, und soweit die Quellen es eben erlauben, nähert er sich dabei auch den persönlichen Motivationen an. Von grundlegender Bedeutung war dabei ein religiös-moralischer Imperativ. Ebenso bedeutend waren aber die von den Einrichtungen gebotenen Gelegenheiten, die eigene Großzügigkeit darzustellen und sich damit in sozialen Hierarchien zu positionieren. So legitimiert, formierten sich soziale Netzwerke und Räume, in denen man individuelle Mildtätigkeit öffentlich sichtbar machen durfte. Dem Spender winkte ein gerechter Lohn: Anerkennung durch Gott, aber auch Anerkennung durch die Gesellschaft.

Dagegen untersucht Bettina Hitzer nicht die Motivation der Unterstützer, sondern die der leitenden Männer und Frauen in protestantischen Einrichtungen im Berlin des 19. Jahrhunderts. Eine Mikroanalyse ihrer Motive und des gesellschaftlichen Kontextes bringt sie zu dem Ergebnis, dass gerade Konflikte einen entscheidenden Anteil bei der Ausbildung von karitativem Engagement hatten, besonders wenn dieses der Durchsetzung eigener Positionen innerhalb der Gesellschaft dienen konnte. So stellt sich die Frage, inwiefern eine solche Form der Philanthropie zur Entwicklung von Zivilgesellschaft beitragen kann. Das Urteil der Autorin fällt zwiespältig aus: Zwar trugen die hier untersuchten Aktivitäten zur Formierung einer solidarisch verfassten bzw. gemeinwohlorientierten und selbstorganisierten öffentlichen Sphäre bei. Zugleich lag in dieser Arbeit aber auch das Potential, das gewonnene Mehr an Zivilgesellschaft durch eine Tendenz zur sozialen, politischen und religiösen Fragmentierung zu zerstören.

Einen wieder anderen Zugang zum Thema wählt Céline Leglaive. In einem breiten historischen Längsschnitt untersucht sie die Geschichte einer der bedeutendsten philanthropischen Organisationen Frankreichs, der 1780 gegründeten *Société philanthropique*. Als explizit überkonfessionelle Organisation spielte diese Gesellschaft eine wichtige Rolle bei der Integration religiöser und gesellschaftlicher Minderheiten in einem Land, in dem die katholische Kirche traditionell die Vorherrschaft auf dem

Gebiet der Wohltätigkeit innehatte. Wohlhabenden Juden und Protestanten, zumeist Angehörige der im Laufe des 19. Jahrhunderts aufgestiegenen liberalen Wirtschaftselite, bot die unter dem Einfluss der Aufklärung entstandene *Société* eine Plattform zur Integration in die französische Zivilgesellschaft. Beim Betrieb ihrer Einrichtungen kooperierte sie zugleich eng mit kirchlichen Orden. Dass die Führungspositionen sehr häufig von Mitgliedern der alten adeligen Familien des Landes besetzt wurden und die Einrichtungen selbst von ständischen Wertvorstellungen geprägt waren, stand allerdings in einem Spannungsverhältnis zu zivilgesellschaftlichen Vorstellungen von Offenheit und Transparenz.

Einige zu besonderem Wohlstand gelangte Mitglieder der neuen französischen Elite engagierten sich nicht nur im Bereich der Wohlfahrtspflege, sondern spielten auch als Kunstmäzene eine wichtige Rolle. Pauline Prévost-Marcilhacy konzentriert sich in ihrem Beitrag auf die jüdischen Angehörigen des französischen Großbürgertums, die sich vor allem in der Entwicklung öffentlich zugänglicher Kunstsammlungen engagiert haben, teils sogar in der Schaffung neuer Museen. Dabei zeigt sie, dass die jüdischen Mäzene mit ihren zahlreichen Schenkungen gerade seit den 1880er Jahren auch dem in dieser Zeit besonders virulenten Antisemitismus begegneten. Ihr zivilgesellschaftliches Engagement diente als Nachweis der patriotischen Gesinnung einer ethnischen und religiösen Minderheit.

Etwa den gleichen Untersuchungszeitraum wählt Ralf Roth, der jedoch nicht einen speziellen Sektor des Engagements, sondern das gesamte Stiftungswesen der Stadt Frankfurt am Main zwischen dem späten 18. und dem frühen 20. Jahrhundert beleuchtet. Bemerkenswert ist hier die Dichte des durch Stiftungen geschaffenen sozialen und kulturellen Komplexes, der die städtische Zivilgesellschaft in großem Maße konstituierte und stabilisierte. Frankfurt als eine multikonfessionelle Gemeinde, mit sieben nebeneinander existierenden größeren Glaubensgemeinschaften, eignet sich besonders als Fallbeispiel zur Erörterung religiöser Motivationen und Restriktionen im Stiftungswesen. Wie auch im vorangegangenen Fall bezweckten gerade die jüdischen Großbürger mit ihrer Stiftertätigkeit eine stärkere Integration in die Gesamtgesellschaft. So existierten neben einigen nur den Mitgliedern ihrer Glaubensgemeinschaft zugute kommenden Stiftungen zahlreiche von Juden begründete Institutionen, deren Wohltaten den Angehörigen aller Religionen zugedacht waren. Große Bedeutung misst Roth dabei – unabhängig von der Religionszugehörigkeit – dem individuellen Ehrgeiz der Stifter zu, von denen jeder für sich einen prägenden Einfluss auf die städtische Gesellschaft gewinnen wollte.

Den nationalen Rahmen überschreitet die folgende Untersuchung eines Netzes kosmopolitisch geprägter Nichtregierungsorganisationen. Tobias Brinkmann beschreibt in seinem Beitrag die Konfliktlage, in die bürgerlich assimilierte Juden Westeuropas und der USA gerieten, wenn sie die als kulturell fremd empfundenen osteuropäischen Glaubensgenossen unterstützten, die im späten 19. und frühen 20. Jahrhundert vor Armut und Verfolgung aus ihrer Heimat in Richtung Westen flohen. Die Unterstützung der Migranten führte häufig zu dem Vorwurf, sie belasteten damit die Gesamtgesellschaft. Durch solche Anklagen sahen die Juden des Westens ihre eben erst errungene Position im eigenen Heimatland gefährdet. Für die Kanalisierung des enormen Flüchtlingsstroms durch Deutschland, die Niederlande und Großbritannien und für die schnelle Akkulturation in den Zielländern entstanden transnational agierende Organisationen und Netzwerke, deren Protagonisten keinen Zweifel an ihrer jeweiligen nationalen Loyalität und patriotischen Gesinnung aufkommen lassen durften.

Ebenfalls transnational orientiert ist der Beitrag von Christian Topalov, allerdings mit einem stärker komparativen Ansatz. Seine Untersuchung stützt sich auf britisch-französische Vergleiche, die bereits im 19. Jahrhundert von französischen Philanthropen angestellt wurden. Dabei wirft Topalov auch die Frage auf, inwieweit idealtypisch definierte Begriffe wie »Zivilgesellschaft« oder Kategorien wie »britische Philanthropie« oder »französische Wohltätigkeit« überhaupt geeignet sind, um den historischen Gegenstand zu fassen. Um so plastischer beschreibt er das politische und kulturelle Umfeld, in dem die Protagonisten agierten, und zeigt dabei, wie sehr schon diese Zeitgenossen bei ihren Handlungen von kulturellen Missverständnissen geleitet waren. Allerdings waren es gerade die Missverständnisse, die auf dem Gebiet der Wohlfahrtspflege einen zivilen Dialog und schließlich auch Kompromisse zwischen den seit der Revolution verfeindeten Klerikalen und Laizisten ermöglichten.

Der abschließende Aufsatz von Shusaku Kanazawa beschäftigt sich mit dem Modell der Philanthropie in einer nichtwestlichen Kultur. Im Japan der Meiji-Zeit beeinflussten westliche Konzepte nicht nur die Modernisierung des Staates und der Wirtschaft, sondern auch den Bereich der Wohltätigkeit, der dabei Ansätze zivilgesellschaftlicher Strukturen entwickelte. Die westlich-christlichen Konzepte wurden allerdings zunehmend kritisch rezipiert und nur teilweise übernommen. Die eigenen, vor allem vom Buddhismus geprägten religiösen Traditionen und die vergleichsweise schwache Ausbildung der öffentlichen Sphäre führten in Japan zu starken Abwandlungen der mit erstaunlicher Sorgfalt studierten westlichen Modelle. Dass politische, juristische oder administrative Strukturen dagegen in Japan in getreuerer Weise übernommen wurden[15], unterstreicht nur die Bedeutung der Religion für die Formierung der Philanthropie.

Mit diesem Band soll keinesfalls das Loblied von einer zum immer Besseren führenden Zivilgesellschaft angestimmt werden. Als ein Teil der Moderne verkörpert auch sie die Widersprüche der Moderne. Die Möglichkeiten, die sie bot, wurden nicht zwangsläufig zur sozialen Inklusion immer breiterer Bevölkerungsgruppen, sondern fallweise auch zur Festigung von Hierarchien und Exklusion nicht konformer Gruppen genutzt. Das demonstriert gerade der Beitrag zu den konservativen Schweizer Philanthropen. Die Aufsätze sollen vielmehr den Blick schärfen für die ganz unterschiedlichen Potentiale, die in der Zivilgesellschaft liegen, und auf die an anderer Stelle noch eindringlicher verwiesen wird. So kam etwa Róisín Healy zu dem Urteil, dass es gerade die besonderen zivilgesellschaftlichen Strukturen des wilhelminischen Deutschland waren, die eine zunehmende gesellschaftliche Polarisierung und die Diskriminierung religiöser Minderheiten begünstigten.[16] Die Freiheit von Presse und

[15] Dazu ein ebenso kurzer wie dichter Überblick von Wolfgang Schwentker, ›Modernisierung von oben. Japan im 19. Jahrhundert‹, in: Jürgen Osterhammel (Hg.), Asien in der Neuzeit 1500-1950. Sieben historische Stationen, Frankfurt/M. 1994, S. 101-124, hier S. 116-121.

[16] Healy zeigt, wie der Kulturkampf nicht zu einer Solidarisierung der benachteiligten Katholiken mit der jüdischen Minderheit führte, sondern vielfach zu einem verstärkten Antisemitismus, mit dem man die Loyalität zur deutschen Nation zu demonstrieren suchte. Róisín Healy, ›Religion and Civil Society, Catholics, Jesuits and Protestant in Imperial Germany‹, in: Frank Trentmann (Hg.), Paradoxes of Civil Society, S. 244-262, hier S. 257. Zum katholischen Antisemitismus siehe Olaf

Vereinen konnte auch im Frankreich der Dreyfus-Affäre die Vergiftung des Klimas nicht mindern; antisemitische Agitatoren machten sich diese Freiheiten vielmehr zunutze.[17] Auch Roland Roth hat mit seiner Untersuchung des Assoziationswesens in der Weimarer Republik die »dunklen Seiten der Zivilgesellschaft« ausgeleuchtet. Demnach waren es die vielen nationalistischen Vereine dieser Zeit, welche den zunächst vorhandenen Graben zwischen der bürgerlichen Gesellschaft und der NSDAP überbrückten und ihren Schulterschluss vorbereiteten.[18]

Das Fallbeispiel Japan sollte schließlich nochmals deutlich machen, dass »Zivilgesellschaft« ein aus der westlichen Wissenschaftstradition stammender und zunächst für die Untersuchung von Phänomenen in der westlichen Welt entwickelter Begriff ist, der aber deswegen nicht gegenüber anderen kulturellen Systemen und Wertewelten abgeschlossen und monopolisiert werden darf, wie etwa durch Ernest Gellner, wenn er den islamischen Gesellschaften den Willen und die Fähigkeit zur Entwicklung zivilgesellschaftlicher Strukturen weitgehend abspricht.[19] Wie Margrit Pernau in einem Vergleich der indo-islamischen Gesellschaft im Delhi des 19. Jahrhunderts mit Europa festhielt:[20] Wollte man das Konzept »Zivilgesellschaft« definieren durch »gleiches Staatsbürgerrecht und gleiche Chancen, politische Entscheidungen durch einen machtfreien, rationalen Diskurs zu beeinflussen, unabhängig von Religion, sozialer Lage und Geschlecht«, dann wäre es auch für das Großbritannien oder für ein Deutschland dieser Zeit nicht anwendbar.

Blaschke, Katholizismus und Antisemitismus im Deutschen Kaiserreich (= Kritische Studien zur Geschichtswissenschaft, 122), Göttingen 1997, sowie Altgeld, Katholizismus, Protestantismus und Judentum (wie Anm. 11). Zu diesen religiös unterlegten Konflikten außerdem der Band von Olaf Blaschke (Hg.), Konfession und Konflikt. Deutschland im zweiten konfessionellen Zeitalter, Göttingen 2001.

17 Pierre Birnbaum, Le moment antisémite, un tour de la France en 1898, Paris 1998. Zu den Exklusionsmechanismen, die auch Zivilgesellschaften entwickeln können, siehe Jeffrey C. Alexander, ›Citizen and Enemy as Symbolic Classification: On the Polarizing Discourse of Civil Society‹, in: ders. (Hg.), Real Civil Societies. Dilemmas of Institutionalization, London – New Delhi 1998, S. 96-114.

18 Roland Roth, ›Die dunklen Seiten der Zivilgesellschaft. Grenzen einer zivilgesellschaftlichen Fundierung von Demokratie‹, in: Maria Berger/Brigitte Geißel/Kristine Kern/Ansgar Klein (Hg.), Zivilgesellschaft und Sozialkapital. Herausforderungen politischer und sozialer Integration. Wiesbaden 2004,S. 41-64, hier S. 47.

19 Gellner, Conditions of Liberty (wie Anm. 9), S. 7, 14, 27.

20 Margrit Pernau, ›Gab es eine indische Zivilgesellschaft im 19. Jahrhundert? Überlegungen zum Verhältnis von Globalgeschichte und historischer Semantik‹, in: Traverse 2007/3, S. 51-64, hier S. 62. Den Blick über den europäischen Horizont hinaus üben auch Hans Joas/Klaus Wiegandt (Hg.), Säkularisierung und die Weltreligionen, Frankfurt/M. 2007 und die in diesem Band versammelten Autoren.

»Wohlfahrt«, »Philanthropie« und »Caritas«

Deutschland, Frankreich und Großbritannien im begriffsgeschichtlichen Vergleich

von

KLAUS WEBER

Beschäftigt man sich mit dem Diskurs zum Umgang mit sozialer Ungleichheit, so stellt man schnell fest, dass wichtige Begriffe in verschiedenen europäischen Ländern heute wie im 19. Jahrhundert jeweils unterschiedliche Bedeutungen haben. Religiöse Konnotationen und Bezüge auf die damaligen Auseinandersetzungen zwischen Kirche und Staat spielen dabei eine wichtige Rolle. Ein mehrere Länder übergreifender begriffsgeschichtlicher Vergleich beugt nicht nur »ungewollten ... Übertragungen gegenwärtiger Sinngehalte in vergangene Wortbedeutungen« vor.[1] Er sollte umgekehrt auch dazu beitragen, die historische Dimension der gegenwärtigen Bedeutungen besser zu verstehen. Drei Schlüsselbegriffe – »Wohlfahrt«, »Philanthropie« und »Caritas« – sollen hier für die Länder Großbritannien, Deutschland und Frankreich untersucht werden. Zwischen ihnen treten teils Bedeutungsüberschneidungen, teils Bedeutungsgegensätze und -unterschiede auf, die aber von Land zu Land variieren und deshalb im internationalen Vegleich besonders plastisch werden. Sie gewählten Begriffe sind hierarchisch relativ neutral, im Gegensatz zu Begriffen wie Patronage oder Mäzenatentum, die stärker von der Person des Gebenden abgeleitet sind und ein deutliches Macht- und Sozialgefälle zum Empfänger der Wohltaten voraussetzen. Sie sind zudem universal, in dem Sinne dass auf ihnen aufbauende Sozialordnungsentwürfe die gesamte Gesellschaft einbeziehen, und nicht nur bestimmte Gruppen (wie bei der korporativ geprägten Patronage) oder bestimmte Aktivitäten (wie Kunst und Kultur beim Mäzenatentum). Wichtigste Quelle für diese Untersuchung der drei gewählten Begriffe sind die großen Lexika des 19. und 20. Jahrhunderts. Von besonderem Interesse ist dabei, in wie weit die zwischen den Ländern deutlich werdenden Unterschiede auch konfessionell unterlegt sind. Der Beitrag stellt dann die Frage, ob diese Differenzen sich auch in politisch greifbarer Weise niedergeschlagen haben. Eine Zugangsmöglichkeit zur Beantwortung dieser Frage bieten die Forschungen zu den verschiedenen Ausprägungen des Wohlfahrtsstaates in der westlichen Welt. Im zweiten Teil des Aufsatzes werden die begriffsgeschichtlichen Befunde deshalb mit einigen Ergebnissen dieser sozialwissenschaftlichen Arbeiten und schließlich auch mit den heute in Europa verbreiteten Wertvorstellungen hinsichtlich des Phänomens der sozialen Ungleich-

[1] Reinhart Koselleck: ›Einleitung‹, in: Otto Brunner/Werner Conze/Reinhart Koselleck (Hg.): Geschichtliche Grundbegriffe. Historisches Lexikon zur politisch-sozialen Sprache in Deutschland, Bd. 7, Stuttgart 1992, S. XIII-XXVII, hier S. XIX.

heit verglichen. Aus methodischen Gründen werden in diesem Teil weitere Länder einbezogen.

Die von der Französischen Revolution und den Napoleonischen Kriegen verursachten Umbrüche werden häufig als einer der Hauptgründe dafür angeführt, dass es zwischen Kontinentaleuropa und Großbritannien zu unterschiedlichen Entwicklungen in der Wirtschaft und der Politik und schließlich auch im Bereich der Wohlfahrtspflege kam. Die Nationalisierung in Frankreich und die Säkularisierung in Deutschland verdrängten die Kirchen aus vielen traditionell von ihnen versorgten Bereichen. Tatsächlich aber reichte der Konflikt zwischen Kirche und Staat viel weiter zurück; die um 1750 einsetzende Unterdrückung des Jesuitenordens mag als ein Beispiel dienen. In der Restaurationszeit übernahmen Regierungen jeglicher konfessioneller Couleur umso lieber die in der napoleonischen Ära erlassenen Reformen, wie die Abschaffung des Zunftzwanges, eine allgemeine Liberalisierung der Wirtschaft und Zentralisierung der öffentlichen Verwaltung. Das beeinträchtigte kirchliche Wohlfahrtseinrichtungen oder führte sogar zu ihrer Schließung – in manchen Fällen beabsichtigt, in anderen unbeabsichtigt.[2] Gerade in Frankreich hätte die Entmachtung der Kirche dem freiwilligen Sektor einen besonders großen Spielraum bieten sollen. In der Tat erlebten Frankreich und andere kontinentale Länder das Aufkommen einer Vielzahl neuartiger Einrichtungen für die Armen- und Wohlfahrtspflege, doch war Großbritannien der Vorreiter in dieser Entwicklung, obwohl die Strukturen dort nicht revolutionär verändert worden waren. Wieso sich gerade jenseits des Kanals so früh eine in hohem Maße zivilgesellschaftlich organisierte Wohlfahrtspflege entwickelte und wie der auf die Revolution zurückgehende französische Dauerkonflikt zwischen Staat und Kirche sich in diesem Feld niederschlug, das gehört zu den Fragen, auf die dieser Beitrag Antworten sucht.

Während die historischen Ereignisse seit der Revolution große Veränderungen in der Wohlfahrtspflege bewirkten, gibt es in den relevanten Diskursen zugleich eine unübersehbare Kontinuität. Die grundsätzlichen Debatten zum Umgang mit dem Problem der Armut bewegten sich vor hundertfünfzig oder zweihundert Jahren zwischen denselben Polen, die bis heute das Feld der Auseinandersetzung strukturieren: private Verantwortung und Initiative auf der einen, staatliche (bzw. öffentliche) oder staatlich organisierte Vorsorge auf der anderen Seite. Die dabei ins Feld geführten Argumente lassen sich mindestens bis ins Mittelalter zurückverfolgen, und der amerikanische Wirtschaftshistoriker Peter Lindert ist überzeugt, dass sie auch in der Zukunft dieselben bleiben werden.[3] Neu in der Zeit nach Napoleon war die seit dem 18. Jahrhundert stark ausgebaute und damit auch über die erforderlichen statistischen und personenbezogenen Daten verfügende öffentliche Verwaltung. Zunächst waren es die

---

2 Ein Überblick bei Joanna Innes, ›State, Church and Voluntarism in European Welfare, 1690-1850‹, in: Hugh Cuningham/Joanna Innes (Hg.), Charity, Philanthropy and Reform from the 1690s to 1850, London – New York 1998, S. 15-65, hier S. 19-20, 33.

3 Christoph Sachße/Florian Tennstedt, Geschichte der Armenfürsorge in Deutschland, Bd. 1: Vom Spätmittelalter bis zum 1. Weltkrieg (1998), Stuttgart 1988-1998. S. 30-39. Peter H. Lindert, Growing Public. Social Spending and Economic Growth Since the Eighteenth Century, Cambridge 2004, Bd. 1, S. 3. Beispiele für immer wiederkehrende Argumente wären das von Subsidiarität und Selbstverantwortung als wirksamstem Mittel gegen unverhältnismäßig aufgeblähte öffentliche Einrichtungen oder das von der negativen Wirkung jeder Armenunterstützung, die nicht zur Beseitigung von Armut führe, sondern zu ihrer Perpetuierung.

städtischen Kommunen und gegen Ende des 19. Jahrhunderts auch der Staat, welche die Kirchen auf dem Feld der Wohlfahrt ergänzten oder ablösten. Dass die Städte und der Staat die Kirchen auf dem Feld der öffentlichen Vorsorge ablösten, schlug sich auch in den Debatten nieder.[4]

Begriffsgeschichte

Die hier in erster Linie herangezogenen Quellen, die großen Lexika des 19. und 20. Jahrhunderts, müssen vor diesem Hintergrund gesehen werden. Diese Nachschlagewerke wurden im 19. Jahrhundert noch in breitem Maße regelrecht »gelesen«, um »einen unspezifischen Wissensdurst zu stillen«. Solche »Leserinnen« und »Leser« wären zu unterscheiden von den »Benutzerinnen« und »Benutzern«, die lediglich bestimmte Begriffe nachschlagen, um eine Wissens- oder Informationslücke zu schliessen – wobei die Übergänge zwischen dem einen und dem anderen Leseverhalten freilich fließend sein konnten.[5] Sinkende Buchpreise und steigende Reallöhne machten die Lexika nicht nur breiteren Käuferschichten zugänglich, sondern ihre Verbreitung förderte zudem das Zusammenwachsen eines einheitlichen Lesepublikums aus bislang getrennten Zielgruppen. Seit den 1830er Jahren hatten auch »intellektuelle Führungsgruppen die Möglichkeit erkannt, durch enzyklopädische Werke ... auf die öffentliche Meinung einzuwirken.«[6] Lexikonartikel dieser Zeit spiegelten also nicht nur den Diskurs innerhalb einer schreibenden Elite, sondern sie hatten auch eine Wirkung auf ein größeres Publikum.

Untersucht wurden die Einträge zu den Begriffen »Wohlfahrt«, »Philanthropie« und »Caritas«, bzw. zu den entsprechenden französischen und englischen Pendants. Die Encyclopaedia Britannica, das Dictionary of Political Economy, die Grande Encyclopédie, das Dictionnaire Larousse, Meyers Lexikon, die Brockhaus Lexika und einige weniger bekannte Nachschlagewerke zeigen erhebliche Unterschiede in der Behandlung dieser Termini. Alle berücksichtigten Lexika stimmen darin überein, dass dem Begriff der »Caritas« (bzw. *charité* oder *charity*) unabweisbar religiöse Wurzeln zugrunde liegen – jüdische, christliche und griechisch-römische. Es herrscht auch Einverständnis darüber, dass der Begriff »Wohlfahrt« (bzw. *welfare*) vor allem aus dem politischen Diskurs stammt und der Begriff »Philanthropie« aus der Philosophie der Aufklärung. Hinsichtlich ihrer Bewertung und der wünschenswerten politischen Praxis weisen die Einträge allerdings in ganz verschiedene Richtungen. Es bestehen auch bereits große Unterschiede darin, welche der Begriffe überhaupt mit einem eigenen Eintrag aufgenommen wurden.

---

4 Robert Beachy/Ralf Roth (Hg.), Who Ran the Cities? City Elites and Urban Power Structures in Europe and North America, 1750–1940, Aldershot 2007. Stuart Woolf, The Poor in Western Europe in the Eighteenth and Nineteenth Centuries, London 1986, S. 34-35.

5 Ulrike Spree, Das Streben nach Wissen: Eine vergleichende Gattungsgeschichte der populären Enzyklopädie in Deutschland und Großbritannien im 19. Jahrhundert, Tübingen 2000, S. 8. Es scheint allerdings, dass die »Leser« gegen Ende des Jahrhunderts von den »Benutzern« in den Hintergrund gedrängt wurden; hierzu S. 327.

6 Spree, Das Streben nach Wissen (wie Anm. 5), S. 103; Zitat von S. 67.

So wurden etwa in der zehnten (1902) und elften Ausgabe (1910-11) der Encyclopaedia Britannica die Begriffe *welfare* und *philanthropy* nicht eigens behandelt, sondern in dem Eintrag zu *charity*, und zwar als Antagonisten dieses Begriffes.[7] Innerhalb dieser ausführlichen Artikel – in diesen Ausgaben immerhin gut 30 Seiten umfassend – wird das, was nach unserem Verständnis unter »Wohlfahrt« rangieren würde, in dem Abschnitt zu »Charity and Socialism« erörtert. Dabei wird betont, dass Sozialismus – gekennzeichnet durch Elemente wie ein staatliches Schulsystem, gesetzliche Altersrenten oder Arbeitslosenunterstützung – das Ethische aus dem sozialen Leben verbanne und die Menschen auf eine extrem materialistische Weise behandle. Jede Intervention zugunsten von Armen oder Arbeitslosen wurde hier als eine Störung des allgemeinen Arbeits- und Gütermarktes verurteilt, die letztendlich auch den sozial Schwachen nur Nachteile bringe. Zwar hatte die siebte Ausgabe der Encyclopaedia Britannica (1842) unter dem Eintrag »Charity« noch eine weit moderatere Beurteilung der Armenbeihilfe getroffen und sah sogar in der in späteren Ausgaben scharf verurteilten direkten finanziellen Zuwendung ein effizientes Instrument von Sozialpolitik[8], doch kam schon der viel kürzere Eintrag der folgenden Ausgabe (1853-60) nicht mehr darauf zurück, und in der neunten Ausgabe (1875-88) waren weder *charity* noch *philanthropy* aufgenommen.[9] Das englische *welfare* war in keiner der konsultierten britischen Enzyklopädien mit einem eigenen Eintrag vertreten, auch nicht in dem in den 1890er Jahren herausgegebenen »Dictionary of Political Economy«. Das Wort scheint jedoch in kritischer Auseinandersetzung mit wirtschaftsliberalen Prinzipien verwendet worden zu sein, so zum Beispiel in Samuel Taylor Coleridges 1830 erschienener Schrift »On the Constitution of the Church and State«, in der Coleridge *national welfare* bewusst in Opposition zu Adam Smiths »Wealth of the nation« setzte.[10]

Auf französischer Seite verstanden das Dictionnaire Larousse (1866-79) und die Grande Encyclopédie (1887-1902) *charité* als ein überkommenes Konzept aus der Zeit des Ancien Régime, gespeist aus ehrenwerten, aber in der modernen Welt nicht mehr hinreichenden christlichen Grundsätzen.[11] Es überrascht nicht, dass die Grande Encyclopédie – die ja selbst als eines der prominentesten Projekte der Aufklärung gelten darf – die *charité* noch expliziter als der Larousse als eine Praxis beschreibt, die – obschon über den Umweg der Mildtätigkeit – eher an Gott gerichtet ist als an die Menschen. Wer sie übt, nehme soziale Ungerechtigkeit oder körperliche Gebrechen gar als gottgegeben hin. Anstrengungen zur prinzipiellen Überwindung irdischer Übel, so die Encyclopédie, gelten dem Frommen als ein ambivalentes, wenn nicht eitel-hochmütiges Unterfangen, da der Mensch aus seiner Sicht doch ein notwendig unvollkommenes Geschöpf sei. Im Gegensatz zur Encyclopaedia Britannica enthalten die französischen Lexika auch Artikel zu *philanthropie*. Besonders die Grande Encyclopédie

7 Encyclopaedia Britannica, 11. Ausgabe, Cambridge 1910-11. Der Eintrag »Charity« ist aus der 10. Ausgabe (1902) unverändert übernommen.

8 Encyclopaedia Britannica, 7. Ausgabe, Edinburgh 1842, Bd. 6, S. 327-29.

9 Encyclopaedia Britannica, 8. Ausgabe, Edinburgh 1853-60, Bd. 6, S. 423; 9. Ausgabe, Edinburgh 1875-88.

10 Mohammed Rassem, ›Wohlfahrt, Wohltat, Wohltätigkeit, Caritas‹, in: Otto Brunner/Werner Conze/Reinhart Koselleck (Hg.): Geschichtliche Grundbegriffe. Historisches Lexikon zur politisch-sozialen Sprache in Deutschland, Bd. 7, Stuttgart 1992, S. 595-636, hier S. 629.

11 Grand Dictionnaire Universel du XIXe Siècle, Paris (Pierre Larousse) 1866-1879. La Grande Encyclopédie, Paris 1887-1902.

hebt dabei deren grundlegende Unterschiede zur *charité* hervor. Die *philanthropie* wird eindeutig in die Traditionen der Antike, des Naturalismus der Renaissancezeit und vor allem in die der Aufklärung eingeordnet. Als eine »doctrine générale de l'action«, eine allgemeine Lehre des Handelns, ist sie dazu geschaffen, soziale und politische Ursachen von Armut, Krankheit und Unwissen anzugehen. Sowohl den britischen als auch den französischen Lexikonartikeln liegt die unausgesprochene Annahme zugrunde, dass die Anhänger der Caritas von einer bösen, die der Philanthropie von einer guten Natur des Menschen ausgehen – oder zumindest von seiner fehlerhaften und unverbesserlichen bzw. von seiner perfektiblen Natur. Seit der Restaurationszeit dienten *bienfaisance*, *secours* und *assistance* als neutralere Begriffe, die zwischen diesen beiden Polen vermitteln konnten: zwischen dem von den Konservativen bevorzugten *charité* und der *philanthropie* des republikanischen Lagers. Diese neue Terminologie wird auch mit den *Bureaux de bienfaisance* bzw. der *Assistance publique* assoziiert, die im Frankreich des 19. Jahrhunderts Wohlfahrtspolitik auf kommunaler Ebene umsetzten.[12] Für »Wohlfahrt« bietet die französische Sprache kein so nahe verwandtes Wort wie das englische *welfare*. Mit *état de providence* gibt es zwar eine Bedeutungsentsprechung für den Wohlfahrtsstaat, aber dieser auf die 1860er Jahre zurückgehende Ausdruck fand erst im 20. Jahrhundert weitere Verbreitung und ist in den früheren Nachschlagwerken noch unbekannt.

Deutsche Lexika, beginnend mit Zedlers Universallexikon und der Krünitz Encyclopädie, beide seit dem 18. Jahrhundert verbreitet, verzeichnen »Caritas« überhaupt nicht. Der einzige mit dem Wort verwandte Eintrag ist »Caritá«, ein Fachwort aus der Ikonographie, für allegorische Darstellungen der auf die Nächstenliebe zurückgehenden Tugenden.[13] Diese Beschränkung gilt auch noch für die im späten 19. Jahrhundert produzierten Auflagen der Brockhaus und Meyer Lexika.[14] Dass »Caritas« im Deutschen ein Fremdwort geblieben ist, wird in dem renommierten Nachschlagewerk Geschichtliche Grundbegriffe als Vorteil verbucht: Damit sei es davon verschont geblieben, »wie engl. *charity* zum Terminus aufklärerischer Moralphilosophie zu werden«.[15] Während die Grande Ecyclopédie vier Seiten für den Aufsatz zur »Philanthropie« verwendet, finden sich in deutschen Nachschlagewerken, wie in der Krünitz Encyclopädie oder in Adelungs Wörterbuch aus dem späten 18. oder im Brockhaus des späten 19. Jahrhunderts, nur recht kurze Einträge zum »Philanthropismus«. Sie beziehen sich auf die von den Lehren Jean Jacques Rousseaus und Johann Burckhard Basedows beeinflusste Reformpädagogik sowie auf die Schulen dieses Umfelds.[16] Die

[12] Grand Dictionnaire Universel, Paris 1866-79. Siehe auch Rassem, Wohlfahrt (wie Anm. 10), S. 631.

[13] Zedlers Großes vollständiges Universallexikon der Wissenschaften und Künste, Leipzig – Halle, 64 Bde., 1732-1754. Oekonomische Encyclopädie, oder allgemeines System der Staats- Stadt- Haus- und Landwirtschaft in alphabetischer Ordnung, Berlin 1773-1858, 242 Bde. (die so genannte Krünitz Encyclopädie, nach dem Begründer Johann Georg Krünitz).

[14] Brockhaus Conversationslexikon, Leipzig – Berlin – Wien, Bd. 3 (1898), S. 938. Meyers Conversationslexikon, Leipzig, Bd. 3 (1888), S. 809. Hier nicht berücksichtigt sind freilich die Einträge zu dem 1897 gegründeten katholischen Caritasverband.

[15] Rassem, Wohlfahrt (wie Anm. 10), S. 611-612.

[16] Brockhaus Conversationslexikon, Leipzig – Berlin – Wien, Bd. 13 (1898), S. 83. Johann Christoph Adelung, Grammatisch-kritisches Wörterbuch der Hochdeutschen Mundart, 4 Bde., Leipzig 1793-1801 (Nachdruck Hildesheim 1990).

ersten über diese engere Bedeutung hinausgehenden deutschen Lexikoneinträge zu »Philanthropie« und »Philanthropen« konnten erst in einer Zwischenkriegsausgabe des Großen Brockhaus gefunden werden, wo sie aber jeweils nur wenige Zeilen umfassen. Diese Definitionen des Brockhaus unterscheiden sich allerdings deutlich von der französischen und der englischen: Sie trifft die im deutschen Sprachgebrauch bis heute vorherrschende Einschränkung auf die Kunst- oder Kulturförderung.[17] Die Auseinandersetzung mit grundlegenden sozialen Problemen wird im deutschen Sprachraum weniger unter »Philanthropie« eingeordnet. Im Brockhaus von 1898 schwingt noch eine weitere Nuance mit, die im deutschen Gebrauch dieses Wortes verbreitet ist: Die Reformpädagogen werden dort als »überall reformierende Apostel« bezeichnet, deren Schriften, solange sie »in der Mode« waren, »manche Verwirrung veranlaßt« haben – in Deutschland wird dem Philanthropen eben gerne ein naives Menschenbild und wenig Sinn für die Realitäten unterstellt.[18]

Es fällt auf, dass »Wohlfahrt, Wohlergehen, Wohlseyn« zwar in dem von 1748 stammenden Band von Zedlers Universallexikon ausführlich diskutiert werden, doch nur im Hinblick auf das Individuum, das sich durch rechten Gebrauch seiner Freiheit und seiner physischen Mittel sein diesseitiges Wohlergehen sichern oder durch einen falschen Gebrauch der Freiheit auch verfehlen kann. Eine Verpflichtung zu korrigierendem Eingreifen von außen, von welcher Seite auch immer, ist nicht erwähnt.[19] Diese Konzentration auf das frei entscheidende Individuum verweist noch auf die religiöse Dimension, die das Wort in älterer Zeit hatte. Für den politischen Gebrauch wurde es durch die Französische Revolution beschädigt, weil das 1793 geschaffene *Comité de salut public*, das berüchtigte Instrument jakobinischen Terrors, im Deutschen als Wohlfahrtsausschuss bezeichnet wurde. Wilhelm von Humboldt, der in Paris seine eigenen Eindrücke von den revolutionären Ereignissen sammeln konnte, hatte schon 1792 in seiner Schrift zu den »Grenzen der Wirksamkeit des Staates« große Skepsis gegenüber jeder staatlich organisierten Verteilungsgerechtigkeit geäußert. In ihr sah er den Vorboten ärgster Despotie. Gemeinsam mit älteren wirtschaftsliberalen Schriften, wie denen Justus Mösers oder auch Adam Smiths, trug Humboldts Essay dazu bei, dass der Begriff »Wohlfahrt« im Verlauf des 19. Jahrhunderts in Deutschland eine schlechte Konjunktur hatte. Administrative, kirchliche und private Kreise wichen gerne auf das Wort »Wohltätigkeit« aus, zumal damit vor allem das weniger umstrittene nichtstaatliche Engagement benannt wurde.[20] »Wohlfahrt« im heute gültigen Sinn ist erst in den deutschen Lexika der Zwischen- und Nachkriegszeit verbreitet, etwa unter »Wohlfahrtspflege« im Großen Herder von 1935, dort beschrieben als »planvolle, nicht erwerbsmäßige, zum Wohl der Allgemeinheit ausgeübte Sorge für notleidende oder gefährdete Mitmenschen«. Sie wird dort als eine freie Betätigung ausdrücklich unterschieden von der staatlich geregelten Sozialversicherung.[21] Diese kennzeichnet den »Wohlfahrtsstaat«, wie er in der 17. Ausgabe der Brockhaus Enzyk-

17 Der Große Brockhaus, Bd. 14 (1933), S. 487.

18 Brockhaus Conversationslexikon, Bd. 13 (1898), S. 83.

19 Zedlers Universallexikon (wie Anm. 13).

20 Wilhelm von Humboldt, Ideen zu einem Versuch, die Grenzen der Wirksamkeit des Staates zu bestimmen, Stuttgart 1995. Siehe auch Rassem, Wohlfahrt (wie Anm. 10), S. 595, 626-627, 631.

21 Der Große Herder, 4., völlig neu bearbeitete Auflage, Freiburg 1935, Bd. 12, Sp. 1221-1226.

lopädie (1966-1974) beschrieben ist: »... der Versorgungsstaat, der um der sozialen Sicherheit der unteren wie der Mittelklassen willen die volle Macht der Sozialgestaltung für sich in Anspruch nimmt.«[22] In der Praxis wurde allerdings auch die gesetzliche Unterstützung auf Kommunal- und Landesebene häufig als »Wohlfahrtspflege« bezeichnet.[23]

In den Jahrzehnten bis zum ersten Weltkrieg erörterten deutsche Nachschlagewerke diese Themen allerdings noch in dem begrifflichen Feld, das sich um das schon seit der Zeit des Vormärz verwendete Wort »Sozialpolitik« formiert hatte: Relevante Einträge waren »Sociale Frage«, »Socialpolitik«, »Socialismus« oder »Socialdemokratie«. Zusammen nehmen sie im Brockhaus des Jahres 1898 immerhin 17 Seiten ein. Der Artikel zur »Socialen Frage« erörtert drei wesentliche Ansätze für den Umgang mit dem Problem sozialer Ungleichheit: einen die »Manchester-Richtung« genannten wirtschaftsliberalen Ansatz, bei dem auf die ausgleichende Wirkung der Marktmechanismen gesetzt wird; einen »sozialistischen« Ansatz, der auf die weitgehende Abschaffung des Privateigentums zielt; und schließlich »soziale Reform«, angestrebt durch Erlass von Arbeiterschutzgesetzen und Schaffung staatlich geregelter Versicherungssysteme, für die Absicherung bei Krankheit, Arbeitslosigkeit und Alter.[24] Die Bevorzugung dieses Wortfeldes hat sich bis heute erhalten. Der Ausdruck Wohlfahrtsstaat scheint häufig mit Bevormundung und zu hohen Staatsausgaben assoziiert zu werden, so dass man ihn auch polemisch benutzt. »Sozialstaat« oder »soziale Marktwirtschaft« sind in dieser Hinsicht neutraler.[25]

Die Nachschlagewerke aus allen drei Ländern betonen die etymologische Verwandtschaft zwischen Caritas bzw. Nächstenliebe und Wertschätzung – Wert auch im ökonomischen Sinne. Was in der deutschen Sprache mit zwei verschiedenen Worten ausgedrückt werden muss, ist im Englischen und Französischen synonym: *dear friend* oder *cher ami* heißt dort eben zugleich »lieber« und »teurer« Freund. Zwar vermerkt auch der Große Brockhaus von 1929 unter »Caritas«: »Hoher Wert; Hochschätzung; Liebe, besonders Nächstenliebe, Barmherzigkeit.«[26] Keines der herangezogenen Lexika verknüpft allerdings Ökonomie und Moral so eng miteinander wie die Encyclopaedia Britannica in ihrer zehnten und elften Ausgabe: »Caritas, oder Nächstenliebe, hat eine weitere Bedeutung – hoher Preis, und damit Kostspieligkeit. Es ist, in der Tat, Nächstenliebe ausgedrückt in einer merkantilen Metapher ...«.[27] In dem schon kurz

---

22 Brockhaus Enzyklopädie, Wiesbaden 1966-1974, Bd. 20, S. 435-436.

23 Katrin Marx: ›From »old« poor relief (*Armenpflege*) to »new« welfare (*Wohlfahrtspflege*): Development of ›family care‹ in rural Germany‹, in: Andreas Gestrich/Steven A. King/Lutz Raphael (Hg.), Being Poor in Modern Europe. Historical Perspectives 1800-1940, Bern 2006, S. 299-321.

24 Brockhaus Conversationslexikon, Leipzig – Berlin – Wien, Bd. 13 (1898), S. 1-17; zu »Sociale Frage« siehe S. 7-8. Schon in der Zeit des Vormärz wurde »Sozialpolitik« von dem konservativen Publizisten Wilhelm Heinrich Riehl (1823-1897) verwendet; hierzu Rassem, Wohlfahrt (wie Anm. 10), S. 632.

25 Jens Alber, ›Germany‹, in: Peter Flora (Hg.), Growth to the Limits. The Welfare States since World War II, Bd. 2: Germany, United Kingdom, Ireland, Italy, Berlin – New York 1986, S. 4-154, hier S. 4. So auch jüngst noch Detlev Brunner, ›Sozialstaaten in international vergleichender Perspektive. Entstehung und Entwicklung im 19. und frühen 20. Jahrhundert‹, in: Comparativ 17 (2007) 3, S. 105-120, hier S. 106. Siehe außerdem Rassem, Wohlfahrt (wie Anm. 10), S. 636.

26 Der Große Brockhaus, Bd. 3. (1929), S. 643; der Eintrag beschränkt sich darauf.

27 »Caritas, or charity, strikes another note – high price, and thus dearness. It is charity, indeed, expressed in mercantile metaphor ...« Encyclopaedia Britannica 1910-11, Bd. 5, S. 860.

erwähnten Abschnitt »Charity and socialism« geht dieser Artikel näher auf die ökonomischen Implikationen ein. Jeder äußere Einfluss auf den freien Güter- und Arbeitsmarkt beschädige die ihm eigenen Mechanismen des Ausgleichs und untergrabe vor allem Selbstverantwortung und Subsidiarität. »Vom Standpunkt [wahrer] Caritas aus betrachtet scheint ... [staatliche Intervention] das ethische Element aus dem Leben zu verbannen und den Menschen vor allem als eine Art von sozialem Tier zu behandeln. Sie scheint auch den aus der Selbstvorsorge wachsenden Unternehmungsgeist zu schwächen.« In dem Abschnitt »The economics of charity« ist die Schädlichkeit solcher Instrumente erläutert: »Der Austausch zwischen Arbeit und Lohn muss frei bleiben, wenn er Gültigkeit behalten soll. Je geringer die Qualifikation des Arbeiters, desto größer ist die Versuchung für den Philanthropen, den geringeren Lohn zu subventionieren, und desto wichtiger wird es, den Lohn nicht zu stützen, denn gerade der schlechter Ausgebildete muss selbst die größten Anstrengungen machen, solche Abhängigkeit zu vermeiden.« Zudem, so der Beitrag, werden die Arbeitgeber im Fall einer Subvention ihre Lohnangebote um die entsprechende Spanne senken. Jede über die Linderung akuter und schwerer Not hinausgehende Wohltätigkeit habe demnach den Effekt, das Lohnniveau insgesamt zu senken, und so »können einige wenige Individuen das Einkommen einer großen Gruppe ungelernter Arbeiter drücken«. Dasselbe gelte für staatliche Altersrenten, die lediglich eine zeitlich verschobene Lohnsubvention darstellten und die freiwillige Vorsorge der *friendly societies* – eine in Großbritannien besonders verbreitete Form genossenschaftlich organisierter Absicherung – untergrabe. Jede Einrichtung, die nicht ausschließlich von den Beiträgen ihrer Mitglieder oder Fördervereine getragen sei, zum Beispiel auch die Stiftung eines Krankenhauses, stört diese »Ökonomie der Caritas«.[28]

In keinem der deutschen und französischen Lexika konnte ein Beitrag gefunden werden, der jede nicht auf reiner Selbsthilfe bauende Wohlfahrtspflege so explizit verurteilt.[29] Diese *commodification* bzw. Kommodifizierung von Gütern, Arbeit und Dienstleistungen (um auf einen in der Literatur häufig verwendeten Ausdruck zurückzugreifen) entsprach ganz der *political economy*, die in der ersten Hälfte des 19. Jahrhunderts von den Köpfen des britischen Evangelikalismus formuliert wurde. Vor allem Boyd Hilton hat gezeigt, welche Breitenwirkung der religiöse Sprachduktus dieser Wirtschaftslehre hatte. Sie brachte die Gesetze der liberalen Ökonomie mit denen der christlichen Moral in Einklang und sollte noch lange nachwirken. Dies betraf auch und gerade Dienstleistungen in den Bereichen von Gesundheit und Erziehung. Für Thomas Chalmers (1780-1847), einen der einflussreichsten Vertreter dieser Richtung, waren die Gesetze des Marktes ein Werkzeug der Vorsehung, das die Menschen dazu anleitete, nach göttlichem Willen zu leben: So grausam dem sentimentalen Beobachter die von Malthus formulierten demographischen Gesetze auch erscheinen möchten, so Chalmers, sie würden auch die Uneinsichtigen schließlich überzeugen, dass nur die Abkehr von den Leidenschaften des Fleisches die Menschheit vor der Katastrophe der Übervölkerung des Planeten bewahren werde. Diese Einsicht konnte freilich nur um sich greifen, wenn jegliche Marktintervention unterblieb – also wenn die Individuen

---

[28] Encyclopaedia Britannica 1910-11, Bd. 5, Zitate von S. 886.

[29] Dies ist noch schärfer formuliert im Dictionary of Political Economy, 3 Bde., London 1894/96/99, siehe Bd. 1, S. 262-71.

eine weitgehende Selbstkommodifizierung erreichten. Chalmers selbst brachte es so auf den Punkt: »Ich messe der Erlösung einer einzigen Seele mehr Wert bei als der Errettung eines ganzen Weltreichs vom Pauperismus.« Allerdings kritisierten diese Evangelikalen ebenso scharf alle den Industrien, dem Handel oder den Großgrundbesitzern zugute kommenden Subventionen oder Zölle. Ein Beispiel wären die *Corn Laws*, ein Markteingriff, welcher der Masse der Verbraucher höhere Lebenshaltungskosten aufbürdete.[30] Konsequenterweise machten die Evangelikalen ihren Einfluss auch für die Abschaffung der Sklaverei in den britischen Kolonien geltend – nur wer seine Arbeitskraft frei anbieten kann, kann auch frei entscheiden, ob er sich in gottgefälliger Weise auf diesem Markt bewegen will.

Will man die Befunde zu den verschiedenen Ländern zusammenfassend ordnen, so gälte für Großbritannien, dass die relevanten Themen unter dem übergeordneten Begriff *charity* behandelt wurden. In Frankreich geschah dies vor allem unter *philanthropie*, während der Umgang mit dem als antiquiert eingestuften Wort *charité* hier zumindest vorsichtig war. Bei den deutschen Lexika hatte sich bis zum Ende des 19. Jahrhunderts ein um das Adjektiv »sozial« gruppiertes Wortfeld durchgesetzt. Überraschenderweise spielten die Worte *welfare* bzw. »Wohlfahrt« im britischen und deutschen Diskurs kaum eine Rolle, jedenfalls nicht vor dem Einsetzen aktiver staatlicher Wohlfahrtspolitik. Es scheint, dass *welfare* bzw. »Wohlfahrt« sich weder im Großbritannien noch im Deutschland des 19. Jahrhunderts gegen den vorherrschenden liberal geprägten Diskurs behaupten konnten.[31] Dennoch wurde soziale Ungleichheit in den deutschen Lexika als ein Problem formuliert, dem mit sozialpolitischem Gestaltungswillen begegnet werden kann. Das gilt auch für die französischen Einträge zu »Philanthropie«. Nur die Autoren der britischen Einträge setzten ganz auf die Selbstheilungskräfte eines uneingeschränkt freien Marktes, jedenfalls im späten 19. und frühen 20. Jahrhundert.

Lexikonartikel spiegeln freilich nicht unbedingt die tatsächlichen gesellschaftlichen und politischen Gegebenheiten und auch nicht den alltäglichen Sprachgebrauch wider. Der *charity*-Artikel der Encyclopaedia Britannica von 1842 etwa liest sich mehr wie ein Protest gegen die Leistungseinschränkungen durch das neue *Poor Law* von 1834 und der extrem wirtschaftsliberal orientierte Eintrag in den Ausgaben von 1902 und 1910/11 wie ein Appell gegen das sozialpolitische Programm des damaligen Schatzkanzlers David Lloyd George, unter dem 1908 das erste britische Rentengesetz verabschiedet wurde. Autor dieses *charity*-Artikels war Charles S. Loch, vor allem bekannt geworden durch seine langjährige Tätigkeit als Generalsekretär der 1869 gegründeten *Charity Organisation Society* (*C.O.S.*), die zur Linderung sozialer Probleme ganz auf die Mechanismen des Marktes setzte – die Steuerfinanzierung des *Old Age Pensions Act* von 1908 war also eines der für die *C.O.S.* am wenigsten akzeptablen Modelle. Die Organisation schwamm zu dieser Zeit offensichtlich bereits gegen den Strom. Auch die im vorliegenden Beitrag gewissermaßen idealtypisch formulierte Unterscheidung zwischen religiös unterlegter *charity* und säkularer *philanthropy* ist in der Praxis sicher verschwommener gewesen. Viele der Protagonisten im Wohlfahrts-

---

30 Boyd Hilton, The Age of Atonement. The Influence of Evangelicalism on Social and Economic Thought, 1795-1865, Oxford 1988, Zitat von S. 88; zur politischen Ökonomie siehe z.B. S. 66-70, 82-83 oder 327-328.

31 Rassem, Wohlfahrt (wie Anm. 10), S. 629.

sektor haben diese beiden Worte synonym verwendet.[32] Die Durchsicht der Verzeichnisse wohltätiger Einrichtungen in London zeigt jedoch, dass *charity* und *charitable* sehr viel häufiger verwendet wurden als *philanthropy* bzw. *philanthropic*.[33] Es ist für England allerdings kein ideologischer Graben erkennbar, der das Vokabular verschiedener politischer Lager getrennt hätte. Der Begriff *charity* wurde dort zwar eindeutig häufiger verwendet, aber auch *philanthropy* war über ein breites politisches Spektrum hinweg akzeptabel. Im späten 18. und weit bis ins 19. Jahrhundert hinein wurde sogar die umstrittene Politik des *Poor Law* als *legal charity* bezeichnet.[34] Anders in Frankreich, wo die in der Revolution aufgerissenen Gräben die Terminologie der politischen Lager bis ins 20. Jahrhundert hinein mitprägten: So veranlasste eine 1813 beschlossene Umbenennung der halbstaatlichen Wohltätigkeitsbüros (*Bureaux de bienfaisance*) in *Bureaux de charité* die Parteigänger des Säkularismus zum Protest: Dies werde die Büros »in einem gewissen Maße zu religiösen Einrichtungen machen«. Die Klagen von antiklerikaler Seite gegen eine Umbenennung von Einrichtungen setzten sich bis mindestens in die 1830er Jahre fort. Man fürchtete, dass dies zugleich zu einer Umfunktionierung führe.[35] Erst in der zweiten Hälfte des 19. Jahrhunderts wurde *bienfaisance* zu einem Wort, das von beiden Seiten als Bezeichnung für die freie Wohlfahrtspflege verwendet wurde.[36] Auch die Konjunktur, die der Begriff *charité* gegen Ende des Jahrhunderts nochmals erlebte, war dem Dauerkonflikt zwischen Republikanern und Klerikalen geschuldet: Bedrängt von der Dritten Republik, benutzten die Kirche und ihre Unterstützer ihn wieder verstärkt in den Auseinandersetzungen um die Wohlfahrtspflege.[37] Bei der freien Wohlfahrtspflege in Deutschland dagegen waren die in den Lexika vorherrschenden, relativ neutralen Termini wie »Sozialarbeit« oder »Sozialpolitik« schon im 19. Jahrhundert weit verbreitet, wie bei den lutherischen Einrichtungen in den wachsenden Industriezentren, etwa in Berlin. Freilich drückte auch dieses Vokabluar eine Distanzierung von dem als schädlich bewerteten unsystematischen Almosengeben aus. Mit der 1881 eingeführten gesetzlichen Sozialversicherung wurde der Ausdruck Sozialpolitik im Reich gewissermaßen offiziell.[38]

---

32 So etwa Bernard Harris, The Origins of the British Welfare State. Social Welfare in England and Wales, 1800-1945, Basingstoke – New York 2004, S. 59-60. Olive Checkland dagegen hat in ihrer Arbeit zur freiwilligen Wohlfahrtspflege in viktorianischer Zeit einen solchen Unterschied in der Sprachpraxis festgestellt. Olive Checkland, Philanthropy in Victorian Scotland: Social Welfare and the Voluntary Principle, Edinburgh 1980, S. 1-2.

33 John Brownlow/Sampson Low, A Pocket Guide to the Charities of London, London 1838. Sampson Low, The Metropolitan Charities, London 1844. Sampson Low, The Charities of London, London 1850. John Lane (Hg.), Herbert Fry's Royal Guide to the London Charities 1889-90, London 1890.

34 Innes, State, Church and Voluntarism (wie Anm. 1), S. 21.

35 Isser Woloch, The New Regime. Transformations of the French Civic Order, 1789-1820s, New York – London 1994, Zitat von S. 264.

36 Dies spiegelt sich auch im Eintrag *Bienfaisance* des Grand Dictionnaire Universel 1866-79, S. 718, der – anders als die Einträge zu *Philanthropie* und *Charité* – ohne einseitige politische Konnotationen ist.

37 Matthew Ramsey, ›Poor Relief and Medical Assistance in 18th and 19th Century Paris‹, in: Ole Peter Grell/Andrew Cunningham/Robert Jütte (Hg.), Health Care and Poor Relief in 18th and 19th Century Northern Europe, Aldershot – Burlington 2002, S. 279-308, hier S. 302-303.

38 Rassem, Wohlfahrt (wie Anm. 10), S. 632.

Dass die in den Lexika auffallenden Unterschiede im Sprachgebrauch weit reichend waren, darauf deutet auch das bis heute verwendete Vokabular für einen juristischen Begriff hin: Steuervergünstigungen erhalten nichtstaatliche Wohlfahrtseinrichtungen in Deutschland durch Anerkennung ihrer Gemeinnützigkeit, in Frankreich als *société d'utilité publique* und in Großbritannien als *registered charity*. Im englischen Sprachgebrauch hat sich also das am stärksten religiös konnotierte Wort durchgesetzt bzw. erhalten. Zugleich war es im britischen Diskurs mit einer stark ökonomischen Komponente aufgeladen, die bei dem französischen *charité* vollkommen fehlte.[39]

Varianten des Wohlfahrtsstaates

Ob hinter den lexikalischen Varianten auch politische, soziale oder in breiterem Sinne kulturelle Unterschiede stehen, denen man eine tiefer gehende Prägekraft zuschreiben darf, soll nun anhand der verschiedenen Ausprägungen des Wohlfahrtsstaates überpruft werden. Finden sich hier Entsprechungen zu den Bedeutungsunterschieden bei den Begriffen Wohlfahrt, Philanthropie und Caritas? Die Verschiedenheit der Sozialstaatsmodelle ursächlich zu erklären, hat bereits eine ganze Reihe von historisch interessierten Sozialwissenschaftlern auf den Plan gerufen. Alle ihre Arbeiten haben aus methodischen Gründen mehr als die hier ausgewählten Länder England, Deutschland und Frankreich einbezogen, und deshalb muss die Perspektive nun auch über sie hinaus geweitet werden. Die Verschiedenheit der Modelle, die unterschiedlichen Chronologien ihrer Entstehung und die jeweils eigene wirtschaftliche Entwicklung der untersuchten Länder machen ihre vergleichende Erforschung zu einem methodologisch extrem anspruchsvollen Feld. Drei (teils einander widersprechende) Studien sollen hier kurz vorgestellt werden und einen Einblick in die Problematik eröffnen.

Die wohl einflussreichste neuere Arbeit auf dem Gebiet, Gøsta Esping-Andersens »Three Worlds of Welfare Capitalism« (1990), beschreibt drei Typen des Wohlfahrtstaates, die zugleich bestimmten Regionen zugeordnet werden: das sozialdemokratische Modell ist danach in seiner reinsten Form in Skandinavien anzutreffen, das konservativ-christdemokratische im kontinentalen Europa, und das liberale in der angelsächsischen Welt. Erklärt werden die Differenzen in erster Linie aus unterschiedlichen Verläufen in der Entwicklung der Arbeiterbewegungen und aus den verschiedenen Bündniskonstellationen zwischen Unter-, Mittel- und Oberschicht. Eine besonders ausgeprägte Affinität und damit auch Solidarität zwischen Unter- und Mittelschicht bzw. zwischen Arbeitern und Angestellten sei in Skandinavien zustande gekommen, was der Sozialdemokratie die Schaffung eines leistungsstarken steuerfinanzierten Systems der sozialen Absicherung ermöglicht habe. Eine stärkere Affinität zwischen Mittel- und Oberschicht begünstige das liberale Modell mit geringer Staatsquote und einem hohen Anteil an Eigenvorsorge, wie in Großbritannien und den USA.[40] Zur Erklärung unterschiedlicher Verläufe legte Peter Lindert seinen Schwer-

---

[39] Zu der engen Verschränkung von theologischem und ökonomischem Denken im viktorianischen Großbritannien siehe Hilton: Atonement (wie Anm. 30).

[40] Gøsta Esping-Andersen, The Three Worlds of Welfare Capitalism, Cambridge 1990, siehe vor allem S. 26-29.

punkt dagegen auf den Grad der Demokratisierung, gemessen an der Ausweitung des Wahlrechts auf immer weitere (und damit auch sozial schwächere) Teile der männlichen Bevölkerung. Aus seiner Perspektive waren die skandinavischen Länder Vorreiter bei der Sozialgesetzgebung, gefolgt von Großbritannien, Australien und Neuseeland. Vor 1930, so Lindert, hätten weder die USA oder Japan noch irgendein kontinentaleuropäisches Land südlich von Skandinavien deren Vorsprung eingeholt. Das steht allerdings in auffälligem Gegensatz zu Esping-Andersens Feststellung, dass gerade autoritär regierte Staaten – wie Frankreich unter Napoleon III., Deutschland unter dem Kanzler Bismarck oder Österreich unter der Regierung Eduard von Taaffes – die ersten großen Anstrengungen zur Etablierung moderner Wohlfahrtssysteme unternahmen, und zwar eben mit dem Ziel, der Sozialdemokratie und weiter links stehenden Kräften den Wind aus den Segeln zu nehmen und so die Demokratisierung zu bremsen.[41] Inkonsistenzen sind aber auch an Esping-Andersens Erklärungsversuch kritisiert worden, vor allem hinsichtlich seines konservativ-kontinentalen Modells, das sich bei näherer Betrachtung vor allem als Residuum nicht schlüssig erklärbarer Phänomene entpuppe und in dem so unterschiedliche Länder wie Portugal und Westdeutschland vereint seien. Für den Fall der Niederlande kam auch Esping-Andersen selbst zu dem Schluss, dass ihr Sozialsystem sowohl Merkmale des sozialdemokratischen als auch des konservativen Modells aufweist und nur unter Schwierigkeiten in das kontinentale Muster einzuordnen sei.[42]

Der Sozialwissenschaftler Philip Manow führte jüngst eine breitere Untersuchung zu den wichtigsten westlichen Industrieländern durch, und zwar für die Zeiträume 1890-1920 und 1960-1990, also für die Frühphase und die Boomphase des modernen Wohlfahrtsstaats. Für eine Cluster-Analyse wurden dabei die Chronologie der wichtigsten Sozialgesetzgebungen (Altersrente, Unfall, Krankheit), die verschiedenen Finanzierungsarten und die Höhe der Leistungen einbezogen. Weitere Parameter waren der Urbanisierungsgrad sowie die Entwicklung der Leistungsstärke der einzelnen Volkswirtschaften. Mit der Berücksichtigung der Wirtschaftsstärke kann zum Beispiel die spätere Einführung der Rentengesetzgebung in einem Land mit vergleichsweise niedrigem Sozialprodukt pro Kopf relativiert werden. Erst so werden Länder wie etwa Portugal und die USA miteinander vergleichbar.[43] Im Ergebnis sind nach dieser Methode Italien, Spanien, Frankreich, Deutschland, Österreich und die skandinavischen Länder die Vorreiter in der Ausbildung des Wohlfahrtsstaates. Die USA, Kanada und die Schweiz bilden eindeutig die Nachhut, und Belgien, Neusee-

41 Lindert, Growing Public (wie Anm. 3), allgemein formuliert auf S. 11, für den britischen Fall siehe S. 80. Esping-Andersen, Three Worlds, S. 15, 59.

42 Gøsta Esping-Andersen, Social Foundations of Postindustrial Economies, Oxford – New York 1999, S. 77, siehe dort auch Anm. 7.

43 Philip Manow, ›The Good, the Bad, and the Ugly: Esping-Andersens Sozialstaats-Typologie und die konfessionellen Wurzeln des westlichen Wohlfahrtsstaats‹, in: Kölner Zeitschrift für Soziologie und Sozialpsychologie 54-2 (2002), S. 203-223. Digitale Version in Englisch: ›The Good, the Bad, and the Ugly: Esping Andersen's Regime Typology and the Religious Roots of the Western Welfare State‹, Max-Planck-Institut für Gesellschaftswissenschaften, Working Paper 04/3, September 2004, 28 S. (www.mpi-fg-koeln.mpg.de/pu/workpap/wp04-03; 01/08/2005). In Manows Beitrag auch ein konziser Überblick zu der Diskussion um Esping-Andersens Modellbildung.

land, Australien und Großbritannien zeigen ebenfalls eine verspätete Entwicklung.[44]

Wie das Beispiel der Altersvorsorge in den verschiedenen Ländern zeigt, bilden sich ähnliche Cluster auch beim Vergleich von heutigen Finanzierungsvarianten sozialer Sicherungssysteme. Danach unterscheiden der Kontinent und Skandinavien sich weit weniger voneinander als in Esping-Andersens Ergebnissen:

Tab. 1: Alterssicherung in der OECD, Anteil am Bruttoinlandsprodukt und Bedeutung der »zweiten Säule«[45]

	1. Säule gesetzliche Rentenversicherung (staatlich) Ausgaben in % des BIP (1995)	2. Säule betriebliche Altersversicherung (privat) Vermögen als % des BIP (1993)
Österreich, Belgien, Frankreich, (West-) Deutschland, Italien, Spanien	10,7 %	5,0 %
Dänemark, Finnland, Schweden	10,0 %	12,5 %
Großbritannien, Schweiz, Australien, Kanada, Niederlande, Neuseeland, USA	5,0 %	63,1 %

Diese Abweichung von den bei Esping-Andersen, Lindert und anderen Autoren bestimmten Rangfolgen verlangt nach einer neuen Interpretation. Den Niederlanden und der bei den übrigen Untersuchungen häufig vernachlässigten Schweiz kommt dabei einige heuristische Bedeutung zu. Die Widersprüche zwischen der von Manow und der von Esping-Andersen gebildeten Reihenfolge könnte man mit verschiedenen methodischen Zugängen erklären. Für die Interpretation aber führt Manow an, dass die Rolle der Konfessionen bei Esping-Andersen – wie bei vielen anderen Untersuchungen zum Thema – fast vollkommen ausgeblendet blieb. Zwar habe Esping-Andersen zumindest einige Unterschiede zwischen katholisch und evangelisch geprägten Ländern berücksichtigt, dabei aber vollkommen ignoriert, dass der lutherische und der calvinistische Protestantismus in ihren politischen und sozialen Lehren voneinander ebenso sehr abweichen wie diese beiden Konfessionen vom Katholizismus.

Erst die in allen calvinistischen Gesellschaften sehr stark ausgeprägte Tendenz zur Eigenvorsorge und ihre Bevorzugung lokaler Organisation vor staatlicher Interventi-

[44] Dies bezieht sich nicht auf die faktische Chronologie der Sozialgesetzgebungen, sondern auf die Reihenfolge, die sich unter der Einbeziehung weiterer Parameter wie Wirtschaftsentwicklung, Urbanisierung etc. ergibt; vergl. insbesondere das Diagramm bei Manow, The Good, the Bad, and the Ugly (wie Anm. 43), S. 212 sowie die Tabellen auf S. 213-215.

[45] Manow, The Good, the Bad, and the Ugly (wie Anm. 43), S. 218.

on böten die Elemente zu einer befriedigenden Interpretation. In der Tat fällt auf, dass Länder mit einem hohen Anteil reformierter Protestanten nicht nur ihre staatlich verordneten Sicherungssysteme relativ spät einführten, sondern dass sie bis heute einen sehr hohen Anteil an Eigenvorsorge aufweisen. Gerade das Schweizer und das niederländische Beispiel belegen, dass es sich dabei um kein wie auch immer zu begründendes geographisches, sondern vielmehr um ein konfessionell bedingtes Muster handeln muss. Für den ebenfalls in dieses Cluster passenden Fall Großbritannien, wo der Calvinismus nicht die Verbreitung erreicht hat wie in der Schweiz, in Holland oder Nordamerika, verweist Manow auf die einflussreichen Minderheiten der religiösen Nonkonformisten und Dissenter. Deren in Abgrenzung zur staatsnahen anglikanischen *High Church* entstandene Freikirchen legten immer Wert auf größtmögliche Unabhängigkeit von staatlicher Bevormundung. Dieser Unabhängigkeitssinn drückte sich auch in eigenen, von den Gemeindemitgliedern selbst finanzierten Einrichtungen für die soziale Absicherung und die Erziehung aus.

Dies führt zum zweiten Punkt in dem konfessionell argumentierenden Erklärungsansatz: Neben den inhaltlich verschiedenen Soziallehren der Kirchen berücksichtigt dieser Ansatz auch den eher formalen Aspekt der konfessionellen Zersplitterung bzw. Einheit eines Landes. Wie Peter Lindert und vor ihm vor allem Stein Rokkan betont haben[46], begünstigt religiöse und ethnische Homogenität einer Bevölkerung die Solidarisierung über Klassenschranken hinweg. Das Beispiel Schweden ist hierbei besonders eindringlich: Die Bevölkerung war bis weit in die Nachkriegszeit praktisch geschlossen lutherisch, der Klerus dieser Kirche gehörte dem staatlichen Beamtentum an (wie gemäß der lutherischen Kirchenverfassung auch in Deutschland, jedenfalls bis 1918/19), die Kirchengemeinden verloren ihr Monopol auf dem Gebiet der Schulerziehung erst 1920, und die Staatsangehörigkeit war an die Zugehörigkeit zu einer Religionsgemeinschaft geknüpft. Erst 1952 hob der Staat diese Bedingung auf – aber selbst dann blieben 99 Prozent der Bevölkerung Mitglieder der schwedischen Landeskirche.[47] Dies dürfte einer der wesentlichen Gründe dafür sein, dass sich das sozialdemokratische Modell dort relativ früh zu einem großzügigen Versorgungsstaat hin entwickeln konnte. Er war möglicherweise gewichtiger als die von Esping-Andersen hervorgehobene Solidarität zwischen Mittel- und Unterschicht. Oder anders gesagt: Die konfessionelle Geschlossenheit war wesentliche Voraussetzung für das Entstehen einer solchen Solidarität. Hinzu kam die politische Doktrin des Luthertums, die einen starken und zentralisierten Staat legitimierte und die in den reformierten Kirchen sich regenden basisdemokratischeren Tendenzen skeptisch bis ablehnend beurteilte.[48]

---

46 Eine Einführung zu den Arbeiten Stein Rokkans bieten Peter Flora/Stein Kuhnle/Derek Unwin (Hg.), State Formation, Nation-Building, and Mass Politics in Europe. The Theory of Stein Rokkan, Oxford 1999, siehe insbes. S. 275-302. Als wesentliche Elemente zum Verständnis politischer Landschaften führt Rokkan insgesamt vier Konfliktlinien (»lines of social cleavages«) an: neben den ethnischen und religiösen Bruchlinien die Gegensätze Kirche vs. Staat, primärer vs. sekundärer Sektor und Arbeiter vs. Angestellte und Arbeitgeber. Lindert, Growing Public (wie Anm. 3), S. 186-187.

47 Olof Petersson, The Government and Politics of the Nordic Countries, Stockholm 1994, S. 196.

48 Ernst Troeltsch, Die Soziallehren der christlichen Kirchen und Gruppen, Tübingen 1923, S. 531. Bronislaw Geremek, Poverty. A History, Oxford 1994, S. 180-184. Viele lutherische Gemeinwesen richteten bereits im 15. und 16. Jahrhundert zentrale, von Laien verwaltete Armenunterstützungen

Umgekehrt waren die Bevölkerungen der calvinistisch beeinflussten Länder – die Schweiz, die Niederlande, die USA und Großbritannien – Konglomerate aus konfessionell, ethnisch und teils auch sprachlich verschiedenen Gruppen. Die Vielfalt der Gesellschaft und die protestantische Ethik von Disziplin und Selbstverantwortlichkeit begünstigten dort die Ausbildung einer *practical christianity*, zu der auch gehörte, dass man soziale Absicherung und auch Fortbildung entschiedener in die eigene Hand nahm.[49] Bereits 1803 gab es allein in England 10.000 *friendly societies*, mit insgesamt über 700.000 Mitgliedern. In Frankreich existierten auch 1850 erst 2.000 derartige Vereine, mit schätzungsweise 100.000 Mitgliedern, bei zugleich stärkerer Einmischung von Seiten des Staates und der Unternehmer.[50] Kirche und Staat konkurrierten dort gewissermaßen in der paternalistischen Fürsorge für die Schwächeren der Gesellschaft. Die in England, in Nordamerika und in der Schweiz viel beschworenen protestantischen Tugenden der »Selbstverantwortung, Sparsamkeit, Disziplin und Vorsorge«, aber auch der Begriff Subsidiarität waren in den französischen Debatten insbesondere des späten 19. Jahrhunderts »weitgehend abwesend.«[51] Ähnlich fällt der deutsch-britische Vergleich aus. Die in ihrer Autonomie auch rechtlich anerkannten britischen Arbeitervereine konnten sich bereits seit Mitte des 19. Jahrhunderts zunehmend in die Zivilgesellschaft integrieren und wurden dabei von der damals noch mächtigen Liberal Party unterstützt. So sahen es jedenfalls der Brite Malcolm Forbes Ludlow (1821-1911) und der Deutsche Lujo Brentano (1844-1931), zwei an den sozialen Fragen interessierte Juristen. Hinter Bismarcks obligatorischem Rentensystem dagegen erkannten nicht nur diese beiden Zeitgenossen die Absicht, die Eigenorganisation der Arbeiter zu schwächen. Den deutschen Liberalen warfen sie Schwäche und schließlich Komplizenschaft mit dem Kanzler vor.[52] Dass englische Arbeiter und Angestellte bei den Tarifverhandlungen freie Hand hatten, wurde von anderen deutschen Beobachtern nur als ein Element des »Manchester-Systems« gesehen – wobei die Bezeichnung »Manchester-System« bzw. »Manchester-Kapitalismus« keinen Zweifel daran lassen sollte, dass es sich dabei um ein ausbeuterisches System handelte. Diese Ablehnung liberaler Prinzipien für den Arbeitsmarkt wurde in Deutschland von vielen Unternehmern geteilt. Auf dem Kontinent wurden paternalistische Lösungen auch von vielen katholischen Industriellen angestrebt. In Frankreich setze dies schon lange vor der Verkündung der päpstlichen Enzyklika

---

ein. Die Zentralisierung hatte in den calvinistischen Niederlanden, in England und Nordamerika eine andere Tendenz: Dort schuf man vor in viel größerer Zahl geschlossene *workhouses*, zur Disziplinierung der Armen. Siehe hierzu Sigrun Kahl: ›Religion as a Cultural Force: Social Doctrines and Poor Relief Traditions‹, in: Kees van Kersbergen/Philip Manow (Hg.), Religion, Class Coalitions and Welfare Regimes, in Druck, Cambridge 2009.

49 Robert J. Morris: ›Clubs, societies and associations‹, in: Francis M. L. Thompson (Hg.): The Cambridge Social History of Britain, 1750-1950, Cambridge 1996, S. 396-443.

50 Innes, State, Church and Voluntarism (wie Anm. 1), S. 41.

51 So urteilen jedenfalls Philip Manow/Bruno Palier, ›A Conservative Welfare State without Christian Democracy? The French Etat-providence, 1880-1960‹, in: Kees van Kersbergen/Philip Manow (Hg.), Religion and Welfare Regimes (wie Anm. 48), in Druck, Cambridge 2009.

52 Lawrence Goldman: ›Civil Society in 19th Century Britain and Germany: J. M. Ludlow, Lujo Brentano and the Labour Question‹, in: Jose Harris (Hg.), Civil Society in British History. Ideas, Identities, Institutions, Oxford 2003, S. 97-113, hier S. 107-108.

»Rerum Novarum« (1891) ein. Beispiele böten die De Wendels mit ihren Eisenwerken im östlichen Frankreich, die großen Textilunternehmer im Pas de Calais und in Lyon sowie die Eisenbahngesellschaft *Compagnie du Chemin de Fer d'Orléans*.[53] Von der *Société Industrielle de Mulhouse* behauptete Bismarcks Minister von Boetticher gar, dass keine Sozialversicherungsgesetze erforderlich wären, wenn vergleichbare freiwillige Initiativen in ganz Deutschland ergriffen würden.[54] Die katholische Soziallehre konnte in Großbritannien keinen auch nur annähernd vergleichbaren Einfluss gewinnen.

Selbst die Erwartungen und Wertvorstellungen der Individuen in den verschiedenen Ländern sind bis heute von den jeweils eigenen Entwicklungen von Philanthropie und staatlicher Wohlfahrt geprägt. Wie denken wir heute über das Verhältnis zwischen sozialer Ungleichheit und persönlicher Verantwortung? Einen Einblick dazu bieten Umfragen, die von der Europäischen Kommission in Auftrag gegeben wurden, und die auch Serge Paugam in seiner lesenswerten Untersuchung »Die elementaren Formen der Armut« verwendete. Aufschlussreich ist insbesondere die Frage nach den »angenommenen Ursachen der Armut«: Ist sie vor allem auf individuelle oder viel mehr auf allgemeine gesellschaftliche Ursachen zurückzuführen? Aus Gründen der bequemeren Vergleichbarkeit mit Tabelle 1 sind die Umfrageergebnisse eines jeden Landes in der folgenden Tabelle in denselben drei Clustern angeordnet worden wie in Tabelle 1 – auch wenn die Werte das nicht durchgängig rechtfertigen.

Die in der Tabelle 1 als stark wohlfahrtsstaatlich gekennzeichneten Länder Österreich, Belgien, Frankreich, Westdeutschland, Italien und Spanien sowie Schweden und Finnland bilden auch bei diesen Umfrageergebnissen ein Cluster. Unter den skandinavischen Ländern fällt lediglich Dänemark aus der Gruppe heraus. Eindeutige Mehrheiten von gut 50 bis knapp 70 Prozent der Befragten waren in all diesen Ländern der Ansicht, dass Armut nicht primär individuell zu verantworten ist, sondern dass sie – wie auch immer geartete – gesellschaftliche Ursachen hat. Nur etwa ein Drittel der Befragten aus diesen Ländern wollen sie individuellen Ursachen zuschreiben, und entsprechend ist die staatliche Wohlfahrt dort zu einer Maschine zur breiten Verteilung der Kosten und Risiken ausgestaltet worden. Dagegen wollten im liberaler verfassten Großbritannien und in den Niederlanden nur knappe 42 Prozent der Befragten gesellschaftliche Gründe gelten lassen, und nur in Großbritannien und in Dänemark schrieben deutlich mehr als 40 Prozent dem Individuum die wesentliche Verantwortung zu.

---

53 Colin Heywood, ›The Catholic Church and the Business Community in Nineteenth-Century France‹, in: Nicholas Atkin/Frank Tallett (Hg.), Religion, Society and Politics in France since 1789, London – Rio Grande 1991, S. 67-88, hier: S. 75-81. Siehe auch John S. Ambler, ›Ideas, Interests, and the French Welfare State‹, in: ders. (Hg.): The French Welfare State: Surviving Social and Ideological Change, New York – London 1991, S. 1-31, hier S. 9-11.

54 Jean Philippe-Hesse: ›The French »model«: like a swarm of bats‹, in: Denis Bougier/Bruno Palier (Hg.): Comparing social welfare systems in Nordic Europe and France, Paris 1999, S. 15-30, hier S. 16; Hesse verweist hier auf Sandrine Kott: Des philanthropies aux politiques sociales. Solutions françaises à la question sociale en Haute-Alsace, 1850-1914, Diss. Université Paris-VII 1991. Siehe auch Allan Mitchell, The Divided Path. The German Influence on Social Reform in France after 1970, London-Chapel Hill 1991.

Tab. 2: Die angenommenen Ursachen der Armut – Umfragewerte von 2001 [55]

	individuelle Ursachen	gesellschaftliche Ursachen	keine	weiß nicht
Belgien	35,8 %	54,8 %	4,4 %	4,9 %
Frankreich	32,0 %	59,0 %	5,1 %	3,9 %
Italien	34,8 %	51,9 %	6,2 %	7,2 %
Österreich	34,9 %	53,8 %	6,6 %	4,7 %
Spanien	36,4 %	54,7 %	3,6 %	5,4 %
Westdeutschland	28,7 %	58,6 %	3,8 %	8,8 %
Ostdeutschland	24,2 %	69,0 %	3,6 %	3,1 %
Dänemark	46,8 %	43,4 %	6,0 %	3,8 %
Finnland	28,1 %	65,9 %	2,4 %	3,6 %
Schweden	21,6 %	69,1 %	5,2 %	4,1 %
Großbritannien	43,4 %	41,8 %	5,2 %	9,7 %
Irland	40,7 %	42,6 %	7,0 %	9,8 %
Niederlande	35,1 %	41,8 %	14,2 %	8,8 %

Schluss

Der hier gewählte begriffs- und mentalitätsgeschichtliche Zugang birgt zugestandenermaßen die Gefahr, in essentialistische Erklärungsmuster und unzulässige Verallgemeinerungen zu geraten: »die Briten«, »die Franzosen«, »die Deutschen«. Aber auch wenn die Basis der Untersuchung hier noch schmal bleiben musste: Es zeigen sich auffällige Übereinstimmungen zwischen den in den untersuchten Ländern vorherrschenden heutigen Wertvorstellungen, den jeweils verwirklichten Varianten des Sozialstaats und den Konnotationen des im 19. und 20. Jahrhundert in den Diskursen verwendeten Vokabulars. In Ländern mit freikirchlichen und calvinistischen Traditionen – hier vertreten durch Großbritannien – hat sich die schon in den Begriffen (besonders in *charity*) enthaltene Wertschätzung persönlicher Verantwortung für die eigene Wohlfahrt auch in der Ausformung des Wohlfahrtsstaates niedergeschlagen. Die in diesen Systemen vergleichsweise hohe Quote an eigenen Vorsorgeleistungen steht in Kontrast zu den vor allem staatlich geregelten Leistungen in lutherisch oder katholisch geprägten Ländern, wo korporative Traditionen in staatliche Wohlfahrts-

[55] Serge Paugam, Die elementaren Formen der Armut, Hamburg 2008, S. 302. Paugam bediente sich hierfür des Eurobarometer 56.1, Armut und soziale Ausgrenzung, Brüssel 2001. Individuelle Ursachen sind dort weiter aufgeschlüsselt auf »Kein Glück« und »Faulheit«, gesellschaftliche Ursachen auf »Ungerechtigkeit« und »Unvermeidlich«.

systeme überführt wurden. Dort kommt hinzu, dass ihre im Vergleich mit Großbritannien geringere konfessionelle Zersplitterung übergreifende staatliche Lösungsansätze begünstigt hat. Das wurde insbesondere durch einen kurzen Exkurs nach Skandinavien untermauert. Während in Großbritannien die Kommodifizierung der Arbeit wie auch der Wohlfahrtsleistungen befördert wurde – und dabei spielte evangelikaler Einfluss ein wichtige Rolle –, schränkte man sie in Deutschland und Frankreich, aber auch in den rein lutherischen Ländern Skandinaviens stärker ein. Der Arbeitsmarkt war dort stärker reglementiert und die Gewährung von Wohlfahrtsleitungen in breiterem Maße den Marktmechanismen entzogen – sie waren stärker entkommodifiziert.

Die Soziallehren der verschiedenen Konfessionen haben ihre Spuren offenbar nicht nur in den Formen der frühneuzeitlichen Armenhilfe hinterlassen, sondern auch in der Form der modernen Sozialstaaten. Damit beeinflussen sie auch direkt oder indirekt das Komplement zur staatlichen Sphäre: den zivilgesellschaftlichen Bereich. In liberaler verfassten Ländern wie den USA, und tendenziell auch in Großbritannien, trägt die Schwäche der staatlich gewährten Wohlfahrt sicher zu einem weiter verbreiteten Armutsrisiko und einer schlechteren Grundversorgung im Gesundheitswesen bei.[56] Andererseits fördert die stärkere Identifikation des Bürgers mit der lokalen Gemeinde – vor allem der religiösen Gemeinde – die Bereitschaft, Verantwortung und auch Kosten für die sozialen Belange im eigenen Umfeld zu übernehmen. Dieses Engagement – man könnte es kommunitaristisch nennen – verstärkt wiederum die ihm zugrunde liegende Identifikation mit den Gemeinden. Das ist eine der wichtigsten Ursachen dafür, dass die USA bis heute als eine tief religiöse Nation gelten – und ein weiterer Beleg dafür, dass Modernisierung und Säkularisierung nicht zwangsläufig Hand in Hand gehen müssen.[57] In eher kollektivistisch geprägten kontinentaleuropäischen Ländern wie Frankreich und Deutschland,[58] in denen der Staat die wesentlichen Aufgaben im Wohlfahrtssektor übernommen hat, bleibt den Gemeinden weniger Raum zur Betätigung in diesem Sektor. Selbst die beiden großen Kirchen in Deutschland, die sich hier unbestreitbar stark engagieren, verdanken einen großen Teil ihrer Leistungsfähigkeit der staatlich organisierten Erhebung der Kirchensteuer, und auch im vermeintlich strikt laizistischen Frankreich profitiert die Kirche von verdeckten Quersubventionen – etwa indem der Staat zahllose historische Kirchengebäude als Nationaldenkmäler erhält und unterhält. Nicht nur die staatlichen, sondern auch viele kirchliche Einrichtungen konnten in diesen Ländern über lange Zeit hinweg ohne aktive Beteiligung der Bürger funktionieren, was die lebensweltlichen Bezüge zwischen den Kirchen und ihren Mitgliedern schwächt – die institutionellen Strukturen

---

56 Laut Eurostat lag die Zahl der Haushalte mit einem Armutsrisiko in Großbritannien in den Jahren 1995, 1998 und 2001 bei 20 %, 19 % und 17 %, in Deutschland bei 15 %, 11 % und 11 %, in Frankreich in allen drei Jahren bei 15 %. So wiedergegeben bei Paugam, Formen der Armut (wie Anm. 55), S. 293.

57 Hans Joas, ›Die religiöse Lage in den USA‹, in: Hans Joas/Klaus Wiegandt (Hg.), Säkularisierung und die Weltreligionen, Frankfurt/M. 2007, S. 358-375. Michael Hochgeschwender, Amerikanische Religion. Evangelikalismus, Pfingstlertum und Fundamentalismus, Frankfurt/M. 2007.

58 Was hier als Gegensatz zwischen kommunitaristischer und kollektivistischer Politik bezeichnet wird, könnte man auch – mit den Worten Frank Prochaskas – als Gegensatz zwischen *voluntarism* und *collectivism* benennen. Frank Prochaska: Schools of Citizenship: Charity and Civic Virtue, London 2002, S. 27-32.

tendieren dazu, individuelles Engagement überflüssig zu machen, auch in den religiös geprägten Sphären der Zivilgesellschaft. Bemerkenswert bzw. bedenklich ist dabei, dass Ursachen und Wirkungen der beiden Tendenzen – der kommunitaristischen wie der kollektivistischen – auf sich selbst verstärkenden Mechanismen beruhen. Deshalb liegen die Hürden für die Durchsetzung staatlicher Wohlfahrtsprogramme in den kommunitaristisch geprägten Gesellschaften besonders hoch. Das gilt gerade für die USA, wo die Skepsis gegenüber dem Staat unter den Anhängern der beiden großen politischen Parteien weit verbreitet ist. Den mehr kollektivistisch organisierten Gesellschaften fiele es dagegen ausgerechnet in der Krise des Wohlfahrtsstaates schwerer, der Ausdünnung öffentlicher Wohlfahrtsleistungen und Kulturangebote mit verstärktem zivilgesellschaftlichem Engagement zu begegnen. Von dem Boden, auf dem dieses Engagement gedeiht, ist dann am wenigsten vorhanden, wenn er am dringendsten benötigt wird.

Protestantische Wohltätigkeit und der Wohlfahrtsstaat in der Schweiz, 1850-1914

von

THOMAS DAVID / JANICK MARINA SCHAUFELBUEHL

Seit dem Ende der 1980er Jahre, mit dem Zusammenbruch der Sowjetunion und dem Aufkommen demokratischer Gesellschaften in Osteuropa, haben Soziologen und Politikwissenschaftler ihr Interesse an der »Zivilgesellschaft« wieder entdeckt. Dieses Konzept beschreibt einen Raum kollektiver Handlungen, gegründet auf gemeinsamen Interessen oder Werten, der sich auf einer Art Zwischenstufe jenseits des Individuums (oder der Privatsphäre), des Staates und der Wirtschaft befindet. Während des langen 19. Jahrhunderts blühten die zivilgesellschaftlichen Strukturen in Europa und in den Vereinigten Staaten auf. Tausende von Assoziationen jeglicher Art wurden gegründet, darunter Sportvereine, religiöse, politische oder kulturelle Organisationen.[1] Die in diesem Kontext gleichfalls entstehenden wohltätigen Gesellschaften – Missionsgesellschaften, Sonntagsschulen, Bildungseinrichtungen, Visitationsgesellschaften, Gesundheitsvereine etc. – spielten bei dieser Entwicklung in den modernen europäischen Nationalstaaten eine herausragende Rolle. So hat beispielsweise Frank Prochaska über die Philanthropie im Großbritannien des 19. Jahrhunderts bemerkt: »Indem sie zu aktiver Teilnahme ermutigten, wurden Wohltätigkeitsvereine und andere freiwillige Assoziationen zu ›Schulen bürgerschaftlichen Engagements‹, ganz unabhängig davon, ob die beteiligten Bürger direkt politisch aktiv waren.«[2] Gleichzeitig aber haben einige dieser Organisationen mit ihrem gemeinnützigen Engagement nicht nur an der zivilgesellschaftlichen Entwicklung mitgewirkt, sondern auch diejenigen ausgegrenzt und kontrolliert, die nicht ihren sozialen und moralischen Maßstäben entsprachen.[3]

Auch für die Schweiz lässt sich diese Tendenz nachweisen. Im 19. Jahrhundert erlebte sie eine Entwicklung bedeutenden bürgerlichen Gemeinsinns. Zahllose neu

---

1 Maurice Agulhon, Le cercle dans la France bourgeoise 1810-1848: Etude d'une mutation de sociabilité, Paris 1977; Jürgen Kocka, ›Zivilgesellschaft in historischer Perspektive‹, in: Ralph Jessen/Sven Reichardt/Ansgar Klein (Hg.), Zivilgesellschaft als Geschichte. Studien zum 19. und 20. Jahrhundert, Wiesbaden 2004, S. 85-100; Stefan-Ludwig Hoffmann, Civil Society and Democracy in Nineteenth Century Europe: Entanglements, Variations, Conflicts, Wissenschaftszentrum Berlin für Sozialforschung, Discussion Paper Nr. SP IV 2005-405, Berlin 2005; Manuel Borutta, Religion und Zivilgesellschaft. Zur Theorie und Geschichte ihrer Beziehung, Wissenschaftszentrum ›Berlin für Sozialforschung, Discussion Paper Nr. SP IV 2005-404, 2005; Frank Trentmann, ›The Problem with Civil Society. Or Putting Modern European History Back into Contemporary Debate‹, in: Marlies Glasius/David Lewis/Hakan Seckinelgin (Hg.), Exploring Civil Society. Political and Cultural Contexts, London 2004, S. 26-35.

2 Frank Prochaska, Christianity and Social Service in Modern Britain. The Disinherited Spirit, Oxford 2006, S. 5, für die Vereinigten Staaten siehe Kathleen D. McCarthy, American Creed: Philanthropy and the Rise of Civil Society, 1700-1865, Chicago 2003.

3 Kocka, Zivilgesellschaft, (wie in Anm. 1), Hoffmann, Civil Society (wie in Anm. 1).

gegründete Gesellschaften übernahmen öffentliche Verantwortung. Angesichts der relativ schwach entwickelten bundesstaatlichen Infrastruktur und dem Nichtvorhandensein politischer Parteien spielten sie eine außerordentlich wichtige Rolle im Prozess der Demokratisierung und der Festigung patriotischer Gesinnung in der Schweizer Gesellschaft.[4] In den 1870er Jahren schrieb der spätere Bundesrat Louis Ruchonnet: »Die Existenz dieser Gesellschaften, unabhängig vom Staat und dennoch allesamt einen Beitrag zum Gemeinwohl leistend, ist eines der interessantesten Merkmale republikanischen Lebens, in denen die Nation in sich selbst Inspiration und Unternehmungsgeist findet, ohne diese von der Regierung zu erwarten.«[5]

Dieser Beitrag wird sich mit dem Wohltätigkeitswesen der Schweiz während der zweiten Hälfte des 19. Jahrhunderts befassen, als zahlreiche neue wohltätige Organisationen sich der Unterstützung und Erziehung des Arbeiterstandes und der Armen widmeten. Die Mehrzahl dieser Gesellschaften wurde von reformierten Protestanten gegründet. So war das immer dichter werdende philanthropische Netzwerk von ihrer konservativen religiösen Tradition durchzogen. Gesellschaftliche Ordnung, Selbstbeherrschung, Nüchternheit, fleißiges Arbeiten und Disziplin waren die Hauptwerte, die diese Wohltätigkeitsorganisationen vertraten.

Außerdem wird der vorliegende Beitrag zeigen, dass die Entwicklung dieses Netzwerkes nicht nur von religiösen, sondern auch von politischen Faktoren bestimmt war. In den 1840er Jahren errangen liberale Eliten die Macht, und in mehreren protestantischen Kantonen verdrängten sie durch »stille Revolutionen« die alte Oligarchie. Ausgegrenzt von der politischen Macht, erkannten die konservativ-protestantischen Eliten in der Wohlfahrtspflege eine Chance, an einer anderen Art von Macht festzuhalten, aktiv in der Öffentlichkeit zu wirken und sich selbst dadurch auch auf nationaler Ebene bekannt zu machen.

Zunächst wird die Bedeutung des Schweizer Wohltätigkeitswesens in vergleichender Perspektive erörtert, um dann zu zeigen, inwiefern religiöse und politische Faktoren diese Bewegung prägten. Als nächstes werden Diskurse und die Aktivitäten der konservativen und protestantischen Organisationen dargestellt und die Ideologie und Praxis dieser Wohltätigkeitsgesellschaften anhand ihrer wichtigsten Institutionen veranschaulicht, den Heimen. Schließlich werfen wir einen Blick auf die Rolle, die diese Bewegung im Hinblick auf die (Nicht-)Entwicklung eines Wohlfahrtsstaates in der Schweiz gespielt hat. Eines der Hauptmerkmale der konservativen philanthropischen Netzwerke war nämlich ihre starke anti-etatistische Haltung. Aus der Stärke und dem Einfluss dieser protestantischen Eliten lässt sich teilweise die vergleichsweise langsame Ausbildung des Schweizer Wohlfahrtsstaates erklären.

---

4 Hans Ulrich Jost, ›Sociabilité, faits associatifs et vie politique en Suisse au 19ème siècle‹, in: Hans Ulrich Jost/Albert Tanner (Hg.), Geselligkeit, Sozietäten und Vereine. Sociabilité et faits associatifs, Zürich 1991, S. 7-29.

5 »L'existence de ces sociétés indépendantes de l'Etat, et qui toutes, cependant, quel que soit leur champ de travail, concourent au bien public, est l'un des caractères les plus intéressants de la vie républicaine, dans laquelle la nation sait trouver en elle-même l'inspiration et l'initiative, sans les attendre du gouvernement«. Zitiert nach: Hans Ulrich Jost, ›Société et sociabilité‹, in: Hans Ulrich Jost (Hg.), Sociétés et sociabilité au XIXe siècle. Colloque à l'Université de Lausanne, 13-14 juin 1986, Lausanne 1986, S. 7-12, hier: S. 10.

Das Wohltätigkeitswesen in der Schweiz während des 19. Jahrhunderts in vergleichender Perspektive

In einer neueren Studie über Stiftungen[6] in Europa an der Wende zum 21. Jahrhundert ordnet Helmut K. Anheier die Schweiz unter die Staaten ein, in denen dieser Sektor am bedeutendsten ist. Demnach existieren hier pro 100 000 Einwohner 111 Stiftungen, verglichen mit nur 16 in Großbritannien.[7] In einen Betrag pro Kopf der Bevölkerung umgerechnet, beläuft sich das Vermögen der Schweizer Stiftungen auf 1 389 Euro, in Großbritannien auf 536 Euro. Diese Rangfolge hätte Alexis de Tocqueville sicherlich überrascht. Während einer Reise in die Schweiz im Jahre 1836 verglich der französische Politiker und Gelehrte beide Länder und kam zu dem Schluss, dass die bürgerliche Gesellschaft in Großbritannien sehr viel stärker entwickelt war als in der Schweiz: »Ich würde die Schweiz nicht mit den Vereinigten Staaten vergleichen, aber mit Großbritannien, und ich würde sagen, dass, wenn man diese beiden Länder näher betrachtet, überraschende Unterschiede zwischen ihnen erkennbar sind. [...] Die Schweizer scheinen diese Vereinigungen aus der gleichen Perspektive wie die Franzosen zu betrachten; das heißt wie ein revolutionäres Mittel und nicht als ein langsames und ruhiges Verfahren, das ein Wiedergutmachen von Unrecht ermöglicht. Die Kunst, sich zu assoziieren und das Recht auf Vereinigung zu nutzen, ist wenig bekannt.«[8]

Seine Überlegungen sollten allerdings nicht ganz wörtlich genommen werden[9]: In den 1830er Jahren war die Anzahl freiwilliger Vereinigungen in der Schweiz – und dabei besonders der Wohltätigkeitsorganisationen – alles andere als unbedeutend.[10] Jedoch setzte in diesem Zeitraum bei der Gründung freiwilliger Vereinigungen ein beständiges Wachstum ein, das dann im letzten Jahrzehnt des 19. und im ersten des 20. Jahrhunderts geradezu explodierte. In den 1830er Jahren wurden ungefähr 180 Gesellschaften gegründet, aber in den 1880ern betrug die Zahl schon 600 und im ersten Jahrzehnt des 20. Jahrhunderts 1 250.[11]

---

6 Der Autor definiert Stiftungen als auf Vermögensanlagen bauende private, selbstverwaltete, gemeinnützige und öffentliche Institutionen.

7 Helmut K. Anheier, The Third Sector at the Crossroads, London 2001.

8 »Je ne comparerai pas la Suisse aux Etats-Unis, mais à la Grande-Bretagne, et je dirai que quand on examine ou même qu'on ne fait que parcourir les deux pays, on aperçoit entre eux des différences qui étonnent. [...] Les Suisses paraissent encore voir les associations sous le point de vue où les Français les considèrent; c'est-à-dire comme un moyen révolutionnaire et non comme une méthode lente et tranquille d'arriver au redressement des torts. L'art de s'associer et de se servir du droit d'association est peu connu.« Alexis de Tocqueville, Oeuvres complètes. Voyages en Angleterre, Irlande, Suisse et Algérie, Paris 1958, S. 175-176.

9 Tocqueville schätzt denn auch die Bedeutung der Zivilgesellschaft in seinem eigenen Land zu niedrig ein: »Als einem Pariser Aristokraten war die Soziabilität der Zivilgesellschaft in den französischen Provinzen, in denen freiwillige Vereinigungen ungeheuer populär waren, weder Teil seiner Erfahrung noch vorstellbar.« Siehe Hoffmann, Civil Society (wie in Anm. 1), S. 11.

10 Ulrich Im Hof, ›Vereinswesen und Geselligkeit in der Schweiz, 1750-1850‹, in: Etienne François (Hg.), Sociabilité et société bourgeoise en France, en Allemagne et en Suisse, 1750-1850 = Geselligkeit, Vereinswesen und bürgerliche Gesellschaft in Frankreich, Deutschland und der Schweiz, 1750-1850, Paris 1986, S. 53-62.

11 Hans Ulrich Jost, A tire d'ailes. Contributions de Hans Ulrich Jost à une histoire critique de la Suisse, Lausanne 2005, S. 128.

Aus europäischer Perspektive betrachtet, stellt die Schweiz damit keineswegs eine Ausnahme dar. Für die Entwicklung der Zivilgesellschaften im Europa des 19. Jahrhunderts unterscheidet Hoffmann drei Phasen. In einer formativen Phase, während der Dekaden um die Wende zum 19. Jahrhundert, breiteten sich freiwillige Vereinigungen von England in die Vereinigten Staaten und auf den europäischen Kontinent aus: »Im Gefolge radikaler politischer Unruhen und Krisen wirkten diese Vereinigungen nun beiderseits des Atlantik als Laboratorien an der Entstehung von Zivilgesellschaft mit«.[12] Zielsetzung dieser Organisationen war die »Förderung sowohl individueller Tugenden als auch des Gemeinwohls.«[13] In einer zweiten Phase, während der 1860er und 1870er Jahre, nahm diese Bewegung immer mehr an Fahrt auf, und schließlich, zwischen den späten 1880ern und dem Ausbruch des Ersten Weltkrieges, lässt sich nach Hoffmann in einer dritten Phase ein nochmals verstärkter Zuwachs dieser Vereinigungen beobachten. Dieser dritte Schub lässt sich darauf zurückführen, dass die Bewegung sich nun auch in kleinen und mittleren Städten ausbreitete.

Statistik der Armenfürsorge in verschiedenen europäischen Ländern, um 1880[14]

	Anzahl der unterstützten Personen	Anteil unterstützter Personen pro 1 000 Einwohner	Ausgaben für Armenfürsorge pro Einwohner (in Pence)
Großbritannien	1.037.000	33	72
Italien	1.365.000	48	24
Preußen	1.310.000	50	42
Österreich	1.220.000	35	24
Frankreich	1.151.000	32	18
Niederlande	1.010.000	105	31
Spanien und Portugal	596.000	30	13
Skandinavien	301.000	38	29
Schweiz	140.000	54	88
Insgesamt	8.130.000	41	31

Aber auch wenn die Periodisierung der Schweizer Entwicklung insgesamt in ein europäisches Muster passt, waren die dortigen Wohltätigkeitsvereinigungen doch zahlreicher und knüpften ein dichteres Netzwerk als in den meisten anderen Staaten des Kontinents (siehe Tabelle). In den späten 1870er Jahren beliefen sich die Aufwen-

12 Hoffmann, Civil Society (wie in Anm. 1), S. 11-12.
13 Ebenda, S. 13.
14 Quelle: Michael G. Mulhall, The progress of the world ... since the beginning of the nineteenth century, London 1880, S. 96.

dungen der Schweizer Armenfürsorge auf 88 Pence pro Kopf, eine Summe, mit der man andere europäische Länder bei weitem übertraf. Wir müssen darauf hinweisen, dass unter diesem Betrag kommunale und kantonale Armenfürsorge ebenso wie das freiwillige private Engagement zusammengefasst worden sind, denn der Bundesstaat hielt sich vor dem Ersten Weltkrieg auf diesem Sektor im Wesentlichen zurück. Wie Peter Lindert in seiner Untersuchung über die Armenfürsorge vor dem Aufkommen des Wohlfahrtsstaates in Europa (1780-1880) erklärt hat, schlossen sich öffentliche Wohlfahrt und private Wohltätigkeit nicht aus: »Soweit die wenigen international vergleichenden Untersuchungen zu staatlicher und privater Armenhilfe ein Urteil erlauben, widerlegen sie die verbreitete Annahme, dass ein Ansteigen staatlichen Engagements einfach einen entsprechenden privaten und kirchlichen Anteil abgelöst und ersetzt hätte. [...] Über die Länder hinweg gibt es keinen Anhaltspunkt für eine negative Korrelation zwischen der vom Steuerzahler und der vom privaten Spender finanzierten Armenhilfe.«[15]

Wohltätigkeit in der Schweiz: zwischen Religion und Politik

Die neuere Forschung hat die Bedeutung der Religion für die Ausbildung und die Praxis der Sozialpolitik betont. In der Vergangenheit und bis heute sind Armenfürsorge, Philanthropie und Wohlfahrtsstaat in Teilen auch durch religiöse, institutionelle und kulturelle Faktoren bestimmt. Aus der religiösen oder konfessionellen Perspektive kann man für die westliche Welt drei Traditionen der Armenfürsorge unterscheiden: eine katholische in Ländern wie etwa Spanien, Italien und Frankreich, eine lutherische in Ländern wie Dänemark, Schweden und teilweise in Deutschland, und schließlich eine reformierte (oder calvinistische) Tradition wie in den Niederlanden, England oder den USA.[16]

In der Schweiz lassen sich alle drei Strömungen finden. Allerdings lagen die relevanten Aktivitäten im 19. Jahrhundert hauptsächlich in den Händen protestantischer Eliten[17] und spielten im Rahmen des Calvinismus und freikirchlichen Protestantismus eine fundamentale Rolle. Deshalb werden wir uns im Folgenden auf diese letzte Gruppe konzentrieren, zu deren religiöser Tradition drei Hauptpunkte hervorgehoben werden können.[18] Erstens betrachtete man aus ihrer Perspektive Armut als Strafe für Müßiggang und sündhaftes Verhalten; sie wurde folglich stigmatisiert. Jedoch machte man einen Unterschied zwischen der Armut als Folge göttlichen Willens, wie Witwenschaft oder Verwaisen, und dem Pauperismus, der als ein Resultat von Industrialisie-

---

15 Peter H. Lindert, Poor Relief before the Welfare State: Britain versus the Continent, 1780-1880, in: European Review of Economic History, 2 (1998), S. 101-140, hier: S. 119.

16 Sigrun Kahl, ›The Religious Roots of Modern Poverty Policy: Catholic, Lutheran, and Reformed Protestant Traditions Compared‹, in: Archives of European Sociology, XLVI (1), 2005, S. 91-126.

17 Hans Ulrich Jost, ›Sociabilité, faits associatifs et vie politique en Suisse au 19ème siècle‹ (wie Anm. 4).

18 Philip Manow, ›The Good, the Bad and the Ugly. Esping-Andersen's Regime Typology and the Religious Roots of the Western Welfare State‹, Max-Planck-Institut für Gesellschaftsforschung, Arbeitspapier 04/3, September 2004.

rung und sittlichem Verfall galt. Zum Zweiten war das reformiert-protestantische System der Armenfürsorge in der Arbeits- bzw. Armenanstalt institutionalisiert: »Die calvinistische Lehre postulierte die Verherrlichung Gottes nicht allein durch Gebet, sondern vielmehr durch Anstrengung und Arbeit – *labore est orare*. Nur im Arbeitshaus konnte die calvinistische Verpflichtung zum Fleiß durchgesetzt und der Gefahr der Erschlaffung durch Ansporn zur Arbeit vorgebeugt werden.«[19] Drittens schließlich vertraten die protestantischen Freikirchen und andere reformierte Strömungen des Protestantismus (Dissenters, Calvinisten, Baptisten etc.) eine ausgeprägt staatskritische Position: »Mit ihrer Betonung der Selbsthilfe, der Autonomie der lokalen Kirchengemeinde, der strikten Trennung von Kirche und Staat (mit einer dezentralisierten, lokal und demokratisch ausgerichteten Kirchenverfassung, im Gegensatz zu den episkopalen Verfassungen), der individuellen Askese und der besonnenen Vorsorge propagierten sie ein strikt anti-etatistisches Programm (oft verstärkt durch traumatische Erfahrungen religiöser Verfolgung) [...]«.[20] Kirchliche und private Wohltätigkeitsorganisationen spielten deshalb eine Schlüsselrolle bei der Definition und Umsetzung der Armenpolitik.

Die drei großen christlichen Traditionen, der Katholizismus, das Luthertum und der reformierte Protestantismus weisen also Unterschiede auf und sind jeweils auch in sich nicht homogen. Es können innerhalb jeder Tradition religiöse und institutionelle Unterschiede festgestellt werden. So war in Großbritannien die Anglikanische Kirche seit dem Ende des 18. Jahrhunderts durch eine bedeutende evangelikale Bewegung (Evangelikale, Quäker und Unitarier) herausgefordert worden. Diese religiösen Richtungen beeinflussten auch das britische Wohltätigkeitswesen der ersten Hälfte des 19. Jahrhunderts. Ihre Wohlfahrtsorganisationen zeigten gelegentlich unterschiedliche Zielsetzungen oder auch besondere Schwerpnkte des Engagements. Dennoch wurden viele der Aktivitäten dieser unterschiedlichen religiösen Gruppen, etwa die Gründung von Sonntagsschulen, Besserungsanstalten, Heimen, Krankenhäusern oder der Kampf gegen die Sklaverei oder den Alkoholmissbrauch, in wechselnden Koalitionen miteinander durchgeführt.[21]

Auch in der Schweiz des 19. Jahrhunderts war der reformierte Protestantismus durch interne Rivalitäten geprägt. Und auch dort war die Wohltätigkeit stark mit der religiösen Erweckungsbewegung verknüpft.[22] Diese evangelikale Belebung der Religion wurde in den deutschsprachigen Teilen des Landes von deutschen Pietisten und in den französischsprachigen Regionen von schottischen und englischen Dissenters getragen. Die Erweckungsbewegung propagierte Privatinitiative, individuellen Glaubenseifer, die uneingeschränkte Autorität der Bibel und die vollständige Unabhängigkeit von amtskirchlicher Kontrolle – Einstellungen, die von Seiten der etablierten

19 Kahl, The Religious (wie in Anm. 16), S. 109.

20 Manow, The Good (wie in Anm. 18), S. 5.

21 Prochaska, Christianity (wie in Anm. 2); David Turley, The Culture of English Antislavery, 1780-1860, London 1991.

22 Patrick Harries, ›Missionary Endeavour and the Politics of Identity in Switzerland‹, in: Le fait missionnaire, 6 (1998), S. 39-69; Janick Marina Schaufelbuehl, ›L'anti-esclavagisme sous l'emprise du Réveil‹, in: Olivier Pétré-Grenouilleau (Hg.), Abolitionnisme et société (France, Suisse, Portugal, XVIIIe-XIXe siècles), Paris 2007.

protestantischen Kirche Feindseligkeit hervorriefen.[23] Diese sah in der Erweckungsbewegung eine Quelle der Unruhe und eine Gefahr für die eigene Amtsgewalt. Der Konflikt spitzte sich in den 1840er Jahren zu, als die Liberalen an die politische Macht kamen[24] und die alte Oligarchie in mehreren protestantischen Kantonen verdrängten. Die Liberalen beschuldigten die Erweckungsbewegung, von der alten Lokalaristokratie beherrscht zu werden und sahen deshalb in ihr eine Bedrohung für die neuen Autoritäten. Sie forderten, die kirchlichen Angelegenheiten unter die Aufsicht der politischen Behörden zu stellen. Diese Forderung führte zu einer Spaltung innerhalb der religiösen Institutionen. In mehreren Kantonen (so in Genf, Waadt, Neuenburg, Basel oder Bern) gründeten die Anhänger der Erweckungsbewegung evangelikale Freikirchen. Als diese an Stärke zunahmen, wurden sie von einem Netzwerk wohltätiger und religiöser Einrichtungen unterstützt, wie etwa Missions- und Sonntagsschulgesellschaften und die Abstinenzbewegung, was wiederum ihre evangelikalen Aktivitäten stärkte.

Das Beispiel der Freikirchen in der Schweiz verdeutlicht die engen Bindungen zwischen reformiertem Protestantismus und konservativem Liberalismus. Manow spricht deshalb von den »Protestant roots of radical liberalism«: »Genügsamkeit und Selbstdisziplin, der Kampf gegen eitlen Müßiggang und Trunksucht waren wesentliche Elemente dieses ›liberalen‹ Programms – mit oft nicht so liberalen moralischen Zwischentönen und einem hohen Erwartungsdruck hinsichtlich konformen Verhaltens. Dieses Modell dürfen wir sicherlich ›liberal‹ nennen, aber wir müssen gewahr sein, dass diese Art von Liberalismus (mit seinen oft harschen moralischen Konsequenzen) tief im reformierten Protestantismus verwurzelt war und ist.«[25] Um das Wohltätigkeitswesen in der Schweiz zu verstehen, ist die Beschreibung des Einflusses religiöser Tradition allerdings keinesfalls ausreichend. Man muss auch die politischen Faktoren in den Blick nehmen. In der Tat sind die beiden Bereiche Religion und Politik auf das Engste miteinander verknüpft.[26] Die außerordentliche Zunahme der Wohltätigkeitsarbeit im hier betrachteten Zeitraum (1850-1914) eröffnete denjenigen religiösen und politischen Eliten der Schweiz, die durch politische Umbrüche von traditionellen Einrichtungen ausgeschlossen worden waren, einen Weg zum Machterhalt.[27]

Zum besseren Verständnis müssen wir daran erinnern, dass die Jahre zwischen 1845 und 1848 für die Schweizer Geschichte einen Wendepunkt darstellten. Der Sonderbundkrieg (1845-1847), in dem die katholischen, ländlichen, konservativen und föderalistischen Kantone auf der einen und die protestantischen und liberalen auf der anderen Seite gegeneinander standen, endete mit dem Sieg der letzteren. Im Jahre 1848

23 Die Lage ähnelte also der in England, wo die wachsende Aktivität der evangelikalen Bewegung zu einer spürbaren Feindseligkeit der Church of England führte. Siehe dazu David Turley, The Culture, (wie in Anm. 21), Kapitel 1.

24 In der französischsprachigen Schweiz wurden sie als »les Radicaux« bezeichnet, im deutschsprachigen Teil als »die Freisinnigen«.

25 Manow, The Good (wie in Anm. 18), S. 20.

26 Über den Einfluss von Religion und Politik auf die Philanthropie des 19. Jahrhunderts siehe Abigail Green, ›Rethinking Sir Moses Montefiore: Religion, Nationhood, and International Philanthropy in the Nineteenth Century‹, in: American Historical Review 110 (3) 2005, S. 631-658.

27 Siehe außerdem für den französischen Fall Christian Topalov, ›Investissements réformateurs et formation du champ‹, in: Christian Topalov, Laboratoires du nouveau siècle. La nébuleuse réformatrice et ses réseaux en France, 1880-1914, Paris 1999, S. 357-360.

wurde die Eidgenossenschaft der Kantone in einen modernen Bundesstaat umgewandelt, mit einem zentralisierten und in vielerlei Hinsicht sehr fortschrittlichen und modernen Aufbau. Diese politische Revolution war das Werk der Liberalen, also einer antiklerikalen Kraft. Die Eliten der Verliererseite waren die alteingesessenen konservativen Patrizierfamilien. Dabei muss noch zwischen den katholischen und den protestantischen Konservativen unterschieden werden. Letztere wurden auch als »Liberalkonservative« bezeichnet, konservativ in sozialen und liberal in wirtschaftlichen Fragen. Diese Gruppe setzte sich aus protestantischen Patriziern aus den Städten Basel, Genf, Neuenburg oder Bern zusammen, teilweise Nachkommen der Hugenottenflüchtlinge des 17. Jahrhunderts. Die Besonderheit der Schweiz im 19. Jahrhundert bestand darin, dass es keine politischen Parteien auf nationaler Ebene gab.[28] Die Liberalen wurden mit dem Bundesstaat gleichgesetzt und bildeten deshalb bis zum Jahre 1894 keine nationale Partei. Der Umstand, dass diese nichtkonservative Strömung bis ins letzte Jahrzehnt des 19. Jahrhunderts oftmals für Sozialpolitik und staatlichen Interventionismus eintrat, kann als einer der Gründe dafür gesehen werden, dass sich eine nennenswerte Arbeiterbewegung erst am Ende des 19. Jahrhunderts institutionalisierte.[29] Auch die katholischen Konservativen blieben eher auf einem lokalen Niveau organisiert und gründeten erst 1881 eine nationale Partei. Die dritte bedeutende Kraft neben den Liberalen und den katholischen Konservativen, die der protestantischen Konservativen, war ebenfalls auf einer lokalen bzw. kantonalen Ebene organisiert, wie etwa der Parti démocratique in Genf oder dem Liberalkonservativen Verein in Zürich. Erst im Jahre 1913 gründeten die Liberal-Konservativen eine nationale Partei. Es muss allerdings bemerkt werden, dass sich zu diesem Zeitpunkt ihr politisches Programm wesentlich verändert hatte, seitdem der Aufstieg einer starken Arbeiterbewegung (die Sozialdemokratische Partei der Schweiz war 1888 gegründet worden) die Liberalen und Protestantisch-Konservativen dazu gebracht hatte, ihre Kräfte zusammenzuschließen. Während der zweiten Hälfte des 19. Jahrhunderts jedenfalls firmierten die protestantischen und katholischen Konservativen als die Hauptgegner der regierenden Liberalen.[30]

Die alteingesessenen städtischen Eliten, die wir oben als protestantische Konservative beschrieben haben, engagierten sich in diesem Zeitraum sehr stark im Bereich der Wohltätigkeit. Von der politischen Macht auf bundesstaatlicher Ebene ausgeschlossen und ohne politische Partei, sahen diese Eliten hierin eine Chance, an einer andersartigen Form der Macht festzuhalten, aktiv das öffentliche Leben zu gestalten und sich auf diese Weise auch auf nationaler Ebene zu profilieren. Deshalb soll das wohltätige Engagement dieser Kreise etwas näher betrachtet werden. Während in der ersten Hälfte des Jahrhunderts Fragen der Erziehung, Bildung und Gesundheit wichtige Felder privater Wohltätigkeit bildeten, wurden diese in der Folge schrittweise durch den Staat monopolisiert. Der Staat übernahm viele Bildungseinrichtungen, die von privaten Organisationen gegründet worden waren, so beispielsweise die Basler Ge-

---

28 Hans Ulrich Jost, ›Swiss Labour History‹, in: International Review of Social History, 34/3 (1989), S. 485-494.

29 René Knüsel/Félix Zurita, Assurances sociales: une sécurité pour qui? La Loi Forrer et les origines de l'état social en Suisse, Lausanne 1979; Jost, Swiss Labour (wie in Anm. 28).

30 Erich Gruner, Die Parteien in der Schweiz, Bern 1969.

werbeschule im Jahre 1886 oder die Kindergärten zur Jahrhundertwende[31], und im Gesundheitswesen wurden nun auch die öffentlichen Badeanstalten zu seiner Domäne. Armenfürsorge und Sozialarbeit im weiteren Sinne wurden nun zum neuen Schwerpunkt der freiwilligen, privaten Wohlfahrtspflege. Eine der stärksten Organisationen, die Gemeinnützige Gesellschaft in Basel, führte hierzu aus, dass auf diesem Felde dem Staat Grenzen gesetzt seien. Brüderliche Hilfe könne – im Gegensatz zur Arbeit des Beamten – nicht staatlichen Regulierungen unterworfen sein.[32] Der Unterschied zwischen öffentlicher Unterstützung und privater Wohltätigkeit wurde zudem unter einem rein religiösen und moralischen Blickwinkel gesehen. Staatliche Einrichtungen tendierten nach diesem Verständnis zu einer Betonung der rein materiellen Seite der Fürsorge, während sich die Wohltätigkeitsorganisationen in der Lage sahen, die moralische und religiöse Hilfe anzubieten, die als unentbehrlicher Bestandteil der (Um-)Erziehung der Armen galt.[33]

Diskurse und Aktivitäten

In den 1870er und 1880er Jahren wurde Europa – und somit auch die Schweiz – durch eine schwere Wirtschaftskrise erschüttert. Es war zudem eine Zeit massiver Industrialisierung. Die Schweiz war einer der am frühesten industrialisierten Staaten auf dem Kontinent – um 1850 arbeiteten bereits 32 Prozent der werktätigen Bevölkerung im industriellen Sektor. Die ohnehin schwerwiegenden sozialen Folgen wurden noch verschärft durch diese Krise, die den Niedergang von Familienbetrieben und die Unternehmenskonzentration beschleunigte. Massenarmut und wachsende Unzufriedenheit der Arbeiterschaft offenbarten die Widersprüche zwischen den liberalen Wunschbildern von der Rolle des Staates und den wirtschaftlichen Realitäten. Dies begünstigte einen starken Anstieg des Konservatismus. Konservative Philanthropen, ihrer traditionellen Wirkungsfelder beraubt, begannen mit der Schaffung von Gesellschaften, deren spezieller Zweck es war, die moralischen Schäden zu reparieren, die nach ihrer Sichtweise durch Moderne und Industrialisierung verursacht waren. Diese Entwicklung wurde noch dadurch begünstigt, dass die Kirche selbst nicht zur Unterstützung der wachsenden Menge verarmter Arbeiter in der Lage war.[34] Die neue Art der Armut wurde als Auswirkung der Industrialisierung gesehen, die insgesamt zu einem Verlust von religiösen Bindungen und einem Verfall der Moral geführt habe.

Alles in allem lassen sich zwei Hauptfelder wohltätiger Intervention ausmachen. Beim ersten handelte es sich um quasi-staatliche Aktivitäten. Einrichtungen zur Bildung der Arbeiter sollten auch dazu dienen, sozialistische Ideen und Unzufriedenheit zu bekämpfen. Arbeitsanstalten wurden gegründet, zudem alkoholfreie Kantinen, Arbeiterbibliotheken, Musikschulen und Turnvereine. Zur Finanzierung dieser Pro-

---

31 Paul Siegfried, Geschichte der Gemeinnützigen Gesellschaft in Basel von 1777-1926. Festschrift zur 150. Stiftungsfeier, Basel 1926, S. 22-25.

32 Ebenda.

33 ›Protokoll der Schweizerischen Gemeinnützigen Gesellschaft 1850‹, in: Zehnder, Geschichte der Schweizerischen Gemeinnützigen Gesellschaft. Denkschrift auf die Feier ihres fünfzigjährigen Jubiläums, Zürich 1860, S. 99.

34 Knüsel/Zurita, Assurances sociales (wie in Anm. 29), S. 57.

jekte gaben die Protagonisten nicht nur einen Teil ihres eigenen Vermögens, sondern sie ermunterten auch die Arbeiter- und die Mittelklasse zum Spenden. Eine verbreitete Form der Zuwendung war die »5-Rappen-pro-Woche-Sammlung«, bei der sich auch weniger bemittelte Familien verpflichteten, für die Zeit von wenigstens einem Jahr wöchentlich mindestens fünf Rappen zu spenden. Für die Schweiz liegen keine exakten Zahlen vor, aber in britischen Mittelklassehaushalten standen mildtätige Spenden an zweiter Stelle der Ausgaben, gleich nach denen für Lebensmittel.[35]

Allerdings zielten diese Anstrengungen nicht nur auf die materielle Seite der Verelendung, sondern sie sollten die Armen auch innerlich umwandeln. Dieses zweite Feld der Intervention betraf die »moralische Verbesserung«, vergleichbar mit den Anstrengungen zur *moralisation* im viktorianischen Großbritannien.[36] Ideologisches Rückgrat der konservativen Wohltätigkeit dieser Jahre war der Kampf gegen eine »Erschlaffung« der Gesellschaft.[37] Sittenlosigkeit, Müßiggang und Ausschweifung wurden als Ursachen des sozialen Übels angesehen. Im letzten Drittel des Jahrhunderts wurde der Schwerpunkt auf die Bekämpfung der »Verworfenheit« gelegt und zahlreiche Einrichtungen für »moralische Erneuerung« gegründet. Zur Jahrhundertwende existierten in der Schweiz 96 solcher Gesellschaften und Stiftungen. Im Fokus standen die Hilfe für junge Frauen, die »gesündigt« hatten (Prostitution, uneheliche Schwangerschaft etc.), der Kampf gegen unmoralische Literatur, die Förderung der religiösen Ideen der Erweckungsbewegung (in der inneren und äußeren Mission), die Bekämpfung von Alkoholismus und Tabakkonsum und die Umerziehung »moralisch Benachteiligter« in speziellen Anstalten (wie weiter unten näher ausgeführt wird). Aus diesem Milieu protestantischer Wohlfahrtstätigkeit heraus wurde 1863 in Genf das Rote Kreuz gegründet. In seiner Folge entstand 1877 ein Blaues Kreuz, eine Abstinenzgesellschaft, 1894 in Lausanne ein Weißes Kreuz zur Bekämpfung der moralischen Verderbtheit der Jugend, ein Violettes Kreuz gegen das Fluchen (auf nationaler Ebene 1897 gegründet) und das Grüne Kreuz gegen den Tabakgenuss, seit 1894 auch mit Zweigen in den Kantonen Waadt, Basel und Genf präsent.[38]

Die Moralisierung der Schweizer Gesellschaft, wie sie von den konservativen Protestanten angestrebt wurde, hatte ihr Pendant auch auf internationaler Ebene.[39] Die sprechendsten Beispiele finden sich bei der Kampagne gegen die Sklaverei und bei der Mission. Während des 19. Jahrhunderts gründeten die Konservativen verschiedene Missionsgesellschaften zur Verbreitung ihrer moralischen Prinzipien in der Schweiz, aber auch im Ausland, vor allem in Asien und Afrika. Außerdem boten die Missionen Arbeitsplätze für Pfarrer und Studenten, die im Lande selbst einem Mangel an Pfarr-

---

35 Françoise Barret-Ducrocq, ›La mobilisation philanthropique à Londres dans la période victorienne: une sainte violence‹, in: Colette Bec/Catherine Duprat/Jean-Noël Luc/Jacques-Guy Petit (Hg.), Philanthropies et politiques sociales en Europe (XVIIIe-XXe siècles), Paris 1994, S. 17-28, hier: S. 20.

36 Prochaska, Christianity (wie in Anm. 3), Barret-Ducrocq, La mobilisation (wie in Anm. 35).

37 Jean-François Pitteloud, ›Philanthropie et lecture populaire. La société genevoise des publications religieuses, 1851-1896‹, in: Revue Suisse d‹Histoire, 36 (1986), S. 413-442.

38 Ernst Anderegg/Hans Anderegg, Bibliographie nationale suisse. Assistance et bienfaisance, Bern 1912.

39 Siehe in Bezug auf England Turley, The Culture (wie in Anm. 21) und in Bezug auf die USA Amanda Porterfield, ›Protestant Missionaries: Pioneers of American Philanthropy‹, in: Lawrence J. Friedman/Marc D. McGravie (Hg.), ›Charity, Philanthropy, and Civility‹ in American History, Cambridge 2003, S. 49-70.

stellen und den schwierigen Arbeitsbedingungen für die Freikirchen gegenüberstanden.[40] Die Basler Mission, schon 1815 gegründet, ist das bekannteste Beispiel dieser Arbeit.

Während der zweiten Hälfte des 19. Jahrhunderts wurden von diesen konservativen Schweizer Philanthropen zudem verschiedene Gesellschaften zum Kampf gegen die Sklaverei ins Leben gerufen.[41] In den 1860er Jahren lautete das Ziel, Sklaven in den Vereinigten Staaten zu helfen, indem man sie entweder selbst freikaufte oder finanziell unterstützte, sobald sie befreit worden waren. Mit der Abschaffung der Sklaverei in den USA verschwanden diese Gesellschaften. Aber seit 1880 kam eine neue Welle von Abolitionsgesellschaften mit neuen Zielsetzungen auf, nunmehr konzentriert auf den Sklavenhandel in Afrika.

Das Rote Kreuz ist ein weiteres typisches Beispiel für Wohltätigkeit auf internationaler Ebene. Seine beiden Gründer, Henry Dunant und Gustave Moynier, gehörten derselben konservativen protestantischen Elite an. Ihr Bemühen um einen dauerhaften internationalen Frieden ging Hand in Hand mit dem Diskurs und den Aktivitäten, die von der beschriebenen religiös-konservativen Tradition beeinflusst waren. In diesem Zusammenhang lässt Gustave Moyniers Haltung gegenüber der Politik des belgischen Königs im Kongo tief blicken: Sehr wohlwollend stand er Leopolds II. Bemühen gegenüber, in seiner Kolonie einen philanthropischen Staat zu erschaffen – so deutete es zumindest Moynier. Im Jahre 1887 schrieb er einen kurzen Artikel über die Situation in Afrika, der klar zeigt, dass er von der Notwendigkeit einer europäischen Expansion und Kolonisation in Afrika überzeugt war. Nach seiner Überzeugung würde sie es erlauben, auf diesem Kontinent christliche Werte und freien Handel durchzusetzen: »Eine Erneuerung des Eifers auf Seiten der Christen, ihren Glauben unter den Heiden zu verbreiten, [...] die dringende Notwendigkeit für die industrialisierten Völker, neue Absatzmärkte für ihre Produkte zu erschließen und andere Gründe haben dazu beigetragen, Europäer tief ins Innere Afrikas zu ziehen und haben unter ihnen eine wohlmeinende Gesinnung gegenüber den Eingeborenen geweckt«.[42]

Durch Konferenzen, Broschüren und Zeitungsartikel wurden diese Auslandsaktivitäten in der Schweiz bekannt gemacht. Angeblich »hoben« sie die Armen in der Heimat, indem sie ihnen das moralische und zivilisatorische Beispiel der Missionsarbeit im Ausland vor Augen führten.[43]

---

[40] Harries, Missionary (wie in Anm. 22).

[41] Thomas David/Bouda Etemad /Janick Marina Schaufelbuehl, Schwarze Geschäfte. Die Beteiligung von Schweizern an Sklaverei und Sklavenhandel, Zürich 2005.

[42] »Une recrudescence de zèle de la part des chrétiens pour répandre leurs croyances chez les païens, [...] la nécessité pressante, pour les populations industrielles, d‹ouvrir de nouveaux débouchés aux produits de leur activité, d'autres causes encore ont concouru à attirer les Européens au cœur de l'Afrique, et à les animer de dispositions bienveillantes envers les indigènes«. Zitiert nach Jean de Senarclens, Gustave Moynier, le bâtisseur, Genf 2000, S. 245; siehe außerdem Albert Wirz, Die humanitäre Schweiz im Spannungsfeld zwischen Philanthropie und Kolonialismus: Gustave Moynier, Afrika und das IKRK, in: Traverse, 2 (1998), S. 95-110.

[43] In Bezug auf England siehe außerdem Susan Thorne, ›The Conversion of Englishmen and the Conversion of the World Inseparable. Missionary Imperialism and the Language of Class in Early Industrial Britain‹, in: Frederick Cooper/Ann L. Stoler (Hg.), Tensions of Empire. Colonial cultures in a bourgeois world, Berkeley 1997, S. 238-262.

Dabei muss festgehalten werden, dass große Teile der Arbeiterklasse in die konservative private Fürsorge einbezogen waren. So gingen beispielsweise im Jahre 1880 nahezu zehn Prozent der Basler Mädchen in die von diesen Zirkeln gegründeten Sonntagsschulen. Eines von fünf Kindern besuchte einen von der Gemeinnützigen Gesellschaft finanzierten Kindergarten.[44] Mehr als zehn Prozent der jungen Basler Frauen besuchte die privat geführte »Frauenschule«, in der Kochen, Garten- und Hausarbeit unterrichtet wurde. Im Kanton Waadt gingen gar fünf von sechs Kindern in private Sonntagsschulen.[45] Auf diese Weise erreichten die konservativen protestantischen Eliten einen sehr bedeutenden Teil der Bevölkerung, vornehmlich auch dadurch, dass selbst viele Kinder, die nicht die Erziehungs- und Bildungseinrichtungen besuchten, eine von ihnen finanzierte Bücherei benutzten, von ihnen finanzierten Gesangsunterricht genossen oder anderweitig unterstützt wurden. Den früheren politischen Eliten wurde die Wohltätigkeitsbewegung so zu einem Mittel zum Erhalt ihres Einflusses und ihrer Macht – und zur Propagierung ihrer konservativen sozialen Werte.

Das Heim als Symbol schweizerischer konservativer Philanthropie

Während der zweiten Hälfte des 19. Jahrhunderts gründeten konservative Protestanten des weiteren Heime für Blinde, Alte, Geisteskranke, Waisen, »unmoralische« junge Frauen (zur Hilfe beim Ausstieg aus der Prostitution), für Alkoholiker und für freigelassene Sklaven.[46] Solche Einrichtungen hatten aus Sicht ihrer Schöpfer einen dreifachen Zweck: Zunächst sollten sie die Gesellschaft vor diesen Gruppen schützen, die ja eine potentielle Gefahr für die allgemeine Ordnung darstellten; zweitens dienten sie der Resozialisierung der Individuen, und drittens gaben sie der Gesellschaft ein Beispiel für Sittlichkeit. Die Heime spiegelten also ihren Wunsch, den Zusammenhalt der Gesellschaft unter den neuen und wechselhaften Rahmenbedingungen zu festigen und zu sichern, in einer Zeit, in der traditionelle Werte und Verhaltensweisen durch die Industrialisierung bedroht schienen.[47] Gleichzeitig setzten sie die Tradition der protestantischen Wohltätigkeit des 18. Jahrhunderts fort, die sich in den Arbeits- und Armenhäusern materialisiert hatte. Solche Einrichtungen verkörperten gewissermaßen die Spannung zwischen Selbstbestimmung und Zwang, die für diese wohltätigen Projekte typisch war, wie Wendy Gamber für die Vereinigten Staaten in der Zeit vor dem Bürgerkrieg herausgestellt hat: »Das Konzept der Selbstbeherrschung kann sowohl für Optimismus als auch für Weltangst stehen und bietet ein Element, die ver-

---

44 Siegfried, Geschichte (wie in Anm. 31), S. 139 und S. 151.

45 Patrick Harries, ›Dompter les sauvages domestiques: Le rôle de l'Afrique dans les écoles du dimanche en Suisse romande, 1860-1920‹, in: Sandra Bott/Thomas David/Claude Lützelschwab/Janick Marina Schaufelbuehl (Hg.), De la traite des Noirs à la fin du régime de l'Apartheid: trois siècles de relations entre la Suisse et l'Afrique (XVIIIe-XXIe siècles), München 2005.

46 Chantal Ostorero, ›Alcoolisme et dégénérescence: le discours antialcoolique des élites vaudoises au tournant du siècle‹, in: Equinoxe, 6 (1991), S. 143-159; Pierre-Yves Donzé, Bâtir, gérer, soigner: histoire des établissements hospitaliers de Suisse romande, Genf 2003.

47 Siehe außerdem in Bezug auf die USA David J. Rothman, The Discovery of the Asylum. Social Order and Disorder in the New Republic, Boston 1971; und in Bezug auf England: Turley, The Culture (wie in Anm. 21).

schiedenen, scheinbar disparaten philanthropischen Unternehmungen schlüssig in Einklang zu bringen. Ob ein Verhalten durch Zwang oktroyiert wurde oder ob ein moralischer Kodex aus freiem Entschluss übernommen wurde – Selbstbeherrschung konnte repressiv oder befreiend sein.«[48]

Nachfolgend sollen zwei Arten dieser Heime näher in den Blick genommen werden: das Heim für befreite Sklaven und das Heim für Alkoholiker. Dabei exemplifiziert das Heim für befreite Sklaven vollkommen die Zielsetzungen der Schweizer konservativen Philanthropen.[49] Wie oben dargestellt, spielten konservative Protestanten eine bestimmende Rolle in der Sklavenbefreiungsbewegung der zweiten Hälfte des 19. Jahrhunderts. Seit den 1870er und 1880er Jahren wurde die Einrichtung von Heimen für befreite Sklaven eines der wichtigen Felder der weltweiten Abolitionsbewegung. Solche Heime nahmen Sklaven auf, die von den Kolonialmächten in Afrika befreit oder von Missionaren freigekauft worden waren. Das tägliche Leben in diesen Häusern lässt sich als direkte Anwendung der von den Schweizer konservativen Eliten propagierten Werte verstehen. Das Heim sollte der persönlichen Entwicklung, der sozialen Ordnung und der Vermittlung des Wertes der Arbeit dienen und auf diese Weise wider die Sklaverei wirken. Heime für Alkoholiker waren in der Schweiz in dieser Zeit weit verbreitet: um 1900 existierten elf Heime, verglichen mit zwei in Frankreich und 38 im Deutschen Reich.[50] Alkoholkranke konnten auch gegen ihren Willen dort eingewiesen werden.

Was waren die konkreten Zielsetzungen der Umerziehung befreiter Sklaven und Alkoholiker in diesen Heimen? Erstens sollten die Heime für befreite Sklaven den Afrikanern den Wert der Arbeit nahe bringen – galten diese doch von Natur aus als faul. Ramseyer, ein Schweizer Missionar, der eines dieser Heime betreute, schrieb in der Zeitschrift einer Vereinigung von Sklavereigegnern: »Sobald der Schwarze keinen Zwang mehr über sich fühlt, kommt ihm als einzige Folge der unbezwingliche Wunsch, nichts mehr zu tun. In dieser Hinsicht, wie in allen andern, ist der moralische Sinn dieser Armen verkehrt. Arbeit ist für sie nicht das sittliche Gebot, dem sich Jeder fügen muss, sie ist nicht körperliche oder geistige Tätigkeit, mittelst welcher er und die Seinen leben sollen«.[51] Nach dieser Auffassung war es möglich, der Sklaverei ein Ende zu setzen, wenn man Afrikanern die Bedeutung von Arbeit lehrte, da ihr Müßiggang als eine der Ursachen gesehen wurde. Dabei konnte die Anwendung dieses Grundsatzes außerordentlich hart sein. Dies belegt Ramseyer selbst, in dessen Heim afrikanische Frauen mehrere Stunden täglich schwere Steine zu tragen hatten: »Wer nicht arbeiten will kann gehen, ich gebe einer faulen Person kein Essen«.[52] Im Heim für Alkoholiker wurde der Arbeit die gleiche heilsame Funktion zugeschrieben. So heißt es in einer Druckschrift, die zur Gründung von mehr Heimen für Trinker aufrief:

---

48 Wendy Gamber, ›Antebellum Reform: Salvation, Self-control, and Social Transformation‹, in: Lawrence J. Friedman/Marc D. McGravie (Hg.), Charity, Philanthropy, and Civility in American History, Cambridge 2003, S. 129-150, hier: S. 133-134.

49 David/Etemad/Schaufelbuehl, Schwarze Geschäfte (wie in Anm. 41).

50 Armand-Pierre de Mestral, L'Internement des personnes à responsabilité limitée et spécialement des alcooliques, Lausanne 1906.

51 Der Sklavenfreund, herausgegeben vom Schweizerischen Hilfsverein für die Sklaven in Afrika, n° 20, November 1898.

52 Der Sklavenfreund, n° 13, Januar 1897.

»Zusammen mit Abstinenz ist Arbeit die beste Art, Alkoholiker zu heilen«. Die Bewohner sollten dazu gezwungen werden, entsprechend ihrer Begabungen und körperlichen Kräfte Handwerks- oder Feldarbeit zu leisten.[53] In beiden Fällen galt also Arbeit als Teil eines Prozesses individueller Besserung durch Selbstbeherrschung. Gleichzeitig diente sie zur Aufrechterhaltung der Disziplin in diesen Einrichtungen.

Zweitens wurde ausdrücklich der positive moralische und religiöse Einfluss auf die befreiten Sklaven betont, da die moralische Verderbtheit als Hauptursache ihrer Lage angesehen wurde. Sie hatten mehrere Stunden am Tag mit dem Bibelstudium zu verbringen oder mussten evangelikalen Predigten beiwohnen. In den Heimen für Alkoholiker wurden die Einwohner aufgefordert, die Vorträge und Reden ehemaliger Trinker zu hören, die vom Einfluss Gottes auf ihre eigene Rettung kündeten. Eines dieser Heime betonte, »das Ziel dieser Einrichtung ist es, an der Verbesserung der Trinker zu arbeiten, mit der Hilfe des allmächtigen Gottes und seines Wortes«.

Drittens spielte die moralische Erziehung der Kinder eine zentrale Rolle. Kinder waren die wichtigste Zielgruppe der Heime für befreite Sklaven. Wie in den Schweizer Waisenhäusern sollten diese jungen Seelen, die noch gerettet und in die Gesellschaft eingefügt werden konnten, dort vor negativen Einflüssen beschützt werden. Darüber hinaus schien es prinzipiell schwieriger, erwachsene Afrikaner zu bekehren: »[...] Wir würden gerne Kinder und Jünglinge aufnehmen, nicht so aber erwachsene Mädchen und Weiber – man hat mit ihnen nur Mühe und Sorgen«.[54] In der Schweiz waren auch Erziehungsheime für verlassene oder schwierige Kinder weit verbreitet. So wäre das *Asile de jeunes filles* in Begnins (Waadt) zu nennen; dessen Ziel war »die moralische und religiöse Besserung junger Mädchen, deren schlechte Veranlagung besondere Aufsicht erfordert«.[55]

Viertens war die Kontrolle der Sexualität ein wichtiges Ziel dieser Heime. Ramseyer beklagte, dass die Mädchen und Frauen seines Heims Umgang mit in der Nähe stationierten Soldaten hatten, und er verbot jegliche Beziehung mit diesen Männern. Die Nichtachtung dieses Verbots wurde streng bestraft, häufig mit dem Ausstoß aus der Einrichtung. Heime für Mädchen, die »gesündigt hatten«, spielten eine wichtige Rolle in der Schweiz des 19. Jahrhunderts. Hier wurden ehemalige Prostituierte und ledige Mütter umerzogen. Die meisten dieser Einrichtungen betonten die zentrale Rolle der moralischen Umerziehung und der Zwangsarbeit für die Wiedererlangung der eigenen Integrität. Es gab 16 solcher Einrichtungen in der Schweiz, von denen 14 in der Zeit zwischen 1854 und 1894 gegründet wurden. Hier lassen sich wieder Parallelen zu Großbritannien feststellen. Auch dort schufen Protagonisten der evangelikalen Wohltätigkeit viele solcher Einrichtungen. Die Mädchen waren gezwungen zu beten, zu arbeiten und sich den harten Regeln zu unterwerfen.[56]

In den Zielen dieser verschiedenen Einrichtungen spiegeln sich die Werte der in der Wohlfahrt engagierten protestantisch-konservativen Kreise wider: die Bedeutung der Religion, Arbeit als ein Heilmittel gegen die Sünde und die Umerziehung »moralisch benachteiligter« Personen. Isolation und Ordnung waren zentral für den Entwurf

[53] de Mestral, L'Internement (wie in Anm. 50).

[54] Das Sklavenheim. Kollekteblatt des Berner Hülfsvereins für das Sklavenheim in Ashante, September 1899.

[55] Anderegg/Anderegg, Bibliographie (wie in Anm. 38), S. 1956.

[56] Barret-Ducrocq, La mobilisation (wie in Anm. 35), S. 26.

dieser Einrichtungen. Es galt, die Armen dem verderbenden Einfluss der Umwelt zu entziehen, ihnen einen strengen Tagesablauf aufzuerlegen und strikte Disziplin durchzusetzen.

Die Wohltätigkeit und der Wohlfahrtsstaat

Während des 19. Jahrhunderts kann die Schweiz, was das staatliche Wohlfahrtswesen angeht, als Nachzügler bezeichnet werden. Die erste Sozialgesetzgebung wurde kurz vor dem Ersten Weltkrieg eingeführt, in einer Zeit also, in der das Land bereits wohlhabend und industrialisiert war.[57] So betonen auch die meisten Sozialwissenschaftler die schwache Beteiligung des Staates an der Schweizer Sozialpolitik des 19. und 20. Jahrhunderts. Zur Erklärung sind bereits verschiedene Interpretationen vorgebracht worden. Einerseits verhinderten demnach politische Institutionen die Entwicklung des Wohlfahrtsstaates. Besonders seit dem Ende der 1870er Jahre stärkte der Föderalismus die Rechte der Kantone gegenüber dem Zentralstaat. Außerdem begrenzte die direkte Demokratie, vor allem die mögliche Blockade von Sozialprogrammen durch das Referendum, die Entwicklung des Wohlfahrtsstaates.[58] Zusätzlich standen gewichtige Geschäftsinteressen umverteilenden Sozialmaßnahmen gegenüber: Auch die frühe Entwicklung privater Rentenpläne durch Arbeitgeber und Versicherungsgesellschaften war eine Hürde für die Durchsetzung staatlicher Sozialleistungen.[59]

Diesen Faktoren möchten wir einen weiteren, von den Historikern bisher weitgehend vernachlässigten Aspekt hinzufügen: Ebenso wirkte die Existenz einer stark religiös geprägten freiwilligen Wohlfahrtsbewegung der staatlichen Intervention im sozialen Bereich entgegen. Eugène Mittendorff, Gründer mehrerer Schweizer Wohltätigkeitsorganisationen, fasste diese Vorstellung auf gelungene Weise zusammen, als er im Jahre 1888 schrieb: »Die Wohltätigkeit wäre in der Lage, ihre Rolle voll und ganz zu erfüllen, wenn sie nur die unverdient in Not Geratenen unterstützen würde. In Wirklichkeit muss sie den Schaden reparieren, die dem sozialen Organismus durch seine Feinde zugefügt wurden, als da wären: Ausschweifung, Müßiggang, Unmoral, die zu mehr Opfern führen und mehr vergossene Tränen hervorrufen als die Kanonen auf den Schlachtfeldern.« Aus seiner Sicht bestand die Rolle wohltätiger Organisationen darin, gegen diese Unmoral vorzugehen, denn »der Staat ist nicht dazu qualifiziert, moralischen oder religiösen Einfluss auszuüben«.[60]

Die Ablehnung der »Lex Forrer« verdeutlicht die Rolle, die diese konservativen Zirkel für die verspätete Entwicklung des Wohlfahrtsstaates spielten. Im Jahre 1899 nahm der Bundesrat das so genannte Kranken- und Unfallversicherungsgesetz (KUVG)

---

57 Peter Flora et al., State, Economy, and Society in Western Europe 1815-1975, Frankfurt/M. 1983.

58 Herbert Obinger/Klaus Armingeon/Giuliano Bonoli/Fabio Bertozzi, ›Switzerland. The Marriage of Direct Democracy and Federalism‹, in: Herbert Obinger et al. (Hg.), Federalism and the Welfare State: New World and European Experiences, New York 2005, S. 263-306.

59 Matthieu Leimgruber, Achieving Social Progress Without State Intervention? A Political Economy of the Swiss Three-Pillar Pension System (1890-1972), Doctoral Dissertation, Lausanne 2005.

60 Eugène Mittendorff, Les institutions philanthropiques genevoises. Leur origine, leur développement et leur état actuel, Genf 1888, S. 312.

oder Lex Forrer an, benannt nach dem fortschrittlichen Liberalen Ludwig Forrer, der die Ausarbeitung dieses Gesetzentwurfs geleitet hatte. Die Vorlage sah nicht nur Beihilfen im Falle von Unfällen oder Krankheiten vor, sondern umfasste auch die medizinische Behandlung. Sie ging deshalb weiter »als die deutsche Sozialversicherung oder die damalige Gesetzgebung in Frankreich, Großbritannien oder Skandinavien.«[61] Allerdings wurde die Lex Forrer durch ein Referendum in Frage gestellt und durch eine Volksabstimmung im Jahre 1900 abgewiesen. Warum aber wurde dieses Gesetz, das den Grundstein für eine bundesstaatliche Sozialversicherung hätte legen können, abgelehnt?

Es wurde besonders von zwei sozialen Gruppen bekämpft.[62] Zunächst führte das Risiko der Schwächung im internationalen Lohnwettbewerb einige Exportindustrien dazu, den Arbeitgeberbeitrag für die Krankenversicherung abzulehnen. Zum zweiten waren die schon existierenden kommerziellen Anbieter von Krankenunterstützung ebenfalls gegen dieses Gesetz eingestellt, da sie bereits mit Gewinn auf diesem Feld aktiv waren. Weiterhin bestanden zu Beginn des 20. Jahrhunderts bereits rund 2 000 auf Gegenseitigkeit basierende Unterstützungsvereine für den Krankheitsfall. Auf regionaler Basis agierende »Offene Vereine« leisteten die Hälfte der allumfassenden Absicherung. Im 19. Jahrhundert boten diese Versicherungsvereine den Schweizer Eliten gute Möglichkeiten, die Arbeiterschicht zu kontrollieren und kulturell zu prägen. Es ist deshalb nicht überraschend, dass diese Unterstützungsvereine eng mit den lokalen und regionalen Protagonisten der Wohlfahrtspflege verbunden waren, wie Verflechtungen von Direktoriumsposten zwischen ihnen und den Wohltätigkeitsorganisationen zeigen.[63]

Somit spielten also konservative protestantische Eliten, verbunden mit einigen Industriellen, eine wichtige Rolle bei der Ablehnung des Gesetzentwurfs: »Befürworter des Mutualismus widersetzten sich aus verschiedenen Gründen der Einführung einer bundesweiten Krankenversicherung. In der französischen Westschweiz deckte sich die Verteidigung bestehender Gesundheitssysteme teilweise mit der Opposition fiskalisch konservativer und föderalistischer liberaler Parteien gegen das KUVG. In anderen Fällen standen lokale Eliten und katholische Organisationen dagegen, welche die Krankenversicherungs- und Unterstützungsvereine als Vehikel politischer Patronage einsetzten und das KUVG als unzulässige Zentralisierung und Rationalisierung freiwilligen Engagements ablehnten«.[64] Die einflussreiche konservativ-protestantische Wohltätigkeit und die bereits existierenden privaten Sozialprogramme waren also unter anderem Ursache für den relativen Rückstand des Schweizer Wohlfahrtsstaates.

---

61 Ellen M. Immergut, Health Politics: Interests and Institutions in Western Europe, Cambridge 1992.

62 Leimgruber, Achieving Social Progress (wie in Anm. 59), siehe Kapitel 2.

63 David Muheim, Le mutualisme contre l'assurance sociale. La Fédération des Sociétés de secours mutuels de la Suisse romande et les premiers projets d'assurance maladie (1893-1912), Mémoire de licence, Lausanne 1998; David Muheim, ›Mutualisme et assurance maladie en Suisse (1893-1912). Une adaptation ambiguë‹, in: Traverse, 2 (2000), S. 79-94.

64 Leimgruber, Achieving Social Progress (wie in Anm. 59), S. 42-43.

Schluss

In einem bemerkenswerten Aufsatz hat Philip Manow jüngst auf die Notwendigkeit hingewiesen, bei vergleichenden Untersuchungen wohlfahrtsstaatlicher Entwicklung das religiöse Moment zu berücksichtigen – neben dem Klassenkonflikt, wie von Esping-Andersen bevorzugt.[65] Zudem besteht Manow besonders darauf, dass die nonkonformistische religiöse Erweckungsbewegung eine wichtige Rolle in vier Staaten spielte, in denen Elemente staatlicher Wohlfahrt sich relativ spät entwickelten: in den USA, in den Niederlanden, in Großbritannien und in der Schweiz. Unser Beitrag, der sich auf den weniger bekannten Fall der Schweiz konzentriert, hat Manows Thesen untermauert. Tatsächlich können während des 19. Jahrhunderts erhebliche Parallelen zwischen den englischen, holländischen und schweizerischen Fällen gezogen werden. In allen drei Ländern beteiligten sich konservative Kreise und Anhänger der religiösen Erweckungsbewegung in ähnlicher Weise an der freiwilligen Wohltätigkeit. Die Schwerpunkte wurden auf innere und äußere Mission gelegt, auf moralische Hebung und auf Heime für die Umerziehung »moralisch Benachteiligter«. In England waren drei Viertel der in der zweiten Hälfte des 19. Jahrhunderts gegründeten Wohltätigkeitsgesellschaften durch Evangelikale initiiert worden.[66] Auch in den Niederlanden hat die moderne christliche Wohltätigkeit ihren Ursprung in der protestantischen Erweckungsbewegung. Diese war bei einer Vielzahl philanthropischer Aktivitäten während der zweiten Hälfte des 19. Jahrhunderts engagiert, mit einem Schwerpunkt auf moralischer und evangelikal geprägter Umerziehung.[67] Die Heime für Prostituierte, kriminelle Jugendliche und Alkoholiker waren die wichtigsten Tätigkeitsfelder dieser philanthropisch engagierten Gruppen, während solche Einrichtungen beispielsweise in Frankreich keine bedeutende Rolle gespielt haben. Deshalb können wir folgern, dass es einen umgekehrten Zusammenhang gibt zwischen dem Gewicht nonkonformistischer protestantischer Wohltätigkeit im Europa der zweiten Hälfte des 19. Jahrhunderts und dem Vordringen des Wohlfahrtsstaates in den verschiedenen Ländern. In dieser Hinsicht stimmen wir mit Stefan-Ludwig Hoffmann überein, der wie folgt formuliert hat: »[...] Tocquevilles These vom grundlegenden Zusammenhang zwischen der Demokratie und dem Assoziationswesen – eine von den Verfechtern der Zivilgesellschaft häufig in Anspruch genommene These – muss in historische Perspektive gestellt werden. Wie Vereine und Gesellschaften sich konstituierten, welche sozialen und moralischen Ansprüche geltend gemacht wurden und welche bisweilen unbeabsichtigten politischen Folgen solche Ansprüche nach sich gezogen haben, muss mit mehr Umsicht untersucht werden.«[68] Es trifft zu, dass Wohltätigkeitsorganisationen in der Schweiz am Aufstieg einer Zivilgesellschaft mitgewirkt haben (ebenso in den USA, den Niederlanden und Großbritannien), aber gleichzeitig begrenzten sie den Zugang eines bedeutenden Teils der Gesellschaft zu den Leistungen eines Wohlfahrtsstaates.

---

65 Manow, The Good (wie in Anm. 18).

66 Barret-Ducrocq, La mobilisation (wie in Anm. 35), S. 21.

67 Jeroen J. H. Dekker, ›Philanthropie et rééducation, XVIIIe-XIXe siècles: le modèle néerlandais‹, in: Colette Bec/Catherine Duprat/Jean-Noël Luc/Jacques-Guy Petit (Hg.), Philanthropies et politiques sociales en Europe (XVIIIe-XXe siècles), Paris 1994, S. 45-62.

68 Hoffmann, Civil society (wie in Anm. 1), S. 26.

»Not for ourselves, but for others«

Die Rhetorik der Wohltätigkeit und der sozialen Zurschaustellung

von

KEIR WADDINGTON

Nicht nur aus der Sicht der heutigen Forschung, sondern auch bereits nach dem Urteil damaliger Beobachter war das Sozialgefüge des viktorianischen Englands »durchdrungen von privater Wohltätigkeit und den Wirkungen wohltätiger Beziehungen«.[1] Die Zeitgenossen waren fest davon überzeugt, dass Großbritannien als »Land der Wohltätigkeit« gelten durfe, in dem »die jährlich aus freien Stücken an die Bedürftigen gegebenen Beträge aus den vierstelligen Schecks der Adligen, der Bankiers und der Kaufleute bis hin zu den Ersparnissen der Witwen und den Pennies der Kinder eine so ungeheure Gesamtsumme ergeben, dass es unserem nationalen Charakter zur Ehre gereicht.«[2] Nach ihrer Ansicht vereinte die Wohltätigkeit Werte wie christliche Tugend, Emphatie, Unabhängigkeitssinn und Freiheit von Zwang – also Werte, die nach der Einschätzung der Kommentatoren Eigenschaften des englischen Charakters und zugleich allgemein erstrebenswert waren. Wenn die Elite der neuen städtischen Mittelklasse die Verwaltung vieler wohltätiger Assoziationen übernommen hatte und die traditionellen Eliten – Grundbesitzer, Aristokraten, das Königshaus – diesen Gesellschaften als Präsidenten oder Schirmherren dienen sollten, dann waren alle Teile der Gesellschaft zu wohltätigem Handeln aufgefordert, und jeder erwartete, dass alle dem nachkamen.

Allerdings war die Wohltätigkeit keine ganz simple Angelegenheit. Die Zivilgesellschaft war ganz durchdrungen von einer voluntaristischen Ethik und der Wertschätzung des Ehrenamtes, aber sie war keinesfalls auf eine »bürgerliche Öffentlichkeit« im Habermasschen Sinne begrenzt.[3] Wohltätigkeit war eine moralisch umrissene und zugleich populäre Angelegenheit, eine Art von aktivem gutem Bürgersinn, der seit der Mitte des 19. Jahrhunderts in allen Schichten Mode geworden war. Wie die Zivilgesellschaft selbst, umspannte sie soziale Netzwerke und Räume der Öffentlichkeit sowie Arrangements im privaten Bereich, und sie vermittelte zwischen dem privaten und dem öffentlichen Bereich. Eine weit gefasste Definition von Wohltätigkeit oder Philanthropie verortet sie innerhalb einer »großen Spannbreite von Sozialverhalten – von der informellen Bekundung von Mitgefühl bis hin zur Gesetzeskampagne für

---

1 Alan Kidd, ›Philanthropy and the »social history paradigm«‹, in: Social History, 21 (1996), S. 180-192, hier: S. 180.

2 Hospital, 2. Februar 1889, S. 278; Charity Record and Philanthropic Messenger, 31. Juli 1867, S. 1.

3 Dazu, wie der Begriff »Zivilgesellschaft« verstanden wurde und welche verschiedenen Bedeutungen damit verbunden waren, siehe Jose Harris (Hg.), Civil Society in British History: Ideas, Identities, Institutions, Oxford 2003.

soziale Gerechtigkeit«.[4] Zwischen diesen Polen lässt sich eine Fülle von Aktivitäten ansiedeln.

Die Probleme von Industrialisierung und Urbanisierung und die damit wachsende Komplexität urbaner und ziviler Kultur führten zu einer massiven Zunahme der Zahl der Wohltätigkeitsgesellschaften auf lokaler wie nationaler Ebene und sogar auf der Ebene des Empire, die jeweils spezifische Bedürfnisse befriedigen wollten. Gleichermaßen von Wohlhabenden wie von Armen gegründet, gaben sie der Wohltätigkeit eine institutionalisierte Form. Wie der »Westminster Review« 1853 ausführte, gab es kaum »eine Form von menschlicher Bedürftigkeit oder Elend, für die keine passende Fürsorge getroffen worden war.«[5] Die große Zahl der Wohltätigkeitsorganisationen spiegelt sich auch in den zeitgenössischen Handbüchern wider. Wie es in einem Reiseführer heißt, gab es allein im London des Jahres 1891 »[...] in etwa hundert Hospitäler, hundert Heime für Obdachlose, fünfzig Waisenhäuser, über zwanzig Institutionen für Blinde, Taube und Stumme, vierzehn Institutionen für die Betreuung von entlassenen Strafgefangenen, achtzehn Besserungsanstalten für gefallene Frauen, fünf Asyle für Unheilbare, über vierzig Heime und Institutionen für arme Seeleute und nahezu zwanzig für Soldaten. Dazu kamen zwölf wohltätige Institutionen zugunsten armer Juden und zwischen zwanzig und dreißig Unterstützungsgesellschaften für den geistlichen Stand, [Institutionen] die Emigranten oder Schuldner unterstützten, Schneiderinnen halfen, [...] allein gelassenen Damen der besseren Gesellschaft Unterstützung gewährten, arbeitslose Krankenschwestern alimentierten, unterdrückte Frauen beschützten, sich um Geisteskranke kümmerten – all diesen Bedürftigen reichte die Wohltätigkeit ihre gütige Hand aus unserer Mitte.«[6]

Diese Fülle teils untereinander konkurrierender Wohltätigkeitsorganisationen gab es im ganzen Land. Die Gewährleistung medizinischer Versorgung war ein ebenso fruchtbares Feld der Wohltätigkeit wie Erziehung und Unterricht oder die christliche Mission im Ausland. In Reaktion auf wirtschaftliche Notlagen oder Hungersnöte wurden Fürsorgeausschüsse und Unterstützungskomitees gegründet, sei es in Großbritannien, Indien oder Irland. Die Summen, die für besondere Zwecke aufgebracht werden konnten, waren beeindruckend: So wurden etwa für die Bekämpfung der Hungersnot unter den Baumwollspinnern in Lancashire zwischen 1861 und 1864 über 1 660 000 £ gesammelt.[7] Fürsorgeausschüsse und andere Organisationen bildeten gemeinsam einen »gewaltigen ›Supermarkt‹«, auf dem sie ihren potentiellen Spendern eine ganze »Reihe von Produkten« anboten.[8] Gleichzeitig bildeten wohltätige Organisationen und Institutionen einen Grundpfeiler bürgerlicher und national verbindender Aktivitäten, die nicht nur einen Beitrag zur »relativen Stabilität und zum Zusammenhalt der britischen Gesellschaft« leisteten, sondern auch ein »Mittel zur

---

4 David Owen, English Philanthropy 1660-1960, Cambridge, Mass. 1964, S. 164.

5 Pat Thane, ›Government and Society in England and Wales‹, in: F. M. L. Thompson (Hg.), Cambridge Social History of Britain 1750-1950, vol. 3, Cambridge 1990, S. 1-61, hier: S. 33; »Charity: Noxious and Beneficent«, in: Westminster Review, 3 (1853), S. 65.

6 Gustave Doré/William Blanchard Jerrold, London: A Pilgrimage, London 1872, Kap. 21.

7 Lynne Kiesling, ›Institutional Choice Matters: The Poor Law and Implicit Labor Contracts in Victorian Lancashire‹, in: Explorations in Economic History, 33 (1996), S. 65-85, hier: S. 68.

8 Robert J. Morris, ›Civil Society and the Nature of Urbanism: Britain, 1750-1850‹, in: Urban History, 25 (1998), S. 289-301; hier: S. 299.

Integration von neuen oder bislang ausgegrenzten Gruppen boten.«[9] Sie förderten Solidarität, indem sie Gruppen mit bestimmten gemeinsamen Zwecken, Ideen oder Interessen untereinander verbanden, und sie halfen mit bei der Herausbildung von Identität und vermittelten soziale Beziehungen.[10] Auch wenn zahlreiche Wohltätigkeitsorganisationen nicht einfach nur so apolitisch waren,[11] wie ihre Spendenwerbung suggerieren sollte, gestatteten sie doch Gleichgesinnten Austausch und gemeinsames Handeln.

Allerdings hatte die Mildtätigkeit, oder zumindest die befürchtete planlose oder fehlerhaft ausgeführte Mildtätigkeit, durchaus ihre Kritiker. Die Kritik kulminierte 1869 mit der Gründung der Londoner *Charity Organization Society* (*C.O.S.*). Dem existierenden System von Wohltätigkeit und seinen Aktivisten warf man immer wieder vor, sie seien leichtfertig, selbstbezogen, unkoordiniert und letztlich kontraproduktiv, weil zur Verarmung beitragend, und die *C.O.S.* wollte hier Abhilfe schaffen.[12] Allerdings mussten auch die Kritiker anerkennen, dass selbst dort, wo der Effekt der Wohltätigkeit »extrem nachteilig« war, die Motive der Wohltäter nur als »hervorragend« zu bezeichnen seien.[13] Trotz zunehmender Klagen gegenüber Organisation und Verwaltung des Wohltätigkeitswesens vermochten diese Zweifler nicht, das Zutrauen zu untergraben, dass die viktorianische Philanthropie die durch die Urbanisierung hervorgerufenen sozialen Übel und Probleme zu beseitigen vermöchte. Wie der Historiker Benjamin Kirkman Gray 1908 erklärte, gedieh das Wohltätigkeitswesen während des 19. Jahrhunderts deshalb, weil »generell angenommen wurde, dass wohltätiges Handeln die richtige und ausreichende Antwort auf die Bedürfnisse der armen Klassen der Gesellschaft« war.[14]

Die Bedeutung der Wohltätigkeit und die Verpflichtung zu persönlicher Mildtätigkeit wurden von allen Teilen der Gesellschaft anerkannt – sowohl von den Spendern als auch von den Empfängern.[15] Zeitgenössische Kommentatoren behaupteten, dass es nicht die Wahl gäbe zwischen Spenden oder Nicht-Spenden, sondern nur zwischen privater Wohltätigkeit oder staatlicher bzw. kommunaler Wohlfahrt.[16] Einzelspenden

---

9 Lawrence Goldman, ›Civil Society in Nineteenth Century Britain and Germany: J. M. Ludlow, Lujo Brentano, and the Labour Question‹, in: Harris (Hg.), Civil Society (wie Anm. 3), S. 97-114, hier: S. 98.

10 Martin J. Daunton, ›Payment and Participation: Welfare and State Formation in Britain 1900-1951‹, in: Past and Present, 150 (1996), S. 169-216, hier: S. 188; Peter Shapely, ›Urban Charity, Class Relations and Social Cohesion: Charitable Responses to the Cotton Famine‹, in: Urban History 28 (2001), S. 46-64.

11 John V. Pickstone, Medicine and Industrial Society: A History of Hospital Development in Manchester and its Region 1752-1946, Manchester 1985, S. 140 und 141.

12 Siehe Robert Humphreys, Poor Relief and Charity, 1869-1945: The London Charity Organization Society, Basingstoke 2001.

13 »Charitable Work and Women«, in: Cornhill Magazine, 30 (1874), S. 423.

14 Benjamin Kirkman Gray, Philanthropy and the State, or Social Politics, London 1908, S. 1.

15 Die Belege seitens der Empfänger sind selten. Obwohl verschiedene Studien die Ideen und Einstellungen zu den Ansprüchen auf das New Poor Law untersucht haben, ist es nach wie vor ein Desiderat zu erforschen, wie die Empfänger auf Fürsorge reagierten und Mildtätigkeit aushandelten, um das zu erzeugen, was Shapely in einer Studie als »charity from below« bezeichnet hat. Siehe David R. Green, ›Pauper Protests: Power and Resistance in early nineteenth-century London Workhouses‹, in: Social History, 31 (2006), S. 137-59; Shapely, Urban Charity, Class Relations and Social Cohesion (wie in Anm. 10), S. 64.

16 Kirkman Gray, Philanthropy and the State (wie in Anm. 14), S. 74.

und regelmäßige Zuwendungen blieben keineswegs auf die Ober- und Mittelschicht beschränkt, sondern sie kamen von den Angehörigen aller sozialen Klassen, ob in Form von Nachbarschaftshilfe, Geld, Zeit oder Naturalien. Untersuchungen von Haushalten der Mittel- und Arbeiterklasse machen deutlich, dass niemand sich enthielt, und frühere Empfänger von Leistungen konnten in besseren Zeiten selber wohltätig werden. Die Gesamtsumme aller im Jahre 1885 von den Briten geleisteten Spenden war größer als das Budget vieler europäischer Staaten.[17] William Howe hat in einer Untersuchung Londoner Wohltätigkeitsorganisationen geschätzt, dass ihre Einnahmen 1874/75 die Summe von 2 250 000 £ erreichten und bis 1893/94 auf 3 150 000 £ anstiegen.[18] Angesichts dieser Summen waren die Zeitgenossen überzeugt, dass ein Engländer, wie der barmherzige Samariter, »selten wegschaut, wenn es um öffentliche Angelegenheiten geht« und dass er von der »Verpflichtung erfüllt war, in der einen oder anderen Art und Weise zum Gemeinwohl beizutragen«.[19] Obwohl ein seit Ende der viktorianischen Ära aufkommendes Gefühl von der Krise des Voluntarismus das Vertrauen in die Leistungsfähigkeit der Spender schwächte, blieb Wohltätigkeit auch über das 19. Jahrhundert hinaus ein zentrales Element der urban geprägten britischen Zivilgesellschaft.[20]

Aber was bedeutete Wohltätigkeit bzw. *charity* im viktorianischen Zeitalter für die Menschen selbst? War sie ein Mittel der Selbstdarstellung, eine soziale Verpflichtung oder ein Ausdruck humanitärer Sorge? War sie eine Form der Nächstenliebe, des Egoismus oder der sozialen Kontrolle? Ein Problem für den Historiker liegt darin, dass die Philanthropie eben nicht so war, wie Reverend Arnot 1856 behauptete: »in der Vorstellung des Engländers sehr klar umrissen«.[21] Die Mildtätigkeit war allgegenwärtig, aber die konkreten Motive für wohltätiges Handeln oder Spenden entziehen sich jeder genaueren Kenntnis. Während Wohltätigkeitsorganisationen in ihren Prospekten viele gute Gründe zur Mildtätigkeit auflisteten (wobei soziale, religiöse und philosophische Begründungen sich häufig überlappten), gaben die Zeitgenossen sich nur wenig Mühe, die persönlichen Motive für ihre Spenden darzustellen. Dies lag daran, dass Philanthropie so selbstverständlich in das Verständnis von gesellschaftlicher Verantwortung des Einzelnen eingebaut war. Wenigstens bis zum späten 19. Jahrhundert waren viele Menschen so sehr davon überzeugt, dass Wohltätigkeit die von Industrialisierung und Urbanisierung hervorgerufenen Probleme bewältigen werde, dass man sie nicht hinterfragte und Wohltäter ihre Spenden nicht weiter erläutern mussten.

Zu den tieferen Beweggründen für Mildtätigkeit oder Philanthropie haben Historiker verschiedenste Erklärungen vorgeschlagen. Hierbei griffen manche auf die aus der Anthropologie stammenden Theorien über Gabe und Tausch zurück, auf die Betrachtungen Antonio Gramscis über Hegemonie im öffentlichen Raum oder auf

---

17 Zitiert nach Owen, English Philanthropy (wie in Anm. 4), S. 469; Charles Loch, Charity and Social Life, London 1910, S. 487f.

18 W. F. Howe (Hg.), Twenty-fourth Annual Edition of the Classified Directory to the Metropolitan Charities for 1899, London 1899.

19 Owen, English Philanthropy (wie in Anm. 4), S. 164.

20 Phillip Waller, ›Altercation over Civil Society. The Bitter Cry of the Edwardian Middle Class‹, in: Harris (Hg.), Civil Society (wie in Anm. 3), S. 115-134.

21 Westminster Review, 3 (1853), S. 65; Revd W. Arnot, Christian Philanthropy, London 1856, S. 4.

Vorstellungen von sozialer Kontrolle. In traditionelleren Einschätzungen herrschte eine liberale, im Wesentlichen geschichtsoptimistische Interpretation vor, nach der Wohltätigkeit eine auf humanitären und christlichen Werten ruhende Kraft des Fortschritts ist. Wohltätigkeit wurde als eine Art »gesellschaftlicher Verantwortung« gesehen, ein Mittel, um den vage definierten »würdigen« Armen innerhalb einer nicht in Frage zu stellenden sozialen und wirtschaftlichen Ordnung beizustehen.[22] Seit den 1970er Jahren wurden diese Deutungen zunehmend von abgebrühteren Interpretationen verdrängt. Die Historiker bewerteten die Stellung der Wohltätigkeit in der Zivilgesellschaft nunmehr als Mittel, die Hegemonie der Mittelklasse zu sichern. So war beispielsweise für Patrick Joyce die Philanthropie ein Instrument zur Festigung paternalistischer Verhältnisse.[23] Andere deuteten Wohltätigkeit als eine Art sozialer Sehnsucht, als ein Betätigungsventil für gelangweilte Frauen aus der besseren Wohngegend oder als Mittel zur Legitimierung von Randgruppen. Für John Garrard, Richard Trainor und Robert Morris waren Wohltätigkeitsorganisationen maßgebliche Instrumente des Zusammenschlusses, die halfen, die Macht der Mittelklasse in einer sich urbanisierenden Welt zu erhalten.[24] Diesem Trend folgend argumentierte auch Peter Shapely, dass Wohltätigkeit den sozialen Eliten zur Legitimierung ihrer Machtstellung diente.[25] Obwohl Frank Prochaska und Brian Harrison seitdem die Bedeutung von Güte und Emphatie als Motivation für Mildtätigkeit wieder hervorgehoben haben, herrscht immer noch die Deutung vor, nach der Wohltätigkeit ein Mittel zur Sicherung der Hegemonie der Mittelklasse ist, ein in der zivilgesellschaftlichen Sphäre eingesetztes Instrument zur Durchsetzung von Klasseninteressen.[26]

Die Komplexität viktorianischer Wohltätigkeit kann man allerdings weder mit Güte noch mit Sozialkontrolle in befriedigender Weise erklären. Anstatt den kurz erläuterten Interpretationen zu folgen, soll hier eine nuanciertere Sicht vorgeschlagen werden, wie sie sich aus einer Untersuchung der öffentlichen Darstellung der Wohltätigkeit ergibt. Zunächst soll der Blick auf die von wohltätigen Organisationen bei der Spendenwerbung eingesetzten Mittel gerichtet werden, um ihn dann auf die dabei verwendete Rhetorik der Philanthropie zu lenken. Durch Annäherung an die persönlichen Gründe zum Spenden soll dann die kulturelle Bedeutung der Wohltätigkeit ausgelotet werden. Eine Analyse der bei den Spendenaufrufen verwendeten Sprache macht die große Bandbreite von Motivationen und sozialen Verhaltensweisen in die-

---

22 Siehe Gertrude Himmelfarb, The Idea of Poverty, London 1984.

23 Patrick Joyce, Work, Society and Politics, London 1980.

24 Siehe zu diesen Interpretationen: Gareth Stedman Jones, Outcast London: A Study in the Relationship between Classes in Victorian Society, Oxford 1971; Stephen Yeo, Religion and Voluntary Organizations in Crisis, London 1979; Robert J. Morris, Class, Sect and Party: The Making of the British Middle Class, Leeds 1820-50, Manchester 1990; Richard H. Trainor, Black Country Elites: The Exercise of Authority in an Industrialised Area, Oxford 1993; Geoffrey Finlayson, Citizen, State and Welfare in Britain 1830-1990, Oxford 1994.

25 Peter Shapely, Charity and Power in Nineteenth Century Manchester, Manchester 2000.

26 Frank K. Prochaska, ›Philanthropy‹, in: F. M. L. Thompson (Hg.), The Cambridge Social History of Britain, 1750-1950, vol. 3, Cambridge 1990, S. 357-394; Brian Harrison, Peaceable Kingdom: Stability and Change in Modern Britain, Oxford 1982, S. 225; Peter Shapely, ›Charity, Status and Parliamentary Candidates in Manchester: A Consideration of Electoral and Charity Fields and the Social Basis of Power, 1832-1910‹, in: International Review of History, 44 (1999), S. 1-21

sem Feld erkennbar, und sie zeigt, wie weit dieses Verhalten als eine Art von sozialer Zurschaustellung gelten darf.

Die Rhetorik des Gebens

Beweggründe für Spendenfreude sind kaum quantitativ bewertbar. Jeder Einzelne hatte seine eigenen Gründe zum Spenden und für die Verbundenheit mit bestimmten Wohltätigkeitsorganisationen. Wir dürfen aber annehmen, dass karitatives Verhalten das Ergebnis weitgehend vernunftgeleiteter Entscheidungen war. Wie Helen Bosanquet, Sekretärin der *C.O.S.*, 1898 schrieb: »Wir kommen aus diesen Erklärungsproblemen nur heraus, wenn wir von den Motiven des Menschen absehen und unsere Aufmerksamkeit ganz auf die Wirkungen der Wohltätigkeit richten«.[27] Eine Untersuchung der Art, wie viktorianische Wohltätigkeitsorganisationen um Gelder und Unterstützung warben, beleuchtet auch die Rhetorik des Gebens. In der Tat brachten die Protagonisten dieser Organisationen »viel Zeit, Geduld und großen Einfallsreichtum« dafür auf.[28] Wie andere ehrenamtliche Tätigkeiten war auch die Wohltätigkeitsarbeit »transparent«. Sie wurde mit Sorgfalt betrieben und durch ihre jährlichen Mitgliederversammlungen, Berichte und veröffentlichten Spenden- und Subskriptionslisten öffentlich sichtbar und nachvollziehbar. Diese Transparenz diente maßgeblich ihrer Glaubwürdigkeit und Legitimierung. Eine Untersuchung ihrer Appelle lässt erkennen, wie die Organisationen selbst die Motive der Spender einschätzten. Sie wirft ein Licht auf die Werte der viktorianischen Wohltätigkeit, die ein Zeitgenosse in einem Brief an die »Times« beschrieb: »Meiner Meinung nach gibt es nichts, was den moralischen Fortschritt unseres Zeitalters wie auch den materiellen Reichtum unseres Landes besser verdeutlicht als die Bereitschaft und Großzügigkeit, mit der diesen Appellen entsprochen wird«.[29]

Das Geschäft der Wohltätigkeitsorganisationen war es, herauszufinden, wie sie ihre Zwecke am besten erreichen konnten, und im Laufe der Zeit verfeinerten sie immer mehr ihr Vokabular für das Spendensammeln und ihr Vorgehen auf einem Markt der Mildtätigkeit, der mit wachsender Zahl der Anlässe und der Organisationen immer komplexer und wettbewerbsorientierter wurde. Obwohl mancher glaubte, dass die Spendenbereitschaft der Gesellschaft praktisch unbegrenzt sei, wollten doch nur wenige Wohlfahrtseinrichtungen etwas davon verschenken. Wie der »Charity Record« 1894 erläuterte, »[würden] selbst die ältesten und verdientesten philanthropischen Institutionen [...] völlig unbeachtet bleiben, wenn sie die Öffentlichkeit nicht kontinuierlich an ihre Existenz erinnerten, durch Festivitäten, persönliche Appelle oder wirksame Werbung.«[30] Mit der Zahl werbender Wohltätigkeitsorganisationen schwoll auch die Menge der Aufrufe und Sammelaktionen ständig an. Wie die »Daily News« 1856 klagte, war der »Stress philanthropischer Aktivität« derart hoch, »dass unsere wohltätige Geldbörse ausgequetscht ist, bevor wir uns Gedanken darüber machen

[27] Economic Journal, 8 (1898), S. 216.
[28] Hospital, 6. Juni 1891, S. 109.
[29] Times, 24. April 1862, S. 6.
[30] Charity Record, 14 (1894), S. 311.

konnten, wieviel wir geben und wie wir es am besten geben sollten.«[31] Der auf Jeden wirkende Druck zum Beitrag des eigenen Scherfleins war unerbittlich. Prochaska bemerkt dazu: »Er kam von der Kanzel und der Rednertribüne, den Berichten und Pamphleten der wohltätigen Organisationen, den zahlreichen Familien- und Frauenmagazinen« und vor allem von der Tagespresse.[32]

Die Presse spielte bei der Wirkungssteigerung der Wohltätigkeitsgesellschaften eine wichtige Rolle. Besonders in der zweiten Hälfte des 19. Jahrhunderts verhalfen günstigere Drucktechniken, die Reduzierung der Zeitungssteuer und bessere und schnellere Methoden der Berichterstattung den Wohltätigkeitsgesellschaften zu vermehrter Öffentlichkeit. Zunächst wurden einspaltige Anzeigen geschaltet, aber je höher die Zahl der Aufrufe stieg, desto heftiger musste jede einzelne Organisation um Aufmerksamkeit kämpfen. »Tag für Tag [erinnerten] eineinhalb Kolumnen der dringendsten Anzeigen« die Öffentlichkeit an ihre mildtätigen Pflichten und an die guten Zwecke, die ihre Unterstützung verdienten.[33] Werbeanzeigen, Rundschreiben und Berichte über Veranstaltungen und Versammlungen ermöglichten es den Institutionen, ein größeres lokales oder sogar nationales Publikum zu erreichen. Die Direktoren des Royal Chest Hospital waren sich bestens bewusst, »dass Wohltätigkeit Publizität benötigt«. So wandten sie in den 1870er Jahren durchschnittlich sechs Prozent des Krankenhauseinkommens für Reklame auf, und während der 1890er Jahre wurden in 15 verschiedenen Zeitungen und Zeitschriften gleichzeitig Anzeigen geschaltet.[34] Aber die Werbung blieb nicht auf die Presse beschränkt. Wohltätigkeitsorganisationen gaben Jahresberichte heraus, die ihre Arbeit beschrieben und Listen der Spender und Subskribenten enthielten. Jeder Bericht wurde zudem mit einem Spendenaufruf eingeleitet.

»Um den Spendenfluss in Gang zu halten«, so die »Medical Times and Gazette«, wurde die wohltätige Öffentlichkeit ermuntert, »zu dinieren, zu geben und zu beten.«[35] Viele Methoden der Geldbeschaffung waren bereits im 18. Jahrhundert etabliert: Dinnerveranstaltungen, Bälle und Versammlungen.[36] Laut »Charity Record and Philanthropic Messenger« waren die jährlichen Festbankette und Bälle häufig die einzigen Mittel, zögernde potentielle Unterstützer zur Spende zu bewegen.[37] William Blanchard Jerrold beschrieb in »London: A Pilgrimage« (1891), wie dies vonstatten ging: »Oft werden 1 200 und 1 500 Pfund den Taschen von 150 Gentlemen entlockt, nachdem sie in der London Tavern, bei Freemason's oder in Willis's Rooms diniert hatten. Der Appetit auf das Vergeben von Almosen wird durch ein Essen in jedem Fall gesteigert. Es wäre absurd, jemanden um eine Subskription anzugehen, während er auf sein Mahl wartet. Aber er strahlt bei dem bloßen Vorschlag – wenn nur sein Inne-

31 Daily News, 24. März 1856, S. 4.
32 Frank K. Prochaska, Woman and Philanthropy in nineteenth-century England, Oxford 1980, S. 39.
33 British Medical Journal (1860), S. 458.
34 London Metropolitan Archives: Royal Chest Hospital annual reports; Finance Committee minutes, 1890-1901, H33/RCH/A5/2.
35 Medical Times and Gazette, 26 (1852), S. 39.
36 Siehe Donna T. Andrew, ›On Reading Charity Sermons‹, in: Journal of Ecclesiastical History, 43 (1992), S. 581-591.
37 Charity Record and Philanthropic Messenger, Juni 1868, S. 138.

res zufriedengestellt ist. Wenn Du ihn festlich bewirtet hast – dann ist er Dein Sklave und wird erst wieder frei, wenn er den Verdauungsprozess abgeschlossen hat.«[38]

Anlässlich des jährlichen *Royal Literary Fund-Dinner* im Jahre 1852 erklärte der Schriftsteller William Makepeace Thackeray, dass die Briten keine Steuer so fröhlich zahlten wie die *dinner tax*.[39] Allerdings begrüßten nicht alle Zeitgenossen dieses Treiben. So kritisierte die Zeitschrift »Charity« 1891 offen, dass viele dieser Feste dem Snobismus, der Völlerei und unaufrichtigen Appellen Vorschub leisteten.[40] Trotz solcher Reaktionen und der Klage, die Veranstaltungen seien eine wachsende Belastung für die Zeit und Geduld von »Männern der Öffentlichkeit«, waren sie doch zu erfolgreich, als dass man auf sie verzichtet hätte.[41] Dinner und Wohltätigkeitsbälle waren nicht die einzigen Möglichkeiten, mit denen eine wohlwollende Öffentlichkeit zum Spenden ermuntert wurde. Die Organisationen verfeinerten ständig ihre Methoden und entwickelten stetig neue Mittel zur Propagierung ihrer Ziele und ihrer eigenen Bedeutung. Die ganze Festkultur der urbanen Welt wurde dazu eingespannt. Vermeintlich feste Formen, wie etwa die traditionelle Wohltätigkeitspredigt, wurden in Inhalt und Form, wenn nicht sogar in ihrem Gesamtcharakter umgewandelt.

Die Wohltätigkeitsorganisationen versuchten auch, Handel und Gewerbe sowie die populäre Unterhaltung für ihre Zwecke zu nutzen. Mildtätigkeit und Konsum wurden so miteinander verschränkt. Laienspielgruppen wurden dazu ermuntert, Aufführungen für wohltätige Zwecke anzubieten, und Wohltätigkeitskonzerte fanden immer größere Verbreitung. Wie die »Times« 1898 schrieb »[werden] Konzerte für wohltätige Zwecke nahezu täglich veranstaltet.«[42] Ganz neue Märkte entstanden, wie etwa die Wohltätigkeitsbasare – eine viktorianische Variante des Flohmarkts. Diese fanden statt »in großen Festzelten, die von Ständen umringt, mit Schleifen, Kränzen und Fahnen farbenfroh dekoriert und mit Waren eingedeckt sind. Zahllose junge Damen, nach der neuesten Mode gekleidet, arbeiten an den Ständen und vermögen es, die Aufmerksamkeit der Öffentlichkeit auf die Waren zu lenken. Sie tun dies in einer gewinnenden, überredenden, anspielungsreichen und, wenn der Begriff erlaubt ist, schmeichlerischen Art und Weise.«[43] Religiöse Autoritäten und Leiter kommerzieller Basare kritisierten diese Veranstaltungen, aber ihre Organisatoren ignorierten die Angriffe und sahen insbesondere im Basar ein effizientes Mittel zur Geldbeschaffung. Selbst die Frommen mussten anerkennen, dass auf diese Weise große Summen eingenommen wurden.[44]

Im Jahre 1895 lenkte die *C.O.S.* die Aufmerksamkeit auf die »unredliche und um sich greifende Angewohnheit, Kinder auf der Straße Geld sammeln zu lassen.« Der Bischof von Rochester kritisierte solche Praktiken als »schlecht für die Öffentlichkeit, schlecht für die Armen und schlecht für die wohltätigen Zwecke«.[45] Die Wohltätigkeitsorganisationen waren allerdings anderer Ansicht und machten ausgiebigen Ge-

---

38 Doré/Jerrold, London (wie in Anm. 6), Kap. 21.

39 Times, 13. Mai 1852, S. 5.

40 Charity, April/Mai 1891, S. 285-287.

41 Times, 9. Juni 1868, S. 12.

42 Times, 25. Juni 1898, S. 15.

43 »A Charity Bazaar«, in: Cornhill Magazine, 4 (1861), S. 339.

44 Frank K. Prochaska, ›Charity Bazaars in nineteenth-century England‹, in: Journal of British Studies, 16 (1976/7), S. 62-84, hier: S. 63 und 81-84.

45 Times, 5. Februar 1895, S. 8.

brauch von Sammlungen auf der Straße, dann auch in vielen Unternehmen am Arbeitsplatz. Bei diesen Aktionen war der *Hospital Saturday Fund* – Spenden an Hospitäler durch freiwillige unbezahlte Arbeit des Personals an Samstagen – unter den Erfolgreichsten.[46]

Auf einem hart umkämpften Wohltätigkeitsmarkt war der Reiz des Neuen oftmals der Schlüssel des Erfolgs. Zur Unterstützung maroder Londoner Krankenhäuser führte beispielsweise der *Prince of Wales Hospital Fund* 1897 »ein hübsches Sammelheft und Briefmarkenalbum ein«, in dem Kinder über ihre eigenen Spenden Buch führen konnten.[47] Allerdings waren nicht alle Arten der Geldbeschaffung erfolgreich. So scheiterte ein 1864 im »Lancet« gemachter Vorschlag, wonach der Jockey Club einen Anteil aller Einsätze von über 50 £ an Krankenhäuser abführen sollte.[48] Das North West London Hospital verstieß sogar gegen das Gesetz, als es im Jahre 1890 eine *prize distribution* veranstaltete. Diese Initiative der Geldbeschaffung war höchst erfolgreich – binnen weniger Wochen wurden 1 500 £ eingenommen. Aber als Lotterie etikettiert, war sie im Sinne des Gesetzes illegal, und die Organisatoren waren zur Rückzahlung aller Einnahmen gezwungen – allerdings behielt man die Preise und verkaufte diese mit Gewinn.[49] Aber trotz der Suche nach immer neuen Formen wurden die konventionellen Arten der Geldbeschaffung mit mehr Energie und Erfolg betrieben.

Der »Charity Record« sah in all dem nur einen großen »Amateurzirkus«. Da aber die meisten dieser Organisationen nur in diesem »Wettstreit des Bettelns und Flehens« überlebten, blieb er ein wichtiger Bestandteil ihrer Arbeit.[50] Er garantierte ihnen eine ständige Präsenz in der öffentlichen Sphäre, in der sie Ängste und Bedürfnisse der Spender manipulierten und gleichzeitig die eigenen Werke priesen. Deshalb können in dieser Präsenz auch Motive des individuellen Spenders erkennbar werden. In ihr wird schließlich ein »öffentliches Gesicht« der freiwilligen Wohlfahrtspflege erkennbar.

Ihre Organisatoren ignorierten die Vorwürfe, dass die Philanthropie lediglich das Produkt eines »halb erwachten Gewissens« sei.[51] Sie behaupteten vielmehr das Gegenteil. Die humanitäre Tiefe der Wohltätigkeit wurde immer wieder betont, und die Arbeiterschicht, wo der Humanitätsgedanke ein wichtiges Element im sozialen Denken war, konnte sich so mit den Praktiken der Wohltätigkeit besser arrangieren. Wohltätige Einrichtungen hoben immer wieder hervor, dass die Engländer in besonderem Maße der Emphatie und des Mitgefühls fähig seien.[52] Um dieses zu rühren, scheute man sich nicht, die sentimentalsten Saiten aufzuziehen. Dabei konnte kaum eine Institution das *Hospital for Sick Children* übertreffen, das Bilder von Kindern zeigte, deren offensichtliche Leiden sicherlich nur in der sorgenden und liebevollen Atmosphäre dieser Einrichtung gelindert werden konnten. Die Spekulation auf die Emotionen und Sympathien des Publikums wurde aber praktisch von allen Organisationen

46 Martin Gorksy/John Mohan/Tim Willis, Mutualism and Health Care, Manchester 2006, S. 18-42.
47 Times, 18. Dezember 1897, S. 8.
48 Lancet, 2 (1864), S. 75-76.
49 Charity, Januar 1890, S. 205.
50 British Medical Journal, 1 (1892), S. 345; Charity Record, 2 (1882), S. 310.
51 »Charity: Noxious and Beneficent« (wie in Anm. 5), S. 65.
52 Henry Davis, Our Hospitals, London 1894.

betrieben.[53] Das *Newport Market Refuge*, ein Armenasyl, sah in seiner Arbeit einen klaren »Fall für die Sympathien der Öffentlichkeit« und forderte in einem Aufruf von 1870, nicht tatenlos zuzuschauen, wenn Arme und Obdachlose »immer tiefer in physischem und moralischem Elend versinken«.[54] Die *Needy Nook Ragged School* in London insistierte, dass die »armen, der Kälte und Nacktheit ausgesetzten Kinder doch unwiderstehlich unsere Gefühle rühren«, trotz der Unwürdigkeit vieler ihrer Eltern.[55] Und Anteilnahme musste nicht unpersönlich oder anonym sein: Die Organisationen schlugen Kapital aus lokalen und persönlichen Bezügen. Der Stiftungsrat des *London Hospital* appellierte an den Lokalpatriotismus: Er betreibe »das einzige Hospital im tückischen East End«.[56] Waisen- und Wöchnerinnenhäuser manipulierten Verlustängste oder Bedürfnisse nach persönlicher Identifikation, wenn sie die hohe Kindersterblichkeit oder unterbewusste Wünsche der Kinderlosen für ihre Werbekampagnen benutzten.[57]

Humanität war ein wichtiges Motiv, aber ebenso spekulierten die Appelle auf die Religiosität der Menschen. Historiker haben die Bedeutung der Religion im Geflecht der viktorianischen Zivilgesellschaft häufig unterschätzt oder heruntergespielt.[58] Aber sie war ein wichtiges Fundament philanthropischen Engagements. Im viktorianischen Zeitalter erfuhr die Religion, insbesondere in der evangelikalen Form, eine wahre Renaissance, und sie sensibilisierte die Gläubigen. Während der zweiten Hälfte des Jahrhunderts herrschte gerade im Sektor der Wohltätigkeit ein religiös-moralischer Imperativ. In den etwa 750 zwischen 1850 und 1899 veröffentlichten Schriften zum Thema Wohltätigkeit waren christliche Dogmen prominent. Wie die *Religious Tract Society* im Jahre 1884 behauptete, war Philanthropie »kein Zufallsprodukt« der Gesellschaft, sondern hatte seine tieferen Wurzeln »im Humus des Christentums«.[59] Dieses Verständnis blieb nicht auf Katholiken, Anglikaner oder Nonkonformisten beschränkt. Alle Konfessionen sangen das Lob der Wohltätigkeit. Auch die jüdische Gemeinde unterstrich ihren hohen Wert und gründete zahlreiche lokale Einrichtungen, die auch religiös definiert waren: aus Spenden finanzierte Krankenhäuser, Armenapotheken, Ambulanzstationen, Versicherungsvereine und Genesungsheime, und schließlich den *Jewish Board of Guardians* zur effizienteren Koordination dieser Institutionen – ganz nach dem Rezept der *C.O.S.*[60] Manche Konfessionen waren auf bestimmten Feldern besonders aktiv: Methodisten bei der Abstinenzbewegung, Unitarier in Bildung und Erziehung, Anglikaner in den Bibelgesellschaften. Doch alle zeigten sich einig in der Bewertung der Philanthropie und konnten sich in der Sache untereinander verständigen. Wie die »Times« 1850 schrieb, »[vergessen] traditionelle und reformorientierte Kleriker, Christen und Juden [...] alle ihre Unterschiede und Streitpunkte,

53 Siehe Great Ormond Street Hospital for Sick Children, Peter Pan Gallery and Archive: Press Cuttings, GOSH, 8/153.
54 Times, 12. Februar 1870, S. 10.
55 »Winter Charities«, Times, 15. November 1870, S. 5.
56 Truth, 19. April 1883.
57 Prochaska, Philanthropy (wie in Anm. 26), S. 361.
58 Harris (Hg.), Civil Society (wie in Anm. 3), S. 9.
59 William Garden Blaikie, Leaders in Modern Philanthropy, London 1884, S. 7.
60 E. Frisch, An Historical Survey of Jewish Philanthropy from the earliest times to the Nineteenth Century, New York 1924; Gerry Black, ›Health and Medical Care of the Jewish Poor in the East End of London, 1880-1914‹, in: Jewish Historical Studies, 36 (1999-2001), S. 93-111.

indem sie der universalen Lehre vom barmherzigen Samariter folgen.«[61] So erhielt das im Jahre 1845 gegründete *German Hospital* im Londoner Stadtteil Dalston die Unterstützung der lokalen lutherischen, katholischen und jüdischen Gemeinden. Verlegten religiös orientierte Wohltätigkeitsorganisationen sich allerdings auf Proselytenmacherei, bedeutete das häufig »ein Ende für [...] großzügige und teilnahmsvolle Unterstützung«.[62] Das erfuhr man auch im *German Hospital*, als die Konflikte des in Deutschland schwelenden Kulturkampfes sich dort auswirkten. Die konfessionellen Dispute und Versuche zur Bekehrung jüdischer Patienten resultierten Mitte der 1890er Jahre in einem deutlichen Rückgang des Spendenaufkommens.[63]

Die Aufrufe praktisch aller Einrichtungen bauten jedenfalls auf die tiefe religiöse Einbettung der Hilfsbereitschaft. Selbst die nüchterne *C.O.S.*, bemüht um Rationalisierung der Wohlfahrtspflege und unduldsam gegenüber einer nach ihrer Ansicht irrationalen, kontraproduktiven, und die Hilfsempfänger pauperisierenden Sentimentalität der Spender, stimmte zu, dass die Wohltätigkeit von Gott selbst inspiriert sei. Christliche Organisationen sahen häufig über die konfessionellen Gräben hinweg und beschworen einen allumfassenden »Genius des Christentums«.[64] Dabei hoben sie das Leben Christi und die Paulusbriefe hervor und beschrieben die Mildtätigkeit als Inbegriff christlicher Tugend – gleich, ob es dabei um die Missionierung der Heiden, Gottesdienste für die Kranken und Notleidenden oder die Bildung und Erziehung der Armen ging. Die *Society for the Relief of the Destitute Sick* beispielsweise nutzte in ihren Appellen christliche und evangelikale Motive. Das *London Ragged Dormitory* erklärte in einem Aufruf aus dem Jahre 1851, dass die moralische Hebung zerlumpter Jungen ein christlicher Grundgedanke sei, und für Reverend Denison, der auf der jährlichen Versammlung der *National School Society* sprach, war gesellschaftliches Engagement ein Ausdruck der »christlichen Nächstenliebe«.[65] Die Zahl der Aufrufe schwoll alljährlich um Weihnachten und Ostern an, wenn die Kanzel zu einer wichtigen Bühne für die Appelle wurde. Predigten priesen regelmäßig die christliche Tugend des Gebens, das ein nobles Opfer war und zugleich den Bedürftigen Hilfe bot. Innerhalb dieses Bezugssystems konnte Wohltätigkeit ihr eigener Lohn sein, aber sie durfte auch als eine Art Versicherung für das Jenseits gelten. Die Gläubigen wurden aufgefordert, »Mildtätigkeit umzulegen wie einen Mantel, um im Angesicht Gottes gefällig zu erscheinen«.[66] Reverend Brook Lambert schrieb 1873 in der »Contemporary Review«, die Armut sei ein notwendiges Übel, von Gott geschaffen als Herausforderung der müßigen Reichen zur Schulung ihrer Spiritualität.[67] William Blake hatte dieselbe Vorstellung in »The Human Abstract« (1794) ausgedrückt: »Es gäbe kein Mitleid mehr, wenn wir nicht irgend jemanden arm machen würden.« In der Wohltä-

[61] Times, 7. September 1850, S. 6.

[62] St Bartholomew's Hospital Archives: »A word in season to the governors and friends of the German Hospital«, 1894, GHA 18/3; Charity Record and Philanthropic News, 14 (1894), S. 201.

[63] Christiane Swinbank, ›Medicine, Philanthropy and Religion. Selective Intercultural Transfers at the German Hospital in London, 1845-1914‹, in Stefan Manz/Margrit Schulte Beerbühl/John R. Davis (Hg.), Migration and Transfer from Germany to Britain 1660-1914‹, München 2007, S. 128-130.

[64] J. Horsford, Philanthropy, London 1862, S. vii.

[65] Times, 10. März 1851, S. 8; Times, 5. Juni 1851, S. 8.

[66] Thomas Baily Aldrich, Daisy's Necklace: and What Came of It, London 1857, S. 109.

[67] Contemporary Review, 33 (1873/4), S. 463.

tigkeit konnten sich humanitäre und egoistische Motive mischen, mit Billigung durch die christliche Theologie.

Diese Verbindung von Selbstlosigkeit und Eigennutz durchdrang auch die Rhetorik der Wohltätigkeit. Eine Analyse der Aufrufe zeigt, dass Philanthropie keineswegs nur als ein Verrichten guter Werke oder als christliche Pflicht verstanden wurde. Sie wurde auch als gesellschaftliche Pflicht präsentiert – nicht nur im Sinne von »noblesse oblige«, sondern als eine Aufgabe für alle sozialen Schichten. Das traditionelle paternalistische Ethos, das eher die Pflichten als die Rechte des Besitzes verfocht, hob gerade die soziale Verpflichtung des Reichtums hervor. Wohltätigkeitsorganisationen stellten sich selbst als ein Ausdruck dieser Verantwortung dar. Zugleich wurde Wohltätigkeit als eine Möglichkeit zur Beruhigung des sozialen Gewissens oder der Rechtfertigung materiellen Reichtums gepriesen. Manch ein »Spieler und sozialer Schurke«, so wurde berichtet, »fand Trost darin, einen Teil seines unredlich erworbenen Vermögens für kranke Arme zu verwenden.«[68] Mancher Fabrikant, wie Cadbury in Birmingham, Lever in Merseyside oder Colman in Norwich, spendete an lokale Wohltätigkeitsorganisationen oder gründete eigene Institutionen, und er belegte damit öffentlich, dass er sich um seine Arbeiter kümmerte. Manchmal spekulierte man dabei auch auf Gegenleistungen: Die *London, Brighton and South Coast Railway Company* beispielsweise war der Meinung, dass regelmäßige Unterstützung des *Guy's Hospital* »den Angestellten der Firma die Aufmerksamkeit des Krankenhauspersonals« sichern werde.[69] Gleichzeitig lassen die Spendenaufrufe erkennen, dass solche Wohltaten die Angestellten und Arbeiter auch von sozialer Unruhe abhalten sollten.

Obwohl einige Philanthropen »weniger an die Erfüllung einer Pflicht dachten als an die Dämpfung eines nagenden, aber schwer greifbaren Schuldgefühls«, erklärten die mildtätigen Organisationen, dass ihre Großzügigkeit einen regen »Austausch zwischen Arm und Reich« bewirke, beim Abbau von sozialen Spannungen helfe und den sozialen Zusammenhalt stärke.[70] Dass Höhepunkte der Spendenbereitschaft und solche der sozialen Unruhe sich oft überschnitten, belegt die Wirksamkeit solcher Argumente. Beispiele wären die Hungerkrisen in den baumwollverarbeitenden Industrieregionen der 1860er Jahre, die als *Lancashire Cotton Famine* in die Geschichte eingingen, oder die Arbeiterdemonstrationen im feinen Londoner West End während des harten Winters 1885/86. Beide Ereignisse gingen einher mit einer starken Zunahme der Spenden. Die Zeitgenossen hofften, Mildtätigkeit könne »das Klassendenken überwinden, das England in zwei feindliche Lager zu spalten droht.«[71] Die in diesem Zusammenhang benutzte Sprache war ebenfalls stark aufgeladen. Nachdruck wurde auf den »hohen Wert der Dankbarkeit« gelegt, die Empfänger von Wohltaten äußerten, und besonders hervorgehoben wurden Spenden ehemaliger Hilfsempfänger.[72] Dies macht einerseits deutlich, dass die Bedürftigen der Wohltätigkeit nicht notwendigerweise ablehnend gegenüberstanden, aber andererseits wurden die aufrichtig Dankbaren auch bisweilen

68 Hospital, 24. Januar 1893, S. 266.
69 London Metropolitan Archive: Guy's Hospital, Court of Committees, H9/Gy/A3/8/1.
70 C. K. Watkins, Social Control, London 1975, S. 2; William Rathbone, Social Duties considered with Reference to the Organization of Efforts in Works of Benevolence and Public Utility, London 1867, S. 30 und 37.
71 Charity and Philanthropic News, 6. Januar 1881, S. 2.
72 Times, 6. August 1862, S. 10.

dazu genötigt, selbst zu spenden. Dies stand freilich auch im Kontext der Forderungen, die Armen zu wirtschaftlicher Unabhängigkeit zu ermutigen. In einer Rede an die *Society for Improving the Condition of the Labouring Classes* im Jahre 1850 hob Lord Ashley hervor, dass diese Gesellschaft und ihre Unterstützer unter den Arbeitern »den unerschütterten Sinn für ehrliche Unabhängigkeit« bestärkten.[73] Diese Rhetorik war auf den Glauben an einen individuellen moralischen Fortschritt gebaut. Andere Institutionen zeigten mit viel Eifer, wie sie in Not geratenen Armen dabei halfen, »ihre bisherige Tätigkeit wieder aufzunehmen, zum Nutzen ihrer selbst und ihrer Familien« – und sie betonten dabei, auf diese Weise der Wirtschaft zu nützen und öffentliche Ausgaben zu mindern.[74] Das war praktische Anwendung politischer Ökonomie.

Während zeitgenössische Kommentatoren vor egoistischer und selbstsüchtiger Philanthropie warnten, waren Wohltätigkeitsorganisationen allzu bereit, den Egoismus zum Besten ihrer Spendeneinkünfte zu manipulieren. Neben den noblen Motiven wurden auch die »vulgäreren Antriebe« für das Spenden erkannt und ausgenutzt.[75] So hoben etwa Krankenhäuser die von ihnen »erbrachten großen humanitären Leistungen« hervor, indem sie der Öffentlichkeit ihre – in manchen Fällen manipulierten – Patientenzahlen präsentierten. Sie betonten auch, dass sie den Ärzten eine Praxis boten, die dem »Fortschritt der Wissenschaft und der Linderung menschlichen Leidens« diene.[76] So wurde angedeutet, dass Spenden an eine medizinische Einrichtung dem Wohltäter selbst dereinst zu einer besseren Behandlung verhelfen könnten. Mit diesem Motiv spielte auch George Eliot in seinem Roman »Middlemarch« (1874). Darin sagt eine der Figuren über Lydgate, praktischer Arzt und Hauptfigur: »Ich habe nichts dagegen, wenn er Experimente an Deinen Krankenhauspatienten vornehmen soll und ein paar Leute für die Wohltätigkeit ihr Leben lassen. [...] Ich habe etwas übrig für Behandlungen, die auf ein wenig Empirie gebaut sind.«[77] Die Appelle der Krankenhäuser waren freilich unschuldiger formuliert.

Die Rhetorik des viktorianischen Wohltätigkeitswesens spielte also auf einer emotionalen Klaviatur, die vom Gefühl der Schuld über den Eigennutz bis hin zur Dankbarkeit reichte. Gleichzeitig wurde sie durch einen Humanismus gestützt, der sich noch in einem Rahmen von christlichem Glauben und religiöser Verpflichtung bewegte. Es gab keinen potentiellen Spender, den diese Rhetorik nicht ansprechen konnte.[78] Dennoch waren die Briten besorgt darüber, dass die Wohltätigkeit auch als eine Form der Zurschaustellung genutzt werden könnte.

Wohltätigkeit und ihre Zurschaustellung

Für denjenigen, der Wohltätigkeit als soziale oder religiöse Verpflichtung verstand, beinhaltete sie eine Belohnung in sich, aber andere erwarteten eine weitere Gegenleis-

[73] Times, 7. Juni 1850, S. 8.

[74] London Metropolitan Archive: Royal Chest Hospital annual report 1850.

[75] Arthur Hobhouse, A Lecture on the Characteristics of Charitable Foundations in England, London 1868, S. 2.

[76] University College London: University College Hospital, annual report (1869).

[77] George Eliot, Middlemarch, London 1874, S. 66.

[78] E. Ellis, The Fetish of Charity, in: Westminster Review, 135 (1891), S. 306.

tung: die öffentliche Sichtbarkeit ihrer Mildtätigkeit. Die vielfältigen Formen des Spendens ermöglichten und erforderten die Ausbildung eigener sozialer Netzwerke und Räume in der Zivilgesellschaft, in denen individuelle Wohltätigkeit dargestellt werden konnte. Es war diese Zurschaustellung, die den stetigen Fortbestand von Philanthropie sicherte. Sie verschaffte dem Spender soziales oder symbolisches Kapital – so schwierig greifbar dieses auch immer in der historischen Analyse sein mag.[79] Anhand ihrer Wohltätigkeit stellten sich die Spender ein philanthropisches oder christliches Zeugnis aus und positionierten sich zugleich in einer immer weiter diversifizierten Gesellschaft.

Wohltätigkeitsorganisationen waren wesentliche Bestandteile der städtischen Zivilgesellschaft und wurden zu Objekten von lokalem Stolz und Identifikation. Obgleich die Hierarchie der gemeinnützigen Institutionen wohl von den medizinischen Einrichtungen angeführt wurde, waren sie alle durch Spendenaufrufe und Präsenz in der Presse öffentlich sichtbar. Als Elemente im städtischen Leben halfen sie den Zeitgenossen, mit sozialen Werten zu experimentieren und neue zu erfinden, die für eine oft als anonym und segmentiert wahrgenommene städtische Gesellschaft besser geeignet waren. Sie boten Raum für Gefühle von Eintracht und Identität und halfen allen Klassen, neue und dauerhaftere soziale Beziehungen auszuhandeln.[80] Gleichfalls bestärkten sie das, was man als eine Art »moralischer Identität« oder symbolischen Kapitals bezeichnen könnte, die als soziale Referenz wirkten. Eine Spende war eine Demonstration der eigenen Achtbarkeit und Unabhängigkeit. Aktives Engagement, etwa der Besuch von Armenvierteln oder organisatorische Arbeit, erfüllte dieselbe Funktion. Obgleich es unwahrscheinlich ist, dass die einzelnen Subskribenten unverblümt in diesen Begriffen dachten oder die Vorteile des Spendens kühl durchkalkulierten, schlossen sich die Spender dennoch einer wohltätigen Ethik mit Vorstellungen von Sorge und Christenpflicht an, die sie zu »altruistischen und moralisch herausragenden Mitgliedern der Gesellschaft« machten, wie Shapely es formuliert hat.[81] Mit einem Engagement auf bestimmten Feldern der Wohltätigkeit, etwa für Kinder oder Kranke, stellte man Fürsorge und Barmherzigkeit dar. Dies war nicht auf eine Elite oder auf diejenigen begrenzt, die bereits soziale Positionen erreicht hatten. In allen Gesellschaftsschichten konnte Wohltätigkeit zu Ansehen und Einfluss verhelfen. Folgen wir Prochaska, so war ein »Engagement in philanthropischen Unternehmungen [...] ein Zeichen von Status und sozialem Ehrgeiz.«[82]

Allerdings war die Möglichkeit der Zurschaustellung häufig durch die Höhe der Spende bestimmt – dies relativiert idealisierte Vorstellungen von der Zivilgesellschaft als einem Raum, in dem Arme und Benachteiligte aktiven Anteil an der Ausformung städtischer, sozialer und politischer Zustände haben konnten. Obwohl die Vertreter aller sozialen Klassen zur Wohltätigkeit animiert wurden und jeder durch seinen Beitrag soziales oder symbolisches Kapital in seiner Gemeinde ansammeln konnte, muss

[79] Die Idee eines symbolischen Kapitals wird in diesem Zusammenhang entwickelt bei Shapely, Charity, Status and Leadership (wie in Anm. 26), S. 157-177.

[80] Morris, Class, Sect and Party (wie in Anm. 24); Peter Shapely, Urban Charity, Class Relations and Social Cohesion (wie in Anm. 10), S. 46-64.

[81] Shapely, Charity, Status and Leadership (wie in Anm. 26), S. 157.

[82] Frank K. Prochaska, The Voluntary Impulse: Philanthropy in Modern Britain, London 1988, S. 30.

festgehalten werden: Je größer die Spende oder das Engagement, desto höher der Gewinn an Prestige. In ihrer Rhetorik mögen die Organisationen den Penny des Arbeiters und das Pfund Sterling des Reichen gleich bewertet haben, aber dies wurde nicht in die Praxis umgesetzt. Wohlfahrtseinrichtungen sahen Arbeiter zwar als Empfänger ihrer Fürsorge oder auch als Spender, aber nicht als Subskribenten oder gar als Präsidenten eines Verwaltungsrates. Die im Verlauf der Zeit zunehmenden Spenden der Arbeiter mögen ihren Führern »nach und nach die Möglichkeit eröffnet haben, Entscheidungsgremien philanthropischer Organisationen zu beeinflussen oder selbst in sie hinein zu gelangen«, aber dies war ein sehr langsamer Prozess.[83] In der Presse oder den Jahresberichten der Organisationen fand in der Regel nur Erwähnung, wer mit seinen Spenden bestimmte Mindestsummen übertroffen hatte. Die vielen kleineren Spenden wurden nicht namentlich, sondern kollektiv aufgelistet – nach Versammlung, Arbeitsstätte oder Sammlungsschema. Je größer das Geschenk, desto sichtbarer war die Wohltätigkeit und das damit gewonnene soziale Kapital. Gleiches galt für die Sicherung von Einfluss auf die Institutionen. Freiwillige Spenden wurden über Stimmrechte in den Gremien abgegolten, die in den Statuten der Einrichtungen wie auf einer Skala abgestuft waren, abhängig von der Höhe der Zuwendung. Das Minimum war recht hoch gesetzt – für gewöhnlich mehr als ein Pfund und ein Schilling. Zur Größenordnung: In der zweiten Hälfte des 19. Jahrhunderts lagen die bescheideneren Jahreseinkommen zwischen zehn und zwanzig Pfund. Auch das Recht zur Benennung von Hilfsempfängern – etwa für eine Krankenhausbehandlung – war mit noch viel bedeutenderen Spenden regelrecht käuflich. Morris hat dies als *subscriber democracy* bezeichnet.[84] Für die Aufstrebenden war dies eine Möglichkeit, Einfluss oder Status auf lokaler oder regionaler Ebene zu erwerben oder zur Schau zu stellen. Dies war sehr wichtig in einer Zeit, in der man postulierte, dass »ein Mann aufgrund seines Wertes, und nicht aufgrund seiner Titel beurteilt werde« und dass der ideale Bürger auch »ein generöser Mann« sein sollte.[85]

Diese Funktion wurde noch dadurch verstärkt, dass die Wohltätigkeitsorganisationen bestimmte Sehnsüchte der Mittelklasse zu ihrem Vorteil nutzte: Die Anwesenheit von Mitgliedern des Königshauses, von Adligen und der Elite der Geschäftswelt hatte eine mächtige Anziehungskraft. So waren die Organisationen darauf erpicht, diese Spitzen der Zivilgesellschaft zu ihren Veranstaltungen einzuladen, und auch auf den Subskriptionslisten wurden ihren Namen prominente Plätze eingeräumt.[86] Weniger potente Spender sahen einen Gewinn darin, ihre Namen neben denen noch viel prominenterer Philanthropen gedruckt zu sehen. Wie die »Westminster and Foreign Review Quarterly« bissig kommentierte, waren die Spenden aus der Mittelklasse stark abhängig vom Rang der übrigen angefügten Namen.[87] Der Prince of Wales, Lord

---

[83] Richard Trainor, ›Urban Elites in Victorian Britain‹, in: Urban History Yearbook (1985), S. 1-17, hier: S. 3.

[84] Morris, Class, Sect and Party (wie in Anm. 24); siehe auch Keir Waddington, ›Subscribing to a Democracy? Management and the Voluntary Ideology of the London Hospitals‹, 1850-1900, in: English Historical Review, 118 (2003), S. 357-379.

[85] S. K. Hocking, Social Models, London 1889, S. 17.

[86] Zitiert nach Margaret B. Simey, Charitable Effort in Liverpool in the Nineteenth Century, Liverpool 1951, S. 56.

[87] Westminster Review and Foreign Quarterly, 35 (1869), S. 447.

Shaftesbury und der Bischof von London waren gesuchte Redner für Wohltätigkeitsveranstaltungen aller Art. Solche königlichen und kirchlichen Segnungen konnten die Sammelaktionen nur begünstigen. In der Tat wurde die Schirmherrschaft durch die Eliten als notwendige Voraussetzung für den Erfolg jeder dieser Aktionen angesehen. Als beispielsweise der Herzog von Cambridge im Jahre 1850 starb, beklagten die Direktoren des *London Hospital* nicht nur den Verlust eines »generösen Stifters«, sondern auch eines einflussreichen Freundes, dessen Name die Eigenschaft hatte, »das Einkommen dieser wichtigen Einrichtung permanent zu erhöhen«.[88]

Zusammenfassung

Diese Untersuchung der Rhetorik des Gebens hat gezeigt, dass die Organisatoren der freiwilligen Wohlfahrtspflege im viktorianischen England sehr früh erkannt hatten, dass kein Spender von nur einem einzigen Motiv bewegt wurde und dass es keine zwei Wohltäter gab, die durch ein und denselben Grund zum Spenden bewegt werden konnten. Vor allem wussten sie, dass Wohltätigkeit selbstlos und eigennützig zugleich war. Dies spiegelte sich wider in den Spendenkampagnen, mit denen alle Schichten der Gesellschaft überzogen wurden. Religiöse Werte und Überzeugungen waren zweifellos ein wichtiger Antrieb für die Spendenbereitschaft. Auch der Humanitätsbegriff blieb stark religiös konnotiert. Religiöse Antriebe mischten sich aber in der Regel mit dem sozialem Ehrgeiz der Spender und ihrem Verlangen, den eigenen Status auch öffentlich sichtbar zu machen. Diese Motive machten sich auch die auf religiöser Grundlage arbeitenden Institutionen zunutze. Der persönliche Ehrgeiz wurde in den Kampagnen der Wohlfahrtseinrichtungen ohne große Umschweife angesprochen, und er ist hier durch den Blick auf diese Kampagnen sichtbar gemacht worden. Häufig ganz unverhüllt rührten die Spendenwerbungen an möglichst viele Wünsche und Emotionen des Publikums: an die Sehnsucht nach jenseitigem Lohn, an das schlechte soziale Gewissen der Reichen, an den Drang der Mittelklassen, auch in punkto Freigiebigkeit mit der Oberschicht gleichzuziehen, und an die Dankbarkeit der Ärmeren, die Einrichtungen unterstützen sollten, deren Hilfe sie selbst einmal erfahren hatten oder vielleicht dereinst benötigen würden. Das alle Schichten übergreifende Engagement wirkte einerseits als sozialer Kitt, der die Spannungen der Klassengesellschaft minderte. Andererseits wurden die Spendenaktionen ganz bewusst wie ein Wettbewerb auf öffentlicher Bühne inszeniert, so dass die Spender je nach Ausmaß ihrer Großzügigkeit bestimmte Plätze in der sozialen Hierarchie erwerben oder sichern konnten. In diesem großen Spiel nahmen die Schirmherren der Institutionen eine herausragende Funktion ein. Das waren möglichst Mitglieder des Königshauses, des höheren Adels und der bürgerlichen Wirtschaftselite, denen die Vertreter der Mittelklasse sich je nach Größe ihrer eigenen Spenden sozial nähern konnten, sei es in der Tischordnung der Festbankette oder auf den Spendenlisten in den Jahresberichten der Wohlfahrtseinrichtungen. Die notwendig bescheideneren Beiträge aus den ärmeren Schichten wurden viel seltener namentlich aufgeschlüsselt, obschon sie in ihrer Summe ebenfalls bedeutend waren. Aber jeder, der sich durch eine eigene Gabe an der Wohl-

88 London Hospital: Minutes of the Court of Governors, 23 July 1850, A/2/10.

tätigkeit beteiligte, konnte dies in der öffentlich verkündeten und gebilligten Überzeugung tun, dass man durch die selbstlose Spende auch sich selbst Gutes tat. In diesem scheinbaren Paradox liegt ein Schlüssel zum Verständnis des Erfolgs der vielen viktorianischen Wohlfahrtseinrichtungen.

Gegen Ende des 19. Jahrhunderts wiesen immer mehr Beobachter auf eine Krise des Voluntarismus hin. Es vermehrten sich die Klagen, dass die »nunmehr erhältlichen Beträge« für viele der großen Institutionen »nicht mehr ausreichend« waren.[89] Die Wohltätigkeitseinrichtung büßten viel von ihrer bisherigen Funktion beim »Austarieren der Beziehungen zwischen den sozialen Klassen« und beim »Stabilisieren der urbanen Gesellschaft« ein. Die Unter- und Mittelschichten erhöhten ihre Ansprüche und gewannen an Selbstbewusstsein, was sich in dem Wunsch nach breiterer demokratischer Teilhabe und in einer neuen Sprache bürgerschaftlicher Verantwortung ausdrückte. Die Rhetorik der Philanthropie verlor ihre Anziehungskraft, weil persönliches Engagement als Mittel der Selbstdarstellung immer weniger gefragt war. Gewerkschaftsarbeit, Lokalpolitik oder Vereinigungen wie die Freimaurer wurden zu den neuen sozialen Schauplätzen, auf denen nicht zuletzt auch die Autorität der traditionellen städtischen Eliten in Frage gestellt wurde.[90] Wie Waller dargelegt hat, verstärkte sich die Wahrnehmung dieser Krise der herkömmlichen Philanthropie zwischen der Jahrhundertwende und dem Ersten Weltkrieg.[91] Das bedeutet allerdings nicht, dass die Wohltätigkeit bei Anbruch des 20. Jahrhunderts nicht mehr wichtig gewesen wäre. In der Praxis blieb die Zivilgesellschaft stark dem Voluntarismus verpflichtet – trotz der wachsenden Erkenntnis, dass er alleine nicht in der Lage war, die sozialen Probleme zu lösen. Auch das Aufkommen des britischen Wohlfahrtsstaates minderte nicht die Verdienste und den Wert, den man der freiwilligen Wohlfahrtspflege zuschrieb. Selbst die staatlichen Sozialprogramme sollten gemeinsam mit gewählten lokalen Behörden und ehrenamtlichen Organisationen verwaltet werden, wie zum Beispiel bei der Säuglings- und Kinderfürsorge. Damit entstand eine *mixed economy of welfare*, in der die freiwillige Wohltätigkeit weiterhin eine wichtige Rolle spielte.[92] Die in viktorianischer Zeit geformte Rhetorik des »not for ourselves, but for others« prägte auch die freiwillige Wohlfahrtspflege des 20. Jahrhunderts.

---

89 Westminster Review, 135 (1891), S. 303.

90 Daunton, Payment and Participation (wie in Anm. 10), S. 189.

91 Waller, Altercation over Civil Society (wie in Anm. 20), S. 115-134.

92 Geoffrey Finlayson, A Moving Frontier: Voluntarism and the State in British Social Welfare, 1911-49, in: Twentieth Century British History, 1 (1990), S. 183-206.

Zivilgesellschaft und Konflikt

Protestantische Philanthropie im Deutschland des 19. Jahrhunderts

von

BETTINA HITZER

Vorstellungen von »Zivilgesellschaft« gehören zum utopischen Kernbestand westlichen Denkens. Ohne den Terminus selbst zu benutzen, diskutierte man in neuer Intensität seit dem späten 18. Jahrhundert darüber, wie die Utopie einer »Zivilgesellschaft« zu verwirklichen sei. Übereinstimmung herrschte und herrscht in der Regel darüber, dass der Weg zur »Zivilgesellschaft« gepflastert sein müsse mit einem Mehr an Zivilität und Solidarität, einem Mehr an friedlicher und rational begründeter Kommunikation auch gegenüber Andersdenkenden bzw. Gegnern, sowie einer Zunahme von Selbstorganisation und einer Ausweitung der öffentlichen Sphäre.[1] Religion galt spätestens seit dem ausgehenden 19. Jahrhundert als wesentliches Hindernis auf diesem Weg, wurde sie von westeuropäischen Philosophen und Soziologen doch immer stärker als Residuum des Irrationalen wahrgenommen, deren Anspruch auf den Besitz einer absoluten Wahrheit der Entstehung einer pluralen und demokratischen Gesellschaft im Weg stand.[2] Mit dieser Auffassung eng verbunden war die Überzeugung, dass Religion im Zuge der Moderne an Bedeutung und Einfluss verlieren würde, Säkularisierung also ein unverzichtbarer Bestandteil der Moderne sei.[3]

Diese Voraussage wird seit gut einem Jahrzehnt immer stärker in Zweifel gezogen. Skepsis macht sich breit, ob Religion tatsächlich im Verschwinden begriffen ist. Globalisierung und weltumspannende Migration haben das Thema Religion auf die politische ebenso wie auf die wissenschaftliche Agenda der westeuropäischen Welt zu-

---

1 Vgl. etwa Ralph Jessen/Sven Reichardt, ›Einleitung‹, in: Ralph Jessen/Sven Reichardt/Ansgar Klein (Hg.), Zivilgesellschaft als Geschichte. Studien zum 19. und 20. Jahrhundert, S. 7-27, S. 8-9. Die Idee einer Zivilgesellschaft wurde allerdings nicht ausschließlich in westlichen Gesellschaften formuliert und diskutiert, auch wenn sie auf eine spezifisch westeuropäische intellektuelle Tradition zurückgeht, vgl. John Ehrenberg, Civil Society: The Critical History of an Idea, New York 1999.

2 Zu neueren Konzeptionen von Zivilgesellschaft, die Religion als Antagonisten dieses Begriffs auffassten vgl. etwa Jürgen Kocka, ›Zivilgesellschaft als historisches Projekt: Moderne europäische Geschichtsforschung in vergleichender Absicht‹, in: Christof Dipper u.a. (Hg.), Europäische Sozialgeschichte. Festschrift für Wolfgang Schieder, Berlin 2000, S. 475-484. Noch Alexis de Tocqueville hatte dagegen Religion als integralen Bestandteil von »Zivilgesellschaft« definiert, vgl. Alexis de Tocqueville, Über die Demokratie in Amerika, 2 Bde., Stuttgart 1959-1962, Bd. 1, S. 332-348.

3 Darüber, was Säkularisierung eigentlich bedeute, bestand keineswegs Einigkeit. Säkularisierung wurde erstens als Entzauberung der Welt (Max Weber), zweitens als Privatisierung von Religion und drittens als Differenzierung von Religion und Politik verstanden. Vgl. dazu: José Casanova, Public Religions in the Modern World, Chicago/London 1994, S. 19-39 sowie zur Begriffsgeschichte: Hartmut Lehmann, ›Säkularisation und Säkularisierung. Zwei umstrittene historische Deutungskategorien‹, in: ders. Säkularisierung. Der europäische Sonderweg in Sachen Religion, Göttingen 2004, S. 36-56.

rückgebracht – und zwar keineswegs nur in Gestalt des Islam. Das Schlagwort von einer Wieder- bzw. Rückkehr der Religionen macht die Runde.[4] Wenn aber, so die folgerichtige Frage einiger Historiker, Moderne auch religiös gedacht werden kann, muss dann nicht die Annahme einer seit dem 19. Jahrhundert stetig voranschreitenden Säkularisierung überprüft werden?

So kritisierte etwa Hugh McLeod in einem europaweiten Vergleich der unterschiedlichen Entwicklungspfade von Religion und Gesellschaft die Vorstellung einer schnellen und kontinuierlich verlaufenden Säkularisierung, ohne allerdings das Konzept als solches zu verwerfen.[5] Hartmut Lehmann stellt dagegen der Säkularisierungsthese die Idee einer Transformation der Religion sowie die bereits erwähnte Vorstellung einer Rückkehr der Religionen als konkurrierende Deutungskonzepte europäischer Geschichte zur Seite.[6] Gänzlich Abschied vom Säkularisierungsparadigma nimmt Olaf Blaschke, der sogar so weit geht, den Zeitraum zwischen 1800 und 1970 als zweites konfessionelles Zeitalter in Deutschland zu apostrophieren.[7] Eine Reihe von jüngeren empirischen Studien bemüht sich denn auch um eine Neueinschätzung der Rolle von Religion im 19. und 20. Jahrhundert.[8]

Aber was bedeutet diese Rekonzeptualisierung von Religion für unser Verständnis von Zivilgesellschaft bzw. von deren Genese?[9] Ein Blick zurück ins 19. Jahrhundert, das bisher sowohl als Zeitalter der Vereinsseligkeit wie als Zeitalter der Säkularisierung galt, könnte Antwort geben. Zu fragen wäre, ob Religion tatsächlich, wie bisher angenommen, ein Hindernis auf dem Weg zur Verwirklichung einer Zivilgesellschaft war, ihr Fortbestand mithin die Unvollkommenheiten dieser Zivilgesellschaft erklären helfen könnte. Oder ließe sich Religion nicht vielmehr als Voraussetzung von Zivilgesellschaft verstehen, insofern nämlich, als Religion half, eine Haltung der

---

4 Vgl. etwa Martin Riesebrodt, Die Rückkehr der Religionen. Fundamentalismus und der »Kampf der Kulturen«, München 2000, sowie Friedrich Wilhelm Graf, Die Wiederkehr der Götter. Religion in der modernen Kultur, München 2004. Während Martin Riesebrodt jedoch als Antwort auf Samuel Huntingtons These eines »Clash of Civilizations« Ausmaß und Charakter einer globalen Renaissance von Religion analysiert, beschränkt Friedrich Wilhelm Graf seine Studie auf die westliche Welt.

5 Hugh McLeod, Secularization in Western Europe, 1848-1914, New York 2000.

6 Hartmut Lehmann, ›Säkularisierung, Transformation der Religion oder Rückkehr der Religionen. Drei konkurrierende Konzepte zur Erklärung der Bedeutung von Religion in der modernen Welt‹, in: Lehmann, Säkularisierung, S. 57-69 (wie Anm. 3).

7 Olaf Blaschke, ›Der »Dämon des Konfessionalismus«. Einführende Überlegungen‹, in: Olaf Blaschke (Hg.), Konfessionen im Konflikt: Deutschland zwischen 1800 und 1970: ein zweites konfessionelles Zeitalter, Göttingen 2002, S. 13-69. Vgl. dazu abwägend: Anthony J. Steinhoff, ›Ein zweites konfessionelles Zeitalter? Nachdenken über die Religion im langen 19. Jahrhundert‹, in: Geschichte und Gesellschaft 30 (2004), S. 549-570.

8 Vgl. u.a. Friedrich Wilhelm Graf/Klaus Große Kracht (Hg.), Religion und Gesellschaft. Europa im 20. Jahrhundert, Köln u.a. 2007, sowie die inzwischen acht Bände der von Hartmut Lehmann herausgegebenen Reihe »Bausteine zu einer europäischen Religionsgeschichte im Zeitalter der Säkularisierung«. Als neuere Monographien u.a. Bettina Hitzer, Im Netz der Liebe. Die protestantische Kirche und ihre Zuwanderer in der Metropole Berlin (1849-1914), Köln u.a. 2006, Tobias Dietrich, Konfession im Dorf. Europäische Erfahrungen im 19. Jahrhundert, Köln u.a. 2004, sowie Simone Lässig, Jüdische Wege ins Bürgertum. Kulturelles Kapital und sozialer Aufstieg im 19. Jahrhundert, Göttingen 2004.

9 Vgl. dazu grundlegend: Manuel Borutta, Religion und Zivilgesellschaft. Zur Theorie und Geschichte ihrer Beziehung, Berlin (= WZB Discussion Paper SP IV) 2005.

Selbstdisziplin, Solidarität und Verantwortlichkeit an breitere Bevölkerungsschichten zu vermitteln, als deren Folge eine Vielzahl von Männern und Frauen sich entschloss, Vereinen beizutreten, die sich gesellschaftlichen Fortschritt und die »Zivilisierung« der unteren Bevölkerungsschichten auf die Fahnen geschrieben hatten? Aber wenn letzteres zutrifft: Wie passen dazu die unzähligen religiösen Konflikte – zwischen ebenso wie innerhalb der Konfessionen? Für die deutsche Geschichte des 19. Jahrhunderts waren sie derart kennzeichnend, dass sie Olaf Blaschke zu seiner These vom zweiten konfessionellen Zeitalter anregten.[10] Gefährdeten diese Konflikte nicht alle vorangegangenen Erfolge und förderten eine letztlich unheilvolle Fragmentierung der Gesellschaft?

Philanthropische Vereine werden oft als grundlegende Bausteine von Zivilgesellschaft angesehen, da es sich dabei in der Regel um ein selbstorganisiertes und öffentliches Engagement von Freiwilligen handelt, die sich zur Förderung des Gemeinwohls zusammengeschlossen haben. Darum stehen im Folgenden philanthropische und karitative Unternehmungen aus dem deutschen Protestantismus des 19. Jahrhunderts im Mittelpunkt. Dies erscheint insofern im Hinblick auf die Frage nach dem Verhältnis von Zivilgesellschaft und Religion interessant, da die Beziehung zwischen protestantischen Kirchen und Staatsregierung vor allem in Preußen notorisch eng war. Darum erscheint gerade die protestantische Philanthropie als problematisch, müsste sie doch in besonderer Weise von einem Gewirr von persönlichen, politischen und religiösen Interessen geprägt sein. Dies widerspricht jedoch der Vorstellung von Zivilgesellschaft insofern, als es sich bei ihr idealerweise um eine von Machtbeziehungen und Interessen freie Sphäre handeln sollte.[11] Zudem wird dem deutschen Protestantismus eine besondere Nähe zum Nationalismus des späten 19. Jahrhunderts zugeschrieben, der seinerseits auf einer komplexen Dynamik des Ein- und Ausschlusses aufbaute.[12] Eine Studie der protestantischen Philanthropie müsste also auch zu einem besseren Verständnis der Rolle von Konflikten und Exklusionstendenzen bei der Entstehung von Zivilgesellschaft beitragen.[13]

---

10 Die erwähnten religiösen Konflikte beschränkten sich keinesfalls auf den Antikatholizismus der preußischen Regierung, der im so genannten Kulturkampf gipfelte. Nicht weniger scharf wurden etwa die Auseinandersetzungen zwischen orthodoxem und liberalen Flügel der protestantischen Kirchen geführt. Zu einer Neuinterpretation des »Kulturkampfes« vgl. Manuel Borutta: Liberalismus als Antikatholizismus. Deutschland und Italien im Zeitalter der europäischen Kulturkämpfe, Göttingen voraus. 2009. Zu den innerprotestantischen Konflikten vgl. etwa Lucian Hölscher, Geschichte der protestantischen Frömmigkeit in Deutschland, München 2005, S. 315-400.

11 Vgl. etwa Klaus Eder, ›Contradictions and Social Evolution‹, in: Hans Haferkamp/Neil J. Smelser (Hg.), Social Change and Modernity, Berkeley 1992, S. 320-349.

12 Manfred Gailus/Hartmut Lehmann (Hg.), Nationalprotestantische Mentalitäten. Konturen, Entwicklungslinien und Umbrüche eines Weltbildes, Göttingen 2005; Kevin Cramer, ›The Cult of Gustavus Adolphus: Protestant Identity and German Nationalism‹, in: Helmut Walser Smith (Hg.), Protestants, Catholics and Jews in Germany, 1800-1914, Oxford/New York 2001, S. 97-120; Heinz-Gerhard Haupt/Dieter Langewiesche (Hg.), Nation und Religion in der deutschen Geschichte, Frankfurt a.M./New York 2001; Gerd Krumeich/Hartmut Lehmann (Hg.), »Gott mit uns«. Nation, Religion und Gewalt im 19. und frühen 20. Jahrhundert, Göttingen 2000, und Helmut Walser Smith, German Nationalism and Religious Conflict: Culture, Ideology, Politics, 1870-1914, Princeton 1995.

13 Neuere Studien zur Zivilgesellschaft haben bereits darauf hingewiesen, dass ein adäquates Verständnis von Zivilgesellschaft auch die Rolle von Konflikt und Exklusion zu berücksichtigen habe. So Thomas Welskopp, ›»Manneszucht« und »Selbstbeherrschung«. Zivilgesellschaftliche Werte in der

Die im 19. Jahrhundert einflussreichste Organisation auf dem Feld protestantischer Philanthropie war die so genannte Innere Mission.[14] Sie wurde im September 1848 von dem Hamburger Theologen Johann Hinrich Wichern als unmittelbare Reaktion auf die revolutionären Ereignisse in Deutschland gegründet.[15] Aus Wicherns Sicht wurde in diesem Augenblick offensichtlich, dass nun auch in Deutschland – ebenso wie in Afrika oder Asien – Mission gefragt sei. Um diese Parallelität zu betonen, entschied er sich, der von ihm initiierten Arbeit den Namen »Innere Mission« zu geben, ein Name, der im übrigen bereits seit Beginn der 1840er Jahre im Gespräch war. Seiner Vorstellung nach sollte die Innere Mission nach dem Prinzip verfahren, dass, wenn die Menschen nicht von selbst in die Kirche kämen, die Kirche eben ihrerseits zu den Menschen zu gehen habe.[16] Missionarische und karitative Arbeit sollten dabei Hand in Hand gehen, denn Wichern war überzeugt, dass Mission nur erfolgreich sein könne, wenn »das Volk« – und damit waren in der Regel »die Armen« und »Gefährdeten« gemeint – das menschliche, wohltätige Gesicht der Kirche (wieder)entdeckte.[17]

Zunächst wurde ein Central-Ausschuss in Berlin gegründet, der als Honoratioren-Komitee die Arbeit der vielen bereits bestehenden lokalen Vereine koordinieren sowie die Gründung weiterer Vereine anregen und die »Entdeckung« neuer Arbeitsfelder steuern sollte.[18] Als eingetragene freie Vereinigung blieb die Innere Mission dem Zugriff der kirchlichen Leitungsgremien entzogen und bestand damit rechtlich gesehen unabhängig neben der protestantischen Kirche, eine Konstellation, die immer wieder zu Spannungen und Auseinandersetzungen zwischen Kirche und Innerer Mission führte.[19] Von bescheidenen Anfängen aus entwickelte sich die Innere Mission bis zum Ersten Weltkrieg zu einer weit verzweigten und äußerst einflussreichen Wohltätigkeitsorganisation.

Berlin stand im Mittelpunkt aller Aktivitäten der Inneren Mission, und so soll es auch hier im Zentrum des Interesses stehen. Drei im Rahmen der Inneren Mission agierende Berliner Vereine sollen stellvertretend für die kaum überschaubare Vielzahl der lokalen Vereine in den Blick genommen werden, denn nur eine Analyse der per-

deutschen Sozialdemokratie, 1848-1878‹, in: Jessen, Zivilgesellschaft, S. 65-88, S. 66, sowie Frank Trentmann (Hg.), Paradoxes of Civil Society. New Perspectives on Modern German and British History, New York/Oxford 2000.

14 Ursula Röper/Carola Jüllig (Hg.), Die Macht der Nächstenliebe. Einhundertfünfzig Jahre Innere Mission und Diakonie 1848-1998, Berlin 1998; Jochen-Christoph Kaiser (Hg.), Soziale Arbeit in historischer Perspektive: zum geschichtlichen Ort der Diakonie in Deutschland. Festschrift für Helmut Talazko zum 65. Geburtstag, Stuttgart/Berlin/Köln 1998, und Theodor Strohm/Jörg Thierfelder (Hg.), Diakonie im Deutschen Kaiserreich (1871-1918). Neuere Beiträge aus der diakoniegeschichtlichen Forschung, Heidelberg 1995.

15 Rüdiger Hachtmann, Epochenschwelle zur Moderne: Einführung in die Revolution von 1848/49, Tübingen 2002. Zu den Ursprüngen der Inneren Mission im Kontext der Revolution von 1848 vgl.: Helmut Talazko, ›Märzrevolution und Wittenberger Kirchentag‹, in: Röper/Jüllig, Nächstenliebe, S. 58-67 (wie Anm. 14).

16 Johann Hinrich Wichern, Sämtliche Werke, Bd. 1, Berlin/Hamburg 1962, S. 164.

17 Diese Doppelstrategie zählt zu den wesentlichen Kennzeichen der Inneren Mission, gerade auch im Vergleich mit der erst 1897 gegründeten katholischen Caritas, vgl. Jochen-Christoph Kaiser, ›Innere Mission und Diakonie‹, in: Röper/Jüllig, Nächstenliebe, S. 14-43, S. 16 (wie Anm. 14).

18 Helmut Talazko, ›Der Central-Ausschuß für die Innere Mission der deutschen evangelischen Kirche in der Kaiserzeit. Organisation und Arbeitsweise‹, in: Strohm/Thierfelder, Diakonie, S. 206-228 (wie Anm. 14).

19 Kaiser, Innere Mission, S. 40 (wie Anm. 17).

sönlichen Motive, Ziele und Praktiken philanthropischer Arbeit kann eine Antwort auf die oben formulierten Fragen geben. Zwei dieser Vereine wurden in den 1850er Jahren gegründet, ein dritter an der Wende zum 20. Jahrhundert. Diese Auswahl wird es dem Leser erlauben, mögliche Veränderungen in den Motiven und Beweggründen der Beteiligten zu erkennen und die Rolle von Konflikten und Exklusionsmechanismen im Hinblick auf die Entwicklung von Zivilgesellschaft zu verstehen. Da einer der Vereine von Männern gegründet wurde, während die beiden anderen im Wesentlichen aus Frauen bestanden, wird zudem erkennbar, in welcher Weise Religion Frauen zu zivilgesellschaftlichem Engagement ermutigte und wie die Frauen die Idee einer Zivilgesellschaft nutzten, um ihr Engagement zu legitimieren und gegebenenfalls auszuweiten.[20]

Religion, Politik und der Kampf um das Gemeinwohl

In den revolutionären Wirren des Sommers 1848 trafen sich 23 Männer in Berlin, um einen neuen Verein zu gründen, dem sie den Namen »Evangelischer Verein für kirchliche Zwecke« gaben. Der Vereinszweck war, kurz gefasst, die Bekämpfung aller revolutionären Bestrebungen. Zu diesem Zweck wollte man die religiösen Bindungen des Volkes wieder beleben bzw. festigen und dem Einfluss der Liberalen in Kirche und Staat entgegenwirken.[21]

Innerhalb weniger Jahre gelang es dem Verein, im Zentrum Berlins verschiedene Häuser anzukaufen und ein regelrechtes Missionszentrum aufzubauen. Dazu gehörten auch zwei so genannte Herbergen zur Heimat. Diese sollten jungen Männern, die auf der Suche nach Arbeit oder während ihrer Gesellentour nach Berlin kamen, eine vorübergehende Heimat bieten und sie im Idealfall bei ihrer Abreise auf die nächstgelegene Herberge zur Heimat verweisen.[22] Die Idee für ein deutschlandweites Netz von Herbergen stammte von dem Bonner Juraprofessor Clemens Theodor Perthes (1809-1867), der damit seinerseits ein Projekt des katholischen Paters Adolph Kolping (1813-1865) aufgriff.[23]

Das Ziel der Berliner Herbergen ebenso wie der Herbergen zur Heimat an anderen Orten war es, die jungen Männer während ihres Aufenthaltes in die protestantische

20 Zur Diskussion um das Verhältnis Frauen / Zivilgesellschaft vgl. etwa Gunilla-Friederike Budde, ›Harriet und ihre Schwestern. Frauen und Zivilgesellschaft im 19. Jahrhundert‹, in: Jessen, Zivilgesellschaft, S. 327-343 (wie Anm. 1).

21 Ernst Hülle, Der Evangelische Verein für kirchliche Zwecke in Berlin, in seiner geschichtlichen Entwicklung und seinem gegenwärtigen Bestande, Berlin 1873, S. 7-8.

22 Diese jungen Männer zwischen 15 und 30 Jahren zogen oft mehrmals im Jahr von einer Stadt zur anderen oder aber vom Land in die Stadt und wieder zurück. Ein Viertel bis ein Drittel der Berliner Bevölkerung bestand aus dieser hochmobilen Gruppe vorwiegend junger Männer. Vgl. Stephan Bleek, ›Mobilität und Seßhaftigkeit in deutschen Großstädten während der Urbanisierung‹, in: Geschichte und Gesellschaft 15 (1989), S. 5-33, S. 15-16.

23 Kolping hatte bereits 1852 zur Gründung eines »Gesellen-Hospitiums« aufgerufen. Als Überblick zur Geschichte der Wandererfürsorge, zu der die Herbergen zur Heimat später gehören sollten, vgl. Jürgen Scheffler, ›Vom Herbergswesen für Handwerksgesellen zur Fürsorge für wandernde Arbeiter: Herbergen zur Heimat im Zeitalter der Industrialisierung, 1854-1914‹, in: Jürgen Scheffler (Hg.), Bürger & Bettler. Materialien und Dokumente zur Geschichte der Nichtseßhaftenpflege in der Diakonie, Bd. 1: 1854-1954, Bielefeld 1987, S. 10-19.

Gemeinde zu (re)integrieren, indem man sie mit kirchlich gebundenen Männern in ähnlicher Lage bekannt machte und sie so vor anderen Einflüssen, etwa der Sozialdemokratie, bewahrte. So sollten die jungen Handwerker oder Arbeiter möglichst in einen der vielen in Berlin bestehenden Jünglingsvereine eintreten, dort unter der Aufsicht bzw. unter der Obhut eines Pastors ihre Freizeit mit Gleichgesinnten verbringen und schließlich Arbeit bei einem protestantischen Handwerksmeister finden. Um in den Augen der jungen Männer attraktiv zu erscheinen, bemühte man sich, eine saubere Unterkunft zu einem günstigen Preis zu bieten. Im Gegenzug musste jeder, der die Schwelle einer solchen Herberge zur Heimat überschritt, sein Einverständnis mit der Hausordnung erklären, die das Glückspiel, den Genuss von Alkohol und den Gebrauch von Schimpfwörtern untersagte, die jungen Männer zur Reinlichkeit sowie ganz allgemein zu einer moralischen Lebensführung verpflichtete. Erwünscht war zudem der Besuch der täglichen Andachten, die der Hausvater zumeist abends hielt. Da die Herbergen zur Heimat jedoch allen jungen Männern – unabhängig von ihrer Konfession – offen stehen sollten, gab es in dieser Hinsicht keinen Zwang.[24] All jene, die sich nicht an die Hausordnung hielten, wurden ohne großes Aufhebens der Herberge verwiesen. Um dieses strenge Regiment besser durchsetzen zu können, versuchten die Herbergsväter im Auftrag des Leitungsgremiums, ungelernten Arbeitern und Obdachlosen den Einlass zu verwehren, da man befürchtete, dass sie die Hausordnung stören und einen schlechten Einfluss auf die anderen Herbergsbesucher ausüben würden.[25] In der Praxis erwies es sich jedoch als schwierig, diese Unerwünschten von den gelernten Arbeitern und achtbaren Handwerkern zu unterscheiden, denn in der Realität waren die Grenzen zwischen ihnen fließend.

Hier zeigt sich zum einen, dass christliche Mission und der Wunsch, bestimmte Normen und Werte durchzusetzen, die den Weg zur Zivilgesellschaft ebnen sollten, in diesem Fall zwei Seiten der gleichen Medaille waren. Zum anderen wird an dieser Stelle aber auch deutlich, dass dieser Versuch nicht nur mit der Ausgrenzung bestimmter Lebensformen, sondern auch mit der versuchten Exklusion einer in diesem Prozess erst definierten Gruppe von Menschen einhergehen konnte, Zivilisierung und Inklusion einer Gruppe hier also um den Preis des Ausschlusses einer anderen versucht wurde.[26] Dieser Mechanismus findet sich im übrigen auch im später deutschlandweiten System der Wandererfürsorge wieder, die sich dann zwar auch an Obdachlose richtete und das Ziel verfolgte, diese zu mündigen und nützlichen Bürgern zu »erziehen«, ihrerseits aber eine scharfe Grenzlinie zwischen so genannten Arbeitswilligen und Arbeitsscheuen zog.[27]

---

[24] Gerade diese Frage war jedoch sowohl auf lokaler als auch auf nationaler Ebene unter den Verantwortlichen für die Herbergen zur Heimat umstritten. Zudem versuchten offensichtlich viele Hausväter, die Herbergsbesucher durch moralischen Druck u.ä. zur Teilnahme an den Andachten zu bewegen. Dazu im Detail: Hitzer, Im Netz der Liebe, S. 153-160 (wie Anm. 8).

[25] Vgl. etwa den Bericht des Hausvaters Altenhoff in: Mitteilungen des evangelischen Vereins für kirchliche Zwecke in Berlin, 44. Jahresbericht für 1892, S. 25.

[26] Zu dieser ambivalenten Struktur von Zivilgesellschaft vgl. Frank Trentmann, ›Introduction. Paradoxes of Civil Society‹, in: ders., Paradoxes, S. 3-46, S. 35 (wie Anm. 13).

[27] Vgl. dazu Bettina Hitzer, ›Arbeiter- und Frauenkolonien für die Reichshauptstadt Berlin? Protestantische Obdachlosenfürsorge im Kontext urbaner Sozialpolitik um 1900‹, in: Beate Althammer (Hg.), Bettler in der europäischen Stadt der Moderne. Zwischen Barmherzigkeit, Repression und Sozialreform, Frankfurt a.M. u.a. 2007, S. 193-225. Die Wandererfürsorge war gekennzeichnet durch

Doch zurück nach Berlin und zu der Frage, wer sich warum in der Herbergsarbeit engagierte, welche Bedeutung also Religion und zivilgesellschaftliche Bezüge für die Entscheidung zu solchem Engagement hatten. Der Evangelische Verein für kirchliche Zwecke als Besitzer der Berliner Herbergen zur Heimat wurde von einem Honoratiorenkomitee geführt. Diesem gehörten 12 Männer an, die allesamt aus dem wohlhabenden Bürgertum stammten; die Hälfte von ihnen waren zudem studierte Theologen.[28] Alle hatten bereits zuvor viele Jahre für andere wohltätige Vereine gearbeitet und waren deshalb schon vor der Vereinsgründung gut miteinander bekannt. Die meisten besetzten zudem ehrenamtlich wichtige Positionen in der Kommunalregierung bzw. in der Kirchenverwaltung.

Warum nun zusätzlich dieses zeitaufwendige und manches Mal auch kostspielige Engagement? Sicher, all diese Männer waren Teil einer lokalen Elite, als solche wurde von ihnen ein gewisses Maß an bürgerschaftlichem Engagement erwartet. Die Mitgliedschaft in einer Reihe von Honoratiorenkomitees versprach nicht nur gesellschaftliches Ansehen, sondern bot auch die Möglichkeit, mit anderen Männern in ähnlicher Position Bekanntschaft zu schließen.

Das Engagement dieser Männer jedoch auf diese eher egoistischen Motive zu reduzieren, würde ihren Überzeugungen sicher nicht gerecht werden. Ein Blick auf ihr persönliches Leben zeigt, dass alle – soweit bekannt – fromme Männer waren, für die etwa die tägliche Bibellektüre selbstverständlich war und die großen Wert auf die religiöse Erziehung ihrer Kinder legten.[29] Ihre Kirchenzugehörigkeit war für sie offensichtlich mehr als eine gesellschaftliche Verpflichtung. Religion gehörte zu den wesentlichen Grundlagen ihres persönlichen Lebens ebenso wie des Gemeinwohls, so wie sie es verstanden. Mit ihrem Engagement traten sie für die Bewahrung dieses Gemeinwohls ein, als dessen unparteiische Hüter sie sich sahen. Tatsächlich waren sie jedoch nichts weniger als unparteiisch, bezogen sie doch deutlich Stellung in den politischen und religiösen Konflikten ihrer Zeit. Keinesfalls wollten sie einfach nur die protestantische Religion bzw. Kirche als solche verteidigen. Ihr Engagement galt einer ganz spezifischen Form des konservativen Protestantismus, den sie für die unverzichtbare Grundlage einer von ihnen erstrebten »sozialen Monarchie« hielten. Diesem Gesellschaftsentwurf entsprechend, der auch vom preußischen König Friedrich Wilhelm IV. vertreten wurde, sollte die althergebrachte Ständegesellschaft bewahrt bzw. in erneuerter Form wieder hergestellt werden. Die Konflikte innerhalb der Gesellschaft sollten dadurch befriedet werden, dass Adel und Bürgertum sich wieder auf die

eine Zusammenarbeit von freier, d.h. in der Regel konfessioneller Wohlfahrtspflege, Kommunen, Provinzialbehören und dem Staat. Die konkrete Gestaltung dieser Zusammenarbeit war regional unterschiedlich.

[28] Dies entspricht der Situation im Jahr 1848. Die Zusammensetzung des Komitees änderte sich jedoch bis zum Ersten Weltkrieg in sozialer Hinsicht kaum. Vgl. dazu und zum Folgenden im Detail: Bettina Hitzer, ›Glaube, Gemeinsinn und lokale Macht. Bürgerschaftliches Engagement protestantischer Frauen und Männer im Berlin des 19. Jahrhunderts‹, in: Westfälische Forschungen 55 (2005), S. 287-315, S. 293-295.

[29] So wird etwa die religiöse Hingabe und fromme Ernsthaftigkeit Georg Philipp Carl Kampffmeyers (1810-1882), der dem Komitee über viele Jahre hinweg angehörte, von verschiedenen Seiten bezeugt. Vgl. Paul Kampffmeyer, Blutsverwandte deutsche Familien im Wandel der Jahrhunderte. Vom sechzehnten in das zwanzigste Jahrhundert, Greifswald 1939, S. 52-59, und Karl August Varnhagen von Ense, Blätter aus der deutschen Geschichte, Bd. 3, Leipzig 1884, S. 243.

christlichen Werte und auf ihre Verantwortung für die niederen Stände besannen. Zu diesem Zweck wurde eine Reihe von Traditionen erfunden bzw. wieder belebt. Dazu gehört etwa die Neugründung des 400 Jahre alten Schwanenordens, der alle diejenigen unter der Führung des Königs versammeln sollte, die für ein so verstandenes Gemeinwohl eintraten. Unter dem Begriff Diakonat sollte ein Ehrenamt geschaffen werden, zu dessen Ausübung alle wohlhabenden Männer verpflichtet werden sollten und in dessen Rahmen die »Diakone« sich persönlich um das ökonomische und moralische Wohl der ihnen Anvertrauten kümmern sollten.[30]

Dieses Projekt richtete sich mehr oder weniger offen gegen den großen Einfluss, den die Liberalen zu diesem Zeitpunkt in Berlin hatten, sowohl in gewählten kirchlichen oder gemeindlichen Gremien als auch in den kommunalen Armenkommissionen. Um diesen Einfluss zu beschränken, hatten die Berliner Konservativen bereits in den 1840er Jahren auf lokaler Ebene Vereine geschaffen, die in direkter Konkurrenz zu bestehenden Vereinen der Liberalen standen.[31] Nach 1848 wurden die Versuche zur Durchsetzung konservativer Vorstellungen von Gemeinwohl intensiviert. Die Gründung des Evangelischen Vereins für kirchliche Zwecke war Teil dieser Strategie. Im Hinblick auf die Eingangsfrage nach dem Verhältnis zwischen Zivilgesellschaft, Religion und Konflikt lässt sich darum feststellen, dass die Vorstellung der Komiteemitglieder, von »Feinden« des Gemeinwohls umgeben zu sein, ein wesentliches Motiv für ihr ehrenamtliches Engagement im Evangelischen Verein für kirchliche Zwecke war. Gerade dieses potentiell auch zerstörerische Konfliktpotential erklärt die Inbrunst und den Eifer, mit dem diese Männer für ihre Vorstellungen von Gemeinwohl eintraten.

Frauen und Zivilgesellschaft: eine problematische Beziehung?

Wenn es um die empirischen Grenzen des zivilgesellschaftlichen Projekts geht, wird damit oft die Frage nach der Rolle von Frauen verbunden, wies ihnen doch die Geschlechtertheorie des 19. Jahrhunderts das Private als ureigenen Wirkungsraum zu, einen Raum also, der in der Regel eben gerade nicht zur zivilgesellschaftlichen Sphäre gezählt wird.[32] Neuere geschlechtergeschichtliche Forschungen stellen diese Vorstellung vom Privaten und Öffentlichen als zwei grundsätzlich voneinander geschiedene Sphären jedoch in Frage. Danach habe es entgegen den zeitgenössischen Vorstellungen keine klar erkennbare Grenze zwischen beiden gegeben, hätten sich beide in komplexer Weise überschnitten bzw. aufeinander verwiesen.[33] So hätten etwa auch im

30 Vgl. dazu Ludovica Scarpa, Gemeinwohl und lokale Macht. Honoratioren und Armenwesen in der Berliner Luisenstadt im 19. Jahrhundert, München u.a. 1995, S. 114-155.

31 Scarpa, Gemeinwohl, S. 168-171 (wie Anm. 30).

32 Zum Beispiel: Jürgen Habermas, Strukturwandel der Öffentlichkeit. Untersuchungen zu einer Kategorie der bürgerlichen Gesellschaft, Frankfurt a.M. 1990, S. 238-247, und Jürgen Kocka, ›Zivilgesellschaft als historisches Problem und Versprechen‹, in: Manfred Hildermeier u.a. (Hg.), Europäische Zivilgesellschaft in Ost und West. Begriff, Geschichte, Chancen, Frankfurt a.M./New York 2000, S. 13-39, S. 24-25. Zur Geschlechterordnung des 19. Jahrhunderts vgl. Claudia Honegger, Die Ordnung der Geschlechter. Die Wissenschaften vom Menschen und das Weib, 1750-1850, Frankfurt a.M./New York 1991.

33 Claudia Opitz, Um-Ordnungen der Geschlechter. Einführung in die Geschlechtergeschichte, Tübingen 2005, S. 156-187.

vorgeblich Privaten die Bürgerfrauen die Entstehung von Zivilgesellschaft unterstützt, indem sie etwa die zu jedwedem Wohltätigkeitsverein unverzichtbaren Gesellschaften ausgerichtet, die ausgedehnten Netzwerke der Familie gepflegt und die Söhne und Töchter so erzogen hätten, dass sie an einer entstehenden »Kultur der Zivilität« (Jürgen Kocka) hätten teilnehmen können.[34]

Der Anteil einiger weniger Frauen war jedoch stärker öffentlich sichtbar. Wie zu zeigen sein wird, spielten Religion und Kirche oft eine wichtige Rolle, wenn es darum ging, Frauen zu wohltätigem Engagement zu ermutigen bzw. wenn Frauen versuchten, ihre Wohltätigkeitsarbeit zu rechtfertigen. Ein aufschlussreiches Beispiel dafür ist das Leben und Werk der Berlinerin Sophie Loesche (1826-1898), die in ihrer Heimatstadt zu den bekanntesten Frauen auf dem Gebiet der protestantischen Philanthropie gehörte. Sie war es, die 1857 die ersten Sonntagsvereine für nach Berlin gezogene Dienstmädchen initiierte, wichtige Vorläufer der Berliner Bahnhofsmission. 1868 gehörte sie zu den treibenden Kräften bei der Gründung des Berliner Kinderheims Zoar. Sie organisierte in verantwortlicher Position die ersten Berliner Sonntagsschulen, war Mitherausgeberin der Deutschen Mädchenzeitung und saß lange Jahre im Vorstand des Berliner Magdalenenstiftes.[35] Mit ihren vielfältigen Aktivitäten nahm sie zwar eine herausgehobene Stellung ein, protestantische Frauen mit ähnlich öffentlicher Wirksamkeit ließen sich aber auch in vielen anderen Städten finden.

Ein Blick auf Sophie Loesches Familie zeigt, wie engmaschig das Berliner Netz protestantischer Philanthropie in jenen Tagen gestrickt war. So fungierte ihr Stiefvater Louis Hahn, ein wohlhabender Bankier, nicht nur als Schatzmeister des bereits erwähnten Evangelischen Vereins für kirchliche Zwecke, sondern auch des Elisabeth-Siechenhauses. Ihre Mutter war ebenfalls Mitglied im Honoratiorenkomitee des letzteren, während ihr Mann Adolph Loesche, ein Geschäftspartner ihres Stiefvaters, lange Jahre der Schatzmeister der ersten Berliner Dienstmädchenherberge Marthashof war.[36]

Sophie Loesche begann ihre Wohltätigkeitsarbeit im Jahr 1857. Auch hier stand offenbar die Revolution als eine Art Initialerlebnis im Hintergrund. Im März 1848 war sie gemeinsam mit ihrem Mann Augenzeugin der Straßenkampfszenen geworden, direkt vor ihrer Wohnung im Zentrum Berlins. Voller Schrecken entschied sich das junge Paar, in eine eher ländliche Gegend vor den Toren Berlins zu ziehen. Ihr dortiger Gemeindepastor Eduard Kuntze hatte jahrelang in London gearbeitet und enge Beziehungen zur dortigen methodistischen Kirche geknüpft, die der Mitarbeit von Laien

---

34 Budde, Harriet, S. 332-334 (wie Anm. 20).

35 Heidrun Elliger, ›»Ein Mensch ist nichts, ehe er nicht ein Mutterherz hat«. Sophie Loesche – eine Berlinerin im 19. Jahrhundert sieht und wendet Elend‹, in: Leopold Esselbach (Hg.), Kirche auf märkischem Sand. Bilder aus der evangelischen Kirche Berlin-Brandenburg, Leipzig 1991, S. 37-46, sowie Loesches Biographie aus der Hand ihrer Tochter: Tagetes Norrmann, Frau Sophie Loesche. Ein Beitrag zur Geschichte der Inneren Mission, Wolfenbüttel 1901. Zur Geschichte des Berliner Magdalenenstiftes für »gefallene Mädchen« vgl. Hitzer, Im Netz der Liebe, S. 357-379 (wie Anm. 8).

36 Der zukünftige Marthashof wurde 1854 gebaut. Zur Geschichte von Marthashof vgl. Hitzer, Im Netz der Liebe, S. 171-192 (wie Anm. 8) und Birgit Kirchhöfer, ›»Einer Wohllöblichen Schuldeputation ...« Die Marthashofschule in der Schwedter Straße – ein Kapitel evangelischer Mädchenbildung‹, in: Schule zwischen gestern und morgen. Beiträge zur Schulgeschichte von Prenzlauer Berg, hg.v. Bezirksamt Pankow von Berlin, Hohengehren 2002, S. 282-305.

eine besondere Bedeutung zumisst.[37] Durch die Vermittlung Kuntzes lernte Sophie Loesche Julius Disselhoff kennen, den damaligen Direktor des Diakonissenmutterhauses Kaiserswerth und Schwiegersohn von dessen Gründer Theodor Fliedner.[38] Disselhoff betraute Sophie Loesche mit dem Aufbau von Sonntagsvereinen für Dienstmädchen, einem Appell, dem sie sich nicht zu entziehen können glaubte.[39]

Ohne große Vorbereitung und im Prinzip ohne tatsächliches Wissen über die Nöte und Erwartungen der Dienstmädchen sammelte Sophie Loesche einige Frauen aus dem Bürgertum um sich und lud mit ihnen gemeinsam Dienstmädchen aus ihrer Umgebung zu sonntäglichen Treffen. Loesche und ihre Mitstreiterinnen nahmen an, dass die Dienstmädchen ihre Sonntage ähnlich verbringen wollten wie die jungen Mädchen aus dem Bürgertum und boten Handarbeiten und Bibellektüre an. Nur wenige Dienstmädchen folgten jedoch diesem Angebot, noch weniger kamen ein zweites Mal. Wenn auch enttäuscht, gab Sophie Loesche nicht auf, sondern bemühte sich, die Bedürfnisse der Dienstmädchen besser kennen zu lernen und sich nach diesen Erkenntnissen zu richten – auch wenn sie damit den Erwartungen der Berliner Bürgergesellschaft zuwiderhandelte.[40] Letztlich stellte sich der Erfolg mit einer Mischung aus erbaulicher Lektüre und Erzählungen aus der »Heiden«-Mission in Afrika oder Asien ein.[41] Es ist anzunehmen, dass die Dienstmädchen gerade diese Geschichten mochten, weil sie ihnen einen Blick in eine ganz andere, exotische Welt boten. Zudem konnten sich die Dienstmädchen dabei in einer Position wiederfinden, die ihnen ansonsten verwehrt blieb: Hier waren sie die zivilisierteren, besser gebildeten Menschen, hier konnten sie, die sonst immer Objekt irgendeiner philanthropischen Unternehmung waren, mit einer kleinen Geldspende mittun am großen Missionswerk der Kirche.

Sophie Loesche sah sich gegenüber den Dienstmädchen in der Rolle der mütterlichen Ratgeberin. Sie befand sich damit im Einklang mit dem zeitgenössischen Konzept der geistigen oder sozialen Mütterlichkeit, das von Frauen wie Henriette Schrader-Breymann formuliert worden war, um das eigene öffentliche Auftreten als Wohltäterin auch um den Preis der tatsächlichen Mutterschaft zu rechtfertigen.[42] Zwar erscheint dieses Konzept auf den ersten Blick als ein eher traditionelles Konzept von

[37] Eduard Wilhelm Theodor Kuntze (1799-1862) war Hilfsprediger an der Savoy Church in London, wo er tieferen Einblick in die Arbeit der Sonntagsschulen bekam. Zurück in Berlin versuchte er sogleich, dort ebenfalls Sonntagsschulen zu gründen, stieß dabei aber auf den Widerstand der Kirchenverwaltung, die die Mitwirkung von Laien in verantwortlicher Position unterbinden wollte. Vgl. Karl Heinz Voigt, ›Eduard Wilhelm Kuntze‹, in: Biographisch-Bibliographisches Kirchenlexikon, Bd. 4, Sp. 826-828, Hamm 1992.

[38] Zu Kaiserswerth, einer der frühesten und bedeutendsten Ausbildungsstätten für Diakonissen in Deutschland, vgl. Ute Gause/Cordula Lissner (Hg.), Kosmos Diakonissenmutterhaus – Geschichte und Gedächtnis einer protestantischen Frauengemeinschaft, Leipzig 2005; Jutta Schmidt, Beruf: Schwester. Mutterhausdiakonie im 19. Jahrhundert, Frankfurt a.M. 1998, S. 115-243; Ruth Felgentreff, Das Diakoniewerk Kaiserswerth 1836-1998, Kaiserswerth 1998, und Catherine M. Prelinger, Charity, Challenge, and Change. Religious Dimensions of the Mid-Nineteenth-Century Women‹s Movement in Germany, New York 1987.

[39] Norrmann, Loesche, S. 17 (wie Anm. 35).

[40] Brief an Disselhoff aus dem Jahr 1864, Landeskirchliches Archiv Berlin-Brandenburg (LABB), Best. St. Sophien, No. 80, Bl. 2.

[41] Ebd.

[42] Bärbel Kuhn, Familienstand ledig. Ehelose Frauen und Männer im Bürgertum (1850-1914), Köln 2000, S. 75-79.

Weiblichkeit und Öffentlichkeit, es unterstrich jedoch den Anteil von Frauen am zivilgesellschaftlichen Projekt und erschloss ihnen damit den ansonsten verwehrten Zugang zum öffentlichen Raum. Diesem öffentlichen Auftreten waren allerdings enge Grenzen gesetzt. Oft waren es Männer, die nach außen hin die Verantwortung für das ganze Unternehmen trugen und Schlüsselpositionen wie etwa die des Schatzmeisters einnahmen. Es barg jedoch, wie später zu zeigen sein wird, das Potential, diese Grenzen seinerseits wieder zu überschreiten, ohne dass dies immer intendiert worden wäre. Frauen übten hier in einem zunächst bescheidenen Rahmen öffentliches Auftreten und Reden, die Übernahme von Verantwortung, die Organisation von Vereinsgeschäften und manches Mal auch demokratische Praktiken, etwa bei Vereinswahlen.

Interessanterweise waren es politisch konservative und theologisch orthodoxe Männer wie Theodor Fliedner und Julius Disselhoff, die eine Frau wie Sophie Loesche zu ihrer neuen öffentlichen Rolle als Wohltäterin ermunterten und über viele Jahre hinweg dabei begleiteten. Diese Allianz findet später an prominenter Stelle ihre Fortsetzung. So war es Adolf Stoecker, eine der bekanntesten und umstrittensten Figuren der protestantischen Orthodoxie in Deutschland, der 1895 als erster das Rederecht einer Frau auf dem von ihm mitgegründeten Evangelisch-Sozialen Kongress durchsetzte.[43] Ebenso wenig wie Fliedner oder Disselhoff tat Stoecker dies aus einem genuinen Bemühen um die Emanzipation von Frauen. Vielmehr stand bei allen drei Männern die Erkenntnis im Hintergrund, dass sie auf die Mitwirkung von Frauen angewiesen waren, wollten sie sich in der Auseinandersetzung um die Zukunft von Gesellschaft und Kirche gegen die politisch und kirchlich liberalen Kräfte durchsetzen.

Dies verweist darauf, dass auch das religiös begründete philanthropische Engagement von Frauen um 1850 nur aus dem Kontext harter gesellschaftlicher und religiöser Auseinandersetzungen und Konflikte zu verstehen ist. Nur aus der Überzeugung, dass ihre Vision von Gesellschaft in Gefahr sei, gewannen Männer wie Disselhoff oder später Stoecker den Anstoß, ihre eigenen Vorbehalte gegenüber einer stärker öffentlich verstandenen Rolle von Frauen zu überwinden, nur aus dieser Überzeugung heraus schöpfte eine Frau wie Sophie Loesche die Kraft und Energie, mit der sie sich über mehrere Jahrzehnte hinweg einer zumindest anfänglich wenig anerkannten Arbeit widmete.

Zivilisierung: Subjekt und Objekt

1889 trat ein neuer Pastor sein Predigtamt in der Gemeinde an, zu der Sophie Loesche gehörte. Sein Name war Johannes Burckhardt (1853-1914). Burckhardt hatte schon vor seinem Amtsantritt Loesches Arbeit mit Interesse verfolgt und schlug ihr bald darauf vor, eine nationale Vereinigung aller deutschen Sonntagsvereine zu bilden.[44]

---

43 Jochen-Christoph Kaiser, ›Zur Politisierung des Verbandsprotestantismus. Die Wirkung Adolf Stoeckers auf die Herausbildung einer evangelischen Frauenbewegung um die Jahrhundertwende‹, in: Wolfgang Schieder (Hg.), Religion und Gesellschaft im 19. Jahrhundert, Stuttgart 1993, S. 254-271, S. 261-263, und Hermann Wahlhäuser, ›Adolf Stoeckers Wirken auf dem Evangelisch-Sozialen Kongreß‹, in: Strohm/Thierfelder, Diakonie, S. 356-378, S. 370-374 (wie Anm. 14).

44 Zum Leben Burckhardts vgl. Pastor Keil, ›Pastor Johannes Burckhardt‹, in: Monatsschrift für Innere Mission 34 (1914), S. 189-193. Zum Zusammentreffen Burckhardt-Loesche vgl. Norrmann, Loesche, S. 55-57 (wie Anm. 35).

Während Loesche ihre Aufgabe wesentlich im Schutz von Leben und Seele einsamer und gefährdeter Dienstmädchen gesehen hatte, plante Burckhardt Größeres. Er beabsichtigte, die Jungfrauenvereine in den Dienst der entstehenden Bewegung weiblicher Sozialreform zu stellen.[45] Dieses neue Konzept von Sozialreform baute auf fünf Grundsätzen auf. Erstens sollte die Sozialarbeit zentralisiert werden. Zweitens hielt man eine systematische und wissenschaftlich fundierte Herangehensweise für notwendig, um drittens nicht nur die soziale Not zu lindern, sondern ihr nach Möglichkeit vorzubeugen. Dafür schien, viertens, eine Professionalisierung von Sozialarbeit unverzichtbar. Schließlich sollte sich weibliche Sozialarbeit am Prinzip wechselseitigen Lernens orientieren.[46]

Sophie Loesche, die 1891 ihren 65. Geburtstag beging, erklärte sich mit den Vorschlägen Burckhardts einverstanden – aber befand, dass sie zu alt sei, um diese noch umsetzen zu können. Deshalb war es Burckhardt selbst, der 1893 den deutschlandweiten Verband der Evangelischen Jungfrauenvereine gründete. Daneben initiierte er, ausgehend von Loesches Vorarbeit, neue Projekte, wie etwa die Bahnhofsmission, die mit einem ganzen Netz kurz zuvor errichteter Herbergen und Heime für alleinstehende Frauen aller Klassen zusammenarbeitete.[47]

Diese Neuerungen veränderten den Charakter weiblicher Wohltätigkeitsarbeit, die nun zumeist Sozialarbeit genannt wurde, grundlegend. Obwohl die weiblichen Vereine der Inneren Mission in der Regel weiter von einem Komitee geleitet wurden, arbeitete nur noch etwa die Hälfte von dessen Mitarbeitern bzw. Mitarbeiterinnen ehrenamtlich. Die andere Hälfte war fest angestellt und bezog ein Gehalt, und es war zumeist dieser professionelle Stab, der die alltägliche Arbeit organisierte und bewältigte. Darum markierte Sophie Loesches Rückzug nicht nur einen Generationenwechsel, sondern einen wichtigen Wendepunkt in der Geschichte religiös motivierter weiblicher Philanthropie. In der Folgezeit wurde Sozialarbeit eines der wichtigsten Berufsfelder für Frauen aus dem Bürgertum. Zugleich wurde eine vorangegangene Ausbildung nun als unverzichtbar angesehen.[48] Für Frauen wie Sophie Loesche, die

---

45 Petra Brinkmeier, ›Der »Vorstände-Verband der evangelischen Jungfrauenvereine Deutschlands«, ein sozialreformerisches Programm und seine Umsetzung‹, in: Ute Gause u.a. (Hg.), Starke fromme Frauen? Eine Zwischenbilanz konfessioneller Frauenforschung heute, Hofgeismar 2000, S. 115-121.

46 Zu den zeitgenössischen Diskussionen um weibliche Sozialarbeit und deren Bedeutung für die Frauenbewegung vgl. Iris Schröder, ›Wohlfahrt, Frauenfrage und Geschlechterpolitik. Konzeptionen der Frauenbewegung zur kommunalen Sozialpolitik im Deutschen Kaiserreich 1871-1914‹, in: Geschichte und Gesellschaft 21 (1995), S. 368-390; Iris Schröder, ›Soziale Frauenarbeit als bürgerliches Projekt. Differenz, Gleichheit und weiblicher Bürgersinn in der Frauenbewegung um 1900‹, in: Klaus Tenfelde/Hans-Ulrich Wehler (Hg.), Wege zur Geschichte des Bürgertums, Göttingen 1994, S. 209-230, und Birgit Sauer, ›Den Zusammenhang zwischen der Frauenfrage und der sozialen Frage begreifen‹, in: Christiane Eifert/Susanne Rouette (Hg.), Unter allen Umständen. Frauengeschichte(n) in Berlin, Berlin 1986, S. 80-97.

47 Zur Bahnhofsmission vgl. Hitzer, Im Netz der Liebe, S. 31-122, S. 169-214 (wie Anm. 8); Astrid Kirchhof, ›»Gefährdete« Frauen und »wandernde« Männer. Fürsorge am Bahnhof im Berlin der Kaiserzeit‹, in: Informationen zur modernen Stadtgeschichte 2004, Bd. 1, S. 38-52, und Bruno W. Nikles, Soziale Hilfe am Bahnhof: zur Geschichte der Bahnhofsmission in Deutschland (1894-1960), Freiburg i.Br. 1994.

48 1909 wurde die Frauenschule der Inneren Mission gegründet. Sie bot eine Art Ausbildung für Frauen auf dem Gebiet der Sozialarbeit an. Brinkmeier, »Vorstände-Verband«, S. 119 (wie Anm. 45).

weder eine Ausbildung genossen hatten noch ein Gehalt akzeptiert hätten, gab es dagegen immer weniger Positionen.

Trotzdem bedeutete das nicht das Ende ehrenamtlicher Arbeit als solcher. Im Gegenteil, Freiwillige wurden mehr als zuvor benötigt, etwa um im Dienst der Bahnhofsmission die jungen Frauen vom Land an den Bahnhöfen in Empfang zu nehmen. Aber die Mehrzahl dieser Helferinnen kam nicht mehr aus dem wohlhabenden Bürgertum, sondern aus dem Kleinbürgertum oder der Arbeiterklasse. Oft waren diese Frauen oder aber ihre Verwandten Mitglieder von Jungfrauenvereinen gewesen und dort für diese Arbeit gewonnen worden.[49]

Diese Entwicklungen veränderten die Bedeutung ehrenamtlicher Arbeit grundlegend. Wie zuvor wurde das Ehrenamt als Mittel gesehen, um Spannungen innerhalb der Gesellschaft auszugleichen. Nun aber fanden sich unter den ehrenamtlichen Helfern auch solche wieder, die zuvor selbst das Objekt der Fürsorge gewesen waren. Diese Mobilisierung immer weiterer Kreise war in sich ein Erfolg der vorangehenden philanthropischen Arbeit und zeugte davon, dass es gelungen war, religiöse und zivilgesellschaftliche Werte wie Solidarität und nicht-gewalttätiges Engagement zu vermitteln. Frauen aus ärmeren Schichten wurden dadurch als Gestalterinnen in das bis dato eher bürgerliche Projekt der Zivilgesellschaft miteinbezogen.

Aus der Sicht derjenigen, die junge Frauen der Unterschicht für die ehrenamtliche Arbeit zu rekrutieren beabsichtigten, hatte diese Veränderung jedoch noch ein anderes Ziel: Sie hofften, dass die Bindungen der jungen Frauen an das entstehende protestantische Milieu durch diese Form des Helfens und der öffentlichen Glaubensbezeugung vertieft werden würden. In ganz ähnlicher, wenn auch viel prononcierterer Form wurde diese Überlegung in den Kreisen der männlichen Jugend- und Jungmännerarbeit sowie innerhalb der Stadtmission geäußert: Die Verteilung von Missionsaufgaben galt dort als wichtiges Mittel, die Mitglieder enger und ausschließlicher an den eigenen Verein zu binden.[50] Missioniert zu werden und seinerseits zu missionieren waren nach dieser Vorstellung zwei wechselseitig aufeinander verweisende Prozesse, die ihrerseits die protestantische Milieubildung und -bindung verstärkten und damit Teil eines Prozesses der konfessionellen und politischen Fragmentierung waren, der für die gesellschaftliche Entwicklung des späten Kaiserreiches allgemein kennzeichnend war.[51] Damit konnten auch neuerliche Exklusionstendenzen einhergehen, wie sie besonders ausgeprägt der Blick auf Stoeckers Stadtmission zeigt. Sozialdemokraten, Liberale und Juden galten dort nicht nur als politische

---

[49] Der Central-Ausschuß für die innere Mission der deutschen evangelischen Kirche, 38. Bericht: 1896, Berlin 1896. Evangelisches Zentralarchiv (EZA), Best. 14, 2958.

[50] Vgl. z.B. Jahresbericht der Gesellschaft zur Fürsorge für die einwandernde männliche Jugend in Berlin 1. Juli 1897-30. Juni 1898, S. 8.

[51] Vgl. die Diskussion über die Frage, ob es im wilhelminischen Deutschland eine Anzahl deutlich unterschiedener Milieus bzw. »Säulen« gegeben habe und welche Rolle der Protestantismus in diesen Prozessen gespielt hat: M. Rainer Lepsius, ›Parteisystem und Sozialstruktur: zum Problem der Demokratisierung der deutschen Gesellschaft‹, in: Gerhard A. Ritter (Hg.), Die deutschen Parteien vor 1918, Köln 1973, S. 56-80; Gangolf Hübinger; Kulturprotestantismus und Politik: zum Verhältnis von Liberalismus und Protestantismus im wilhelminischen Deutschland, Tübingen 1994; Dietmar von Reeken, Kirchen im Umbruch zur Moderne. Milieubildungsprozesse im nordwestdeutschen Protestantismus 1849-1914, Gütersloh 1999; und Olaf Blaschke, Katholizismus und Antisemitismus im Deutschen Kaiserreich, Göttingen 1997.

Gegner, sondern als Glaubens-Feinde, die es mit verbissener Schärfe zu bekämpfen galt.[52]

Ausreichend Freiwillige zu finden, war offensichtlich nicht schwierig, und so stieg die Zahl der ehrenamtlichen Helferinnen kontinuierlich.[53] Es ist anzunehmen, dass auch für diese Frauen das Ehrenamt eine Möglichkeit bot, außerhalb der häuslichen Sphäre zu arbeiten und öffentlich »aufzutreten«, ohne damit gegen die Normen der bürgerlichen Gesellschaft zu verstoßen. Da nunmehr aber eine gewisse Form der Vorbereitung für notwendig gehalten wurde, gewannen die betreffenden Frauen gleichzeitig Zugang zu einer wenn auch bescheidenen Form der Ausbildung, die ihnen vorher verwehrt geblieben war. Dieses Versprechen erschien einer spezifischen Gruppe von Frauen aus dem Kleinbürgertum bzw. aus der Unterschicht zunächst attraktiv. Allerdings legte eine ganze Reihe von ihnen ihr Ehrenamt nach nur kurzer Zeit wieder nieder. Zwei Gründe erscheinen naheliegend: Anders als die Frauen aus dem wohlhabenden Bürgertum hatten diese Frauen in der Regel keine Dienstmädchen. So erwies es sich für viele als schwierig, ihren häuslichen Verpflichtungen nachzukommen und zugleich ihre ehrenamtlichen Aufgaben mehr als nur sporadisch wahrzunehmen. Außerdem entsprach die Arbeit, die sie etwa auf den Bahnhöfen auszufüllen hatten, nicht immer ihren Erwartungen. So ermahnte ein um die Jahrhundertwende verfasster »Führer zur weiblichen Liebestätigkeit« die Helferinnen: »Erwarte keinen Dank und arbeite nicht um Dank, sondern aus Dank für alles Gute, das du vor andern von Gott und Menschen empfangen hast. Wer nicht ums tägliche Brot zu arbeiten braucht, soll dafür danken und sich dieses Vorzugs dadurch wert beweisen, dass er freiwillig arbeitet. ... Bilde auch bei selbstverleugnendem Dienst dir nicht etwas darauf ein oder erwarte Ehre davon, aber achte auch kleine, treue Dienste nicht für gering.«[54]

Diese Ausweitung weiblicher Sozialarbeit, ob ehrenamtlich oder nicht, unterstrich die Bedeutung von Frauen für die Verbreitung bürgerlicher ebenso wie religiöser Werte und Vorstellungen in der Gesellschaft sowie ihre Rolle bei der Linderung sozialer Nöte und Spannungen. Das Bewusstsein von dieser gestiegenen Bedeutung war ein wichtiger Impuls für die Gründung einer protestantischen Frauenbewegung. So waren es in erster Linie Frauen in wichtigen Positionen der konfessionellen Sozialarbeit, die 1899 den Deutsch-Evangelischen Frauenbund gründeten.[55] Dieser forderte 1903 das Synodalwahlrecht, 1908 schließlich auch das Kommunalwahlrecht.[56] Intern war der Vorstand sich einig, dass Frauen über kurz oder lang ebenfalls das Reichstags-

---

52 Hitzer, Im Netz der Liebe, S. 271-275 (wie Anm. 8) sowie zu Stoeckers Antisemitismus: Werner Jochmann, ›Stoecker als nationalkonservativer Politiker und antisemitischer Agitator‹, in: Günter Brakelmann u.a., Protestantismus und Politik. Werk und Wirkung Adolf Stoeckers, Hamburg 1982, S. 148-161.

53 So organisierten 1872 25 Helferinnen die damals acht Sonntagsvereine, während 1897 107 Frauen ehrenamtlich im Dienst der Berliner Bahnhofsmission standen. Vgl. Zusammenstellung der Sonntagsvereine von 1872. LABB Best. St. Sophien, No. 80, Bl. 20/1, und Johannes Burckhardt, Verein zur Fürsorge für die weibliche Jugend. V. Jahres-Bericht (1897), Berlin o.J., S. 6.

54 Führer zur weiblichen Liebestätigkeit in Berlin, hg.v. Verein zur Fürsorge für die weibliche Jugend, o. O., vor 1907, S. 15-16.

55 Ursula Baumann, ›Religion und Emanzipation: Konfessionelle Frauenbewegung in Deutschland 1900-1933‹, in: Tel Aviver Jahrbuch für deutsche Geschichte 21 (1992), S. 171-206, S. 176-177. Der Bund hatte 1914 15.600 Mitglieder und zählte damit zu den wichtigsten Vereinen innerhalb der Frauenbewegung: Baumann, Religion, S. 175.

56 Baumann, Religion, S. 188-189 (wie Anm. 55).

wahlrecht zugestanden werden müsse, doch hielt man es für politisch vernünftiger, in dieser Hinsicht nicht zuviel politischen Druck auszuüben.[57]

Eine ähnliche Position nahm auch der bereits erwähnte Adolf Stoecker (1835-1909) ein. Als Vertreter der deutschen protestantischen Orthodoxie unterstützte er ausdrücklich die Frauenbewegung, wenn auch mit einigen Abstrichen.[58] Diese auf den ersten Blick überraschende, aber – wie bereits dargelegt – historisch nicht neue Allianz hatte ihren Ursprung in Stoeckers kirchenpolitischer Position. Stoecker war ein entschiedener Gegner der zu seiner Zeit gültigen Kirchenverfassung in Preußen, wo die Kirche von der staatlichen Verwaltung abhängig war und der König als *summus episcopus* fungierte. Stoecker wollte die Kirche aus dieser Abhängigkeit befreien und damit zugleich den Einfluss der in der Verwaltung dominanten Liberalen brechen. Zudem verfocht er eine grundlegende Reform der Kirche, die »Volkskirche« werden und sich als solche stärker um die Sorgen und Nöte der Unterschicht kümmern sollte. Eine solche Volkskirche würde, so hoffte er, für die unteren Schichten attraktiver sein und damit letztlich auch am Beginn eines grundsätzlichen gesellschaftlichen Wandels in konservativem Geist stehen. Um dieses Ziel zu erreichen, hielt er die Mithilfe der Frauen für unverzichtbar. Seiner Überzeugung nach waren sie besonders geeignet dafür, durch soziale Arbeit und religiöse Erziehung auf die Unterschicht einzuwirken. Aus diesem Grund unterstützte er ihre Bemühungen um eine Ausweitung ihrer Rolle im Bereich der Sozialarbeit. Aus diesem Grund auch war er bereit, den Frauen mehr Rechte zuzugestehen, hoffte er doch, sie auf diese Weise für seinen Kampf zu mobilisieren.[59]

Auch hier waren es also religiöse und politische Konflikte, die die wesentliche Grundlage ehrenamtlichen Engagements bildeten und damit die Weiterentwicklung von Zivilgesellschaft begünstigten.

Fazit

Was also verrät diese Rückschau auf die karitative und philanthropische Arbeit der Inneren Mission über das Verhältnis von Zivilgesellschaft und Religion im 19. Jahrhundert? Vier grundlegende Ergebnisse sind meines Erachtens zu erkennen:

Erstens ist festzustellen, dass philanthropisches Engagement im Deutschland des 19. Jahrhunderts oft eine Frage des Glaubens war und von der Kirche bzw. von konfessionell gebundenen Vereinen getragen wurde. Wenn denn Philanthropie als wesent-

[57] 1902 charakterisierte Paula Müller, die Präsidentin des Deutsch-Evangelischen Frauenbundes, in einem Brief die Forderung nach dem vollständigen Wahlrecht für Frauen auf allen Ebenen als logische Konsequenz ihrer Bemühungen. Öffentlich äußerte sie sich jedoch nicht zu dieser Frage, da sie eine weitere politische Demokratisierung ebenso fürchtete wie die Reaktion der Kirchenleitung, die bis zum Ende des Kaiserreiches sogar die Forderung nach einem Synodalwahlrecht für Frauen ablehnte. Baumann, Religion, S. 191-192 (wie Anm. 55).

[58] Zu Stoeckers Leben und Werk vgl. Martin Greschat, ›Adolf Stoecker und der deutsche Protestantismus‹, in: Brakelmann, Protestantismus, S. 19-83 (wie Anm. 52).

[59] Zur Stellung der protestantischen Kirche in Preußen vgl. Klaus Erich Pollmann, ›»Thron und Altar«. Kirchenregiment, Pfarrerschaft, evangelisches Vereinsleben und Kirchenvolk in Wilhelminischer Zeit (1888 bis 1918)‹, in: Gerd Heinrich (Hg.), Tausend Jahre Kirche in Berlin-Brandenburg, Berlin 1999, S. 561-612.

liches Element einer entstehenden Zivilgesellschaft gelten soll, so müssen religiöse Vereine wie etwa die Innere Mission in die Betrachtung zwingend mit einbezogen werden.

Fragt man nach den Motiven der Beteiligten für ihre Arbeit in diesen Vereinen, so entdeckt man ein ganzes Bündel von möglichen Beweggründen. Zweifellos gehört etwa der Wunsch nach gesellschaftlicher Anerkennung und sozialem Fortkommen ebenso dazu wie ein tief empfundener Glaube. Dies allein reicht aber nicht aus, um das Ausmaß und die Intensität zu erklären, mit denen sich religiös gebundene Menschen im gesamten 19. Jahrhundert für ihre Auffassung vom Gemeinwohl eingesetzt haben. Die hier in den Blick genommenen Männer und Frauen bezogen ein Gutteil ihres Eifers aus der Annahme, dass ihre spezifische Vision von Gesellschaft und Religion – oder kurz gesagt: vom Gemeinwohl – gefährdet sei. So lässt sich also zweitens festhalten, dass die zeittypischen und oftmals erbittert geführten religiösen und politischen Konflikte eine Voraussetzung für die Blüte gerade religiös motivierter philanthropischer Vereine in Deutschland waren. Das gilt für die Zeit um 1850 ebenso wie für die Wende zum 20. Jahrhundert. Über das philanthropische Engagement wurde der Kampf zwischen Konservativen und Liberalen um politischen, gesellschaftlichen und religiösen Einfluss ausgetragen, versuchten die Freiwilligen und Verantwortlichen der Inneren Mission mit je unterschiedlichen Visionen, die Gesellschaft in ihrem Sinne umzugestalten. Standen um 1850 Auseinandersetzungen um eine »Wiederbelebung« und Reform der ständischen Gesellschaft im Mittelpunkt, so ging der Streit um 1900 um eine grundlegende Reform der Kirchenverfassung bzw. eine gänzliche Neudefinition der Rolle der Kirche in der Gesellschaft. In diesen Zusammenhang gehören auch die Diskussionen über die Einführung des Frauenwahlrechtes auf den verschiedenen Ebenen kirchlicher und säkular politischer Mitbestimmung.

Vor diesem Hintergrund ist nachvollziehbar, warum drittens das hier vorgestellte philanthropische Engagement nicht selten die (rhetorische) Exklusion bestimmter Gruppen nach sich zog. Dies lässt sich im Fall der Herbergen zur Heimat beobachten, mit ihrem Versuch, Ungelernte und Obdachlose auszuschließen, und bei der Stadtmission, die gegen Sozialdemokraten, Liberale und Juden zu Felde zog.

Eng damit zusammen hängt viertens die Tatsache, dass philanthropisches und missionarisches Engagement gegen Ende des 19. Jahrhunderts zunehmend als Mittel propagiert wurde, religiöse Bindung herzustellen bzw. zu vertiefen. Wurden zwar einerseits auf diesem Weg andere Gruppen – wie etwa Männer und Frauen aus dem Kleinbürgertum und teilweise aus der Unterschicht – in die philanthropische Arbeit der Protestanten aktiv mit einbezogen, so wurde andererseits eine Tendenz zur Milieubildung gefördert, die den Kern der konfessionellen und politischen Fragmentierung in sich tragen konnte.

So lässt sich abschließend festhalten, dass die philanthropische und karitative Arbeit der Inneren Mission ihre Kraft auch aus den religiösen und gesellschaftlichen Konflikten der Zeit bezog; diese waren – bildlich gesprochen – das Feuer, das die Männer und Frauen der Inneren Mission beseelte und das Ausmaß ihres Engagements erklärt. Die Inklusion weiterer Gruppen in diese Arbeit war genauso kennzeichnend für diese Form philanthropischen Engagements wie die Exklusion wieder anderer Gruppen. So fällt das Urteil zwiespältig aus. Wenn auch die Innere Mission mit ihrer Arbeit zur Entstehung einer Zivilgesellschaft im Sinne einer solidarisch verfassten bzw. gemeinwohlorientierten und selbstorganisierten öffentlichen Sphäre beitrug, so lag in dieser Arbeit im Kern doch auch das Potential, dieses Mehr an Zivilgesellschaft durch eine Tendenz zur sozialen, politischen und konfessionellen Fragmentierung zu zerstören. Sie überschritt die Grenzen der Zivilität jedoch nicht, weil die Mitarbeiter der Inneren Mission die Überzeugung vertraten, dass ihr Kampf um das Gemeinwohl im Wesentlichen mit den Mitteln der Philanthropie bzw. der rhetorischen Auseinandersetzung ausgefochten werden müsse.

Die *Société philanthropique*

Zwei Jahrhunderte Wohltätigkeit inmitten der Gesellschaft, 1780-2007

von

CÉLINE LEGLAIVE-PERANI

Die Geschichte der ersten überkonfessionellen Wohltätigkeitsgesellschaft Frankreichs ist noch nicht geschrieben. Gegründet im Jahre 1780, kann die *Société philanthropique* auf eine über zweihundertjährige Geschichte zurückblicken. Catherine Duprat hat sich zwar ausführlich mit ihrer Frühphase in der ersten Hälfte des 19. Jahrhunderts beschäftigt, aber die weitere Geschichte der Institution ab 1850 ist bislang unerforscht geblieben. Dieser Beitrag kann zwar keine lückenlose Geschichte der Gesellschaft bieten, aber doch einige Denkanstöße zu dieser in mancher Hinsicht bemerkenswerten Institution.

Über ihre außerordentlich lange Lebensdauer hinweg hat die *Société philanthropique* sich mit verschiedensten Staatsformen und Regierungen arrangieren können und mit ihnen auf dem Feld der Wohlfahrtspflege kooperiert, vom Ancien Régime über Revolution und Restauration bis hin zu den aufeinander folgenden Republiken. Die Entwicklung ihrer Leistungen im Lauf zweier Jahrhunderte machen sie zu einem Spiegel, in dem verschiedene Tendenzen auf dem Feld privater Wohltätigkeit exemplarisch sichtbar werden. Dabei hat sich diese Gesellschaft mit Mut zu Experiment und Innovation immer wieder als Wegbereiterin neuer Methoden hervorgetan und wurde dadurch sogar zu einem Vorbild für die von öffentlicher Hand organisierte Wohlfahrt. Kommunale und staatliche Institutionen übernahmen verschiedene Ansätze der *Société*.

Darüber hinaus spielte die *Société philanthropique* eine besondere Rolle für die breitere Gesellschaft, nämlich indem sie durch ihren überkonfessionellen Charakter seit ihrer Gründungszeit die traditionelle Vorherrschaft der katholischen Kirche auf dem Gebiet der Wohltätigkeit in Frage stellte. Damit hat die *Société philanthropique* zur Überbrückung der seit dem späten 18. Jahrhundert wachsenden Differenzen innerhalb der Gesamtgesellschaft beigetragen und die Integration bislang marginaler Gruppen befördert. Dies ist insofern erstaunlich, als sie traditionell von Mitgliedern des alten französischen Adels getragen war, die im Allgemeinen einen eher konservativen Katholizismus vertraten. Auch innerhalb der Wirtschaftseliten, die im Verlauf des 19. Jahrhunderts aufstiegen und auf dem Gebiet privater Wohlfahrtspflege zunehmend aktiv wurden, wirkte die *Société* auf integrative Weise. So hatte sie seit dem frühen 19. Jahrhundert auch jüdische und protestantische Mitglieder, viele von ihnen aus dem Finanzsektor. Auf diesem Weg fanden sie Zugang zur adligen Elite, mit der es in der Folge auch zu familiären Bindungen kam.

Andererseits tradierte die *Société* mit ihrer internen Organisationsstruktur und einigen der von ihr gegründeten oder verwalteten Institutionen konservative Werte und ständische Ordnungsvorstellungen. Gerade vor dem Hintergrund der allgemeinen zivilgesellschaftlichen Entwicklung soll diesen Spannungen zwischen institutioneller Innovation und sozialem Konservativismus besondere Aufmerksamkeit zukommen.

Vielfalt und Kontinuität: Die Arbeitsschwerpunkte der *Société philanthropique*

Wie Catherine Duprat gezeigt hat, stammt die *Société philanthropique* direkt aus dem Umfeld der Aufklärung. Der Begriff »philanthropisch« selbst ist in Frankreich erstmals für das Jahr 1712 nachweisbar, also immerhin fast 70 Jahre vor der Entstehung unserer Institution, im Werk Fénelons, einem der geistigen Väter der Aufklärung.[1] Aber selbst um 1780 war die Bezeichnung noch neuartig: Bei der *Société philanthropique* wurde sie erstmals im Namen einer Institution verwendet. Ein Manifest von 1787 erklärt den Namen der Gesellschaft:

»Eines der ersten Gefühle, das die Natur in das Herz der Menschen aller Länder und jeden Glaubens gepflanzt hat, ist das unwillkürliche Interesse, das der Anblick eines Unglücklichen weckt. Als Folge dieses Gefühls ist es darum eine der wichtigsten Aufgaben der Menschen, ihresgleichen Gutes zu tun, ihr Glück zu vergrößern, ihr Leiden zu mindern [...] Natürlich ist eine solche Aufgabe Teil der Politik einer jeden Nation und der Begriff Philanthrop hat sich als der geeignetste erwiesen, um die Mitglieder einer Gesellschaft zu bezeichnen, welche sich ganz besonders dieser ersten Bürgerpflicht widmen.«[2]

Diese klare Definition des Begriffs »Philanthropie« geht direkt auf die Quellen der Aufklärung zurück. Demnach ist die Philanthropie eine soziale und universelle Tugend und der Philanthrop zugleich Humanist und Bürger. Dieses Konzept brach mit der Tradition der christlichen Barmherzigkeit, in der das Almosen durch die Beziehung zu Gott legitimiert ist. Zudem sind in dieser älteren Tradition der Akt der Gabe und die gute Tat eine private und individuelle Handlung, aus der man sich eine »göttliche Belohnung« erhoffen darf. In Gegensatz zur dieser Art von Barmherzigkeit war die Philanthropie nicht mehr auf Gott bezogen, sondern eine bürgerliche Tugend eigenen Werts, öffentlich und universell, ein Teil der Pflichten jedes Bürgers. Sie stand im Dienst des sozialen Fortschritts und erstrebte Nutzen für die gesamte Gesellschaft.

Was waren aber, abgesehen von dieser anspruchsvollen neuen Definition des Begriffs, die konkreten Auswirkungen der Tätigkeit der *Société philanthropique* in den 1780er Jahren? Ihr Wirkungskreis war anfänglich bescheiden, aber die Aktivitäten bereits recht vielfältig. Sie beschränkte sich nicht auf nur eine Form von Hilfe oder nur einen bestimmten Kreis von Empfängern, wie das noch bei vielen Organisationen der alten Standesgesellschaft der Fall war. Die Gesellschaft unterstützte verschiedene

---

1 Fénelon, Dialogue des Morts composés pour l'éducation d'un prince, 1712, Ausgabe Paris 1821, S. 103.

2 »Précis sur la Société Philanthropique«, Calendrier Philanthropique, 1787, zitiert bei Catherine Duprat, ›Des Lumières au premier XIXe siècle. Voix française de la philanthropie‹, in: Colette Bec (Hg.), Philanthropies et Politiques sociales, XVIIIe-XXe siècles, actes du colloque organisé par AREPPOS, Association de recherche sur les Philanthropies et les Politiques sociales, Paris 1994, S. 7-8.

Gruppen von Bedürftigen: Sie gewährte zwölf hochbetagten Arbeitern (zwischen 80 und 90 Jahren) eine Rente und unterstützte Blinde. Valentin Haüy, berühmter Wohltäter der Blinden und Gründer der ersten, noch heute bestehenden Blindenschule, war Mitglied der *Société philanthropique*. Seine Schule sollte später eine vom Staat verwaltete öffentliche Institution werden. Die Gesellschaft unterstützte außerdem Mütter ab dem sechsten Kind oder Witwen und Witwer, die mindestens sechs Kinder zu versorgen hatten. Die Armen, denen die Gesellschaft ihre Hilfe angedeihen ließ, waren »würdige« Arme, »pauvres méritants« im traditionellen Sinn: diejenigen, deren Armut auf Alter, unverschuldete starke Behinderung oder die Familiensituation zurückging.

Die Revolution setzte diesen Bemühungen ein vorläufiges Ende. Die *Société philanthropique* hatte seit ihrer Gründung öffentliche Subventionen erhalten (darauf wird zurückzukommen sein), doch 1795 wurden sie gestrichen, und in der Folge musste die Gesellschaft aufgelöst werden. Sie trat trotzdem bereits 1803 wieder in Erscheinung und gab sich neue Statuten: Ziel der *Société* war es danach, »alles ins Werk zu setzen und öffentlich zu verbreiten, was dazu beitragen kann, die gegenwärtigen Nöte der Armen zu lindern und ihnen zu einer besseren Zukunft zu verhelfen.«[3]

Um diesem Anspruch gerecht zu werden, bot die Gesellschaft eine neuartige Hilfeleistung an, die wiederum einen universellen Anspruch hatte. Sie organisierte ein effizientes Netz von Suppenküchen, wobei sie das bewährte Kochrezept des Reichsgrafen von Rumford (vielleicht bekannter als Count Rumford) übernahm, die eine Zubereitung nahrhafter Eintöpfe zu niedrigen Kosten erlaubte.[4] Ihr zweites Betätigungsfeld war ebenso weit gefasst: Sie verwaltete ein Netz von Ambulanzstationen, die kostenlos medizinische Hilfe anboten. Die Besonderheit dieser beiden Projekte lag in ihrer Größe, aber auch in ihrer Organisation: Die Suppenküchen wurden über ein System von Wertmarken betrieben, welche die Mitglieder der *Société philanthropique* entweder an ihnen persönlich bekannte Arme oder an andere Wohltätigkeitsinstitutionen verteilten. Die Marken konnten auch direkt gekauft werden. Gutscheine für die Ambulanzen erhielten die Kranken direkt von den Mitgliedern der Gesellschaft, und damit einen Anspruch auf kostenlose Behandlung und Medikamente. Anschließend gaben die Einrichtungen die Karten an die Wohltäter zurück, die sie dann wieder an andere Bedürftige ausgeben konnten. Durch dieses System konnte eine größere Zahl von Armen effektiv versorgt werden. Es erlaubte eine Art von Philanthropie für die Masse, die es so unter dem Ancien Régime nicht gegeben hatte.

Die Gesellschaft beschränkte sich nicht auf die direkte Unterstützung der Armen. Sie übernahm im Wohltätigkeitssektor auch eine Berater- und Informationsfunktion. So gab sie 1819 ein Jahrbuch heraus, das »Annuaire de la Société philanthropique«, das erstmals die 176 in Paris existierenden Hilfswerke und Vorsorgeeinrichtungen auflistete. Zur selben Zeit begann sie mit der Beratung und Unterstützung der in

---

[3] Règlement de la Société Philanthropique arrêté dans l'Assemblée Générale, du 16 brumaire an IX, publiziert in Rapports et compte-rendus de la Société Philanthropique pour l'année 1808, Paris, 1809, S. 9.

[4] Der 1753 in Massachussetts geborene und 1784 in England geadelte Benjamin Thompson entwickelte dieses Rezept übrigens in Bayern, wo er seit 1785 mit einer Heeresreform betraut war und daneben auch Armenanstalten gründete. Sanborn C. Brown, Benjamin Thompson, Count Rumford; Cambridge 1981.

Frankreich neu gegründeten genossenschaftlichen Versicherungsvereine, der *Mutuelles*.

Diese Versicherungen fassten im Allgemeinen die Angehörigen einer Berufsgruppe zusammen und boten ihren Mitgliedern über deren eigene Beiträge eine finanzielle Unterstützung bei Unfall, Krankheit und Alter. Wie in ihrem Bericht von 1819 deutlich wird, hat die *Société philanthropique* sehr früh die Bedeutung dieser Organisationen erkannt: »Die *Société philanthropique*, die nicht alle Nöte der Armen lindern kann, muss auch die anderen Institutionen unterstützen, die deren Los verbessern wollen. Dazu sind die Versicherungsvereine, auch Hilfskassen genannt, am besten geeignet. Sie vereinen die Angehörigen ähnlicher Berufsgruppen, gewöhnen sie an Sparsamkeit, bieten ihnen finanzielle Sicherheit bei Krankheit, Unfällen und auch im Alter, und diese finanzielle Sicherheit ist das Ergebnis ihrer eigenen Arbeit, Umsicht und guten Lebensführung [...]«.[5] Das Interesse der *Société philanthropique* für die Versicherungsvereine hatte sowohl eine staatliche als auch eine staatsbürgerliche Dimension: Diese Versicherungen wurden als wertvoll angesehen, weil sie eine tugendhafte Form von sozialer Verbundenheit schafften, welche die Sozialisation (man könnte auch sagen, die soziale Kontrolle) ihrer Mitglieder erlaubte. Außerdem boten sie gewisse Garantien für die Einhaltung der Moral, denn ihre Mitglieder wurden unter anderem auf Grund ihrer moralischen Qualitäten und ihres guten Rufs ausgewählt, und damit propagierten sie die Werte von Arbeitsamkeit und Ehrlichkeit. Im allgemeineren Sinn boten diese Vereine Hilfe zur Selbsthilfe: Das Individuum sollte durch Arbeit und Vorsorge die eigene Zukunft sichern.

Everat, ein Berichterstatter der Gesellschaft, erklärte 1822: »Es gibt heute keinen Zweifel mehr daran, dass die wohltätigen Vereine auch Schulen der guten Sitten sind, wo man sich bemüht, tugendhaft und nach moralischen Prinzipien zu leben. Unser Gewissen verpflichtet uns also, die Versicherungsvereine zu fördern und zu unterstützen.«[6] Die *Société philanthropique* half diesen Versicherungsvereinen in rechtlicher und praktischer Hinsicht. Sie lieferte ihnen Vorlagen für die Statuten, bot finanzielle Starthilfen und beriet sie bei der Anlage ihres Kapitals. Die hier Versicherten konnten auch Gutscheine für die medizinischen Einrichtungen der *Société* nutzen, und die *Société* stiftete Preise für die in ihren Augen verdienstvollsten Arbeiter. Die Gesellschaft gab sich noch ein weitere Aufgabe, nämlich das Sammeln und Zusammenführen von Informationen über die Versicherungsvereine. Dies führte schon seit den zwanziger Jahren des 19. Jahrhunderts zur Entstehung der ersten Archive über diese Selbsthilfeeinrichtungen. In diesem Zusammenhang arbeitete die *Société philanthropique* also als eine Art Dachverband, ganz anders als auf dem Gebiet der direkten Hilfeleistung. Bei der Zusammenarbeit mit den Versicherungen stellte sie ihre theoretischen und praktischen Erfahrungen anderen Organisationen zur Verfügung und ermöglichte die Archivierung und den Austauschs von Informationen. Die direkte Unterstützung der *Société philanthropique* für die Versicherungsvereine nahm in dem Maße ab, in dem diese an Unabhängigkeit gewannen und sich aus der Vormundschaft lösen konnten.

Man könnte einwenden, dass diese Versicherungen nichts mit Wohltätigkeit im engeren Wortsinn zu tun hatten. Sie funktionierten eher als Vorsorge- denn als Wohl-

---

5 Rapport et Comptes rendus de la Société philanthropique pendant l'An XII, S. 18-19.

6 Rapports et compte-rendus de la Société Philanthropique pendant l'année 1821, Paris 1822, S. 82

tätigkeitseinrichtungen. Zudem kamen sie weniger den Ärmsten der Gesellschaft zugute, sondern häufig den besser qualifizierten Arbeitern und Handwerkern, die ausreichend verdienten, um überhaupt Beiträge zahlen zu können. Eine Studie der *Société philanthropique* von 1840 zeigt, dass sich unter den 239 existierenden Versicherungsvereinen keiner fand, der Hausierhändler, Lumpensammler oder Wäscherinnen aufnahm – Berufe, die am häufigsten von den extrem Armen ausgeübt wurden.[7]

Unterdessen betrieb die Gesellschaft weiterhin ihre Volksküchen und Ambulanzen, auch als in den siebziger und achtziger Jahren des 19. Jahrhunderts zwei weitere große Projekte Gestalt annahmen. Das erste widmete sich der Unterstützung von Müttern und Kindern – genau in der Zeit, als der Geburtenrückgang und »der Niedergang der französischen Rasse« (im zeitgenössischen Sprachgebrauch »dégénérescence de la race française«) immer breiteres Interesse im öffentlichen Raum beanspruchten. Mit den Hilfsleistungen für Kinder diente die *Société* also der Nation selbst. Medizinische Hilfe und moralische Erziehung sollten die Kinder der Verführung zum »Laster« entreißen, das sie nur auf den Weg in Elend und Kriminalität bringen konnte. Wie Maxime du Camp in salbungsvollem Ton schrieb: » Indem sie sich dem Kinde zuneigt, indem sie das physische Elend bekämpft, das es verarmen ließe, und das moralische Elend, das es verderben würde [...], vollendet die Barmherzigkeit das große Werk der eingeweihten Weisen: Sie spendet das Elixier des Lebens, des individuellen und des sozialen Lebens.«[8]

Vor diesem Hintergrund gründete die Gesellschaft Nachtasyle für Mütter und Kinder. Das erste entstand 1879. Später nahmen diese Häuser auch Männer auf, aber immer nur eine kleine Zahl, und es sollte eine Aufgabe des Staates bleiben, solche Asyle nur für Männer zu errichten. Besondere Priorität gestand die *Société philanthropique* Schwangeren zu sowie jungen Frauen, die gerade entbunden hatten. Im *Asile maternel*, einer Gründung des Barons und der Baronin Roze, eröffnet 1886 durch Pasteur, konnten Frauen bis zu zwei Wochen nach der Geburt ihres Kindes bleiben, es stillen oder einer Amme anvertrauen, was ihnen die Arbeitssuche erleichterte. Die Gesellschaft errichtete auch besondere Gesundheitsstationen für Kinder. Die erste wurde 1883 eingeweiht, und schon in dieser Dekade leisteten sie 3 000 Beratungen und Behandlungen pro Tag. 1899 stiftete die Baronin de Hirsch eine Million Francs, was den Umzug einer dieser Ambulanzen in ein größeres Gebäude ermöglichte. Maxime du Camp äußerte große Hoffnung auf die gesamtgesellschaftliche Langzeitwirkung dieser Ambulanzen und Nachtasyle: »[...] die doppelte, die kombinierte Wirkung, welche die Nachtasyle und die *Société Philanthropique* zugunsten der Kinder ausüben, könnte zu einem höchst wünschenswerten Resultat führen: Man sähe weniger Kranke in den Hospitälern, weniger Sträflinge in den Gefängnissen, weniger Betrunkene in den Cabarets.«[9]

Auch das zweite Großprojekt wurde angeregt von öffentlichen Debatten um ein gesamtgesellschaftliches Problem. Es geht um die seit den 1850er Jahren geführten Diskussionen über die dramatischen Wohnbedingungen in den Arbeitervierteln der

---

7 Catherine Duprat, Usages et Pratiques de la Philanthropie. Pauvreté, action sociale et lien social à Paris, au cours du premier XIXe siècle, 2 Bde., Paris 1996-1997, Bd. 2, S. 808.

8 Maxime Du Camp, La Charité privée à Paris, Paris 1885, S. 525.

9 Du Camp, Charité (wie Anm. 8), S. 528.

großen Industriestädte. Die *Société philanthropique* sollte eine Vorreiterrolle im sozialen Wohnungsbau spielen. Ihre ersten eigenen Gebäude errichtete die Gesellschaft im Jahr 1888, inspiriert durch den im England der 1860er Jahre einsetzenden sozialen Wohnungsbau, vor allem durch das Modell der berühmten *Peabody Foundation* in London. Die Finanzierung wurde durch den jüdischen Bankier Michel Heine abgesichert, der »eine Institution zugunsten der Arbeiter« zu finanzieren wünschte.[10]

Auch in diesem Bereich waren es neue Organisationsstrukturen, mit denen die *Société philanthropique* sich hervortat. Sie errichtete keine Sozialbauten im eigenen Namen, sondern empfing die Gelder aus den Stiftungen privater Philanthropen, denen sie technische Gutachten und Verwaltungshilfe lieferte und so zur Realisierung der Bauten beitrug. Auf diese Weise finanzierten großzügige Geldgeber wie die Bankiers Heine und Stern und die Mediziner Marjolin und Gouïn nach und nach verschiedene Bauprojekte, alle unter dem Dach der *Société*. Diese arbeitete aber nicht nur mit individuellen Stiftern, sondern auch mit anderen unabhängigen Institutionen des Wohnungsbaus zusammen, wie etwa der *Fondation Lebaudy*, eine der größten Stiftungen auf diesem Gebiet. Die Bilanz über einen Zeitraum von 24 Jahren, zwischen 1888 and 1912, kann sich sehen lassen: es wurden insgesamt zwölf Gebäude mit 418 Wohnungen und 273 separaten Zimmern errichtet.

Eines muss allerdings angemerkt werden: Im Gegensatz zu anderen, späteren Stiftungen im Wohnungsbau, beispielsweise der 1904 geschaffenen *Fondation Rothschild*, ging die *Société philanthropique* bei der Realisierung ihrer Projekte sehr vorsichtig und konservativ zu Werke. Dies betraf auch die Architektur ihrer Gebäude. Sie waren eher klein und wirkten mit ihren einfachen Ziegelfassaden ohne jedes Ornament sehr bescheiden. Diese Wahl der Gestaltung beruhte nicht zuletzt auf einem von ständischen Vorstellungen beeinflussten Gesellschaftsbild: Wohngebäude für Arme sollten nicht mit bürgerlichen Wohnhäusern verwechselt werden, und die Stellung des Armen innerhalb der Gesellschaft sollte auch in seiner Wohnumgebung lesbar sein. Zudem waren die Gebäude der *Société philanthropique* meist ganz bestimmten sozialen Gruppen vorbehalten: alleinstehenden Frauen (Fondation Marjolin, Fondation Stern), jungen Arbeitern, verheirateten Studenten (Fondation Stern) etc. Diese Entscheidung für ganz bestimmte Profile bei der Belegung ihrer Sozialbauten könnte ein Indiz sein für eine gewisse Furcht der Leiter der *Société* vor sozialer Durchmischung.

Nach dieser Vorstellung ihrer verschiedenen Betätigungsfelder soll ein Gesamtbild der Hilfeleistungen der *Société philanthropique* gegeben werden, wie es sich am Vorabend des Ersten Weltkriegs darstellte. Diese Übersicht liefert uns die Ausgabe von 1912 des »Paris Charitable et Bienfaisant«, publiziert vom *O.C.O.B.* (*Office Central des Oeuvres de Bienfaisance*, eine Dachorganisation privater Sozialeinrichtungen).[11]

Auch 1912 hielt die Gesellschaft nach wie vor an ihren traditionellen Suppenküchen fest: Sie betrieb zu diesem Zeitpunkt etwa dreißig Standorte in Paris, deren Leitung jeweils einem Mitglied ihres Vorstands anvertraut war. Sie funktionierten weiterhin über ein System von Marken, die dazu berechtigten, eine Ration Brot, Fleisch, Suppe, Gemüse, heiße Schokolade oder Heizmaterial zu erhalten. Wer ohne Marken war,

---

[10] Marie-Jeanne Dumont, Le logement social à Paris, 1850-1930; les habitations à bon marché, Liège 1991, S. 172.

[11] Paris Charitable et Bienfaisant, Office central des oeuvres de bienfaisance, Paris 1912.

konnte eine Ration für zehn Centimes kaufen. Die Volksküchen waren im Allgemeinen vom 15. November bis zum 30. April geöffnet, einige aber auch das ganze Jahr über. Der größte Teil von ihnen wurde von den Schwestern des Ordens von St. Vincent de Paul verwaltet, der übrigens in der ersten Hälfte des 19. Jahrhunderts eigens für die karitative Arbeit gegründet worden war.

Darüber hinaus unterhielt die Gesellschaft etwa dreißig medizinische Einrichtungen in Paris, einige davon ebenfalls von katholischen Orden verwaltet. Sie leisteten medizinische Hilfe für Kinder und Erwachsene. Im Besitz der Gesellschaft befand sich auch eine chirurgische Klinik, 1896 von Jules Gouïn in Clichy gegründet. Sie wurde von den Schwestern des Ordens Saint Joseph de Cluny geführt und nahm alle Patienten ohne Unterscheidung nach Alter, Geschlecht oder Religion auf.[12]

Auch die Nachtasyle der Gesellschaft bestanden weiter. Das älteste von ihnen, das *Maison Emile Thomas*, in der Rue St. Jacques 255 gelegen und 1879 gegründet, bot im Jahr 1912 150 Schlafplätze für Frauen und 12 für Kleinkinder. Es stand unter der Leitung der Schwestern von Notre Dame du Calvaire. Unter derselben Adresse befand sich ein Asyl mit angeschlossenen Werkstätten, das schwangeren Frauen Arbeit und Obdach bot.[13] Das *Maison Albert Hartmann*, Rue Labat 44, gegründet 1883, war für Frauen und Kinder bestimmt. Ihre Aufenthaltsdauer hing davon ab, ob sie Papiere besaßen: »Zulassung für eine Nacht ohne Zeugnisse und Papiere, 5 Nächte mit Zeugnissen und Papieren«.[14] Das *Maison Camille Favre*, Rue Crimée 166, gegründet 1888, nahm ebenfalls Frauen und Kinder auf, bot aber auch 60 Schlafplätze für Männer.[15] Am gleichen Ort besaß die *Société philanthropique* seit 1882 ein Hospiz für Frauen. Es wurde von den Schwestern du Calvaire de Gramat betreut und nahm Frauen ab einem Alter von 70 Jahren auf, sofern sie keine Behinderungen hatten und eine ehrenhafte Vergangenheit nachweisen konnten. Sie erhielten Kost, Logis, Pflege und das Begräbnis auf Kosten der Gesellschaft. Sie konnten zu bestimmten, durch die Hausordnung festgelegten Stunden ausgehen und Besuche empfangen. Die Unterbringung kostete 560 Francs jährlich; eine Bürgschaftssumme in gleicher Höhe musste vorab überwiesen werden.[16] Kinder wurden in ein besonderes Asyl in der Avenue de Choisy aufgenommen; die zeitliche Dauer des Aufenthalts war hier begrenzt. Sie konnten eine monatliche Unterstützung erhalten, und zwar dank der Stiftung des Barons Roze, deren Zinsen aus dem Kapital von 100 000 Francs für Unterbringung und Erziehung der Kinder aufgewendet wurden.

Im Sozialwohnungsbereich verwaltete die *Société philanthropique* verschiedene Gebäude, im Besonderen diejenigen aus der Stiftung Armand und Michel Heine, erbaut zwischen 1888 und 1891 in verschiedenen Pariser Vierteln. Sie waren Familien mit Kindern vorbehalten. Bei den Mietpreisen gab es einen »progressiven Nachlass zugunsten der Familien ab drei und mehr Kindern«.[17] Die Gesellschaft verwaltete auch Pensionen für junge Frauen und Mädchen, wie das *Maison Marjolin*, Rue Eugène Carrière 37, gegründet 1901, die beiden Häuser der Familie Stern, 1904 eröffnet in der

---

12 Ebd., S. 402.
13 Ebd., S. 403.
14 Ebd., S. 495.
15 Ebd., S. 496.
16 Ebd., S. 714.
17 Ebd., S. 465-469.

Rue de la Croix-Faubin 1 und 1906 in der Rue de Meaux 97, und außerdem ein viertes Haus in der Rue des Feuillantines 12-14, erbaut 1912. Alle diese Häuser wurden von einer nicht-konfessionellen Direktion verwaltet und waren offen für alle Frauen und jungen Mädchen, ungeachtet ihres religiösen oder weltanschaulichen Hintergrunds. Der Preis für das Bett im Schlafsaal oder Ein- bzw. Zweitbettzimmer betrug zwischen 60 Centimes und 1,20 Francs.[18] Die meisten Häuser unterhielten einen Speisesaal für die Bewohnerinnen.

Die Gesellschaft gewährte auch Mietbeihilfen, insbesondere an bedürftige ältere Personen. Dies wurde ermöglicht durch ein Legat in Höhe von 100 000 Francs, gestiftet 1902 von Mademoiselle Léonie Morin. Neben den Mietzuschüssen wurden daraus auch Beihilfen für Betten, Wäsche und Kleidung geleistet.[19] Schließlich widmete sich die *Société* den Arbeitern und Handwerkern, an die sie Motivationsprämien verteilte und die Niederlassung mit einem Handwerk ermöglichte. Geeignete Arbeiter oder Arbeiterinnen wurden von den Bürgermeistern der Stadtteile, dem Geistlichen der Kirchengemeinde oder Patenschaftsorganisationen vorgeschlagen. Sie erhielten Summen zwischen 100 und 500 Francs oder bekamen kostenlos Werkzeuge zur Verfügung gestellt.[20]

Dieser kurze Überblick zeigt die von der *Société philanthropique* abgedeckte Bandbreite von Leistungen. Diese Aktivitäten sind auch als eine Antwort auf Debatten um verschiedene Themen zu verstehen, welche die französische Gesellschaft des 19. Jahrhunderts bewegten: soziale Absicherung auf Selbsthilfebasis als Alternative zur traditionellen Wohltätigkeit; Aufwertung der Gesundheit von Mutter und Kind im Kampf gegen Geburtenrückgang und Niedergang (»décadence«); Entwicklung der Hygiene zur Stärkung des französischen Volkes (»la race française«); der Sozialwohnungsbau als Antwort auf die Arbeiterfrage. Zu diesen verschiedenen Feldern hatte die *Société philanthropique* Lösungen aus dem Ideenfundus der privaten Wohltätigkeit vorgeschlagen und umgesetzt.

Der Überblick beleuchtet auch die Profile der unterstützten Gruppen: Es handelte sich meist um die Schwächsten, hauptsächlich Frauen, Kinder und Alte. Aber eine beträchtliche Zahl von Leistungsempfängern passte nicht in dieses Raster. Der paternalistischen und moralistischen Logik folgend, wurden mit dem Prämiensystem gerade auch die leistungsfähigsten Arbeiter gefördert und ermutigt. Mit ihren Volksküchen und medizinischen Einrichtungen unterstützte die Gesellschaft daneben weit weniger klar definierte Bevölkerungsgruppen. Hier wurde die persönliche Auswahl von denen getroffen, die als zahlende Mitglieder der *Société* Gutscheine und Marken verteilten durften. Bedingung war hierbei nicht nur, dass die Empfänger unverschuldet arm waren – es wurde dabei auch eine vorbildliche Moral eingefordert. Zu Beginn des 19. Jahrhunderts erhielten nur verheiratete Paare und eheliche Kinder Unterstützung. Sie mussten unter anderem eine Beglaubigung ihrer Ehrenhaftigkeit und Moralität beibringen. Außerdem mussten sie seit mindestens drei Jahren in derselben Stadt leben, und sie durften nicht Hausangestellte sein – bei denen ging man davon aus, dass ihre Herrschaft für die Wohlfahrt sorgte.[21]

---

18 »Paris Charitable« ist hier etwas unpräzise, aber es handelt sich wahrscheinlich um den Preis für eine Nacht; siehe S. 355.

19 Ebd., S. 720.

20 Ebd., S. 227.

21 Du Camp, Charité (wie Anm. 8), S. 507.

Im weiteren Verlauf des 19. Jahrhunderts präzisierte die *Société philanthropique* das Profil des würdigen Armen. Es sollte sich idealerweise um einen »verschämten Armen« (*pauvre honteux*) handeln, also jemand, dem seine Armut peinlich ist, der sie zu verstecken sucht und die milden Gaben nur aus absoluter Notwendigkeit heraus akzeptiert. Das Gegenbild zu ihm ist der »schlechte Arme«, den man verdächtigte, dass er seiner Armut nicht entkommen will, sondern sie zu seinem Beruf gemacht hat. Ein »guter Armer« war auch derjenige, der durch äußere Umstände ins Unglück geraten war, manchmal sogar aus einer gesichert wirkenden Lebenssituation heraus. Die Wechselhaftigkeit des Glücks ruft offenbar stärkeres Mitgefühl hervor. Die Baronin de Hirsch, die in der zweiten Hälfte des 19. Jahrhunderts unter dem Dach der *Société philanthropique* eine Stiftung gründete, wollte besonders diese Kategorie von Armen unterstützen. Ihre Stiftung war für Frauen bestimmt, die nach einem behüteten und im Wohlstand verbrachten Leben plötzlich in Armut geraten waren, etwa weil der Vater oder der Ehemann sie verlassen hatte oder zu früh gestorben war.[22] Die *Société philanthropique* scheint aber nicht im Stande oder Willens gewesen zu sein, den Ärmsten der Armen ihre Hilfe angedeihen zu lassen. Sie unterschied selbst zwischen »arm« (*pauvre*) und »verelendet« (*indigent*). Der Verelendete ist demnach derjenige, der nichts besitzt und dessen Los es ist, von der öffentlichen Wohltätigkeit unterstützt zu werden. Die *Société* aber unterstützte die Armen, das heißt die Gruppe, die von ihr auf einer mittleren Stufe (*intermédiaire*) eingeordnet wurde: »Händler und Angestellte mit kleinem Einkommen, all die arbeitsamen, nüchtern in geordneten Verhältnissen lebenden Personen, deren Dasein durch unvorhergesehene Schicksalsschläge, Vertrauensmissbrauch oder politischen Umsturz in Unordnung geraten ist [...]«.[23]

Bezüglich ihrer Organisation war die *Société philanthropique* bemerkenswert offen für Neues. Sie stützte sich in großem Maße auf Spenden und Legate, die sie in ihrer Eigenschaft als gemeinnützig anerkannte Einrichtung seit 1839 empfangen durfte. Zwischen 1903 und 1911 erhielt sie auf diese Weise 1,5 Millionen Francs und lag damit auf dem sechsten Platz der gemeinnützigen Einrichtungen, hinter dem *Institut Pasteur*, der *Société des Asiles de nuit*, zwei Seenotrettungsgesellschaften und der Hilfsgesellschaft für Kriegsverletzte.[24] Sie finanzierte sich aber nicht ausschließlich aus Spenden. Wie oben bereits angemerkt, nahm sie nach 1850 auch Stiftungen auf, die von Personen außerhalb der Gesellschaft gegründet wurden. Ihnen bot sie Verwaltungsleistungen an und erleichterte damit die Verwirklichung großer Projekte: sozialer Wohnungsbau, Nachtasyle, später Altenheime und Heime für behinderte Kinder, um nur einige zu nennen. Es ist nicht immer einfach, den Zusammenhang zwischen der *Société philanthropique* und diesen Stiftungen zu erkennen, weil die Gesellschaft meist im Hintergrund blieb. Bei den Vereinbarungen könnte es eine Bedingung gewesen sein, der jeweiligen Einrichtung den Namen des Stifters zu geben: *Hôtel Stern*, *Maison Marjolin*, *Maison Camille Favre* – sie firmieren also nicht unter dem Namen der *Société*, sondern unter dem des Wohltäters. Das könnte dazu beigetragen haben, dass die *Société philanthropique* bis heute einem größeren Publikum unbekannt ist. Damals wie heute

[22] Noelle Dedeyan, Histoire de la Société philanthropique de Paris, Paris 1983, S. 95.

[23] J. F Payen, Société philanthropique de Paris, Notice sur son origine, ses travaux et ses publications; Paris 1846, S. 5.

[24] Jean-Luc Marais, Histoire du don en France de 1800 à 1939, Dons et legs charitables, pieux et philanthropiques, Rennes 1999, S. 205.

scheint sie sich zu verbergen hinter diversen anderen Einrichtungen, die von ihr verwaltet werden. Die *Société* kooperierte aber nicht nur mit Privatpersonen. Sie unterhielt auch ständig Beziehungen zum Staat und den verschiedenen Regierungen, die einander ablösten, während ihre eigene Geschichte ununterbrochen blieb. Im folgenden zweiten Teil wird zu zeigen sein, wie die *Société* in dem Raum zwischen dem Staat auf der einen und verschiedenen privaten Wohltätigkeitseinrichtungen auf der anderen Seite platziert war, und wie sie mit Vertretern beider Seiten zusammenarbeitete.

Philanthropie und säkularer Korporatismus

Die Beziehungen der *Société philanthropique* zum Staat und zu öffentlichen Einrichtungen entwickelten sich gleich in den ersten Jahren ihrer Existenz und bestehen bis heute fort. Zunächst waren diese Beziehungen finanzieller Art: Während ihrer gesamten Geschichte erhielt die Gesellschaft staatliche Beihilfen, und es fällt auf, mit welch diplomatischer Gewandtheit sie sich jeder Regierungsform anzupassen wusste. Um beispielsweise in der Restaurationszeit königliche Gnade zu erlangen, pflegte die Gesellschaft einen Mythos von Ludwig XVI. als ihrem Beschützer und Förderer. In Wirklichkeit war das Interesse von Ludwig XVI. für die Gesellschaft zwischen 1780 und 1789 von kurzer Dauer und eher mäßig ausgeprägt, aber immerhin verschaffte die *Société* sich durch eine Hervorhebung dieser Protektion die Unterstützung durch König Ludwig XVIII., dem Bruder von Ludwig XVI., und durch seine Familie.

Es gab noch andere Wege zu guten Beziehungen zur Regierung und zum Erhalt von Subventionen, etwa indem man den Mitgliedern der königlichen Familie einen prominenten Platz innerhalb der Gesellschaft anbot. So war der Herzog von Berry zwischen 1815 und 1820 Präsident der *Société* und ließ ihr auch finanzielle Unterstützung angedeihen. Mit Berry an ihrer Spitze knüpfte die Gesellschaft in symbolischer Weise an das Ancien Régime an, unter dem der König oder zumindest die königliche Familie als Beschützer der Kranken und Armen galten.

Ab 1830, unter Louis Philippe, dem zweiten Sohn des Königs, wurde der Herzog von Nemours Ehrenpräsident der Gesellschaft. Das Vertrauen, welches die Politik in die *Société* setzte, führte sehr schnell zu einer engen Zusammenarbeit mit dem Staat und sogar zur Übernahme von Aufgaben, die eigentlich in den Bereich staatlicher Institutionen fielen. 1812 beispielsweise, als nach schlechten Ernten eine Hungersnot drohte, nahm die Stadtverwaltung von Paris die Hilfe der *Société philanthropique* in Anspruch, um die Ärmsten zu versorgen. Sie kaufte und verteilte Tausende von Gutscheinen für die Armenküchen der Gesellschaft. Diese selbst eröffnete zusätzlich provisorische Suppenküchen in den staatlichen Krankenhäusern. Catherine Duprat bezeichnete die Mitglieder der *Société* sogar als »unverzichtbare Helfer der öffentlichen Wohlfahrt«.[25] Aus dieser engen Zusammenarbeit heraus erlangte die *Société philanthropique* als eine der ersten Wohltätigkeitseinrichtungen überhaupt die Anerkennung ihrer Gemeinnützigkeit, und, wie schon erwähnt, erhielt sie damit ab 1839 auch das Recht, Stiftungen und Legate zu empfangen.

[25] Catherine Duprat, Usages et Pratiques (wie Anm. 7), Bd. 1, S. 327.

Solche Kooperationen beförderten auch den Erhalt bedeutender Subventionen, etwa im Jahre 1846 die Summe von 15 000 Francs, eine der bedeutendsten nachgewiesenen Beihilfen. Rambuteau, Präfekt der Region Seine, bat den Stadtrat von Paris, die *Société* zu unterstützen, »indem man ihr die Mittel gewährt, die sie in der kalten Jahreszeit zur Verteilung der von Bedürftigen und Arbeitern dringend gebrauchten Lebensmittelrationen benötigt, und um die ambulante Pflege abzusichern und damit Krankenhäuser und städtische Wohlfahrtsstellen zu entlasten.«[26] Die Tätigkeit der Gesellschaft wurde also ganz eindeutig als eine Entlastung des öffentlichen Sektors verstanden. Auch im 20. Jahrhundert, und bis heute, arbeitete die Gesellschaft eng mit den Institutionen der verschiedenen Regierungen zusammen. Auf der aktuellen Internetseite der Gesellschaft ist zu lesen, dass die *Société philanthropique* zwar »einem breiten Publikum weniger bekannt [sei], aber dass ihre Arbeit von öffentlichen Wohlfahrtsträgern wie der gesetzlichen Sozialversicherung und der *Direction des Affaires Sanitaires et Sociales* (*D.A.S.S.*) oder den *Conseils généraux* und *Conseils régionaux* sehr geschätzt wird.«[27]

Diese Zusammenarbeit konnte auch auf die Nachahmung von Modellen der *Société* hinauslaufen. So eröffnete der Staat ab 1879 Nachtasyle, deren Aufbau dem Beispiel der Asyle der *Société philanthropique* folgte. Die Gesellschaft pflegte auch Beziehungen zu anderen privaten Wohltätigkeitseinrichtungen, bis hin zur Entwicklung eines Netzwerks von Vereinen, das innerhalb der Gesamtgesellschaft über einen gewissen Einfluss verfügte. Schon sehr früh arbeitete sie, trotz ihres weltlichen Charakters, mit religiösen Einrichtungen zusammen. Allerdings ist diese Zusammenarbeit kaum ideologisch motiviert. In dieser Hinsicht ist die *Société philanthropique* während ihrer gesamten Geschichte neutral geblieben, auch wenn sie niemals atheistische Positionen bezogen hat. Sie hat der Religion – wenigstens über das 19. Jahrhundert hinweg – sicherlich Bedeutung beigemessen, und sei es auch nur, um die Armen moralisch zu beeinflussen. Dabei wurde aber niemals eine bestimmte Religion bevorzugt unterstützt. Maxime du Camp, der Ende der 1880er Jahre ein Nachtasyl besichtigte, berichtete, dass der Direktor den dort beherbergten Frauen allabendlich eine moralisierende Ansprache hielt. Darin »war Gott zwar nicht abwesend, aber die Rede hätte sich auf jede Religion beziehen können.«[28]

Die Zusammenarbeit mit den Religionsgemeinschaften ist eher von Zweckmäßigkeit bestimmt. Wenn die *Société* zum Beispiel 1838 die Verwaltung ihrer Volksküchen den Ordenschwestern von St. Vincent de Paul anvertraute und später anderen religiösen Orden ihre Nachtasyle und Hospize, so geschah das vor allem deshalb, weil diese Organisationen damals über die erfahrensten und am besten ausgebildeten Kräfte auf diesem Gebiet verfügten, und weil sie zudem nur geringe Personalkosten verursachten. Über die Schwestern von Notre Dame du Calvaire, die eine Ambulanz für

[26] Bei Wohlfahrtsstellen handelte es sich um die erstmals 1796 geschaffenen Bureaux de Bienfaisance. Préfet du Département de la Seine, Comte de Rambuteau, Mémoire de M. Le Préfet de la Seine au Conseil Municipal de la Ville de Paris sur la répartition du fonds de secours entre divers établissements de bienfaisance pour l'année 1846, Paris 1846, S. 43.

[27] Siehe http://www.philanthropique.asso.fr. Conseils généraux und Conseils régionaux: im heutigen Frankreich die Verwaltungen der Départements und der aus jeweils mehreren Départements gebildeten Regionen (NdÜ).

[28] So zitiert bei Noelle Dedeyan, Histoire (wie Anm. 22), S. 78.

Kinder betreuten, schrieb Maxime du Camp, man habe »gut daran getan, sich an sie zu wenden, denn für die Kinderpflege braucht man vor allem Krankenschwestern, und – bei allem Respekt für die nicht-kirchlichen Einrichtungen – was Krankenschwestern angeht, so gibt es noch immer nur diejenigen, die den Schleier tragen.«[29]

Die Gesellschaft knüpfte dann auch Kontakte zu nicht-konfessionellen Wohltätigkeitsorganisationen. So begann sie 1911 eine Zusammenarbeit mit der Hilfsorganisation für die Familien eingezogener Soldaten.[30] Sie kooperierte zudem mit Patronage- und Vorsorgevereinen, die Arbeiter für Auszeichnungen vorschlugen. Solche Vorschläge konnten auch von den Gemeinderäten oder dem Priester der Kirchengemeinde kommen. Diese Beispiele zeigen nochmals, wie reibungslos die Zusammenarbeit der *Société philanthropique* mit den zeitgenössischen Institutionen lief, seien sie nun öffentlich oder privat, weltlich oder konfessionell verfasst gewesen. Mit sehr praktischem Sinn ging die Gesellschaft Kooperationen ein mit den verschiedensten Akteuren der Wohlfahrtspflege, und sie passte sich über das 19. Jahrhundert hinweg immer wieder neuen Entwicklungen an oder prägte sie selbst mit: die Zusammenarbeit mit der unvermeidlich präsenten Kirche, das Aufkommen neuer privater und weltlicher Organisationen, die Beratung reicher Philanthropen, denen sie auch öffentliche Wirksamkeit bot, das wachsende Engagement des Staates auf diesem Gebiet. Damit scheint sie ihrem 1780 formulierten universellen Anspruch treu geblieben zu sein: eine Ebene zu finden, die über den religiös oder anderweitig ideologisch geprägten Organisationen angeordnet ist. Damit hat sich die *Société* ihren festen Platz als ernst zu nehmende Institution auf dem Gebiet der Wohltätigkeit und auch als Vorbild für andere Einrichtungen geschaffen. Für die Gesamtheit ihrer Aktivitäten bekam sie unter anderem den *Grand Prix* auf den beiden Weltausstellungen in Paris 1889 und 1900.

Eine Analyse der Mitgliederstruktur bietet weitere Aufschlüsse zur Entwicklung seit ihrer Gründung. Seit ihren Anfängen gehörte der Großteil der Mitglieder der *Société philanthropique* dem Adel und Hochadel an. Das trifft auf das Jahr 1787 zu, als 57 % der Mitglieder Aristokraten waren, aber ebenso auf das Jahr 1983, also 200 Jahre nach ihrer Gründung. Im Jahr 1983 ist der Comte de Gramont der Präsident der Gesellschaft, und zwölf von den 23 Mitgliedern der Direktion sind adlig (Grafen, Barone, Marquis), also auch hier immer noch mehr als die Hälfte. Noch deutlicher wird das beim Comité des Dames, dem die Herzogin de la Rochefoucauld präsidiert: Im Jahr 1983 finden sich bei den 85 Damen 52 Adelsnamen – das sind fast zwei Drittel der Mitglieder dieses Komitees, darunter 27 Gräfinnen und immerhin drei Fürstinnen.

Dies spricht dafür, dass die *Société* die in anderen Bereichen der Gesamtgesellschaft, auch in den gesellschaftlichen Eliten, vollzogene Öffnung nicht mitgemacht hat. Im Gegenteil, sie ist bis heute eine aristokratisch dominierte Organisation. Dafür kann man verschiedene Erklärungen bieten, zum Beispiel ganz einfach die Familientradition oder das alte »noblesse oblige«. Für Mary-Anne Braunagel-Brown aber hatte die *Société philanthropique* die Gründung einer Art von städtischem Adel zum Ziel, der nach Vorbild der ländlichen *seigneurie* in paternalistischer Weise für die Armen seines Besitzes, bzw. »seiner« Stadt sorgte.[31] Emile Cheysson, ein Ende des 19. Jahrhunderts

[29] Du Camp, Charité (wie Anm. 8), S. 519.
[30] Paris Charitable et Bienfaisant S. 421.
[31] Mary Anne Braunagel-Brown, The pineapple of philanthropy: aspects of philanthropy and charity in early nineteenth-century Paris, Austin (University of Texas, Microfilm) 1983, S. 80.

sehr bekannter Reformer, rechtfertigte dieses Engagement der Eliten durch die Verpflichtung, die der sozialen Position innewohnt: »die Hingabe an andere, die der Preis des Privilegs ist.«[32] Gerade für diese Zeit gäbe es aber noch eine andere Erklärung, und zwar den politischen Misserfolg der katholischen Monarchisten, die sich zum größten Teil aus dem Adel rekrutierten. Diese zogen sich aus der aktiven Politik zurück und widmeten sich nun verstärkt der privaten Philanthropie.[33]

Die starke Präsenz des Adels wird zudem durch die Familientradition erklärt: Die Mitgliedschaft geht häufig in derselben Familie von Vertretern einer Generation auf die folgende über. Verantwortungsvolle Posten in der Leitung und der Verwaltung wurden vom Vater an den Sohn oder an nahe Familienmitglieder »vererbt«. So wurde etwa nach dem Tod von Präsident Rochefoucauld Liancourt 1875 die Position des zweiten Vizepräsidenten eigens für dessen Sohn geschaffen. Nach dem Tod des Prinzen von Arenberg übernahm dessen Schwiegersohn, der Marquis de Vogüe, 1913 die Präsidentschaft. In ähnlicher Weise »erbte« die Herzogin de Guiche 1908 den Vorsitz im *Comité des Dames* nach dem Tod ihrer Großmutter, der Gräfin Greffülhe.

Es ist aber auch bemerkenswert, dass die *Société* neben den adligen Eliten, traditionell maßgebend in den wohltätigen Vereinigungen, seit den 1820er Jahren auch protestantische und jüdische Mitglieder aufnahm. Seitdem sind protestantische Bankiers, wie zum Beispiel Benjamin Delessert, in ihr stark engagiert gewesen. Im Jahr 1828 stammten die höchsten regelmäßigen Beiträge unter den Bankiers von James de Rothschild und seinem Verwandten Worms de Romilly, zusammen 15 % der Gesamtbeiträge. Auch 1838 kamen die höchsten Beiträge unter den Bankiers weiterhin von Rothschild. Die jüdischen Mitglieder der *Société* schufen sehr viele selbständige Stiftungen, deren Verwaltung sie allerdings der Gesellschaft anvertrauten. Dies war der Fall bei der Finanzierung von Sozialwohnungen durch die Bankiers Heine und Stern. Auch andere wohlhabende Juden gründeten Stiftungen unter dem Dach der *Société*, so die bereits genannte Baronin de Hirsch von Gereuth oder Léopold Goldschmidt.

Ähnlich wie bei den Adligen gab es auch unter ihnen starke Familientraditionen, bei der Mitgliedschaft wie bei den finanziellen Zuwendungen: Mehrere Mitglieder der Rothschild-Familie hinterließen der *Société* Legate, so Adolphe de Rothschild, der bei seinem Tod im Jahr 1900 der Gesellschaft 50 000 Francs vermachte. Michel Heine machte 1888 eine Schenkung zum Gedächtnis seines Bruders Armand. Im Jahr 1932 kam der Gesellschaft eine Schenkung seines Sohnes George Heine zugute, vielleicht zum Andenken an seinen Vater. Ein anderes Beispiel lieferte die Marquise de Chasseloup-Labat. Als geborene Marie-Louise Stern war sie die Tochter des Bankiers Louis Stern, dessen Stiftung (verwaltet von der *Société*) 1904 und 1906 zwei Häuser für alleinstehende Frauen errichten ließ, sowie 1939 ein Wohngebäude für verheiratete Studierende. Nach ihrer Eheschließung mit dem Marquis de Chasseloup wurde Marie-Louise Stern Vizepräsidentin des Damenkomitees – und blieb es mehr als 30 Jahre lang. Dank einer Schenkung ihres Onkels Jacques Stern und ihres Bruders Charles konnte sie ihrerseits 1952 eine Stiftung für gelähmte Kinder gründen.

---

32 So zitiert bei Ann-Louis Shapiro, Housing the poor of Paris, 1850-1902, Madison 1985, S. 108.

33 Christian Topalov, Laboratoires du nouveau siècle, la nébuleuse réformatrice et ses réseaux en France, 1880-1914, Paris 1999, S. 367.

Es stellt sich die Frage, was die jüdischen Notabeln dauerhaft an die *Société philanthropique* band. Einerseits hat wahrscheinlich der nicht-konfessionelle Charakter der Gesellschaft eine sehr wichtige Rolle gespielt. Innerhalb der konfessionelle Neutralität beanspruchenden *Société philanthropique* waren die Juden in geringerem Maße christlichem Bekehrungseifer ausgesetzt. Daneben hatte die Anziehungskraft der Gesellschaft wohl auch mit der privilegierten sozialen Stellung ihrer Mitglieder zu tun. In ihr war es möglich, Verbindungen zu den Mitgliedern der Aristokratie und des Großbürgertums aufzubauen. Sicherlich hatten einige Mitglieder jüdischer Familien (insbesondere die Rothschilds) ohnehin schon Zugang zu diesen Kreisen; ihre Adelstitel stammten ja schon aus der Zeit des Empire und der Restauration. Die *Société philanthropique* bot aber eine Ebene, auf der sie mit größerer Selbstverständlichkeit und auf gleicher Augenhöhe mit den alten französischen Adelsfamilien verkehren konnten. Die *Société* zu unterstützen konnte also Möglichkeiten zum sozialen Austausch mit und zur Integration in dieses elitäre Segment der französischen Gesellschaft bieten.

In absoluten Zahlen ist der Anteil von Juden in der Gesellschaft allerdings niedrig geblieben, und sie gehörten durchweg zur sozialen Elite. Maßgeblichstes Kriterium war zweifellos die soziale Schicht. Zudem muss bedacht werden, dass es vor allem bereits assimilierte Juden waren, die sich in der Organisation am engagiertesten zeigten: solche, die ihre jüdische Identität sichtbar aufgegeben hatten, entweder durch Konversion oder – häufiger – durch Heirat mit Nicht-Juden, wie im Fall der erwähnten Familie Stern. Es mögen gar einzelne Mitglieder der *Société* antisemitisch gewesen sein, aber die Institution als solche hat sicherlich zu ihrer neutralen Linie gestanden, besonders während der Dreyfus-Affäre. Als Beleg dafür darf Adolphe Carl de Rothschilds Legat von 1900 gelten, gerade zwei Jahre nachdem das schlimmste der Affäre durchstanden war.

Schlussfolgerungen

Schon dieses knappe Porträt der *Société philanthropique* genügt, um ihren Facettenreichtum aufzuzeigen. Man kann ihre Geschichte, besonders währen des 19. Jahrhunderts, auch lesen als eine Geschichte der Ängste, welche die französische Gesellschaft bewegt haben. Und Angst hatte man vor allem vor den »gefährlichen Klassen« der Gesellschaft, wie man etwa bei Louis Chevalier nachlesen kann.[34] Die *Société* begegnete dem mit einem immer breiter aufgefächerten Programm: zuerst Suppenküchen, bald auch Nachtasyle und Krankenhäuser, Heime für Kinder und Mütter, schließlich Wohnungsbau – fast möchte man glauben, sie habe alle sozialen Probleme selbst lösen wollen. Es fehlte jedenfalls nicht an Ideen, und finanzielle Mittel flossen ihr von staatlicher wie von privater Seite zu. In ihrer Arbeit – sowohl innerhalb der eigenen Organisation als auch bei ihren effektiven Leistungen – war sie zwar immer offen für Neues, aber dies stand in gewissem Kontrast zu ihrer konservativen Sichtweise auf »die Armen«, zu ihrem Paternalismus, und zu der konservativen Art, den eigenen Nachwuchs zu rekrutieren. Wie die meisten privaten Wohlfahrtseinrichtungen ihrer

[34] Louis Chevalier, Classes laborieuses et classes dangereuses à Paris pendant la première moitié du XIXe siècle, Paris 1969.

Zeit richtete sie sich ausschließlich an die für »würdig« erachteten Armen, und die bestehende Struktur der Gesellschaft wurde in keiner Weise in Frage gestellt. Ihre Arbeit wollte vielmehr eine ständische bzw. korporative Ordnung festschreiben, zum Beispiel dadurch, dass sie Wohnungen nach sozialem Stand trennte: für Handwerker, für alleinstehende Frauen, für Studenten.

Mit der Überwindung religiöser Schranken – und dieses Ziel war immerhin schon in ihren Gründungsstatuten festgeschrieben – hat sie sicherlich wesentlich dazu beigetragen, einen wirklich zivilen Raum für die freiwillige Wohlfahrtspflege zu schaffen, in dem Akteure verschiedener politischer und konfessioneller Couleur zusammenarbeiten konnten. Eine solche Öffnung hat sie auch auf Seiten der Empfänger ihrer Leistungen erreicht: Im Gegensatz zu vielen anderen Einrichtungen ihrer Zeit richtete sie sich nicht an bestimmte konfessionell oder politisch definierte Gruppen, und sie trug damit zur Integration der ärmeren Schichten in diesen zivilen Raum bei. Besonders angesichts der internen Struktur kann man aber auch fragen, in wie weit die *Société philanthropique* wirklich eine tragende Kraft der modernen Zivilgesellschaft gewesen ist. Ein Merkmal von Zivilgesellschaft soll ja auch ein hoher Grad an Öffentlichkeit sein, und sie soll breiten Gruppen der Bevölkerung Teilnahme an den Debatten über öffentliche Probleme und Teilhabe an deren Lösung bieten. Das ist im hier vorliegenden Fall nur eingeschränkt gegeben. So gesehen stellt die *Société philanthropique* das interessante Beispiel einer Institution dar, die zwar in technischer Hinsicht immer sehr modern gewesen ist, die sich aber gegen Öffentlichkeit auf konservativ-elitäre Weise abgeschlossen hat und möglicherweise auch wenig Transparenz bot.

Jüdisches Mäzenatentum im Frankreich des 19. und 20. Jahrhunderts

Aus dem privaten in den öffentlichen Raum

von

PAULINE PRÉVOST-MARCILHACY

Von den zahlreichen Museen, die seit Beginn des 19. Jahrhunderts in Frankreich entstanden, verdanken viele ihre Existenz oder die Vergrößerung ihres Bestandes der Initiative von privaten Sammlern. Komplette Sammlungen, manchmal auch Teile davon, wurden diesen Einrichtungen vermacht. Von insgesamt 600 Kunsttempeln, die bis 1914 in Frankreich entstanden, gehen etwa 100 auf private Gründungen zurück. Berücksichtigt man neben diesen 100 Museen ein weiteres Hundert, das auf die Initiativen von wissenschaftlichen Gesellschaften oder Vereinen von Kunstfreunden zurückzuführen ist (diese waren häufig Besitzer oder Verwalter einer Privatsammlung), so kann man sagen, dass zwei von fünf französischen Museen ihre Existenz einer privaten Initiative verdanken. Die Mäzene gehörten verschiedenen sozialen bzw. beruflichen Gruppen an, die in den Bereichen des nationalen Kulturerbes, der Museen und der Kunst im Allgemeinen eine entscheidende Rolle spielten.[1] In dieser Phase gewannen private Sammler auch auf die Entwicklung staatlicher Sammlungen größeren Einfluss. Dieses Phänomen ist bereits ausführlich dargestellt worden, besonders anlässlich der Ausstellung *La Jeunesse des Musées*, die 1994 im *Musée d‹Orsay* gezeigt wurde.[2] Allerdings haben sich in diesem Zusammenhang nur wenige Autoren mit den jüdischen Mäzenen beschäftigt, insbesondere mit ihrer wichtigen Rolle bei der Entwicklung öffentlicher Sammlungen – obwohl in der Liste der Stifter des *Louvre* die bekannten Namen des jüdischen Großbürgertums auffallen[3]: Isaac und Moïse de Camondo, David, Pierre und Michel David-Weill, Gustave Dreyfus ebenso wie zahlreiche Mitglieder der Familie Rothschild.[4] Unter dreißig nachgewiesenen jüdischen

---

1 Chantal Georgel, ›Collections privés / collections publiques: un dialogue permanent‹, in: Cahiers du GHRIS, 4/1996, S. 23-30

2 Ausstellungskatalog, betreut von Chantal Georgel, La Jeunesse des Musées, les musées de France au XIXème siècle, Musée d‹Orsay, Paris 1994. Siehe auch Véronique Long, ›Les collectionneurs d'œuvres d'art et la donation au musée à la fin du XIX-ième siècle: l'exemple du Musée du Louvre‹, in: Romantisme 112 (2001-2002). Außerdem dies., Mécènes des deux mondes. Les collectionneurs donateurs du Louvre et de l'Art Institute of Chicago 1879-1940, Rennes 2007.

3 Louis Bergeron, Les Rothschild et les autres, la gloire des banquiers, Paris 1991. Dominique Jarassé, Le mécénat juif et l'art en France: une stratégie d'intégration, Vortrag im Musée d'Orsay, Paris 23. März 1991, unveröffentlicht. Ausführlicher Frédéric Bédoire, The Jewish contribution to modern architecture 1830-1930, KTAV, 2004. Außerdem jüngst thematisiert bei der Tagung »Jüdische Sammler und ihr Beitrag zur abendländischen Kultur der Neuzeit«, Heidelberg, Mai 2007.

4 Drei Titel von der Autorin über die Stiftungen der Rothschilds in französischen Museen und anderen Institutionen sind in Vorbereitung, geplantes Erscheinungsjahr ist 2008, Editions du Louvre,

Stiftern sind die verschiedensten Berufsgruppen vertreten. Man findet Kunst- und Antiquitätenhändler (Alexandre Bernheim und seine beiden Söhne Josse und Gaston, Charles Sedelmeyer, Charles Stein), Bankiers (Georges Blumenthal, Isaac de Camondo, David David-Weill und verschiedene Rothschilds), Archäologen (Adolphe, Salomon und Théodore Reinach) und einige direkt an die Museen angebundene Berufsgruppen, wie z.B. den Kurator im *Louvre*, Carl Dreyfus, dessen Leben eng mit dieser Institution verbunden war.[5]

Bei den jüdischen Stiftern im Bereich der Kunstförderung lassen sich allerdings auch einige gemeinsame Merkmale feststellen. Die Mäzene gehörten häufig der zweiten oder dritten Generation der im Verlauf des 19. Jahrhunderts aufgestiegenen Familien an. James de Rothschild (1792-1868), der Gründer des französischen Zweiges dieser Bankiersdynastie, bevorzugte noch Stiftungen im Bereich der Bildung und des Gesundheitswesens.[6] Auch die übrigen großen Akteure im Bereich der freiwilligen Wohlfahrtspflege, wie die Furtados, Bischoffsheims, Foulds, Maurice oder Clara de Hirsch, die Pereires, und Henri und Emile Deutsch de la Meurthe traten nur selten als Kunstförderer in Erscheinung.[7] Es waren die Nachfolger dieser ersten Generation von Philanthropen, die sich verstärkt für die Kunst einsetzten.[8] In den meisten Fällen wurde die für die erste Generation typische Wohltätigkeit im Sozial- und Bildungsbereich (teils konfessionell, teils überkonfessionell) durch das Kunstmäzenatentum und die private Sammlung von Werken abgelöst oder ergänzt. Diese zweite Phase der Philanthropie ist zudem durch eine Hinwendung zur Moderne charakterisiert, durch einen Anspruch auf Modernität der jüdischen Eliten, die sich auf diese Weise von einer als zu stark empfundenen jüdischen Gruppenzugehörigkeit absetzen wollten. Dies trifft besonders auf die Familie Camondo zu. Diese Distanzierung ging bei manchen Familien einher mit einem zunehmenden Desinteresse an den Geschäften: Auch ein großer Teil der Familie Rothschild arbeitete nun nicht mehr in der Bank.[9] Allerdings

---

BNF, Somogy. Über die Rothschilds siehe Pauline Prévost-Marcilhacy, Les Rothschild bâtisseurs et mécènes, Paris 1995.

5 Über die Stiftungen von Carl Dreyfus: Verschiedene Schenkungen an die Sammlung von Zeichnungen im *Louvre*: Archives des Musées Nationaux (AMN), D8 24 Jan. 1924, Schenkung eines Skizzenbuchs von Delacroix (Z8 25 Sept. 1933), an die Abteilung für Kunstgegenstände (M8 26. Apr. 1927), an die Ägyptologische Abteilung (Z8 3. März 1938), AE8 26. Aug. 1928 (Bronzeflasche 2. und 4. Jh. v. Chr.) usw.; siehe Ausstellungskatalog Collection Care Dreyfus léguée aux Musées Nationaux et au Musée Décoratifs, Paris, Cabinet des Dessins, Musée du Louvre, 1953. Dreyfus widmete auch dem Musée de Blérancourt einige Schenkungen, (U8 10. Feb. 1931: ein Tonmedaillon aus Nini), sowie dem Schloss von Azay le Rideau (J8 6. Jan. 1931, Kunstgegenstände des 16. Jahrhunderts). Den Höhepunkt dieser Zuwendungen bildete die Schenkung von 1952.

6 Nora Seni, Les inventeurs de la philanthropie juive, Paris 1995

7 Zu diesem Aspekt Pauline Prévost-Marcilhacy› ›La politique sociale des familles juives à Paris au tournant du siècle‹, in: Actes du colloque international, Musée d'Art et d'histoire du Judaisme, 26.-28. Jan. 1999, Paris – Louvain 2002, S. 33-42, und Prévost-Marcilhacy, Les Rothschild bâtisseurs (wie Anm. 4). Siehe auch Nora Seni, ›Diffusion des modèles français de philanthropie au XIXème siècle: la famille Camondo‹, in: Pardés, November 1996, S. 230-251.

8 Raymond Koechlin, Les donateurs du Louvre. Les donations de la famille Rothschild au Louvre, Paris 1909.

9 Nathan James de Rothschild befasste sich mit dem Studium der Literatur des 16. Jahrhunderts: 10 000 Titel aus seiner Bibliothek wurden 1933 von seinem Sohn Henri gestiftet. Edmond de Rothschild beschäftigte sich vor allem mit Stichen und Radierungen; seine Schenkung von 1936 an den *Louvre* ist mit 40 000 Stichen und 8 000 Zeichnungen die bedeutendste des 20. Jahrhunderts.

bleibt festzustellen, dass es den Familien David-Weill und Rothschild gelang, Wohltätigkeit im gesellschaftlichen und religiösen Zusammenhang und Kunstmäzenatentum miteinander zu vereinbaren.[10] Hierdurch erklärt sich zweifellos ihr starker kultureller Einfluss auf den weiteren Kreis der jüdischen Bankiers, besonders im 19. und zu Beginn des 20. Jahrhunderts.

Die meisten Schenkungen durch jüdische Mäzene fanden in den Jahren nach 1880 statt, also während der Dreyfus-Affäre. Dieser Hintergrund muss bei einer ganzen Anzahl von Stiftungen beachtet werden. In dieser Zeit erlebte Frankreich ein Ansteigen des Antisemitismus, wofür das Erscheinen der beiden umfangreichen Bände von »La France juive« von Edouard Drumont nur ein Beispiel ist. Viele Historiker haben gezeigt, dass in dieser Phase Aktivitäten in den Bereichen von Wohlfahrt und Mäzenatentum innerhalb der jüdischen Minderheit zunehmen, motiviert durch das Bestreben, in der französischen Gesellschaft akzeptiert und in sie integriert zu werden.[11] Weitere, ökonomische Umstände komplizierten die Situation in den 1880er Jahren, wie 1882 der Zusammenbruch der *Union générale*, einer großen, von Katholiken geleiteten Bank. Zu Unrecht machte man hier und da die Rothschilds für den Vermögensverlust vieler kleinerer und mittlerer Anleger verantwortlich.[12] Dieser Hintergrund macht plausibel, dass soziales und kulturelles Engagement auch als patriotische Bekenntnisse dienten. Aber da es bislang keine Studien speziell zum jüdischen Kunstmäzenatentum gibt, ist es nicht immer einfach, über die Motive der Stifter wirklich verlässliche Aussagen zu treffen. Betrachtet man jedoch die politischen, religiösen oder kulturellen Umstände, lässt sich eine gewisse Typologie dieser Stiftungen entwickeln. Die größeren Initiativen jüdischer Sammler und Mäzene am Ende des 19. Jahrhunderts könnten zudem noch von anderen, gewissermaßen strategischen Überlegungen motiviert gewesen sein: Sie durften als Angehörige einer besonders aufgeklärten Gruppe innerhalb einer sich entwickelnden Zivilgesellschaft gelten und konnten mit ihren zum Teil sehr weit reichenden Initiativen sowohl dem Staat als auch anderen privaten Sammlern als Vorbild dienen.

In ihren Ursprüngen sind die Begründungen für gemeinnützige jüdische Stiftungen vor allem religiös-kultureller Natur: »Die jüdischen Gemeinschaften haben in allen Zeiten vom Reichtum einiger ihrer Mitglieder profitiert. Trotz der Emanzipation im 19. Jahrhundert blieb die Tradition der *Zedakah* bestehen, dem [spezifisch jüdischen] Prinzip sozialer Gerechtigkeit, das eine Verteilung der Güter fordert.«[13] Reichtum an sich ist zwar in der jüdischen Tradition kein ethisches Problem, doch er gilt als unsitt-

---

10 Der Name der Familie David-Weill ist besonders eng verbunden mit der Pariser *Cité universitaire* (gegründet durch die Familie Deutsch de la Meurthe), wo sich die »Eliten der französischen und ausländischen Studenten unter dem Leitgedanken der französischen Kultur freundschaftlich zusammenfinden« sollten. Über die zahlreichen Stiftungen der David-Weill s. Anm. 59. Siehe auch Hommage à D. David-Weill de la Ville de Paris et de ses amis, Paris, o. J. Über die Aktivitäten der Rothschilds auf dem Gebiet der Wohltätigkeit siehe auch Prévost-Marcilhacy, Les Rothschild bâ tisseurs (wie Anm. 4), bes. S. 238-251.

11 Michaël R. Marrus, Les juifs de France à l'époque de l‹affaire Dreyfus, Paris 1972. Philippe E. Landeau, L‹opinion juive et l'affaire Dreyfus, Paris 1995.

12 Über die Rothschilds im Allgemeinen Neil Fergusson, The World's Banker: The History of the House of Rothschild, London 1998. Über den französischen Zweig der Familie Herbert R. Lottmann, La dynastie Rothschild, Paris 1995.

13 Michael Graetz, Les juifs en France au XIXème siècle, Paris 1989.

lich, wenn er nicht wenigstens zu einem gewissen Grad mit den weniger Besitzenden geteilt wird.[14] Für gläubige Juden besteht diese Verpflichtung zur Weitergabe ihrer Reichtümer ohnehin, aber die Tradition wird auch von assimilierten Juden fortgeführt. Es wird auch häufig übersehen, dass die von der »Zedakah« geforderten Wohltaten nicht auf die jüdische Gemeinschaft begrenzt sind, sondern über die Grenzen dieser Gruppen hinausgehen.[15] Das Kunstmäzenatentum ist ein Beispiel hierfür: Jüdische Mäzene stifteten mitunter ganze architektonische Ensembles, die dann insgesamt zu Museen wurden. Théodore Reinach stiftete 1928 dem *Institut de France* die Villa von Kerylos, Béatrice de Rothschild tat dasselbe 1936 mit der *Villa Ile-de-France* in St.-Jean-Cap-Ferrat, Moïse de Camondo überließ dem Staat 1935 sein Haus in der Pariser Rue de Monceau, aus dem später das *Musée Nissim de Camondo* werden sollte, um nur die prominentesten Beispiele zu nennen.

Wie bereits festgestellt, kam der Dreyfus-Affäre am Ende des 19. Jahrhunderts eine entscheidende Rolle zu. Eine Möglichkeit, den von ihr ausgelösten unzähligen Angriffen auf die Juden entgegenzutreten, bestand in der Entkräftung des Vorwurfs, man praktiziere eine lediglich auf die jüdische Gemeinschaft beschränkte soziale Solidarität. Das tat man durch die Demonstration der Zugehörigkeit zum Wertesystem der Mehrheitsgesellschaft. Auf dem Höhepunkt der Affäre fanden sich Aristokraten, Industrielle und jüdische Finanziers, wie Edmond de Rothschild oder Isaac de Camondo, zusammen, um die *Sociéte des Amis du Louvre* zu gründen.[16] Zur Schaffung solcher öffentlich zugänglichen Sammlungen schrieb Joris Karl Huysmans 1889 in »*Certains*«: »Reich sein, sehr reich, und in Paris ein öffentliches Museum der zeitgenössischen Malerei gründen, direkt gegenüber der triumphalen Ambulance du Luxembourg. Kunstwerke kaufen, sie dort versammeln und in hellen Räumen jeden Tag unentgeltlich zeigen: die ›Salomé‹, ›Helena‹, ›Galathée‹, die ›Hydra von Lerne‹ von Gustave Moreau, ›Olympia und der tote Toreador‹ von Manet, ›Tänzerinnen und weibliche Akte‹ von Degas, Whistlers ›Porträt meiner Mutter‹, die ›Marines‹ von Claude Monet, die ›Sentes de Choux‹ von Pissarro, ›Café‹ und ›Frau am Fenster‹ von Caillebotte, ›Frauenporträt‹ von Renoir, ein oder zwei Stillleben von Cézanne, die ›Plaine de Gennevilliers‹ von Raphaelli, einige ausgewählte Sisleys … aber wer von den Rothschild, Camondo oder Hirsch würde auch nur daran denken, durch eine solche Gabe, durch ein solches Werk die ständige Schmach wieder gut zu machen, die ihr skandalöser Reichtum uns zufügt? Unnötig, es zu betonen: keiner von ihnen. Natürlich hat Geld die Eigenschaft, den schlechten Geschmack der Leute offen zu legen, die es besitzen. Auch geht der Reichtum in der Malerei dahin, wo ihn die Witterung hinführt: zu den Meissonier, Jacquet, Monet, Henner, Bourgereau und Detaille.«[17] Huysmans sprach den reichen jüdischen Bankiers offenbar die Fähigkeit ab, als Förderer der modernen

[14] Derek Jonathan Penslar, Shylock‹s Children: Economics and Jewish Identity in Modern Europe, Berkeley 2001, S. 14-17.

[15] Tobias Brinkmann, ›Ethnic difference and Civic Unity: A comparison of Jewish Communal philanthropy in Nineteenth-Century German and US Cities‹, in: Thomas Adam (Hg.): Philanthropy, Patronage and Civil Society. Experiences from Germany, Great Britain, and North America (Series Philanthropic and Non-Profit Studies). Bloomington 2004, S. 179-197, hier S. 181. Brinkmann bezieht sich auf R. Moses Maimonides: De Jure Pauperis et Peregrini Apud Judaeos, Latine vertit and notis illustravit Humphridus Prideaux Oxoni.

[16] Koechlin, Les donateurs du Louvre (wie Anm. 8), S. 98.

[17] Joris Karl-Huysmans, »Des Prix« Ecrits sur l'Art (1867-1905), Paris 2006, S. 394-396.

französischen Malerei öffentlich wirksam zu werden. Diese Meinung wurde von einem großen Teil der französischen Gesellschaft geteilt. Charles Hayem und Isaac de Camondo aber haben – möglicherweise als Antwort auf Huysmans – eben dies Wirklichkeit werden lassen. Hayem machte 1899 zehn Werke Gustave Moreaus in öffentlichen französischen Sammlungen zugänglich, de Camondo 1911 etwa 50 impressionistische und postimpressionistische Werke.[18] Der Staat seinerseits begann nun vermittels der Initiative der republikanischen Eliten eben jene Künstler zu fördern, die von den vielen jüdischen Mäzenen gesammelt wurden, d.h. diejenigen, die einen durch die akademische Tradition gemäßigten Realismus repräsentierten. Diese gemeinsame Sichtweise auf die Kunst verstärkte die Rolle der jüdischen Sammler beim Aufbau der öffentlichen Sammlungen am Ende des 19. Jahrhunderts.

»Die Aufgabe ist künstlerischer, aber auch patriotischer Natur«, schrieb Edmond Bonaffé im Jahr 1880.[19] In der Tat zeigen die Schenkungen das Streben der Stifter nach einer Integration in die Eliten der Dritten Republik. Zunächst ging es darum, die künstlerische Überlegenheit Frankreichs zu dokumentieren; auf diese Weise brachte der Stifter seinen aufgeklärten Patriotismus zum Ausdruck. Die Stiftungen unterstützten so ihren Integrationsprozess in die französische Nation: Der größte Teil dieser jüdischen Sammler war erst spät, in der zweiten oder sogar dritten Generation naturalisiert worden. Die jüdischen Mäzene wollten in erster Linie den Ruf Frankreichs und der französischen Kunst festigen. Für den Sammler Bonaffé bedeutete eine Stiftung an die Republik eine Ehrenbezeugung an Frankreich und sein künstlerisches Erbe. Patriotismus sei die wichtigste Pflicht des Sammlers: »Eine Sammlung zu begründen, das ist ein Akt des guten Staatsbürgers.«[20]

In »La France contemporaine« wird Daniel Iffla, der seit 1861 den Zunamen Osiris führte, als »der moderne Mäzen« vorgestellt: »Er begnügt sich nicht damit, ein Wohltäter zu sein, der diesen Namen wirklich verdient. Er ist vor allem ein vorbildlicher Franzose. ... Die Devise, die das Leben von Monsieur Osiris bestimmt, besteht aus drei Worten, die jeder guten Devise zu Eigen sind: Vaterland, Kunst und Menschlichkeit.«[21] Osiris-Iffla hatte sich zeit seines Lebens als Philanthrop hervorgetan: in der eigenen Gemeinschaft und ihrem religiösen Bereich mit der Gründung von Synagogen[22], aber auch im weiteren sozialen und künstlerischen Bereich. Seine bekannteste Maßnahme war die Rettung des Schlosses Malmaison, der Residenz Napoleons. Er kaufte den bereits verfallenden Besitz 1896, ließ ihn restaurieren und machte ihn zu einem Museum der Ära des Kaisers. In der Zeitung »L'éclair« vom 12. August 1896 berichtete er: »Ich dachte an die Folgen, die ein Verkauf haben könnte, wenn Malmaison in die Hände eines Ausländers oder eines Käufers fallen würde, dem der historische Charakter des Schlosses gleichgültig ist ... Ich fragte mich, ob dieses Haus, in dem

18 R. Bouyer, ›Le don Hayem au Musée du Louvre‹, in: Gazette des Beaux Arts, 2 (1900), S. 593-598. Nora Seni/Sophie Le Tarnec, Les Camondo ou l'éclipse d'une fortune, Paris 1997.

19 Edmond Bonaffé, ›Paradoxe des collectionneurs‹, in: Gazette des Beaux Arts, 1 (1880), S. 489-498.

20 Ebd.

21 Dominique Jarassé, ›Osiris ou la folie du mécénat‹, in: Archives Juives, 29/2, 2ème semestre (1996), S. 48-64.

22 Er war am Bau der Synagoge in der Rue Buffault in Paris beteiligt sowie an der Errichtung zahlreicher Statuen Jeanne d'Arcs in ganz Frankreich (hervorzuheben ist die in Nancy).

einen Moment lang Frankreichs Herz schlug, nicht Teil des französischen Kulturerbes sein sollte ... Meine Entscheidung war getroffen, und ich kaufte das Haus für 152 000 Francs.«[23]

Die jüdischen Sammler wollten auch den französischen Künstlern gebührende Ehre erweisen. Dies war etwa der Fall bei den Kaufleuten Josse und Gaston Bernheim, die dem *Louvre* 1917 ein Gemälde von Ribot stifteten: ›Le sermon‹. Gaston schrieb später: »Mein Vater war ein großer Bewunderer von Ribot und sein Testamentsvollstrecker, und er legte großen Wert darauf, dass eines seiner Werke im *Louvre* ausgestellt würde – und dieses Gemälde ist ausgewählt worden.«[24] Diese Stiftung stellt eine dreifache Würdigung dar: an den Künstler[25], an den Vater als Sammler: »dieses Gemälde ist mit viel Sorgfalt von ihm ausgewählt worden und es ist seit 1883 Bestandteil seiner Kollektion«[26], und an den Vater als Kunsthändler: »Wir übergeben Ihnen zugleich ein 1887 erschienenes Album, das dieses Gemälde in einer von uns organisierten Ausstellung in der Rue Laffitte zeigt.«[27]

Um Gustave Moreau zu würdigen, »diesen großen Maler, den die französische Kunst gerade verloren hat«[28], brachte der Händler und Sammler Charles Hayem, einer der ersten Bewunderer des Künstlers, ein Dutzend seiner Werke in den *Louvre*, unter der Bedingung, dass sie nur gemeinsam ausgestellt würden[29]: »Wenn die höheren Stellen der Verwaltung mir garantieren, dass die zehn oder zwölf Moreaus, die ich dem Staat überlassen will, niemals getrennt werden, weder im *Musée du Luxembourg* noch im *Louvre*, würde ich mich entschließen, ›L'apparition‹ zu stiften. Sie wissen besser als jeder andere, wie sehr ich versuche, der französischen Kunst zu die-

23 So zitiert bei Bernard Chevallier, Malmaison, château et domaine, des origines à 1904, Paris 1989, S. 238.

24 AMN, L21 26. Apr. 1926: Brief von Bernheim an Mr le directeur des musées nationaux.

25 AMN, Z8 18. Juni 1917; Brief dieses Datums: »Unser Motiv ist ein Gefühl der Anhänglichkeit gegenüber Ribot und der Wunsch, das Andenken unseres Vaters zu wahren, und es wäre uns in höchstem Maße wichtig, dass dieses Werk in die nationalen Sammlungen aufgenommen wird. Sie wissen um das Interesse, das wir dem Louvre stets entgegengebracht haben, und um die besonderen Anstrengungen, die wir unternommen haben bei den Versuchen, die Sammlungen um die Werke zu ergänzen [...], die ihnen fehlen könnten.« Sie stifteten dem *Musée du Luxembourg* 1911 ein Porträt des Malers Hamon von Alfred Dehodencq, 1912 eine Landschaft von Vignon und 1933 eine Studie für ›Die Apotheose des Homer‹ von Ingres. AMN, P8 30. Apr. 1911, L8 30. Apr. 1912, P8 1. Okt. 1933.

26 Ebd.

27 Ebd.

28 AMN, P8, Schenkung Charles Hayem, 8. Aug. 1898. Brief von Charles Hayem an Léonce Benedicte, Direktor des *Musée du Luxembourg*, 19. Apr. 1898. Siehe auch Ausstellungskatalog, Gustave Moreau, 1826-1898, Galeries nationales du grand Palais, Paris 1998.

29 Der von Claude Monet mit dem Spitznamen »Marchand de rubans« belegte Charles Hayem verband Handel und Kunst. Thibault-Sisson schrieb am 6. Mai 1898 in Le Temps: »Charles Hayem verkörpert den Typus des Kunstfreundes in seiner reinsten Form, so wie wir ihn von früher kennen, jemand der sich unter Künstlern bildet, der in täglichem Umgang mit ihnen lebt, der sie zur Produktion ermutigt, sie anleitet, sie unterstützt, auch gegen den Widerstand des Publikums oder ihrer Künstlerkollegen – und der es auf Dauer fertig bringt, sie durchzusetzen, indem er ihre Werke kauft und bekannt macht. Dieser Kunstfreund ist Charles Hayem, Freund und Förderer der ersten Stunde für Bastien Lepage, Dagnan Bouveret, Lhermitte, Ribot, Cazin, und der gerade dem Staat einen nicht gerade geringen Teil seiner Sammlungen überlassen hat, darunter die Moreaus.« AMN, 2HH8, La donation Hayem.

nen, wenn ich auch für die Zukunft darauf bestehe, die Vollständigkeit meiner Sammlung zu bewahren.«[30]

Wenn die impressionistische Malerei 1911 Einzug in den *Louvre* hielt, so ist dies Isaac de Camondo zu verdanken, dem Bankier und vor allen Dingen visionären Sammler impressionistischer Kunst. Seine Sammlung umfasst 62 Gemälde und ist eine der bedeutendsten, die ausschließlich den Werken damals lebender Künstler gewidmet ist.[31] Pierre Lalo, Journalist für »Le Temps«, unterstrich die weit reichende Bedeutung dieser Stiftung: »Was bei Monsieur de Camondo besonders berührt, ist seine leidenschaftliche und trotzdem freisinnige Begeisterung für die Kunst Frankreichs ... Die von diesem Sammler gestiftete Serie moderner Zeichnungen und Gemälde vervollständigt die Sammlung Moreau Nélaton und führt sie weiter ... Der Nutzen beider Sammlungen ist gleich hoch einzuschätzen, ebenso wie der Beitrag, den sie für den Ruf der französischen Kunst leisten.«[32] Die Rolle Isaacs de Camondos ist hier nicht zu unterschätzen: Indem er seine Stiftung zu einem Ensemble machte, von dem nichts ausgespart werden durfte, verhinderte er, dass jemals wieder ohne die Impressionisten ausgestellt werden konnte.[33] Er verpflichtete die Kuratoren des *Louvre*, die Gemälde von Manet, Monet und Pissarro neben denen von Corot oder Delacroix zu zeigen und auf diese Weise den Impressionismus im Gefolge der Romantiker und der Landschaftsmaler der Schule von Barbizon zu präsentieren.[34] Erhellend ist in diesem Zusammenhang auch eine Äußerung Camondos von 1903 gegenüber Gaston Migeon, damals Kurator im *Louvre*: »Mein lieber Freund, ich wünsche ausdrücklich, dass im Zusammenhang mit der Stiftung keine Schätzung der Werke vorgenommen wird. Ich gebe Kunstwerke und keine Silberlinge. Diese Verpflichtung zur Schätzung missfällt mir sehr.«[35]

Moïse de Camondo, der sich mehr für das Frankreich des 18. Jahrhunderts begeisterte, hatte sein Leben der kulturellen Bewahrung dieser Epoche gewidmet.[36] 1935 vermachte er seinen Pariser Wohnsitz am Parc Monceau sowie seine Sammlungen der *Union Centrale des Arts décoratifs*. Das Testament legte seinen letzten Willen klar und bis ins letzte Detail fest: »Ich überlasse dem Staat mein Haus und die darin befindlichen Sammlungen mit folgendem Ziel: Ich wünsche, dass dieses Werk, das mir viel bedeutet – die Wiederherstellung einer künstlerisch ausgestatteten Residenz des 18. Jahrhunderts –, in seiner Gesamtheit erhalten bleibt. Diese Rekonstruktion

---

30 AMN, P8, 27. Apr. 1898, Donation Charles Hayem.

31 Gaston Migeon, Le Comte Isaac de Camondo, Paris 1913. Siehe auch Les donateurs du Louvre, Musée National du Louvre, Catalogue de la collection Isaac de Camondo, Paris o. J.

32 Pierre Lalo, in Le temps vom 17. Dez. 1912. Er befand, dass diese Sammlung »das Werk eines besonderen und ausgesuchten Geschmacks« ist.

33 AMN, Z8 17. Dez. 1912: Testament holographe du 18 décembre 1908: »Isaac Camondo hat dem Musée du Louvre seine Sammlung von Kunstwerken sowie eine Summe von 100 000 Francs für die Kosten der Aufhängung vermacht, unter der Bedingung, dass sie dort 50 Jahre lang ausgestellt werden, und zwar in einem besonderen Raum, der seinen Namen trägt.«

34 Die Klauseln bezüglich der Stiftung sind von großer Eindeutigkeit. Aus dem Testament: »Ich hinterlasse meine ganze Sammlung dem Musée du Louvre. Der Louvre ist verpflichtet, die Sammlung vollständig zu übernehmen und sie auszustellen. Wenn diese Bedingung nicht akzeptiert wird, hinterlasse ich meine Sammlung dem Petit Palais.« AMN, Z8 17. Dez. 1912.

35 Brief vom 9. Juni 1903. AMN, Z8 17. Dez. 1912, Legs Camondo.

36 Die Camondo-Stiftungen werden ausführlich behandelt von Seni/Le Tarnec, Les Camondo (wie Anm. 18).

wird es auch ermöglichen, in Frankreich, in einer hierfür besonders geeigneten Umgebung, die schönsten Objekte einer dekorativen Kunst zu bewahren, die viel zum Ruhm des Landes beigetragen hat. Es sind die schönsten Arbeiten, die ich zusammentragen konnte, und sie stammen aus der Epoche, die ich allen anderen vorgezogen habe.«[37]

Dieses Bestreben, die Werke in einen Kontext einzuordnen, ist stark kunstpädagogisch motiviert. Moïse de Camondo selbst hob hervor, das Haus solle auch »der Ausbildung der Künstler und Handwerker dienen«.[38] Von der Eröffnung des *Louvre* bis zur Schaffung der Museen in der französischen Provinz 1801 erhielt die Idee des Museums ihren lange gültig bleibenden Sinn: Das Museum sei ein Ort der Unterweisung, und eng verbunden mit der politischen Macht, die seine Gründung ermöglicht hat.[39] Frankreichs Glanz in der Welt zu erhöhen und gleichzeitig einen Ort der Ausbildung für Künstler und Handwerker zu schaffen, war auch das Ziel Adèle Hannah Charlotte de Rothschilds (1843-1922), die bei ihrem Tode ihr Haus in der Pariser Rue Berryer stiftete, »um es zu einem Künstlerhaus zu machen, einem Zentrum der Kunst«, in dem Ausstellungen und andere Veranstaltungen stattfinden sollten.[40] Dieser pädagogische Gedanke findet sich auch 1935 bei der Stiftung von Edmond de Rothschilds umfangreicher Sammlung von Drucken und Zeichnungen an den *Louvre*: »Die Anweisungen des Stifters sind präzise. Er hebt hervor, dass alle Kunstwerke an den *Louvre* fallen, unter der Bedingung, dass sie in ständigen und temporären Ausstellungen der besseren Unterweisung der Besucher dienen.«[41] Anlässlich der Eröffnung dieses *Musée de la Gravure* wurde ein Kurs in der *Ecole du Louvre* eingerichtet, geleitet von André Blum, der damals mit der Verwaltung der Sammlung Edmond de Rothschild beauftragt war und die Konzeption der graphischen Ausstellungen verschiedener Institutionen beeinflusste.[42]

Der Ehrgeiz, von den Eliten der Dritten Republik anerkannt und aufgenommen zu werden, drückt sich auch in der Kooperation der Sammler mit den Museumskuratoren aus. Es ist wichtig, diese neuen, von Vertrauen und gegenseitiger Wertschätzung geprägten Beziehungen zwischen einer gewissen Gruppe von Kuratoren und den Sammlern zu erwähnen. Diese Beziehungen reichten von der einfachen Bitte der Kuratoren um eine Schenkung eines Objekts bis hin zur Beratung der Sammler bei der Anlage einer Sammlung, bereits mit Blick auf eine spätere Stiftung des so geschaffenen Ensembles. Die jüdischen Sammler scheinen so auch eine Vermittlerrolle zwischen Kunstmarkt und Museen gespielt zu haben.[43] Eine Initiative von Charles Ephrussi spielte eine entscheidende Rolle bei der Bereicherung der Sammlungen des

[37] AMN, U8, 7. Juli 1936, Legs Moise de Camondo, Testament du 15 novembre 1935.

[38] Seni, Diffusion des modèles (wie Anm. 7). Siehe auch AMN, U8, 7. Juli 1936, Legs Moise de Camondo.

[39] Georgel, La Jeunesse des Musées (wie Anm. 2).

[40] Über Adèle de Rothschild, Gattin des Barons Salomon de Rothschild, siehe Prévost-Marcilhacy, Les Rothschild bâtisseurs (wie Anm. 4).

[41] AMN, CR20, 28. Juli 1935.

[42] AMN, F4, 15. Juni 1933, Note sur le cabinet de gravures Edmond de Rothschild.

[43] Häufig war es der Kurator, der den Katalog der Ausstellung bzw. Stiftung redigierte, wie z. B. Emile Molinier, verantwortlich für den Katalog der Sammlung kultischer Objekte, die Adolphe de Rothschild 1902 dem *Musée du Louvre* überließ.

Louvre um ein Hauptwerk der Malerei: die beiden Botticelli-Fresken aus der Villa Lemmi.[44]

Dank der Initiative von Léonce Bénédicte stiftete Charles Hayem die in seinem Besitz befindlichen Werke von Moreau[45]; auf Anregung von Gaston Migeon, Kurator im *Louvre*, erwarb eine kleine Gruppe von Sammlern – Edmond de Rothschild, Théodore Reinach und Charles Stein – bei einer Auktion die Sammlung Victor Gay, mit Kunstgegenständen aus dem 14. und 15. Jahrhundert[46], um sie dem *Louvre* und dem *Musée de Cluny* zu stiften. Und es ist Carl Dreyfus zu verdanken, dass das Ehepaar Georges und Florence Blumenthal dem *Musée du Louvre* Möbel aus dem 18. Jahrhundert stifteten.[47] Auch die drei Stiftungen Isaacs de Camondo an die französischen Museen erklären sich aus diesen soliden Beziehungen zwischen Sammlern und Kuratoren[48]: »Monsieur le Comte Isaac de Camondo unterhält seit zehn Jahren beste Beziehungen zum Museum. Fast die gesamte Sammlung seiner mittelalterlichen Bronzen und Skulpturen wurde im Einverständnis mit Monsieur Emile Molinier (der auch Adolphe de Rothschild berät) erworben. Fast die gesamte Sammlung von Chinoiserien und japanischen Kunstgegenständen wurde im Einverständnis mit Monsieur Gaston Migeon erworben, der als Kurator die Abteilung für mittelalterliche Kunstgegenstände im *Louvre* betreut.«[49] Auch die unzähligen Werke, die David David-Weill stiftete, waren immer mit größter Sorgfalt ausgewählt, in Absprache mit den Kuratoren der Museen und unter Berücksichtigung der besonderen Erfordernisse und der Lücken in den Sammlungen.[50] Als letztes Beispiel für diese Zusammenarbeit soll hier Henri de Rothschild genannt werden: Er ließ den Katalog seiner Stiftung von 1949 an die *Bibliothèque Nationale de France* – 5 000 Handschriften zur politischen bzw. Literaturgeschichte Frankreichs vom 15. bis zum 19. Jahrhundert – durch zwei Kuratoren erstellen: Roger Gaucheron und Jean Porcher. Zu dieser aktiven Zusammenarbeit kam von Seiten der Sammler ab den 1860er und 1870er Jahren noch die Praxis, Kunstwerke aus Privatbesitz systematisch den großen nationalen und internationalen Ausstellungen zur Verfügung zu stellen.[51]

Zahlreich waren auch die jüdischen Mäzene, die verschiedenen Organisationen zum Schutz des Kulturerbes angehörten. Isaac de Camondo war bis zu seinem Tode Mit-

---

44 AMN, P6, 27. Feb. 1882: über Charles Ephrussi siehe Hélène Sueur de Givry, Charles Ephrussi (1849-1905), Diplôme de recherche appliquée, Ecole du Louvre 2004-2005.

45 AMN, P8, 8. Aug. 1898.

46 AMN, M8, 29. Juni1909.

47 AMN, M8 8. Aug. 1929, Brief der Blumenthals, 11. Mai. 1929: »Mein Ehemann und ich sind sehr glücklich, dass der Sessel einen Platz im Louvre findet, da wir wissen, wie sehr Sie an ihm interessiert sind; es ist uns ein Bedürfnis, auf ihn zu verzichten und ihn nicht für unser zukünftiges Museum in New York zu reservieren.«

48 AMN, Z8 17. Dez. 1912: Durch die Stiftung dieses Teils der Sammlung, entstanden unter der Beratung durch Emile Molinier und notariell aufgenommen ab 1897, zeigt sich erstmals die freigiebige Haltung des Stifters, die sich dann 1908 in seinem endgültigen Testament bestätigt, als er die gesamte Sammlung stiftet. Die erste Schenkung findet am 20. Juni 1901 statt, die zweite am 26. Dezember 1903, die dritte am 30. November 1907, die testamentarische Stiftung am 17. Dezember 1912.

49 AMN, Z8 17. Dez. 1912: Note à Mr le secrétaire des Beaux Arts, juin 1907.

50 Les donateurs du Louvre (wie Anm. 31), S. 183. Siehe auch Hommage à D. David-Weill (wie Anm. 10).

51 Einige von ihnen waren Mitglieder der Organisationskomitees für die Ausstellungen, wie die Familie Péreire 1855 oder die Familie Rothschild 1878.

glied des *Conseil supérieur des Musées*, Moïse de Camondo war Vizepräsident des *Musée des Arts décoratifs*, Alphonse und später Edmond de Rothschild waren Mitglieder der *Académie des Beaux Arts* (1885 und 1906)[52], David David-Weill Mitglied (1920) und später Präsident des *Conseil artistique de la réunion des Musées Nationaux*, um nur einige zu nennen. Sie legten Wert darauf, ihre Wahl in diese Gremien durch ihr Mäzenatentum zu legitimieren.

Die Motive für Kunststiftungen konnten aber auch direkt politisch sein, wenn sie z.B. als Elemente einer Wahlkampfstrategie dienten. Das war bei den Brüdern Isaac und Emile Péreire der Fall. Sie spielten im 19. Jahrhundert eine wichtige Rolle im Wirtschafts- und Finanzsystem Frankreichs sowie in der privaten Wohlfahrtspflege, aber sie waren auch im Kunstmäzenatentum auf besondere Weise präsent. Dass es von den Brüdern Péreire allerdings keine Stiftungen gibt, hängt mit ihrem Verhältnis zur Kunst zusammen: Die Sammlung, die sie ab 1860 in ihrem Privathaus anlegten, diente wohl weniger ihrem persönlichen Vergnügen denn als eine Geldanlage.[53] Die hier vorliegende Verbindung von Mäzenatentum und Politik wird dadurch deutlich, dass die Péreires vornehmlich in den Regionen aktiv waren, in denen sie selbst kandidierten, nämlich in den Départments Gironde und Östliche Pyrenäen. Außerdem waren ihre Spenden, im wesentlichen Gemälde aus dem spanischen Goldenen Zeitalter, nicht für Museen bestimmt, sondern gingen an die Kirchen derjenigen Gemeinden, welche die Brüder für ihren politischen und finanziellen Ehrgeiz als strategisch wichtig erachteten. Als Isaac Péreire, *Conseiller général* der *Pyrenées orientales*, für den Senat kandidierte, schenkte er den Wählern in seinem Wahlbezirk, der Stadt Prades, ein Gemälde von El Gréco, das sich heute im *Louvre* befindet: ›Christ et donateurs‹.[54] Die Brüder Péreire waren Besitzer der Eisenbahngesellschaft *Compagnie du Midi* und hatten das gesamte Eisenbahnnetz im französischen Südwesten aufgebaut. 1855 wurde die Stadt La Réole über Langon mit einer Eisenbahnanbindung nach Bordeaux versehen, 1866 geschah dasselbe für Bazas. Jeder der drei Städte spendeten die beiden Finanziers ein wertvolles spanisches Gemälde. 1855 wurde Emile Péreire dann auch in La Réole zum *Conseiller général* gewählt. Was ihre private Gemäldesammlung angeht, so fiel ihre Auflösung anlässlich des Verkaufs 1872 in Paris mit dem Ende der politischen Ambitionen der Brüder zusammen.[55] Später, 1949, stifteten Emiles Sohn Henry und sein Enkel André dem *Louvre* acht weitere Gemälde, die allerdings nicht mehr aus der Originalsammlung von Isaac und Emile stammten.

Der Begriff des Mäzenatentums kann in unserem Zusammenhang noch weiter gefasst werden: Gabriel Astruc finanzierte mit Unterstützung von Isaac de Camondo und Henri de Rothschild den Bau des *Théatre des Champs-Elysées* und die drei Brüder Natanson – Alexandre, Thaddée und Louis-Alfred – gründeten die »Revue Blan-

[52] Edmond de Rothschild wurde 1911 in den *Conseil de la réunion des Musées nationaux* aufgenommen; siehe auch Agnès Carlu, La Réunion des Musées Nationaux, Paris 1994

[53] Siehe dazu auch Pauline Prévost-Marcilhacy, ›La collection de tableaux modernes des frères Pereire‹, in: Leila el Wakil/Stephanie Pallini/Lada Umstätter-Mamedova (Hg.), Etudes transversales, Mélanges en l'honneur de Pierre Vaisse, Lyon 2005, S. 139-157.

[54] Über die »spanischen Stiftungen« siehe Catherine Renaud Vargues, Catalogue des principaux tableaux espagnols et mexicains des églises de Gironde Landes et Pyrénées-Atlantiques, Mémoire de Maîtrise, sous la direction de Daniel Rabreau Université de Bordeaux III, Juni 1988.

[55] Als Hommage an ihre Eltern stifteten Alfred und Jacques Péreire 1938 dem Museum von Versailles ein Porträt von Isaac Péreire von Léon Bonnat, AMN, Z8 3. März 1938.

che«, die eine wichtige Rolle auf literarischem und künstlerischem Gebiet spielen sollte.[56] Der Mäzen und Bankier Albert Kahn betrieb von 1910 bis 1931 das Projekt *Les Archives du Planète*, eine Großsammlung von Fotografien, die das Alltagsleben vieler von der Modernisierung bedrohter Kulturen und Ethnien aus aller Welt dokumentierte, größtenteils mit dem Autochromverfahren für Farbaufnahmen. Die etwa 72 000 Platten wurden dem *Musée départemental de Boulogne* überlassen.

Ohne verallgemeinern zu wollen, fällt am jüdischen Mäzenatentum dieser Epoche auf, dass der wesentliche Teil der Stiftungen an Museen in Paris ging, und hier vor allem an den *Louvre*, das *Musée des Arts décoratifs* oder das *Musée Guimet*. Der *Louvre* hielt seine Spitzenposition als beste Adresse für Stiftungen: Es herrschte die Vorstellung, die Ausstrahlung des Museums und seine Zugänglichkeit seien größer als die anderer Museen – »das Andenken des Stifters ist umso schlechter aufgehoben, je weiter entfernt vom *Louvre* seine Stücke gehängt sind«. Véronique Long bemerkte in ihrer Arbeit über die zugunsten des *Louvre* tätigen Stifter[57], »dass vor 1917 nur 15,8 % der Sammler und Mäzene des *Louvre* auch die Provinz mit Stiftungen bedacht haben«. In Frankreich wurde die Bereicherung der Sammlungen von Provinz-Museen hauptsächlich von den lokalen Eliten getragen, auch wenn diese Häuser daneben noch von staatlichen Beständen profitierten. Die Stiftungen von Joseph Reinach an die Museen von Bayonne, St. Germain-en-Laye und Straßburg[58] oder von David David-Weill an die Museen von St. Quentin und Mulhouse sind Ausnahmen.[59] In diesem Zusammenhang wird auch deutlich werden, dass die Politik Alphonse de Rothschilds gegenüber den französischen Museen eine Ausnahme war.[60]

Die Schenkungen der meisten Stifter, jüdisch oder nicht-jüdisch, beschränkten sich auf einige Dutzend Stücke – aber es gab freilich Ausnahmen, und zwei davon sind besonders herausragend: die Familie David-Weill und vor allem die Rothschilds. Gerade die letzteren bilden eine eigene Kategorie. Es ist keine Übertreibung festzustellen, dass die Rothschilds eine wesentliche Rolle spielten bei der Konstitution des europäischen Kulturerbes im 19. Jahrhundert. Ihr Mäzenatentum ist mit nichts vergleichbar, was die Geschichte der Museen und Institutionen in Frankreich und Europa zuvor

---

56 Jean Yves Mollier, ›De Rachel aux Rothschild, la place des juifs dans la bourgeoisie parisienne entre 1850 et 1914‹, in: Quarante-huit/quatorze, 4 (1992), S. 37-43.

57 Véronique Long, Les collectionneurs d'œuvres d'art (wie Anm. 2), S. 98.

58 AMN, P8 31. Jan. 1923: Testament du 31 juillet 1920: Joseph Reinach, Politiker und Publizist (er war Direktor des *Cabinet de Gambetta*) vererbte dem *Musée de Strasbourg* sein Porträt von Bonnat, dem *Musée de Nantes* das Portrait von Hussard von Greuze, dem *Musée Bonnat* in Bayonne seine Skizzen von Bonnat, dem *Musée de Digne* eine Landschaft von Saintin, der *Bibliothèque de la chambre des députés* die Büste Gambettas von Falguière, dem *Musée Carnavalet* eine Büste von Gambetta, die Büste von Mirabeau à Versailles dem *Musée de Saint Germain en Laye*; drei Statuetten aus Bronze (aus dem Besitz Zolas) gingen an die *Comédie Française*, das Portrait George Sands von Charpentier und seine Manuskripte an die *Bibliothèque Nationale*. »Wenn mein Vater die aktuelle Einrichtung des Musée de la Malmaison gekannt hätte, dann hätte er sicherlich durch eine Spende die Geschichtserziehung durch Bilder unterstützt, um die man sich in den Räumen bemüht«. Brief von L. Reinach-Goujon an Mr Belmond, Conseiller des musées, 12. Mai. 1923.

59 Über die sehr umfangreichen Stiftungen der Familie David-Weill siehe folgende Ausstellungskataloge: Donations de D. David-Weill aux musées français, Orangerie des Tuileries, Paris 1953, und Donations D. David-Weill au musée du Louvre, Miniatures et émaux, Paris 1956-1957.

60 Pauline Prévost-Marcilhacy, ›Le mécénat artistique d'Alphonse de Rothschild‹, in: Archives Juives, 1995, S. 29-41.

verzeichnete. Es ist eine Ausnahmeerscheinung in dreierlei Hinsicht: erstens durch den Umfang von 70 000 Objekten allein in Frankreich, zweitens durch seine Breite (mehr als 200 französische Museen erhielten Zuwendungen von der Familie Rothschild, alle Kunstformen und alle Epochen einschließend), und drittens durch seine Dauerhaftigkeit über mehrere Generationen.[61] Wenn man eine Typologie ihrer Zuwendungen aufstellen würde, mit verschiedenen Typen von Stiftungen oder testamentarischen Verfügungen, so wären bei dieser Familie alle Typen zu finden. Es konnten einmalige punktuelle Zuwendungen sein[62], spezialisierte Stiftungen[63] oder auch ganze Serien von Schenkungen, die auf die Gründung eines Museums oder einer eigenen Stiftung hinausliefen.[64]

Im Allgemeinen bewiesen die jüdischen Sammler, über ihr Interesse für französische Kunst hinaus, eine Vorliebe für alte Kunst: Sie begeisterten sich für das Mittelalter, die Antike oder islamische Kunst und statteten verschiedene Abteilungen des *Louvre* damit aus. Besonders betraf das orientalische (Alphonse Kann, Carl Dreyfus) und griechisch-römische Altertümer (Léopold Goldschmidt, Alphonse Kann, Edmond de Rothschild). Auf dem Gebiet der Malerei unterscheiden sich die jüdischen Stifter vom Großteil der übrigen Mäzene durch ihr besonderes Interesse für moderne Kunst. Wie bereits erwähnt, war Charles Hayem einer der ersten, die Gustave Moreau unterstützten: Er spendete 1898 verschiedene Werke Moreaus und anderer zeitgenössischer Künstler.[65] Gaston Bernheim gab Familienporträts von Renoir oder Vuillard; Théodore und Joseph Reinach stifteten ›Les peupliers‹ von Cézanne, ›Jason und Medea‹ von Gustave Moreau[66], ›Le restaurant de la Sirène à Asnières‹ von Van Gogh[67], und

---

[61] Über die Stiftungen der Rothschilds s. Prévost-Marcilhacy, Les Rothschild bâtisseurs (wie Anm. 4).

[62] Das war der Fall bei der Stiftung der Baronin Nathaniel de Rothschild, die 1901 14 italienische Gemälde zur Erinnerung an ihren Ehemann stiftete. Über die Stiftungen italienischer Malerei Pauline Prévost-Marcilhacy: ›Les Rothschild collectionneurs de peinture italienne‹, in: Ph. Costamagna/O. Bonfait/M. Preti-Hamard (Hg.), Actes du colloque: Le goût pour la peinture italienne autour de 1800, prédécesseurs, modéles et concurrents du cardinal Fesch, Ajaccio 2005, Paris 2007, S. 277-290. Genauso verhält es sich bei Adolphe de Rothschild, der dem *Louvre* seine Sammlung religiöser Objekte aus dem Mittelalter überließ; siehe Emile Molinier, Musée du Louvre, département des objets d‹art. La donation de M. le baron Adophe de Rothschild, Catalogue, Paris 1902.

[63] Die Stiftung von Edmond de Rothschild von 1935 (40 000 Drucke und 8 000 Zeichnungen an den *Louvre*), und die von Nathan James Henri (10 000 Werke an die *Bibliothèque Nationale*) sind die bekanntesten.

[64] Legat des Wohnhauses und der Sammlungen der Baronin Adèle Hannah Charlotte de Rothschild 1922, um daraus ein Künstlerhaus und eine Kunststiftung zu machen, Legat der Sammlungen der Baronin Ephrussi de Rothschild 1936, um das *Musée Ile de France* in Saint Jean Cap Ferrat zu gründen. Durch ihren enzyklopädischen Charakter und den universalistischen Ansatz gehören diese Schenkungen noch dem Geist des 19. Jahrhunderts an.

[65] AMN, P8 8. Aug. 1898, Teil der Stiftung sind auch ein Ensemble von Porträts und Landschaften und acht Werke von zeitgenössischen Künstlern (Bastien Lepage, E. Lévy, H. Lévy, Delaunay, Fantin La Tour, Cazin, Rafaelli).

[66] AMN, L8 4. Feb. 1909, Brief von Théodore Reinach an »mon chèr directeur«: »... die Sammlung Charles Ephrussi, deren aktuelle Besitzerin meine Frau ist, enthält ein sehr bedeutendes Bild des frühen Moreau (1855): Jason und Medea, von dem wir glauben, dass es wert ist, in einem staatlichen Museum ausgestellt zu werden«.

[67] AMN, P8 31. Jan. 1923; die Spende Joseph Reinachs an den *Louvre* umfasste auch verschiedene Skulpturen: Rodin, ›Fugit amor‹, P. Troubetskoi, ›Tolstoi à cheval‹, und ›La liseuse‹ von Dalou, aber

von David David-Weill kamen Gemälde von Valotton, Renoir und Puvis de Chavannes.[68]

In diesem Zusammenhang sind die Schenkungen Alphonse de Rothschilds an die französischen Museen hervorzuheben. Er bedachte mehr als 250 Museen in der Provinz über einen Zeitraum von zwanzig Jahren (1886-1905) mit insgesamt mehr als 1 300 Werken.[69] Diese Aktion stellt für die Geschichte der Museen des 19. Jahrhunderts eine vorher nie dagewesene Form von Mäzenatentum dar. Das Vorgehen von Alphonse unterscheidet sich von anderen durch den Umfang und den Charakter der Spende: Während die meisten Spender ein bestimmtes Museum bevorzugten, zu dem sie besondere Beziehungen pflegten, verteilte Alphonse de Rothschild die Werke, die er kaufte, auf ganz Frankreich. Er agierte in nationalem Maßstab.[70] Auch seine jährlichen Spenden bestanden immer aus Werken zeitgenössischer Künstler. Auf diese Weise ergänzte er die Sammlerpolitik des Staates, dem er Mittelmäßigkeit bei der Auswahl vorwarf.

1827 geboren, war Alphonse de Rothschild, wie schon sein Vater James, sowohl ein bedeutender Bankier als auch ein großer Sammler und Kunstkenner.[71] Sein Geschmack war eher konservativ. Die Sammlungen, die er teilweise von seinem Vater geerbt hatte, bestanden im Wesentlichen aus Werken der holländischen und flämischen Plastik und Malerei des 17. und der französischen des 18. Jahrhunderts. Im Lauf der Zeit gab er seinem Mäzenatentum allerdings eine ehrgeizigere, mehr auf die Öffentlichkeit wirkende Form. Sein Engagement auf dem sozialen Gebiet entsprach zunächst noch dem Geist der vorherigen Generation. Es waren fast ausschließlich Geldspenden an existierende Wohlfahrtseinrichtungen, bis er 1904 mit seinen Brüdern die wegweisende Sozialbaugesellschaft *Fondation Rothschild* gründete, die zum Modell für den späteren kommunalen Wohnungsbau der Stadt Paris werden sollte.[72] Auch sein Engagement in der Kunstförderung war etwas Neues, und er wurde so zum ersten in einer Reihe von Rothschilds, die den französischen Museen bedeutende Kunstwerke spendeten.

Man findet bei Alphonse de Rothschild verschiedene Motive: die Unterstützung der Künstler, die Vermittlung von Bildung, die Propagierung der französischen Kunst und Hervorhebung ihrer Leistungen, und schließlich den festen Willen, die Qualität und Effizienz privater Kunstförderung gegenüber der von staatlicher Seite unter Beweis zu stellen. Man kann den Zeitpunkt des Beginns seiner Aktivitäten als Mäzen genau bestimmen: 1885, das Jahr, in dem er zum Mitglied der *Académie des Beaux Arts* gewählt wurde. Diese Auszeichnung wurde von verschiedenen Familienmitgliedern mit großem Wohlwollen aufgenommen.[73] Die Initiative hierfür scheint von Gauchez

auch verschiedene Gemälde aus der ersten Hälfte des 19. Jahrhunderts: ›George Sand‹ von Delacroix, ›Berlioz von Courbet‹, ›L'homme à l'armure‹ von Corot usw.

68 Zum Beispiel ›A la Grenouillère‹ von Renoir (Musée d'Orsay), ›Portrait d'homme‹ von Valotton (Orsay), ›Portrait de l'artiste‹ von Puvis de Chavannes (Musée d'Amiens) usw.

69 Prévost-Marcilhacy, Les Rothschild bâtisseurs (wie Anm. 4).

70 Diese Vorgehensweise wurde einige Jahrzehnte später von Samuel Kress in den USA wieder aufgenommen.

71 Lottmann, La dynastie Rothschild (wie Anm. 12).

72 Marie-Jeanne Dumont, Le logement social à Paris 1850-1930. Les habitations à bon marché. Liège 1991.

73 The Rothschild Archive, London, T13/202, 5. Dez. 1885, Edmond de Rothschild an seine Cousins.

ausgegangen zu sein, Alphonses Agent und Händler, der gleichzeitig Direktor der Zeitschrift »L'Art« war. Dieses Journal startete einen Aufruf an die Künstler, Drucke und Zeichnungen zu spenden, die in ihrem Namen an die Museen in der Provinz gehen würden. »Sie werden zu einem patriotischen Werk beitragen, indem sie die regionalen Sammlungen um einige ausgesuchte Stücke bereichern, die den Geschmack heben, statt ihn zu verderben, wie es durch so viele unaussprechliche Bilder geschieht, mit denen man die Provinz überschwemmt.«[74] Man erkennt hier eine paradoxe Situation: Die Kritik an der auf diesem Gebiet verhängnisvollen Rolle des Staates geht einher mit dem Ehrgeiz zu einer Politik, die der kritisierten ähnelt.

Auch Alphonse de Rothschild begeisterte sich für die Weiterentwicklung der Museen in der Provinz, »in seinen Augen eines der bedeutendsten zivilisatorischen Elemente«.[75] Zwanzig Jahre lang kaufte er bei den großen Kunstsalons, vornehmlich von der *Société des artistes français*, die verschiedensten Werke: die erwähnten 1 300 Gemälde, Skulpturen, Grafiken und Fotografien. Bei der Verteilung auf die etwa 250 Museen unterstützte er bewusst die kleineren Häuser, um »den Geschmack an der Kunst auch in den Provinzen zu verbreiten, die der Staat vernachlässigt«. In den Jahrzehnten vor dem Ersten Weltkrieg, einer Phase, in der zahlreiche Museen versuchten, ein eigenes Profil zu entwickeln und so zu »Hochburgen regionaler Identität« zu werden, berücksichtigte Alphonse de Rothschild mit seinen Spenden kaum den Herkunftsort der Künstler oder das Sujet der Kunstwerke. Diese lokalen Bestrebungen standen eher im Gegensatz zu seiner eigenen Absicht, die regionalen Unterschiede zu Gunsten einer nationalen Kunst einzuebnen.

Die Auswahl von besonders realistischen Werken, vor allem im Bereich der Malerei, offenbart die klare Absicht, die erzieherische Rolle des Museums in den Vordergrund zu stellen. Die Werke sollten für alle Betrachter verständlich sein und als Beispiele dienen können. Die Auswahlkriterien waren vor allem Lesbarkeit, Zugänglichkeit oder ihr illustrativer Charakter. Diese Politik scheint umso überlegter, als die Werke in Alphonses Privatsammlung (wo sich z.B. das ›Portrait d'Hélène Fourment‹ befand, neben einem Pagen von Rubens oder Vermeers ›L'astronome‹) nach ganz anderen Kriterien ausgewählt waren. Heute größtenteils vergessen, sind die gespendeten, damals mit Preisen ausgezeichneten Kunstwerke eher repräsentativ für die offiziellen Salons der 1890er Jahre. Für Alphonse de Rothschild scheinen sie eine Art Norm für den »mittleren« guten Geschmack gewesen zu sein, angemessen für Museen in der Provinz. Seine Entscheidung, Werke zu spenden, die niemals Teil seiner eigenen Sammlung waren, macht sein Vorgehen vergleichbar mit der Patronage der Renaissance.

Die Schenkung Edmond de Rothschilds von 1935 war ganz anderer Natur. Es war keine weit streuende und eklektische Spende; hier wurde ein einziges Museum, der *Louvre*, mit einer speziellen Stiftung bedacht. Dabei handelte es sich um eine Sammlung von 40 000 Drucken und 10 000 Zeichnungen, von den Meistern der Renaissance bis in die neueste Zeit.[76] Die Auswahl des Empfängers und der Spende waren nicht zufällig: Der *Louvre* war für Edmond de Rothschild das französische staatliche Mu-

[74] Courrier de l'Art, 21. Aug. 1885.
[75] Courrier de l'Art, 13. Juli 1888.
[76] Ch. M. Widor, ›Edmond de Rothschild‹, in: Revue des deux mondes, 15. Jan. 1935.

seum par excellence[77], und im Gegensatz zu seinem Bruder Alphonse identifizierte sich Edmond vollständig mit diesem Ausstellungsort. Als erster Mäzen unter den französischen Rothschilds hatte er schon 1873 der Abteilung für griechisch-römische Antike eine Skulpturensammlung gestiftet, und 1895 bereicherte er die Abteilung auf spektakuläre Weise um den Schatz von Boscoréale.[78] Anders als Alphonse, der auf den erzieherischen Wert von Kunst setzte, hatte sich Edmond einem wissenschaftlichen Ansatz verschrieben, wovon auch die Summen zeugten, die er für die angemessene Präsentation der gestifteten Werke und für Kataloge bereitstellte. Seine Sammlung war vor allem eine intellektuelle und ästhetische Investition, die auch dazu beitrug, dass er 1906 Zutritt zur *Académie des Beaux Arts* erhielt und in den *Conseil des Musées*, den Beirat der Museen, gewählt wurde. Er legte Wert auf seinen Ruf als Gelehrter, wie seine Vorträge und Veröffentlichungen in Zeitschriften belegen.[79] Im Gegensatz zum *Cabinet d'estampes*, dem Kupferstichkabinett der *Bibliothèque Nationale*, das ausnahmslos alle dem Staat per Gesetz zu hinterlegenden Stücke archiviert, ist das *Cabinet Edmond de Rothschild* eine wissenschaftliche Sammlung ausgewählter Stücke: Die Aufgabe der Berater Danlos und Dr. Roth war es, alle Lücken in dieser Sammlung zu schließen, wobei sie Dubletten und Unpassendes aussortierten. Für ihre Auftritte bei internationalen Auktionen waren sie mit sehr genauen Instruktionen versehen.[80]

Drucke und Zeichnungen zu sammeln und als Mäzen zu agieren, bedeutete für Edmond de Rothschild auch, sich in eine historische Tradition einzuordnen: die der großen Sammler von Grafik aus der Zeit Ludwigs XIV. (Jabach) und aus dem 18. Jahrhundert (Mariette, Crozat, oder Julienne). Er hatte seine Sammlung im eigenen Wohnhaus untergebracht, 41 Rue du Faubourg St. Honoré, das als eine Art von privatem Museum funktionierte.[81] André Blum, sein Sekretär, war zugleich der Kurator, und dieses Haus war allen interessierten französischen und ausländischen Spezialisten zugänglich. Edmond de Rothschild hatte immer sehr viel Sorgfalt auf die Hängung, die Aufbewahrung und die Ausstellung seiner Stücke verwendet. Er hatte seine Mitarbeiter dafür besonders ausgebildet, und die Einrichtung seiner Sammlung war beispielhaft. Die Art der Präsentation wurde übrigens seit der Einrichtung der Stiftung von den staatlichen Museen übernommen.

---

77 AMN, F4, Note sur le cabinet de gravure d‹Edmond de Rothschild. Die Kuratoren des *Louvre* sind der gleichen Auffassung: »Die Einrichtung eines nationalen Museums für Stiche und Drucke wird seit langer Zeit gefordert. Viele Museen in der Provinz haben bereits ein oder zwei Ausstellungsräume eingerichtet. Der beste Platz für ein solches Museum scheint der Louvre zu sein, weil er die höchsten Besucherzahlen hat und die Kupferstiche so ein breites Publikum finden werden.«

78 Über Edmond de Rothschild siehe Elizabeth Antébi, Edmond de Rothschild, l'homme qui racheta la Terre Sainte, Paris 2003.

79 AMN, CR2 10. Juni 1938, Visite de l'Institut à la collection Edmond de Rothschild, le 13 juin 1938. »Der Baron Edmond de Rothschild, dessen Ziel es war, sein Land durch eine Sammlung von Werken außergewöhnlicher Qualität zu bereichern, gehörte nicht zu der Kategorie von bloß Neugierigen, über die man so leicht spotten kann. Viele unter Ihnen haben ihn gekannt und geschätzt und wissen, dass bei ihm das Gespür des Amateurs eine höher entwickelte Form hatte, dass es zu wirklichem Engagement für Wissenschaft und höherer Kultur geworden war.« Siehe auch André Blum, ›Le Baron Edmond de Rothschild‹, in: Bulletin de l'Académie des Beaux-Arts, 20, juillet-décembre (1934).

80 Suzanne Coblentz, La collection d'estampes d'Edmond de Rothschild au musée du Louvre, Paris 1954.

81 André Blum, ›Un musée de la gravure, Paris‹, in: L'art et les artistes, Octobre 1936.

Die jüdischen Mäzene haben sich bei der Kunstförderung vergleichsweise wenig in spezifisch jüdischen Kontexten betätigt. Die Stiftung der Sammlung Isaac Strauss im Jahr 1888 durch die Baronin Charlotte de Rothschild (1825-1899) bleibt eine Ausnahme, auch wenn sie in Frankreich und im Ausland bedeutende Wirkung hatte. Der Orchesterleiter Isaac Strauss (1806-1888) hatte eine Sammlung jüdischer Kultgegenstände von ausgesuchter Qualität angelegt. Als diese Sammlung anlässlich der Weltausstellung 1878 zum ersten Mal im *Trocadéro* gezeigt wurde, war das ein großer Erfolg. Sie spielte eine entscheidende Rolle für die Entwicklung des Begriffs von jüdischer Kunst und für die Entwicklung modernen jüdischen Selbstbewusstseins.[82] Nach dem Tod von Isaac Strauss 1888, angesichts der drohenden Auflösung der Sammlung, kaufte die Baronin Nathaniel de Rothschild sie, auf den Rat von Arthur Bloch, und zwar unter der Bedingung, dass sie in die staatlichen Sammlungen aufgenommen würde. Charlotte de Rothschild vollbrachte mit dem Erwerb und der Stiftung dieser 149 Objekte etwas vollkommen Neues: Zum ersten Mal fanden jüdische Kunstgegenstände Eingang in ein staatliches Museum, das *Musée de Cluny*. Sie befinden sich heute in dem neuen *Musée d'Art de l'Histoire du Judaïsme*.

Der Zweite Weltkrieg setzte der Stiftertätigkeit der Rothschilds ein vorläufiges Ende. Während der Nachkriegszeit traten die Spender eher punktuell in Erscheinung, mitunter als Geste des Danks an Museen, die ihre Sammlungen zwischengelagert hatten.[83] Die Spenden betrafen nun weniger traditionelle Bereiche (z.B. die Stiftung Alix de Rothschilds an das *Musée de l'homme* oder die von Liliane de Rothschild an das *Musée national des Arts et Traditions Populaires*). Die ununterbrochen fortgesetzte Spendertätigkeit der Familie David-Weill stellt eine Ausnahme dar.[84]

Abschließend bleibt festzuhalten, dass die Stiftungen dieser jüdischen Mäzene an die Museen verschiedene Ziele hatten: Das öffentliche Engagement als Stifter vereinigte kulturellen Patriotismus, Integrations- und Bildungsstreben. Viele der hier untersuchten jüdischen Stiftungen entstanden vor dem Hintergrund der Dreyfus-Affäre. Das spezifisch Jüdische dieses Engagements im späten 19. Jahrhunderts liegt also auch in seiner Funktion als öffentliche Maßnahme gegen den Antisemitismus. Auch der Ehrgeiz, sich selbst durch eine Stiftung unsterblich zu machen, spielt bei einigen Stiftern eine Rolle. Die Annahme eines Legats oder einer Stiftung durch ein Museum durfte immer auch als eine Anerkennung des erlesenen Geschmacks des Gebers gelten. Verschiedene Auflagen der Stifter zeigen ihre innere Überzeugtheit von der Bedeutung

---

[82] Die Sammlung war 1874 im Rahmen einer Ausstellung gezeigt worden, die von der Organisation zur Förderung des Elsass organisiert worden war, aber kein großes Echo fand. Aus dieser Sammlung entstand allerdings das weiter wirkende Konzept jüdischer Kunst. Dieses neue Interesse für jüdische Kunst- und Kultobjekte führte unter anderem 1893 in Wien zur Gründung der Gesellschaft zur Sammlung und Konservierung von Kunst- und historischen Denkmälern des Judentums, die 1895 das erste Jüdische Museum der Stadt eröffnete. Dominique Jarassé, L'art juif, Paris 2005 und ders. ›De l'art judaïque à l'art juif en France. Linéaments d'une historiographie de l'art juif en France‹, in: Archives Juives, 31/2, 2ème semestre 1998, S. 15-28.

[83] Die Kinder von Baron Robert stifteten das Portrait der Lady Alston von Gainsborough (1947), die Erben von Baron Edouard Van Dycks Portrait der Gräfin Doria (1949).

[84] David David-Weill widmete einen Großteil seiner Spenden der Wohltätigkeit. Er spielte auch eine herausragende Rolle im Kulturmäzenatentum, was seine Wahl in die *Académie des Beaux Arts* 1934 zur Folge hatte. Über diese Stiftungen siehe Les donateurs du Louvre (wie Anm. 31), S. 183-184, und Anm. 1, 37.

ihrer Schenkung: ein Raum mit dem Namen des Spenders[85], eine Büste, die an ihn erinnert[86], eine Medaille[87], oder ab 1899 die Eintragung der Namen in die Liste der bedeutenden Stifter des *Louvre*. Das Paradox der Geschichte dieses Mäzenatentums ist, dass häufig ihre gesamten Stiftungen dem Vergessen anheim gefallen sind: Wer erinnert sich heute der Räume, die den Stiftungen Charles Hayems oder Isaac de Camondos gewidmet waren, oder der Spenden von Carl Dreyfus? Sieht man ab vom *Cabinet Edmond de Rothschild*, das eine selbstständige Abteilung des *Louvre* geworden ist, und vom *Hôtel Camondo*, heute das *Museum Nissim Camondo*, sind die Namen dieser Stifter am verblassen.

Die Initiativen der Rothschilds ragen nicht nur durch ihren Umfang, sondern auch durch ihre Konzeption hervor und können so als zivilgesellschaftliches Engagement im Bereich der Kunstförderung gewertet werden. Sie agierten planmäßig auf nationaler Ebene, vielleicht weniger, um mit dem zunächst noch wenig engagierten Staat zu konkurrieren, als um ihm ein Modell zu bieten und Lücken in seinen Sammlungen zu schließen, oder um einen Bildungsauftrag zu formulieren und zu verfolgen. Alphonse de Rothschild jedenfalls wollte mit seiner Bevorzugung realistischer Kunst der staatlichen Akquisitionspolitik ein Vorbild sein. Dieser Einfluss auf die Entwicklung der großen öffentlichen Sammlungen des Landes blieb tatsächlich bis in die 1920er Jahre hinein wirksam. Seine Zuwendungen führten auch zur Entstehung von Museen (etwa in Cannes) oder zur Einrichtung von Abteilungen für Gegenwartskunst (so in Soissons), was den Wettbewerb auf regionaler Ebene beförderte und dieser Kunst erstmals einen breiten Zugang in die Museen der Provinz eröffnete. Das Engagement Edmond de Rothschilds war dagegen mehr auf die Kunsterziehung gerichtet und stärker ästhetisch-wissenschaftlich geprägt. Die Anerkennung innerhalb und außerhalb Frankreichs gab ihm sogar eine internationale Wirkung[88], und in den öffentlichen Sammlungen verschaffte er der Graphik erstmals eine autonome, der Malerei gleichwertige Stellung.

85 Das war eine der Forderungen im Vermächtnis Isaacs de Camondo.

86 Charles Hayem spendete zugleich mit seinen Gemälden sein Porträt in Marmor von Charles Samuel, das in der Mitte des Saals aufgestellt wurde.

87 AMN, Z8 25. Feb. 1930. Die Medaille mit dem Porträt des Stifters wurde 1930 von Raymond Koechlin an Georges Blumenthal übergeben.

88 Siehe den Beitrag von René Barotte im Burlington Magazine, 28. Juli 1935; er ist auch einsehbar in AMN, CR 20, collection Edmond de Rothschild (Presse).

Aufstieg und Krise des Stiftungswesens in Frankfurt am Main

Zur strukturellen Entwicklung eines kommunalen Stiftungsnetzwerkes im 19. und 20. Jahrhundert

von

RALF ROTH

Der Aufstieg des Frankfurter Stiftungswesens

Aus dem 18. Jahrhundert ist die Anekdote über einen Doktor überliefert, der geistesabwesend im Zick-Zack-Kurs durch die Straßen Frankfurts lief. Dieser Mann war der Arzt Johann Christian Senckenberg. Die Zeitgenossen glaubten, er müsse so laufen, um den unsichtbaren Seelen seiner entschlafenen Patienten auszuweichen. Senckenberg beteiligte sich nicht an den politischen Gremien der Stadt. Weder übernahm er ein Mandat im Rat noch in den Bürgerausschüssen. Dennoch nahm dieser scheinbar so weltfremde Mann einen Einfluss auf den Verlauf der Frankfurter Geschichte wie nur wenige seiner Zeitgenossen. Er tat dies, indem er 1763 eine Stiftung für ein Hospital und ein Institut für naturwissenschaftliche Forschungen ins Leben rief. Beide Einrichtungen sollten das medizinische Wissen seiner Zeit vermehren und die medizinische Versorgung der Armen unterstützen. Sie stellten mit ihrer wissenschaftlichen Ausrichtung einen deutlichen Bruch im Stiftungswesen der Frühen Neuzeit dar und fügten den von Glauben und Spiritualität geprägten Stiftungszwecken ein neues, säkulares Element hinzu. Die Stiftung war zudem auf lange Frist gesehen erfolgreich wie kaum eine andere. Sie hat im 19. Jahrhundert den Aufbau eines naturhistorischen Museums und eines Forschungsinstituts initiiert und unterstützt. Die Ressourcen der *Senckenberg Stiftung* vermehrten sich im Laufe der Zeit, und nach rund 150 Jahren konnte sie der im Jahre 1913 als Stiftungshochschule gegründeten Frankfurter Universität eine komplette medizinische Fakultät zur Verfügung stellen. Sie trug damit wesentlich zum Aufbau der Frankfurter Zivilgesellschaft bei.[1]

Dieser Beitrag konzentriert sich auf die Fragestellung, welche Dynamik das Stiftungswesen einer Stadt in der Übergangszeit von der Frühen Neuzeit zum 19. und beginnenden 20. Jahrhundert entfaltete und in welchen Formen es zum zivilgesellschaftlichen Ausbau einer stadtbürgerlichen Gesellschaft beitrug. Dazu gehört auch die Frage nach den säkularen oder konfessionell geprägten Motiven der Stifter und

---

1 Zur Rolle von Senckenberg vgl. Ralf Roth, ›»Der Toten Nachruhm«. Aspekte des Mäzenatentums in Frankfurt am Main (1750-1914)‹, in: Jürgen Kocka/Manuel Frey (Hg.), Bürgerkultur und Mäzenatentum im 19. Jahrhundert, Berlin 1998, S. 99-127, und Ralf Roth, ›Von Wilhelm Meister zu Hans Castorp. Der Bildungsgedanke und das bürgerliche Assoziationswesen im 18. und 19. Jahrhundert‹, in: Dieter Hein/Andreas Schulz (Hg.), Bürgerkultur im 19. Jahrhundert. Bildung, Kunst und Lebenswelt, München 1996, S. 121-139, insb. S. 127-129.

gerade in Frankfurt, mit seiner multikonfessionellen Gesellschaft mit sieben größeren Glaubensgemeinschaften, die Frage nach den besonderen Anteilen einer oder mehrerer Glaubensrichtungen an diesem Ausbauprozess. In einem weiteren Teil wird schließlich nach den Krisen dieses Systems gefragt und warum in den zwanziger, dreißiger und frühen vierziger Jahren des 20. Jahrhunderts ein Teil des Systems zum Schaden des Ganzen fast vollständig zerstört wurde. Das Frankfurter Stiftungswesen kennt nicht nur Perioden des unaufhaltsamen Aufstiegs, es kennt auch bedeutende Krisenzeiten und schwere Rückschläge.

Der aufgeklärte Lutheraner Senckenberg war nicht der einzige Stifter in der Reichs- und später Freien Stadt Frankfurt. Seit dem Mittelalter gründeten die Bürger der Stadt immer wieder Stiftungen, die sich im Laufe der Jahrhunderte zu einem vielfältigen und immer dichter vernetzten kulturellen und sozialen Komplex innerhalb der Zivilgesellschaft entwickelten, der auch im 20. Jahrhundert beständig weiter wuchs. Dabei ist bemerkenswert, dass ab der Mitte des 19. Jahrhunderts gerade die jüdischen Stiftungen eine immer wichtigere Rolle spielten. Die Ausbauphasen waren von bedeutenden Stifterpersönlichkeiten geprägt, die weit über Frankfurt hinaus Einfluss auf die Gestaltung des deutschen Stiftungswesens nahmen. Zu nennen wäre etwa der Verleger Johann Carl Brönner, der vom massenhaften Druck volkstümlicher Bibeln lebte und das Vorhaben einer modernen Stadtbücherei initiiert hatte, oder der reformierte Kaufmann Johann Friedrich Städel, der eine Stiftung für ein großes Kunstinstitut errichtete, aus der dann das *Städelsche Kunstmuseum* hervorging. Zu den wichtigen Stiftern Frankfurts gehört auch der jüdische Fabrikant und Großkaufmann Wilhelm Merton, der das *Institut für Gemeinwohl* gründete, die katholischen Kaufleute Georg Chamot oder Carl Bolongaro, die zu den Gründern des städtischen Theaters gehörten, die jüdischen Bankiers Mayer Carl Rothschild oder Georg Speyer, die bedeutende Summen für Armenunterstützung und wissenschaftliche Stiftungen gaben. In die kurze Liste sollten auch der lutherische Musiklehrer Joseph Hoch, der eine Musikakademie aufbaute, und der Geologielehrer Georg Heinrich Volger, der sich für die Idee einer Volksuniversität einsetzte, eingeschlossen werden. Zu nennen sind auch die Frauen Louise und Hannah Louise Rothschild, Franziska Speyer, Rosette und Marta Pfungst, die Stiftungen im Wissenschafts- und Bildungsbereich ins Leben riefen. Unter diesen waren etwa die *Akademie des freien Denkens* und die *Rothschild Bibliothek*, aber auch Stiftungen für Stipendien und Beiträge für wissenschaftliche Institute.[2]

Bei der Mehrzahl der bedeutenden Stifter handelte es sich um Großhändler und Bankiers und ihre Familienangehörigen. Eine Minderheit gehörte zum Bildungsbürgertum, vor allem Ärzte und Lehrer. Fabrikanten kamen erst am Ende des 19. Jahr-

---

2 Diese Gruppe gibt natürlich nur einen kleinen Einblick in das Gesamtnetzwerk der Stiftungen. In einer Stadt wie Frankfurt traten im 18. und 19. Jahrhundert sehr viel mehr Bürger als Stifter auf, als hier vorgestellt werden können. Bruno Müller und Gerhard Schiebler haben in enzyklopädischen Überblicksdarstellungen die Werke zahlreicher Stifter zusammengetragen. Vgl. Arno Lustiger (Hg.), Jüdische Stiftungen in Frankfurt am Main. Bearb. v. Gerhard Schiebler, Frankfurt am Main 1988, und Bruno Müller, Stiftungen für Frankfurt am Main, Frankfurt am Main 1958. Aber selbst in diesen Zusammenstellungen bleiben viele nicht zuletzt aufgrund von Quellenproblemen ungenannt. Viele Stiftungen – insbesondere die zahlreichen Zustiftungen – lassen sich heute nicht mehr im einzelnen nachweisen. Vgl. Ursula Bartelsheim, ›Das Frankfurter Stiftungswesen im 19. Jahrhundert‹, in: Lothar Gall (Hg.), Quellen zur Geschichte des Frankfurter Bürgertums. Bd. 2: Quellen zum Frankfurter Stiftungswesen im 19. Jahrhundert, Frankfurt am Main 1996, S. 9-33, hier S. 9.

hunderts hinzu. Die Mäzene zeichneten sich in der Regel durch jahrzehntelange aktive Teilnahme am Gemeinwesen der Stadt aus – das zeigen die Aktivitäten und Mandate in den kirchlichen Selbstverwaltungsgremien und ihr Engagement in den Vereinen und Freimaurerlogen. Von ihrem ganzen sozialen Status her gehörten die meisten der großen Stifter insofern in das Umfeld der bürgerlichen Elite, wobei allerdings das politische Engagement für die Zivilgesellschaft in der Regel eher schwach ausgeprägt war. Viele gerade der großen Stifter nahmen überhaupt kein politisches Mandat wahr. Diesem Milieu entstammten auch die Frauen. Von der Steuerleistung her sind die meisten zum gehobenen Bürgertum zu rechnen.[3]

Insgesamt waren alle Konfessionen der Stadt vertreten – Reformierte und Lutheraner genauso wie Katholiken und Juden, wenn auch in unterschiedlicher Gewichtung und vor allem in unterschiedlicher zeitlicher Abfolge. Auffallend ist hier der späte Beginn des jüdischen Stiftungswesens. Bis zur Mitte des 19. Jahrhunderts existierten nur solche jüdische Stiftungen, die für zum Wohl der jüdischen Gemeinde errichtet worden waren. Im Prinzip entstand damals eine Parallelstruktur zu den christlichen Armenstiftungen. Zu diesem Typus gehören auch die frühen Stiftungen der Rothschildfamilie, wie etwa die *Freiherrlich Amschel Mayer von Rothschildsche milde Stiftung für die armen Israeliten der Stadt Frankfurt* von 1849, die Bedürftige in verschiedener Weise unterstützte, oder die *Freiherrlich Amschel Mayer von Rothschildsche milde Stiftung zur Ausstattung unbemittelter israelitischer Jungfrauen in Frankfurt* von 1849, und die *Freiherr Carl Mayer und Alexander von Rothschildsche Stipendienstiftung für israelitische Schülerinnen* von 1854.[4]

Nach der politischen Emanzipation in den fünfziger und sechziger Jahren des 19. Jahrhunderts gelang es einem Teil der Juden, in die wirtschaftliche Oberschicht und politische Elite der Frankfurter Bürgergemeinde aufzusteigen. Diesem bedeutenden Schritt in der Geschichte der jüdischen Bevölkerung Frankfurts folgte etwas zeitversetzt eine ganze Serie von neuen jüdischen Stiftungen, die der Allgemeinheit zu Gute kamen. Die Gründungen können deshalb mit gutem Grund als Zeichen des gelungenen Aufstiegs der jüdischen Oberschicht gewertet werden.[5] Zu dem damaligen Anstieg jüdischer Stiftungsaktivitäten trug, wie schon zur Jahrhundertmitte zum Ausbau des Wohlfahrtssektors der jüdischen Gemeinde, erneut die Familie Rothschild bei. In diesem Kontext entstanden die *Freiherr Anselm Salomon von Rothschildsche Stiftung zur Förderung des Kunstgewerbes* von 1877, die Stipendien an junge Menschen zur Ausbildung im Bereich des Kunsthandwerks vergab. Louise von Rothschild und ihre Tochter, Hannah Louise, stifteten zum Andenken an Mayer Carl Rothschild eine große öffentliche Bibliothek und begründeten die Stiftung *Carolinum*, eine Zahnklinik, die auch medizinischen Forschungszwecken dienen sollte.[6] Demgegenüber be-

3 Zur sozialen Zusammensetzung der Stiftungsvorstände in Frankfurt vgl. Roth, Nachruhm (wie Anm. 1), S. 99-101.

4 Vgl. Institut für Sozialgeschichte Frankfurt (IfSG), Stiftungsabteilung 392, 393, 394 und 396.

5 Zum historischen Aufstieg eines Teils der Juden in die bürgerliche Elite vgl. Ralf Roth, Stadt und Bürgertum in Frankfurt am Main. Ein besonderer Weg von der ständischen zur modernen Bürgergesellschaft 1760 bis 1914, München 1996, S. 515-523.

6 Zur Anselm Salomon von Rothschildsche Stiftung zur Förderung des Kunstgewerbes vgl. IfSG, Stiftungsabteilung 395. Zur Rothschildbibliothek und zum *Carolinum* vgl. Lustiger, Jüdische Stiftungen (wie Anm. 2), S. 66 u. 149, und Jochen Stollberg (Red.), Die Rothschildsche Bibliothek in Frankfurt am Main, Frankfurt am Main 1988.

zogen sich katholische Stiftungen meistenteils sehr eng auf ihre jeweilige Kirchengemeinde und blieben bis ins 20. Jahrhundert hinein auf die traditionellen Stiftungstypen im sozialen Bereich beschränkt. Ein dynamischer Entfaltungsprozess wie im jüdischen Stiftungswesen kam hier nicht zum Tragen.

In der Zeit zwischen 1900 und dem Ersten Weltkrieg erreichten die Stiftungsaktivitäten ihren Zenit. In Umfang und Größe der geschaffenen Einrichtungen sollten sie erst am Ende des 20. Jahrhunderts wieder eine ähnliche Bedeutung erlangen. Um einen ganzen Komplex von Stiftungen im Gesamtvolumen von sechs Millionen Mark handelte es sich bei den großen Stiftungen des Bankiers Georg Speyer und seiner Frau Franziska Speyer für die Frankfurter Universität. Allein sie stifteten neben Lehrstühlen und wissenschaftlichen Arbeitsstätten ein *Chemotherapeutisches Forschungsinstitut*. Damit war das Engagement auf diesem Gebiet noch bei weitem nicht erschöpft. Ludwig Edinger stiftete für ein *Neurologisches Institut*, Richard Passavant für die Erforschung der Tuberkulose und die Witwe des Bankiers Theodor Stern für medizinische Forschung im Allgemeinen.[7] Gerade die jüdischen Stiftungen trugen in dieser Zeit bedeutend zum Ausbau der Frankfurter Zivilgesellschaft bei. Das wirft die Frage nach den Motiven der Stifter auf.

Die Motive der Stifter

Unabhängig davon, ob es sich um jüdische oder christliche Stifter gehandelt hatte, wurden alle von dem starken Wunsch geleitet, Einfluss auf ihre soziale und kulturelle Umgebung zu nehmen, ohne dass dies zu einem besonders ausgeprägten Engagement in der Politik geführt hätte. Gerade die bedeutenden Stifter liefern dafür zahlreiche Beispiele. Als Physicus der Stadt hatte Senckenberg einen tiefen Einblick in die Lücken des Gesundheitswesens der Stadt. Selbst wohlhabend, beschloss er, wie eingangs erwähnt, die notwendigen Verbesserungen des Gesundheitswesens eigenhändig in die Tat umzusetzen und insbesondere naturwissenschaftliche Grundlagenforschung zu befördern. Der Großkaufmann Städel sammelte als Ausdruck seiner Weltläufigkeit Kunst und trug sich seit den achtziger Jahren des 18. Jahrhunderts mit dem Gedanken, zur Belebung des künstlerischen Schaffens in Frankfurt mit dem Instrumentarium einer Kunstakademie beizutragen. Wie so viele andere interessierte sich der Industrielle Merton für die soziale Frage und die gebildeten jüdischen Mäzene allgemein für ein breites Spektrum, das von der sozialen Wohlfahrt bis zu den modernen Naturwissenschaften reichte. In der Vorstellungswelt der Stifter sollte der Aufbau einer Stiftung zur Veränderung und Verbesserung der lokalen Zivilgesellschaft und damit zur Stei-

7 Die Speyer Stiftungen umfaßten die *Georg Speyersche Forschungsstiftung* von 1907/08, die *Georg und Franziska Speyersche Studienstiftung* von 1901, die *Lucie-Beit-von-Speyer-Stiftung* von 1916 und die *Georg und Franziska Speyersche Hochschulstiftung*. Vgl. IfSG, Stiftungsabteilung 450, 453, 200, 30, 550. Insgesamt zur Geschichte der Stiftungen siehe auch IfSG, Stiftungsabteilung 706. Zur Edinger Stiftung siehe IfSG, Stiftungsabteilung 550 und zu den Stern-Stiftungen, also die Jakob-S.-H.-Stern-Stiftung von 1906 und das Theodor Sternsche medizinische Institut von 1901, IfSG, Stiftungsabteilung 460 u. 462. Zum Hintergrund vgl. Richard Wachsmuth, Die Gründung der Frankfurter Universität, Frankfurt am Main 1929, S. 22-23, u. Müller, Stiftungen (wie Anm. 2), S. 88 u. 124-129.

gerung der Attraktivität der Stadt beitragen. Stifter übernahmen nicht nur Verantwortung für die zunehmenden sozialen Probleme der rasch wachsenden Stadt, sondern schlossen auch zentrale Lücken im Bereich der kulturellen Einrichtungen. Der Reiz einer Stiftungsgründung lag für sie darin, dies nach eigenen Maßstäben tun zu können, ohne sich mit den Unwägbarkeiten, die mit der Übernahme eines politischen Mandats verbunden sind, auseinandersetzen zu müssen. Insofern enthält jede Stiftungsgründung auch ein autokratisches Element.

Eine weitere wichtige Motivation zum Stiften bestand für die Frauen und für die Mitglieder von benachteiligten Minderheiten – wie den Juden – darin, besser in die informellen Kommunikationsnetzwerke der städtischen Gesellschaft integriert zu werden. Gerade Kulturstiftungen leisteten wertvolle Dienste für die Integrations- und Repräsentationsbedürfnisse von politischen oder gesellschaftlichen Minderheiten. Stifterinnen wie Rosette und Marta Pfungst, Louise und Hannah Louise Rothschild oder Franziska Speyer boten ihre Stiftungsaktivitäten die Möglichkeit zum öffentlichen Engagement, das wie bei der *Akademie des freien Denkens*, der *Rothschild-Bibliothek* oder den Stiftungen für Studien- und Forschungsziele der Universität nicht hinter dem der männlichen Stifter zurückblieb.

Die Stiftungsaktivitäten der bürgerlichen Minderheiten wiesen mitunter deutliche Verhaltensunterschiede auf. Während bei der Beteiligung von Katholiken an der Gründung des Frankfurter Theaterprojekts lange vor der politischen Emanzipation der Katholiken eindeutig die integrativen Aspekte dominierten, tritt bei den jüdischen Stiftern ein anderer Aspekt hervor. Sie stifteten zwar bereits seit der Jahrhundertmitte zahlreich für Bildungszwecke, im großen Stil jedoch erst am Ende des 19. Jahrhunderts.[8] Um die Jahrhundertwende erreichte das Engagement dann gewaltige Dimensionen und zielte neben dem Städel vor allem auf die geplante Universität. Diese Stiftungsaktivitäten können dabei nicht umstandslos unter den Aspekt der sozialen und rechtlichen Gleichstellung gefasst werden. Denn diese wurde bereits in den sechziger Jahren erreicht. Tatsächlich zielten die damaligen Aktivitäten weit über das kommunale Milieu hinaus auf die Fehlstellen der nationalen Emanzipation und sie versuchten von der Kommune aus, den Benachteiligungen des jüdischen Bildungsbürgertums in Preußen entgegenzuwirken. Das war eine bemerkenswerte Ambition zur Förderung und Stärkung der deutschen Zivilgesellschaft.[9]

Eine dritte zentrale Motivation, bildete neben dem Ersatz für politische Aktivitäten und dem Integrations- und Emanzipationsbedürfnis von Minderheiten, der individuelle Wunsch, im Andenken der Nachwelt erhalten zu bleiben. »Besitz stirbt, Sippen sterben / Du selbst stirbst, wie sie / Eines aber weiß ich, dass ewig lebt: / Der Toten

---

8 Peter Paret nennt es bezogen auf Berlin früh. Vgl. Peter Paret, ›Bemerkungen zu dem Thema: Jüdische Kunstsammlung, Stifter und Kunsthändler‹, in: Ekkehard Mai/Peter Paret (Hg.), Sammler, Stifter und Museen. Kunstförderung in Deutschland im 19. und 20. Jahrhundert, Köln/Weimar 1993, S. 173-185, hier S. 177.

9 Dies wurde offen diskutiert: »Wir müssen, wenn das Interesse unseres Verteidigungskampfes das so will, auch die allzeit hilfsbereite jüdische Hand schließen lernen. Tun wir das nicht, so werden wir [...] zum Schaden auch noch den Spott ernten. Jüdisches Geld und jüdische Hilfsbereitschaft sollte nur dann und nur da in Aktion treten, wo Sicherheiten gegeben werden, daß der Jude (und nicht nur auf dem Papier) allen anderen gleichgeordnet und mit ihnen gleichberechtigt ist.« Henriette Fürth, ›Offener Brief‹, in: Im Deutschen Reich, H. 7/8 (1911), S. 404.

Nachruhm.«[10] Mit diesen Zeilen aus der Edda leitete ein Biograph die Lebensbeschreibung von Johann Christian Senckenberg ein. Auch die allgemeine Literatur zum Stiftungswesen hat diesen Aspekt sehr betont und darauf hingewiesen, wie sehr es dem Menschen eigen zu sein scheint, danach zu streben, die »Förderung der Interessen, [...] denen er einen dauernden Wert für das Wohl der kommenden Geschlechter beimesse, für die Zukunft zu sichern« und ihnen Dauer zu verleihen.[11] Die Bedeutung dieses Aspekt zeigt sich auch in der späteren Frankfurter Diskussion um ein »Goldenes Buch der Stiftungen«, das 1933 – in nationalsozialistischer Zeit – von Bruno Müller, dem damaligen Leiter der Stiftungsabteilung im Rechtsamt des Magistrats, initiiert worden war. Er argumentierte damals ganz im Sinne des Wunsches vieler Stifter. »Bei einer Stiftung hat der Stifter in der Regel den Wunsch, seinen Namen der Nachwelt durch das an der Stiftung hängende Kapital zu erhalten und sich in Erinnerung zu bringen.« Allerdings seien einige Stiftungen finanziell mittlerweile so ausgeblutet, dass ihre »Aufhebung« ratsam sei. Aus diesem Grund »dürfte es notwendig und zweckmäßig sein, ein ›Goldenes Buch der Frankfurter Stiftungen‹ anzulegen, in welches sämtliche Stiftungen über einer bestimmten Grenze [...] aufgenommen werden.«[12] Es war ausgerechnet die jüdische *Henry und Regina Seligmann-Stiftung*, die er als Beispiel für die Notwendigkeit einer derartigen Maßnahme anführte. Weiter argumentierte er: »Die Herstellung des Buches müsste in etwas kostbarer Form erfolgen, damit das Buch auch Dauerwert hat und eine wirkliche Ehrung darstellt.« Zudem schlug er vor, zur Herstellung eines Musterexemplars die *Rothschildsche Stiftung zur Förderung des Kunstgewerbes* in Anspruch zu nehmen.[13] Wie vorauszusehen war, nahm das Projekt der Zeit geschuldet einen anderen Verlauf und kehrte die Intention Müllers in ihr Gegenteil. Denn als das Muster zwei Jahre später endlich fertig war, hatte sich die Meinung der Auftraggeber deutlich geändert. Nun sollten nicht mehr die aufgelösten Stiftungen, sondern »nur die neu zu begründenden Stiftungen« aufgenommen werden – also die Stiftungen, die erst unter dem Nationalsozialismus entstanden waren.[14] Damit sollten vor allem die jüdischen Stiftungen ausgeschlossen werden. Aber die Verwaltung arbeitete schlecht. Als die erste Vorschlagsliste zusammengestellt war, enthielt sie auch jüdische Stiftungen, die eben wie die des Fabrikanten Arthur Weinberg und verschiedene jüdische Stiftungen für die Universität auch noch nach 1933 entstanden waren.[15] Da half nur noch ein Machtwort des Oberbürgermeisters, der am 30. Mai 1936 bestimmt erklärte: »Von einer Aufnahme der jüdischen Stiftungen ist abzusehen.«[16] Der Verlauf der Diskussion verweist auf einige grundlegende Pro-

[10] Vgl. August De Bary, Geschichte der Dr. Senckenbergischen Stiftung 1763-1938. Ein Zeugnis des Frankfurter Bürgersinns in 175 Jahren, Frankfurt am Main 1938, S. 9.

[11] Handwörterbuch der Staatswissenschaften. Hrsg. v. Ludwig Elster u. a., 4. Aufl., Jena 1926, Bd. 7, S. 1131.

[12] Vgl. Schreiben von Stadtrat Dr. Müller an den Oberbürgermeister v. 1. Dezember 1933. Betr. Zusammenlegung der Stiftungen. IfSG, Stiftungsabteilung 141, Bl. 3.

[13] Vgl. ebd.

[14] Vgl. Schreiben des Rechtsamts Stiftungsabteilung an das Kulturamt v. 22. Juli 1935. IfSG, Stiftungsabteilung 141, Bl. 17 u. Bl. 24.

[15] Vgl. Schreiben des Rechtsamtes Stiftungsabteilung an den Oberbürgermeister v. 20. April 1936. IfSG, Stiftungsabteilung 141, Bl. 27.

[16] Vgl. Schreiben des Oberbürgermeisters an das Rechtsamt Stiftungsabteilung v. 30. Mai 1936. IfSG, Stiftungsabteilung 141, Bl. 32. Dabei unterlief ihm dann allerdings selbst ein faux pas, denn auf der

bleme, die sich mit dieser wichtigen Motivation für Stiftungen stellen, und die sowohl als Wunsch wie auch als Scheitern des Wunsches wesentlich zur Ausgestaltung des Stiftungswesens beitrugen.

Dauerhaftes Andenken?

Der Anspruch der Stifter, dass die Stiftungen über ihren eigenen Tod hinaus »ewig« gelten sollten, war eine Option auf eine ungewisse Zukunft. Die Geschichte bestätigt immer wieder, wie sehr die Idee und das daraus erwachsende Institut der nachfolgenden Generationen überlassen bleiben und einem nicht vorhersehbaren geschichtlichen Wandel unterworfen werden. Mit dem Problem hatte sich bereits Immanuel Kant auseinandergesetzt und bestimmt geäußert: »Selbst Stiftungen zu ewigen Zeiten für Arme oder Schulanstalten, sobald sie einen gewissen, von dem Stifter nach seiner Idee bestimmten Zuschnitt haben, können nicht auf ewig fundiert und der Boden damit belästigt werden; sondern der Staat muss die Freiheit haben, sie nach dem Bedürfnisse der Zeit einzurichten.«[17] Kant hat damit zwar eine sehr dezidierte Antwort auf das grundlegende Problem der ewigen Dauer gegeben, aber seine Empfehlung stand im schärfsten Widerspruch zum Willen der Stifter. Er setzte sich dafür ein, dem Staat auf diesem Feld genau die Freiheit zu lassen, die viele Stifter fürchteten und sich deshalb veranlasst sahen, ihrerseits Maßnahmen gegen einen möglichen direkten Zugriff staatlicher und kommunaler Verwaltungen auf ihre Einrichtungen zu treffen. Aus diesem Grund bevorzugten viele Stifter unabhängige Stiftungen mit eigenständigen Stiftungsadministrationen und wählten oftmals nicht die Rechtsform einer unselbständigen Stiftung, die von der Kommune oder anderen staatlichen Körperschaften verwaltet wird.

1763 ließ Senckenberg die Stiftungsdokumente vom Rat erst genehmigen und drukken, nachdem er einige Änderungen vorgenommen hatte, um das Stiftungskapital vor dem Zugriff der Obrigkeit zu bewahren. »Meine Stiftung«, bestimmte er, »soll allseits separat bleiben und niemals vermengt mit Stadtsachen, damit nicht die Gewalt darüber in frembde Hände falle« – beispielsweise in die »raubgierigen Hände der Patrizier«.[18] Senckenberg hegte ein großes Misstrauen gegen das Patriziat, das zu seiner Zeit den Frankfurter Rat beherrschte. Aus diesem Grund beschränkte er seine Mitwirkung und legte die Stiftung in die Hände einer Administration, die aus dem Vorsitzenden des Bürgerausschusses, vier Ärzten und vier weiteren angesehenen Bürgern bestehen sollte.[19] Die Mehrheit der Frankfurter Stifter folgte seinem Beispiel und gründete in der

Liste, die er wiederum an das Hauptverwaltungsamt schickte, befanden sich immer noch zwei jüdische Stifter, nämlich die, die der Geheime Kommerzienrat Dr. L. Gans und Oskar David für mildtätige Zwecke gestiftet hatten. Vgl. Schreiben des Oberbürgermeisters an das Hauptverwaltungsamt v. 21. Juni 1936. IfSG, Stiftungsabteilung 141, Bl. 33. Die beiden Einträge sind später handschriftlich durchgestrichen worden.

17 Immanuel Kant, Metaphysik der Sitten, hrsg. von Karl Vorländer, 4. Aufl., ND Hamburg 1966, S. 203.

18 Vgl. § 17 des Stifterbriefes der *Senckenberg Stiftung*. Zit. n. De Bary, Geschichte (wie Anm. 10), S. 20 u. 39.

19 Auch Städel wie später Merton betonten den antiobrigkeitlichen Charakter ihrer Stiftungen. Städel legte fest, daß wichtige Entscheidungen »ohne irgend eine obrigkeitliche Rücksprache oder Geneh-

Regel selbstverwaltete Stiftungen mit eigenen Administrationen. Nur in Ausnahmefällen wurden Neugründungen der Stadt zur weiteren Verwaltung überlassen. Aber diese Maßnahme verfehlte oftmals ihr Ziel, denn auch die unabhängigen Verwalter gerieten immer wieder mit dem Willen des Stifters in Konflikt und sahen sich gezwungen, den ursprünglichen Stiftungszweck zu ändern und an die Bedingungen der Zeit anzupassen.

Tatsächlich findet man bei genauerer Untersuchung der selbständigen Stiftungen, dass es nur wenigen gelang, ihre ursprünglichen Zwecke über einen längeren Zeitraum zu bewahren. Auch ohne staatliche Einmischung war also kaum ein Stifterwille von Dauer gewesen. Das zwölfköpfige Collegium Medicum, das noch von Senckenberg selbst eingesetzt worden war, konzentrierte sich rasch auf den Weiterbau und die Unterhaltung des Krankenhauses. Dagegen kam das wissenschaftliche Institut nicht recht voran, also gerade der Teil, auf den Senckenberg seine ganzen Hoffnungen gesetzt hatte.[20] Es sollte fast sechs Jahrzehnte dauern, bis die *Senckenberg Stiftung* wieder das wurde, für was sie ihr Stifter ins Leben gerufen hatte – eine Stiftung für den naturwissenschaftlichen Fortschritt. Doch diese Rückwendung erfolgte seltsamerweise nicht durch die Stiftung selbst, sondern durch die Gründung unabhängiger Vereine wie der *Senckenbergischen Naturforschenden Gesellschaft* von 1817, die wenig später mit dem Aufbau eines naturhistorischen Museums begann.[21] 1824 folgte der *Physikalische Verein*, der ab 1834 Räume im Stiftungshaus nutzte. Zwei Jahre später siedelte sich dort ebenso der gerade gegründete *Geographische Verein* an und vereinigte seine Bibliothek mit der Stiftungsbibliothek. Schließlich folgten 1845 der *Ärztliche Verein* und 1855 noch der *Mikroskopische Verein*. Erst nachdem sich also fast ein halbes Dutzend wissenschaftlicher Vereine um die Stiftung gelegt hatte, trat Senckenbergs Stifterwunsch Stück für Stück in Form einer komplexen Institution für die naturwissenschaftliche Forschung ins Leben. Die Vereine erwiesen sich dann auch vielfach als ein geeigneteres Instrument zum weiteren Ausbau der Zivilgesellschaft.

Ein weiteres Beispiel wäre die Stiftung Städels, die entgegen dem Stifterwunsch den Aufbau einer Kunstschule stark vernachlässigte und den Schwerpunkt stattdessen auf

migung einholen zu dürfen, dem freien Ermessen der [...] Stiftungs-Administration lediglich überlassen« blieben. Zit. n. Freistädter, Bd. 1 (1849), S. 74. Beide hatten das Schicksal der mittelalterlichen Stiftungen vor Augen, die im Zuge der Reformation unabhängig vom ursprünglichen Stifterwillen im Almosenkasten zwangsvereinigt wurden. Vgl. Hans-Otto Schembs, Der Allgemeine Almosenkasten in Frankfurt am Main 1531-1981. 450 Jahre Geschichte und Wirken einer öffentlichen milden Stiftung, Frankfurt am Main 1981.

20 De Bary, Geschichte (wie Anm. 10), S. 76, 116 u. 174.

21 Vgl. Wilhelm Schäfer, Geschichte des Senckenberg-Museums im Grundriß, Frankfurt am Main 1967, S. 13-18. Im Jahre 1817 hatte der Arzt Philipp Cretzschmar, Mitglied der Senckenbergischen Stiftungs-Administration, den Gedanken, einen naturforschenden Verein zu gründen, weil die von Senckenberg hinterlassenen Einrichtungen »einen gediegenen Anhaltspunkt« für das Vorhaben bilden würden. Vgl. De Bary, Geschichte (wie Anm. 10), S. 126. Bereits am 22. November desselben Jahres wurde die *Senckenbergische Naturforschende Gesellschaft* gegründet und wenig später mit den Planungen für den Bau eines Naturmuseums begonnen, das 1821 eingeweiht wurde. Zum Bau des Museums vgl. Waldemar Kramer, Chronik der Senckenbergischen Naturforschenden Gesellschaft 1817-1966, Frankfurt am Main 1967, S. 206-208, u. Evelyn Hils, Johann Friedrich Christian Hess. Stadtbaumeister des Klassizismus in Frankfurt am Main von 1816-1845, Frankfurt am Main 1987, S. 165-171.

das Museum legte.[22] Noch abenteuerlichere Wendungen vollzog das *Freie Deutsche Hochstift*, das Georg Volger als eine Akademie für Volksbildung ins Leben gerufen hatte. Statt zu einer Volksuniversität entwickelte sich die Einrichtung erst zu einer Forschungsstätte für die Werke Goethes und wandelte sich dann zu einer Organisation, die sich intensiv mit der sozialen Frage auseinandersetzte.[23]

Dennoch waren diese Stiftungen erfolgreich und manche von ihnen etablierten bedeutende Einrichtungen der Zivilgesellschaft wie Forschungsinstitutionen oder Museen. Ganz entgegen der Stifterintention handelten die Stiftungen somit nicht als feste und rigide geführte Organisationen, in denen der Wille eines Toten fortwirkte, sondern als ein sehr flexibles Netzwerk von Organisationen, die den Mitgliedern der städtischen Führungsschicht, die sich in den Verwaltungen der verschiedenen Einrichtungen engagierten, eine Vielzahl von zusätzlichen Möglichkeiten auf dem sozialen und kulturellen Feld ihrer Stadt schuf. Ein eindrucksvolles Beispiel für eine derartige Interaktion zwischen einer ganzen Reihe von Stiftungen und ihnen zugeordneten Vereinen findet sich in dem Aufbau der Frankfurter Universität.

Die Errichtung einer Stiftungsuniversität als bedeutender Beitrag zur städtischen Zivilgesellschaft

Die Idee einer Akademie oder einer Universität kam zuerst im Zusammenhang mit der Gründung der Museumsgesellschaft im Jahre 1808 auf. Sie erlebte dann mit der Schiller-Feier von 1859 und Volgers *Freiem Deutschen Hochstift* eine Renaissance, zu denen auch die Volksakademie von Rosette und Marta Pfungst zu rechnen ist.[24] Ein Vorschlag von Volger veranlasste den Verleger Carl Jügel, sich an den Bestrebungen zu einer Universitätsgründung zu beteiligen. Er kam dem Wunsch Volgers nach, indem er seine beiden Söhne überzeugte, eine große Stiftung zu errichten, deren einziger Zweck in der Verwirklichung der Akademie-Pläne bestehen sollte. Tatsächlich bestanden dafür am Ende des 19. Jahrhunderts außerordentlich günstige Voraussetzungen. Im Jahre 1890 hatte der Demokrat Otto Kanngießer eine Denkschrift verfasst, die er mit »Frankfurts Gegenwart und nächste Zukunft« überschrieben hatte, und die die Aufmerksamkeit auf die zahlreichen lokalen Kulturstiftungen und Vereine lenkte, die seiner Auffassung nach zu einer Universität zusammengeschlossen werden sollten.[25]

---

[22] Zum Hintergrund vgl. Andreas Hansert, Städelscher Museums-Verein Frankfurt am Main, Frankfurt am Main 1994, S. 24-29.

[23] Vgl. Müller, Stiftungen (wie Anm. 2), S. 69.

[24] »Jeder Freund Deutscher Wissenschaft, Kunst und allgemeiner Bildung, gleichviel welchem Stande er angehöre und welche Vorbildung er besitze, sei hier im Gegensatz zu den Universitäten willkommen, und das Ziel sei nicht wie bei diesen Heranbildung von Staatsdienern und damit die Sicherung des künftigen Broterwerbs, sondern einzig und allein das Streben nach höherer Bildung.« Gründungsschrift von 1859, zit. n. Fritz Adler, Freies Deutsches Hochstift. Seiner Geschichte erster Teil 1859-1885, Frankfurt am Main 1959, S. 34.

[25] Vgl. Otto Kanngießer, Frankfurts Gegenwart und nächste Zukunft. Eine Denkschrift, Frankfurt am Main 1892, S. 56-58, und Lothar Gall, ›Zur politischen und gesellschaftlichen Rolle der Wissenschaften in Deutschland um 1900‹, in: Wissenschaftsgeschichte seit 1900. 75 Jahre Universität Frankfurt, Frankfurt am Main 1992, S. 9-28, hier S. 17-19.

In dem kurzen Zeitraum von wenigen Jahren wurde aus dieser Idee Realität. Im Jahre 1896 ergriff der Magistrat zusammen mit der Handelskammer sowie dem *Volkswirtschaftlichen Verein* die Initiative zur Gründung einer Handelshochschule. Nur wenige Jahre später gründete der Industrielle Wilhelm Merton zusammen mit seinem *Institut für Gemeinwohl* im Jahre 1901 die *Akademie für Sozial- und Handelswissenschaften*. Die Akademie setzte sich zum Ziel, Studenten auf dem Gebiet des öffentlichen Rechts und der Nationalökonomie auszubilden. Aber über dieses Ziel hinaus diente die Akademie als ein Nukleus für die anvisierte Universitätsgründung. Diese Initiativen der bürgerlichen Elite ermunterten weitere Bürger zur Gründung weiterer Stiftungen und wissenschaftlicher Vereine. Viele von ihnen kamen von jüdischen Bürgern. Sie zogen auch die Vertreter der Stadtverordnetenversammlung und ebenso Mitglieder des Magistrats in das Projekt, und tatsächlich konnte das Planungsstadium kurz nach 1900 verlassen werden. Zwischen 1900 und 1913 gelang es Oberbürgermeister Franz Adickes, sämtliche Voraussetzungen und Auflagen der städtischen und staatlichen Verwaltung zu erfüllen. Im Jahre 1909 schickte der Magistrat eine Gründungsdenkschrift an das Preußische Innenministerium, die eine Universität mit fünf Fakultäten vorsah.[26] Vier Jahre später stand am Ende eines Prozesses, der alles in allem fast hundert Jahre gedauert hatte, eine Universität, die einige Besonderheiten gegenüber anderen deutschen Universitäten aufwies. Als Stiftungsuniversität konnte sie nicht ohne die Hilfe des informellen und selbstverwalteten Netzwerkes von Stiftungen und wissenschaftlichen Vereinen gegründet werden. An diesem Netzwerk hatte das jüdische Bürgertum einen großen Anteil gehabt.[27] Im gesamten ist die Frankfurter Universitätsgründung ein beeindruckendes Beispiel, wie wirkungsvoll das System von Stiftungen arbeiten konnte und wie wichtig Stiftungen für den Ausbau der Zivilgesellschaft waren.

Die Stiftungsaktivitäten mündeten somit trotz aller Festlegungen der Stifter in ein Netzwerk, das sehr flexibel auf den Wandlungsprozess der Gesellschaft reagieren konnte. Obgleich die Aktivitäten der Stiftungen in diesem Zusammenhang selten genau den Zielen der Stifter entsprachen, unterstützten sie doch ein Netzwerk von kulturellen und sozialen Einrichtungen, die wiederum beträchtlichen Anteil an der Ausformung einer bestimmten lokalen Kultur hatten. In einem Zeitraum von 150 Jahren brachte dieses System eine beeindruckende Reihe von sozialen und kulturellen Einrichtungen hervor: Unter ihnen war ein naturwissenschaftliches Forschungsinstitut, ein zoologischer und botanischer Garten, mehrere größere Bibliotheken, ein naturhistorisches Museum von internationalem Rang, ein Theater, eine Oper, eine Hochschule für Musik, mehrere Kunst- und historische Museen sowie ein angesehenes Kunstinstitut. Neben den zahlreichen Stiftungen für Armenunterstützung wurden andere für Bildung und Erziehungszwecke ins Leben gerufen, es entstanden Forschungseinrichtungen zur Untersuchung der sozialen Frage, eine Akademie für Sozial- und Handelswissenschaft, und schließlich am Ende sogar eine vollständige Universität. Es waren diese Einrichtungen, welche die Erinnerung an die Stifter am Leben

[26] Vgl. Müller, Stiftungen (wie Anm. 2), S. 129-128; Wachsmuth, Gründung (wie Anm. 7), S. 76; ferner Kluke, Stiftungsuniversität, 52.

[27] Vgl. Ralf Roth, ›Das Vereinswesen in Frankfurt am Main als Beispiel einer nichtstaatlichen Bildungsstruktur‹, in: Archiv für Frankfurts Geschichte und Kunst 64, 1998, S. 143-211, hier S. 203-206, und Roth, Wilhelm Meister zu Hans Castorp (wie Anm. 1).

erhielten. Der Weg, den diese Stiftungen zurücklegen mussten, um dieses Ziel zu erreichen, war allerdings voller Wendungen. Es war dabei nicht nur der in den Stiftungszielen festgelegte Stifterwille, der manchmal in Frage gestellt wurde; auch der Wunsch nach Erinnerung an den Stifter wurde keineswegs zu allen Zeiten respektiert, war umstritten und manchmal – zusammen mit seinem Werk – nur von kurzer Dauer.

Stiftungen im eisernen Griff der politischen Macht

Das System der Frankfurter Stiftungen hatte erstmals in der Reformation starke Veränderungen erfahren. Viele Stiftungen verloren ihre Unabhängigkeit und mit dem ursprünglichen Stiftungszweck verschwanden in vielen Fällen auch die Namen und damit die Erinnerung an die Stifter. Sie wurden gezwungen, sich mit dem Almosenkasten zu vereinigen, unabhängig von den einst von den Stiftern gehegten Absichten.[28] 350 Jahre später stellte der dramatische Wandel der sozialen Beziehungen erneut die Existenz vieler Armenstiftungen in Frage. Das Netz der sozialen Stiftungen konnte nicht mehr länger die sozialen Lasten tragen, die aus dem Strukturwandel der korporativen Gesellschaft in eine Klassengesellschaft resultierten. Im Jahre 1881 richteten der Magistrat und die Stadtverordnetenversammlung eine gemischte Kommission ein, die zum Beginn des Jahres 1882 einen Entwurf für eine Reorganisation des Armen- und Stiftungswesens vorlegte. Sie sah die Einrichtung eines Armenamtes sowie von der Stadtverordnetenversammlung gewählte Armenvorsteher vor. Das Armenamt sollte dann künftig die Unterstützungsleistungen zentral vergeben.[29] Aus diesem Grund wurde eine Zusammenfassung der auf dem Feld der sozialen Wohlfahrt tätigen Stiftungen angestrebt. Auch wenn sich an dieser Frage eine große Auseinandersetzung entzündete und viele Stiftungen ihre Unabhängigkeit erklärten, verloren sie durch die Praktiken des Armenamtes und seiner zahlreichen Armenpfleger einen nicht unwesentlichen Teil der Bedeutung, die sie vor der Reform besessen hatten.

Einen noch dramatischeren Eingriff in das Stiftungswesen verursachte rund vierzig Jahre später die Hyperinflation im Jahre 1923. Die Mehrheit der Frankfurter Stiftungen war als Kapitalstiftung organisiert, die ihre Mittel zur Durchführung der Stiftungszwecke aus den Zinsabschlägen von in Aktien und Anleihen angelegten Kapitalien bezogen. Auch wenn die Stiftungsverwaltungen in vielen Fällen auf erfahrene Kaufleute und Bankiers zurückgreifen konnten, waren sie doch machtlos gegen die Inflation, die große Stiftungskapitalien unerbittlich vernichtete. Der enorme Kapitalverlust war ein wesentlicher Grund für die Umwandlung der Stiftungsuniversität in eine ganz normal vom preußischen Staat und der Stadt Frankfurt finanzierte Universität.

Der tiefste Eingriff resultierte jedoch aus dem Aufstieg des Nationalsozialismus und der konsequenten Vernichtung, Auflösung und Umwandlung aller jüdischen Stiftungen in Frankfurt am Main. Die jüdischen Stiftungen erinnerten in ihrer starken Präsenz sowohl an die wirtschaftliche Bedeutung dieses Bevölkerungsteils als auch an

---

[28] Vgl. Schembs, Der Allgemeine Almosenkasten (wie Anm. 19), S. 12-18.

[29] Karl Maly, Die Macht der Honoratioren. Geschichte der Frankfurter Stadtverordnetenversammlung. Bd. 1: 1867-1900, Frankfurt am Main 1992, S. 175.

ihre Bereitschaft, Verantwortung für das Gemeinwohl der städtischen Zivilgesellschaft zu übernehmen. Der Zahl nach hatten sie immerhin mehr als ein Drittel aller Frankfurter Stiftungen gestellt. Dieser Anteil war deutlich überproportional zum Anteil der jüdischen Bevölkerung, der unter zehn Prozent lag. Noch mehr, dieser Anteil war in der kurzen Zeitspanne von wenigen Jahrzehnten erreicht worden und stellte damit die Stiftungsbereitschaft des nichtjüdischen Teils der Frankfurter Gesellschaft in den Schatten. Dieser Erfolg, diese öffentliche Allgegenwart in der Frankfurter Zivilgesellschaft war den erklärten Judenfeinden der nationalsozialistischen Bewegung ein Dorn im Auge. Der erste Schritt zur Vertreibung der Juden aus dem öffentlichen Raum bestand in der Verabschiedung der Nürnberger Rassengesetze von 1935 und im Ausschluss aller Juden aus der deutschen »Volksgemeinschaft«. Als Konsequenz verloren die jüdischen Stiftungen und die meisten der so genannten paritätischen Stiftungen in ganz Deutschland den Status der Gemeinnützigkeit. Das bedeutete wiederum, dass sie von diesem Zeitpunkt an der Steuerpflicht unterlagen, und Körperschaftssteuern, Grund- und Bodensteuern oder Einkommensteuern zu bezahlen hatten. Diese Steuern verbrauchten oftmals einen bedeutenden Teil der Zinseinkünfte und verhinderten auf diese Weise, dass der eigentliche Zweck der Stiftung weiter verfolgt werden konnte.

Als Ergänzung zu dieser drastischen Verschlechterung nahm die bürokratische Kontrolle der Stiftungen deutlich zu. Das hatte sich bereits in den Jahren 1933 und 1934 in den allerersten Maßnahmen der beim Rechtsamt des Magistrats angesiedelten Stiftungsabteilung niedergeschlagen. Die den Stiftungen zugeordnete Behörde verschickte Fragebögen, mit denen detaillierte Informationen über jede Stiftung zusammengetragen wurden. Sie enthielten Fragen nach den Statuten und den Zwecken der Stiftung, die Höhe des Stiftungskapitals und die Geldsumme, die für die Stiftungszwecke ausgegeben worden war. Außerdem sollten die Namen der Mitglieder des Stiftungsvorstandes oder der Stiftungsverwaltung, ihr Beruf und ihre Adressen angegeben werden. Weiterhin verlangte das Amt ab diesem Zeitpunkt regelmäßige Berichte über jede Aktivität der Stiftung und jährliche Abschlussrechnungen. Die Kontrolle der Stiftungen durch die Stiftungsabteilung war keineswegs eine Erfindung der Nationalsozialisten. Sie bestand bereits früher und war ursprünglich dazu gedacht, ein Gegengewicht gegen die unabhängigen Verwaltungen der Stiftungen zu schaffen. Die Maßnahme sollte sicherstellen, dass sich die Stiftungen an den vom Stifter gesetzten Rahmen hielten und nicht willkürlich völlig neue Ziele und Zwecke verfolgten. Aber es fällt doch auf, dass diese Kontrolle in den ersten Jahren der nationalsozialistischen Herrschaft nun sehr rigide und formalistisch durchgeführt wurde.

Das System der Kontrolle erfuhr 1938 eine weitere Verschärfung, nachdem der Oberbürgermeister die Aufsicht über alle Stiftungen übernommen hatte. 1938 war dann auch das Jahr, in dem die Reorganisation des Stiftungswesens in Angriff genommen wurde. In einem auf den 24. August 1938 datierten Rundbrief des Oberbürgermeisters an alle Stiftungsvorstände wurde erneut eine lange Liste von Fragen vorgelegt und umfangreiche Informationen verlangt. Nach dem Pogrom an den Juden vom 9. November 1938 wurde der Ton in der Korrespondenz zwischen der Stiftungsabteilung und den jüdischen Stiftungsvorständen schärfer und die Aufregung über die Ereignisse wurden benutzt, den Prozess der Zerstörung insgesamt zu beschleunigen.

Nur wenige Wochen nach dem Pogrom begann die Umwandlung und Auflösung vieler jüdischer Stiftungen. In diesem Prozess unterschied die Stiftungsabteilung zwischen den so genannten paritätischen Stiftungen, die ihre Stiftungszwecke weitgehend ohne konfessionelle Einschränkungen verfolgten, und den rein jüdischen Stiftungen, die sich in ihren Zwecken ausschließlich an Juden richteten. Gerade die paritätischen Stiftungen zogen die Aufmerksamkeit des nationalsozialistischen Magistrats auf sich und wurden in der Folgezeit Opfer massiver Eingriffe der Stiftungsabteilung. Nicht selten schlossen sie in einem ersten Schritt sämtliche jüdischen Mitglieder aus dem Stiftungsvorstand aus und beriefen sich dabei auf eine Verfügung des Innenministeriums vom 8. Mai 1939.[30] Die freigewordenen Positionen wurden dann entweder von Parteimitgliedern oder von Mitgliedern des Magistrats eingenommen, die willig den beabsichtigten Änderungen des Stiftungszwecks und damit dem Charakter der Stiftung zustimmten. Sie veränderten die Stiftungsnamen, um alle Verbindungen zum Namen des Stifters oder zu Mitgliedern seiner Familie auszulöschen. Aus der Stiftung des *Georg Speyer Hauses* wurde ein *Forschungsinstitut für Chemotherapie*, aus der Arthur Pfungst-Stiftung eine Waldschmidt-Stiftung. Den Stiftungen wurden weiterhin neue Aufgaben zugeteilt und mit diesen neuen Aufgaben war stets ein Ausschluss der Juden von allen Leistungen verbunden. Allein die deutschen »Volksgenossen« sollten Nutznießer der reorganisierten Stiftung sein.[31]

Der letzte Schritt in der Zerstörung der jüdischen Stiftungen folgte schließlich in den Jahren 1939 bis 1941. Die Geheime Staatspolizei (Gestapo) übernahm die Auflösung der »rein« jüdischen Stiftungen. »Rein jüdisch« meinte im damaligen Verständnis, eine von Juden begründete und hauptsächlich für Juden eingerichtete Stiftung. Durch die Unterstützung seitens der Stiftungsabteilung im Rechtsamt des Magistrats verfügten sie über die notwendigen Informationen und konnten in enger Zusammenarbeit mit der Stiftungsabteilung und dem Hessischen Regierungspräsidenten mit der Auflösung der jüdischen Stiftungen beginnen. In der Regel erfolgte das Zerstörungswerk mit einer Anfrage der Gestapo bei der Stiftungsabteilung, ob es sich bei der betreffenden Stiftung auch wirklich um eine rein jüdische Stiftung handele. Wurde dies seitens der im Auftrag des Oberbürgermeisters handelnden Stiftungsabteilung bestätigt, folgte die Auflösungsverfügung durch das Ministerium des Innern. Das übrig gebliebene Stiftungskapital wurde unter Berufung auf die Zehnte Verordnung zum Reichsbürgergesetz vom 4. Juli 1939 an die *Reichsvereinigung der Juden in Deutschland* überwiesen.[32] Diese *Reichsvereinigung* wiederum wurde vom nationalsozialistischen Staat im Jahre 1943 aufgelöst, das angesammelte Vermögen konfisziert und als Kriegsausgabe verpulvert.

Dieses allgemeine Schicksal wird am Beispiel der *David und Emma Höchberg Stiftung* deutlich. Sie wurde im Jahre 1865 gegründet, um im Bedarfsfall die Schulgebühren und Schulmaterialien für Schüler des *Philantropin* zu übernehmen. Nun wurde sie im Jahre 1938 unter die Aufsicht des Oberbürgermeisters gestellt. Nach dem Novemberpogrom im gleichen Jahr wurden jedoch alle Juden vom Besuch der Universitäten, der Gymnasien sowie der öffentlichen Schulen ausgeschlossen. Die Stiftungsabteilung nahm diese Verfügung zum Anlass, den Stiftungsvorstand darauf hinzuweisen, dass

30 Vgl. IfSG, Stiftungsabteilung 281, Bl. 22.

31 Vgl. Gerhard Schiebler, Das Schicksal der jüdischen Stiftungen in der NS-Zeit und die Wiederherstellung einiger Stiftungen nach 1945, in Lustiger (Hg.), Jüdische Stiftungen (wie Anm. 2), S. 407-410, insb. S. 407

32 Artikel I § 1 Absatz 1 i. V. m. § 5 der 10. Verordnung zum Reichsbürgergesetz. Vgl. ebd. 407.

nun die Stiftungsziele nicht mehr umgesetzt werden könnten. In dem offiziellen Anschreiben hieß es: »Infolge der Ereignisse der letzten Monate« sind die »jüdischen Ausbildungsstiftungen [...] nicht mehr in der Lage, ihrer Zweckbestimmung gerecht zu werden.«[33] Der Leiter der Stiftungsabteilung, Dr. Müller, schlug deshalb vor, dass der Vorstand der Stiftung beschließen möge, »die freien Erträge der Stiftung zu Gunsten der jüdischen Auswandererfürsorge bereitzustellen.«[34] Im deutlichen Unterschied zu vielen anderen Frankfurter Stiftungen wies der Vorstand der *Höchberg Stiftung*, Dr. Albert (Israel) Hirsch, diesen Vorschlag zurück und stellte sich auf den Standpunkt, dass »solange die Schule besteht, die freien Beträge der Stiftung diesem satzungsgemäßen Zweck zuzuführen sind«, und außerdem bereite die Einrichtung ihre »Schüler durch besonders zweckmäßige Sprachschulung« in geeigneter Weise auf die Auswanderung vor.[35] Die Stiftungsabteilung schien diese Ablehnung zu akzeptieren. Doch nur wenige Monate später zeigte ihr Leiter Stadtrat Dr. Bruno Müller die Stiftung bei der Gestapo an. »Bei Durchsicht der Unterlagen über die jüdischen Stiftungen habe ich«, so schrieb er, »das Vorhandensein einer *David und Emanuel Höchberg-Stiftung* festgestellt, welche zu Gunsten der Real- und Volksschule der hiesigen isr. Gemeinde (*Philantropin*) errichtet war. [...] Gegen eine etwaige Eingliederung in die *Reichsvereinigung* in Deutschland hätte ich nichts einzuwenden.«[36] Das war der Grund, warum die Stiftung am 28. Oktober 1940 aufgelöst und ihr Vermögen an die Reichsvereinigung der Juden überwiesen wurde.[37]

So prinzipiell einfach sich die Auflösungsprozedur gestaltete, so sperrig erwies sich der Prozess im Einzelfall. So bildeten beispielsweise die Rothschild-Stiftungen mit einem Gesamtvermögen von 1,3 Millionen Reichsmark einen bemerkenswerten Sonderfall.[38] Im Jahre 1939 fragte die Britische Botschaft in einem offiziellen Memorandum im Auftrag des Londoner Zweigs der Familie nach den Bedingungen, unter denen die Rothschild-Stiftungen in Frankfurt arbeiteten. Die Botschaft verwies auf eine spezielle Klausel in allen Statuten der Rothschild-Stiftungen, dass nämlich in dem Falle, in dem die Stiftung nicht mehr ihren ursprünglichen Zwecken nachkommen könne, das Vermögen der Stiftung an die Familie oder ihre Nachkommen zurückfallen würde. Im Einzelnen hieß es in dem Memorandum dann weiter: »Es darf als sicher gelten, dass im Falle der oben erwähnten vier und gewisser anderer Treuhandschaften seitens der Behörden bei der Verwaltung der betreffenden Fonds ein Eingriff oder die Drohung mit einem Eingriff in einem Umfange erfolgt ist, der zum Mindesten hinreichend erscheint, um ernste Zweifel darüber aufsteigen zu lassen, ob nicht ein Vorgehen geplant ist, das die Durchführung der treuhänderischen Obliegenheiten unmöglich machen würde. Falls das der Fall sein sollte, würden einer oder mehrere britische Untertanen, die Mitglieder der Familie Rothschild sind, als Erben der Gründer an allen vier Treuhandschaften, für die ein Rückfall ausdrücklich vorgesehen ist, sowie

33 Vgl. Schreiben des Rechtsamts-Stiftungsabteilung (Dr. Müller) an die Stiftung v. 31. Dezember 1938. IfSG, Stiftungsabteilung 201, Bl. 25.

34 Ebd.

35 Ebd. Bl. 26.

36 Notiz Rechtsamt Stiftungsabteilung an Gestapo Frankfurt v. 30. Juli 1940. Ebd. Bl. 32.

37 Verfügung des Reichsministers des Innern v. 28. Oktober 1940. Ebd. Bl. 33.

38 Zum Wert der Stiftungen vgl. Schreiben des Oberbürgermeisters an die Gestapo v. 8. September 1939. IfSG, Stiftungsabteilung 391, Bl. 30.

an sechs anderen, interessiert sein.«[39] Dieses Memorandum verursachte in der nationalsozialistischen städtischen Verwaltung in Frankfurt und im Gau Hessen einige Aufregung. Es kam aufgrund dessen am 25. August 1939 zu einem Treffen zwischen dem Rechtsamt der Stadt, der Gestapo, der Polizei und Vertretern der SS, um sich gegenseitig über die Eingriffe bei den Rothschild-Stiftungen zu informieren.[40] Es war schließlich Dr. Bruno Müller, der Leiter der Stiftungsabteilung, der die Gemüter beruhigen konnte, indem er »die Rechtmäßigkeit aller Maßnahmen« seitens der Stiftungsabteilung betonte. In einem Rechtsgutachten bestritt er die Rechtsgültigkeit der in dem Memorandum angeführten Klausel gegenüber »Britischen Untertanen«.[41] Das Argument überzeugte und ohne weitere Verzögerungen koordinierten die Beteiligten in Zusammenarbeit mit dem Regierungspräsidenten von Hessen die »Überführung der jüdischen (Rothschild) Stiftungen in die *Reichsvereinigung der Juden*«.[42]

Es gab allerdings in diesem Auflösungsprozess eine Ausnahme. Wenn die damaligen Machthaber in der Fortexistenz einer jüdischen Stiftung einen eigenen Vorteil erblickten, dann wurde diese Stiftung zusammen mit anderen in eine neue Stiftung überführt. Die *Pestalozzi*- und die *Hochschulstiftung* sind zwei Beispiele für einen derartigen Fall. Sie wurden beide von der Stiftungsabteilung aus jeweils einer ganzen Reihe von jüdischen Stiftungen für Bildungszwecke geschaffen. So entstand die Hochschulstiftung etwa aus der *Georg Speyerschen Stiftung*, der *Otto und Ida Braunfels-Stiftung* und der *Dr. Karl Sulzbach-Stiftung*, die damals zusammen ein Stiftungsvermögen von über einer Million Reichsmark besaßen.[43] In der diesbezüglichen Korrespondenz wurde auch genau festgehalten, was als eigentlicher Zweck hinter dieser Zwangsfusion stand. In einem Schreiben an die Vorstände der betroffenen Stiftungen führte der Leiter der Stiftungsabteilung aus: »Durch Erlass des Ministers des Innern und des Reichsministers für Wissenschaft, Erziehung und Volksbildung vom 8. Mai 1939 bzw. 20. Mai 1939 ist vorgesehen, dass bei den von Juden errichteten, aber für fördernswerte sachliche Zwecke bestimmten Stiftungen die jüdischen Namen beseitigt werden müssen und jegliche jüdische Mitwirkung bei der Verwaltung der Stiftung aufhören muss. Deswegen ist es notwendig, dass auch die oben erwähnte Stiftung einen anderen Namen wählt.«[44] Mit dem Namen sollte die Erinnerung sterben.

Dieser Auflösungs- und Überführungsprozess zog sich bis 1941 hin. Aber selbst danach entdeckte der bürokratische Apparat immer noch vereinzelt jüdische Stif-

---

39 Vgl. das Lichtbild des Aide-mémoire der Britischen Botschaft Berlin o. Datum. Ebd. Bl. 50-55, und Abschrift des Aide-mémoire der Britischen Botschaft Berlin o. Datum. Ebd. Bl. 56-57.

40 Ebd. Bl. 12.

41 Vgl. Schreiben Rechtsamt-Stiftungsabteilung (Stadtrat Dr. Müller) an Oberbürgermeister v. 31. August 1939. Ebd. Bl. 14. Müller fertigte eine Aufstellung der Rothschild-Stiftungen mit der Heimfallklausel an und lieferte als Jurist eine Argumentation, warum sie auf die britischen Vertreter der Familie Rothschild nicht zutreffen würde. Seiner Ansicht nach könnten »diejenigen Mitglieder der Familie Rothschild, die jetzt britische Untertanen sind, irgendwelche Rechtsansprüche nicht geltend machen.« Vgl. Aufstellung des Rechtsamtes an die Gestapo »Rückfallrechte bei den Rothschildschen Stiftungen« v. 8. September 1939. Ebd. Bl. 21-28.

42 Vgl. Reisebericht Dr. Müller über Dienstreise nach Wiesbaden v. 11. September 1939. Ebd. Bl. 19.

43 Vgl. Schreiben des Oberbürgermeisters v. 12. September 1939 an das Rechtsamt Stiftungsabteilung (Dr. Müller) Betr. Umbenennung der Universitätsstiftungen jüdischer Herkunft. IfSG, Stiftungsabteilung 200, Bl. 10, u. Bl. 40-43.

44 Schreiben Rechtsamt-Stiftungsabteilung (Dr. Müller) an *Georg Speyer'sche Studienstiftung* v. 17. Oktober 1939. Ebd. Bl. 19.

tungen, wie etwa im Jahre 1943, als die Stiftungsabteilung von der Fortexistenz der *Dr.-Julius-Höxter-Stiftung* erfuhr. Aufgrund dessen war die Gestapo immer wieder gezwungen, die Auflösungsprozedur im Einzelfall zu wiederholen.[45] Trotz der intensiven Zusammenarbeit von Gestapo und Stiftungsabteilung existierte auch noch 1944 die *Joseph und Clara Triersche Stiftung*, die im Jahre 1879 zur gewerblichen, wissenschaftlichen und künstlerischen Ausbildung von Frauen und Mädchen gegründet worden war. In diesem Jahr entschied der nach wie vor unabhängige Vorstand der Stiftung, der aus Sicht des Regimes aus konfessionslosen, katholischen und evangelischen »Mischlingen« (Nichtariern) verschiedenen Grades bestand, der katholischen *Palmsonntags-Stiftung* beizutreten.[46]

Aber abgesehen von diesen Ausnahmefällen geriet die überwältigende Mehrzahl der jüdischen Stiftungen in die Fallen der korrumpierten Zivilgesetzgebung, der Rassegesetze und der von den Nationalsozialisten beherrschten staatlichen und städtischen Verwaltungen. Dies ließ sehr wenig Raum für Widerstand. Die umfangreichen und aufschlussreichen Quellen aus der Stiftungsabteilung zeigen eindrucksvoll, wie die jüdischen Stiftungen finanziell ausgeblutet wurden, wie man sie der Fähigkeit beraubte, ihren Stiftungszwecken nachzukommen, wie Juden systematisch als Hilfsempfänger ausgeschlossen wurden, wie Juden ihre Vorstandsämter durch Emigration oder Ausschluss verloren und wie die Namen der jüdischen Stiftungen ausgelöscht wurden. Mit den Namen verschwand die Erinnerung an die Gründer. Die Zerstörung der jüdischen Stiftungen – nicht nur in Frankfurt, sondern überall, wo ein wohlhabendes jüdisches Bürgertum existiert hatte, das ein Netz von jüdischen Stiftungen hinterließ – gehört zusammen mit der Arisierung von jüdischen Handelshäusern, Banken und anderen Unternehmen, den Sondersteuern und -abgaben zu den großen Raubzügen, die die nationalsozialistische Herrschaft kennzeichnet. Darüber hinaus war sie eine gewaltsame Maßnahme, um die Erinnerung an den Beitrag der Juden zum kulturellen Kapital der Stadt und zum Ausbau der Zivilgesellschaft auszulöschen. In dieser Hinsicht waren die Nationalsozialisten erfolgreich gewesen. Die Zerstörung der jüdischen Stiftungen hinterließ eine gewaltige Lücke im Frankfurter Stiftungswesen, die bis heute nicht geschlossen werden konnte.

Fazit

Im Vergleich zu den informellen Kommunikationsnetzen im wirtschaftlichen und politischen Bereich handelt es sich bei den Stiftungen um ein Netzwerk von bestimmten einzelnen Bürgern, die nach individuellen Vorstellungen Fehlstellen im sozialen und kulturellen Leben einer kommunalen Zivilgesellschaft schlossen oder es versuchten. Unabhängig von den Intentionen der einzelnen Stifter entwickelte sich daraus im Laufe des 19. und 20. Jahrhunderts ein dichtes Netz von sozialen und kulturellen Einrichtungen, die – auch wenn sie selten auf Dauer den Stifterwunsch erfüllten – ei-

[45] So etwa die *Dr.-Julius-Höxter-Stiftung* zur Unterstützung jüdischer Lehrer. Vgl. IfSG Stiftungsabteilung 211.

[46] Vgl. Abschrift. Sitzung der Josef und Klara Trierschen Stiftung am 10. Juni 1944. IfSG, Stiftungsabteilung 487, Bl. 22. Über die Rechtmäßigkeit dieses Beschlusses wurde später jahrzehntelang gestritten. Vgl. ebd. Bl. 25-81.

nen wertvollen und wachsenden Bestandteil des kulturellen Kapitals der Stadt bildeten. Die Stiftungen in ihren Einzelaktivitäten wie auch als flexibles Netzwerk trugen zur Milderung der sozialen Probleme bei und sie ermöglichten umfangreiche Projekte zur Bereicherung der kommunalen Kultur und zur Förderung der Attraktivität der Stadt. Insofern waren sie ein stabilisierendes Element der Zivilgesellschaft. Das galt trotz der Krisen in der Zeit nach dem Ersten Weltkrieg, als die Hyperinflation die Kapitalbestände zahlreicher Stiftungen vernichtete, und trotz des gewaltsamen Antisemitismus unter der nationalsozialistischen Herrschaft, der den jüdischen Teil des Frankfurter Stiftungswesens zerstörte.

Zivilgesellschaft transnational

Jüdische Hilfsorganisationen und jüdische Massenmigration aus Osteuropa in Deutschland, 1868-1914

von

TOBIAS BRINKMANN

In der zweiten Hälfte des 19. Jahrhunderts sahen sich Juden und jüdische Gemeinden in Mittel- und Westeuropa sowie in den Vereinigten Staaten zunehmend mit jüdischen Migranten aus Osteuropa konfrontiert. Manche suchten aktiv bei jüdischen Gemeinden um Hilfe nach. Aber westliche Juden fühlten sich auch für die Migranten verantwortlich. Von den 1860er bis in die 1880er Jahre nahm die Abwanderung aus dem Russischen Reich, Teilen von Österreich-Ungarn und Rumänien zu – vor allem mit dem Ziel Amerika. Wiederholt eskalierte die Situation an den Nahtstellen entlang der Grenze und den Haupttransportwegen. Zu Beginn der 1890er Jahre setzte eine Massenmigration ein, die bis zum Ausbruch des Ersten Weltkriegs trotz Schwankungen anhielt und jüdisches Leben im Westen, insbesondere in den Vereinigten Staaten, Großbritannien und Frankreich rapide und deutlich veränderte. Schon vor der Jahrhundertwende überstieg die Zahl der nach 1880 eingetroffenen jüdischen Neueinwanderer in den Vereinigten Staaten die der länger ansässigen Juden, und nach 1900 nahm die Einwanderung noch einmal deutlich zu.[1]

Die Reaktionen unter Juden im Westen reichten von genuinem Mitleid und großer Hilfsbereitschaft über rigide »Erziehungsprogramme« bis zur harschen Ablehnung der vielfach bedürftigen Migranten. Ein Leitmotiv für jüdische Hilfe im Westen war die Furcht der westlichen Juden, mit den östlichen Migranten identifiziert zu werden. Die Juden in Deutschland waren zum Zeitpunkt der Reichsgründung mehrheitlich sozial und wirtschaftlich etabliert. Ihren Status als gleichberechtigte Bürger hatten sie aber erst wenige Jahre vorher, zum Teil gar erst mit der Reichsgründung 1871 erhalten. Sie standen daher vor einem schwierigen Dilemma. Einerseits konnten und wollten die meisten die Not der Juden in Osteuropa und der jüdischen Migranten nicht ignorieren. Die im traditionellen Judentum verwurzelte Verpflichtung, Bedürftige zu unterstützen, erklärt die selbstverständliche Spendenbereitschaft vieler Juden. Aber auf der anderen Seite trennte sie als moderne emanzipierte Juden, als deutsche Staatsbürger jüdischer Konfession und als Angehörige des Bürgertums eine breite Kluft von der Masse der bedürftigen Migranten. Diese waren arm, bekannten sich vielfach zum traditionellen Judentum, nach 1880 immer häufiger aber auch zum Sozialismus oder Zionismus, und sie waren für die Behörden unerwünschte Ausländer. Um 1870 waren viele deutsche Juden selbst noch in religiös traditionellen Elternhäusern in beschei-

---

1 Mark Wischnitzer, To Dwell in Safety: The Story of Jewish Migration since 1800, Philadelphia 1948, S. 3-97.

denen Verhältnissen auf dem Land aufgewachsen und hatten im Elternhaus Jiddisch gesprochen. Das negative Bild des »Ostjuden« repräsentierte für viele deutsche Juden ein »negatives Spiegelbild« (Steven Aschheim) ihrer selbst und eine unangenehme Erinnerung an eine als überkommen gedeutete Vergangenheit.[2]

Die Möglichkeit, dass sich als religiös traditionell bzw. als separate Gruppe wahrgenommene »Ostjuden« in großer Zahl in Deutschland niederlassen könnten, würde – darüber waren sich die meisten führenden Juden im Kaiserreich einig – den gerade gewonnenen Status erheblich gefährden. Und in der Tat, Gegner der Emanzipation instrumentalisierten negativ verzerrte, teilweise stark antisemitisch aufgeladene Bilder von »Ostjuden« in massiver Form. Diese Agitation verfehlte ihre Wirkung auf die ohnehin restriktive Migrationspolitik im Kaiserreich nicht. Wiederholt wurden seit Mitte der 1880er Jahre osteuropäische Juden – und Polen aus dem Russischen Reich und der Habsburgermonarchie – in großer Zahl über die Ostgrenzen abgeschoben. Dahinter standen eindeutig antisemitische und antislawische Motive.[3] Diese Politik engte nicht nur den Spielraum der deutschen Juden ein, sie verschärfte das oben angedeutete Dilemma nur noch. Wie sollten deutsche Juden auf Anfeindungen gegen ausländische jüdische Migranten und von der Regierung angeordnete Massenausweisungen reagieren, in erster Linie als Juden oder als deutsche Staatsbürger?

Auch in Großbritannien, Frankreich und in den Vereinigten Staaten hatten negative Bilder von »Ostjuden« seit den 1880er Jahren Konjunktur. Und auch hier bildeten sie ein zentrales Element antisemitischer Agitation und beeinflussten Debatten über Migrationsbeschränkungen. Allerdings standen diese Länder im Gegensatz zu Deutschland vor 1914 Einwanderern weitgehend offen. Und jüdische Migranten waren weniger exponiert. Andere Einwanderergruppen, etwa katholische Iren in Großbritannien, Chinesen, Polen und Iren in den Vereinigten Staaten oder Italiener in Frankreich, galten im öffentlichen Diskurs als mindestens so bedrohlich wie Juden aus Osteuropa. Der Status der Juden war in den Vereinigten Staaten gefestigter als in Deutschland, wo sie eine deutlich herausgehobene und verwundbare Minderheit darstellten. Außerdem konnten sich Juden aus Osteuropa vor dem Ersten Weltkrieg im Gegensatz zu Deutschland in den Vereinigten Staaten, Großbritannien und Frankreich niederlassen und taten das auch; schon um die Jahrhundertwende stellten sie die Mehrheit der jüdischen Bevölkerung in diesen Ländern. Nicht zuletzt deshalb fühlten sich auch viele Juden in Westeuropa und in den Vereinigten Staaten bedroht und reagierten mit Vorbehalten auf die jüdische Massenmigration aus Osteuropa.[4]

Mit der Unterstützung verfolgten etablierte westliche Juden vor allem zwei offensichtliche Ziele:

Erstens sollten bedürftige Juden nicht staatlichen oder privaten Wohltätigkeitseinrichtungen zur Last fallen und so möglicherweise dem Ruf der etablierten Juden

---

2 Steven Aschheim, Brothers and Strangers: The East European Jew in German and German Jewish Consciousness 1800-1923, Madison 1982, S. 5.

3 Jack Wertheimer, Unwelcome Strangers. East European Jews in Imperial Germany, New York, Oxford 1987, S. 42-49.

4 Esther Panitz, ›In Defense of the Jewish Immigrant (1891-1924)‹, in: American Jewish Historical Quarterly, 55 (1965), S. 57-97; Rivka Lissak, Pluralism & Progressives: Hull House and the New Immigrants, 1890-1919, Chicago 1989; Todd Endelman, The Jews of Britain 1656 to 2000, Berkeley 2002, S. 127-180; Paula Hyman, The Jews of Modern France, Berkeley 1998, S. 115-135.

schaden. Diese Prämisse galt vor allem für jüdische Wohltätigkeit auf der lokalen Ebene. In Deutschland war die Situation für jüdische Migranten indes anders gelagert als etwa in den Vereinigten Staaten. Ausländische Durchwanderer hatten keinen Anspruch auf staatliche Unterstützung; verschärfte Kontrollmaßnahmen bedeuteten für viele die sofortige Abschiebung, vielfach schon die Zurückweisung an der Grenze. Jüdische Hilfsvereinigungen versuchten daher, staatliche Maßnahmen abzumildern und die rechtliche Lage der Migranten zu verbessern.

Zweitens sollte die Sichtbarkeit der Migranten reduziert werden. Juden aus Osteuropa sollten entweder gar nicht erst migrieren, etwa durch gezielte Förderprogramme in ihren Heimatorten, oder, falls sie die Land- oder Seegrenze bereits überquert hatten, möglichst schnell weitergeschickt werden. Fielen diese beiden Optionen weg (insbesondere in Amerika), sollten die Migranten im Sinne des Selbstbildes der westlichen Juden »erzogen«, »normalisiert« und »produktiviert« werden – so die zeitgenössischen Ausdrücke für diese Art von Assimilation.

Die an die Hilfe geknüpften Bedingungen und das dahinter stehende bürgerliche Wertesystem waren für bedürftige Empfänger nicht immer akzeptabel oder nachvollziehbar.[5] Die »Produktivierung« armer Juden hatte vielfach mehr mit dem Selbstbild der Förderer und der Internalisierung des Emanzipationsprozesses als mit den konkreten Bedürfnissen der osteuropäischen Migranten und den Anforderungen der Arbeitsmärkte zu tun. Viele Förderer jüdischer Farmer in unwegsamen Gebieten Nordamerikas wussten durchaus, dass die Erfolgsaussichten dieser Kolonien mehr als gering waren und dass traditionelle Subsistenzlandwirtschaft keine große Zukunft hatte. Aber die schiere Existenz von abgehärteten jüdischen Einwanderer-Farmern war für sie ein starkes Argument gegen antisemitische Agitation, die Juden generell »Normalität« absprach.[6]

Die Literatur zum Aufeinandertreffen von *Germans* und *Russians* in Nordamerika oder deutschen Juden und »Ostjuden« im Kaiserreich und in der Weimarer Republik ist umfassend. Insbesondere das Bild des Ostjuden und die zahlreichen Konflikte zwischen etablierten Westjuden und unterprivilegierten »Ostjuden« sind detailliert und aus verschiedenen Perspektiven untersucht worden.[7] Mehrere Autoren haben auch die Motive der jüdischen Spender und Mitarbeiter von jüdischen Wohltätigkeitsorganisationen in Europa und in den Vereinigten Staaten näher beleuchtet.[8] Die lokale Ebene und die Wahrnehmung der Migranten aus dem Osten durch etablierte Juden stehen dabei vielfach im Vordergrund. Weniger bekannt sind indes die von den Migranten eingeschlagenen Wege, die von ihnen selbst aufgebauten Netzwerke wie

5 Grundlegend zu »Produktivierung«: Derek J. Penslar, Shylock's Children: Economics and Jewish Identity in Modern Europe, Berkeley 2001.

6 Zum Hintergrund: Uri Herscher, Jewish Agricultural Utopias in America 1880-1910, Detroit 1981.

7 Aschheim, Brothers and Strangers (wie Anm. 2); Wertheimer, Unwelcome Strangers (wie Anm. 3); Trude Maurer, Ostjuden in der Weimarer Republik, Hamburg 1987; David A. Brenner, Marketing Identities: The Invention of Jewish Ethnicity in Ost und West, Detroit 1998; Gerald Sorin, ›Mutual Contempt, Mutual Benefit: The Strained Encounter between German and Eastern European Jews in America, 1880-1920‹, in: American Jewish History, 81 (1993), S. 34-59.

8 Rainer Liedtke, Jewish Welfare in Hamburg and Manchester, c. 1850-1914, Oxford 1998; Penslar, Shylock's Children (wie Anm. 5); Gary Edward Polster, Inside Looking Out: The Cleveland Jewish Orphan Asylum 1868-1924, Kent, OH 1990.

Landsmannschaften und vor allem das Unterstützungssystem der jüdischen Hilfsorganisationen.[9] Die Zahl der Migranten war hoch; mindestens zwei Millionen Juden migrierten zwischen 1880 und 1914 aus Osteuropa allein in die Vereinigten Staaten, die meisten über Deutschland. Der Übergang von der Unterstützung der Migranten auf der lokalen Ebene zu einem transnationalen Hilfsnetzwerk soll im Folgenden näher betrachtet werden. Warum und auf welchen Wegen unterstützten etablierte Juden jüdische Migranten? Und inwieweit trugen jüdische Hilfsorganisationen zur Herausbildung zivilgesellschaftlicher Strukturen bei? Im Mittelpunkt des Beitrages steht der Aufbau eines transnationalen und privaten jüdischen Unterstützungssystems, das maßgeblich durch zwei Faktoren beeinflusst wurde: die Ausdehnung der (national-)staatlichen Sphäre und das Phänomen der globalen Massenmigration über große Distanzen. Nach Mitte des 19. Jahrhunderts war die Unterstützung armer jüdischer Migranten nicht mehr nur ein lokales »Problem« jüdischer Gemeinden; die Zahl bedürftiger Juden aus dem Osten nahm massiv zu und der oder die »Fremde« wurde nun nicht mehr nur lokal oder regional, sondern auch auf der staatlichen Ebene definiert und erfasst.

Die Migrations-Krise von 1868/69

In den späten 1860er Jahren kamen zunehmend jüdische Migranten aus Osteuropa über die Westgrenze des Russischen Reiches nach Preußen. Das war durchaus kein neues Phänomen. Schon vor 1800 hatten arme Juden aus dem »Osten«, vielfach Flüchtlinge der zahlreichen militärischen Konflikte in Ost- und Mitteleuropa, bei jüdischen Gemeinden in Westeuropa um Hilfe nachgesucht. Zwischen 1840 und 1870 vollzog sich in Europa indes ein entscheidender Umbruch im innerjüdischen Ost-West-Verhältnis. Die ohnehin schwierige wirtschaftliche und soziale Situation in Regionen mit hohem jüdischem Bevölkerungsanteil im Russischen Reich, in Rumänien und im zur Habsburgermonarchie gehörenden Galizien verschärfte sich. Im Russischen Reich und in Rumänien blieb Juden die Emanzipation verwehrt. Genau zu dem Zeitpunkt, als sich die Lage von immer mehr Juden im Russischen Reich sowie in Galizien und Südosteuropa teilweise drastisch verschlechterte und die Abwanderung nach Westen zunahm, verbürgerlichte sich die große Mehrheit der Juden in den deutschen Staaten in einer Generation. Bereits um 1870 waren die Mehrheit der deutschen Juden Stadtbewohner, die sich wirtschaftlich in den mittleren Einkommensschichten etabliert hatten.[10]

Die Migrationskrise von 1868/69 fiel in die Abschlussphase der Emanzipation in Preußen; am 3. Juli 1869 wurden die preußischen Juden vollständig emanzipiert.[11] Kurz zuvor spitzte sich die Lage an der ostpreußischen Grenze zu. 1868 war die Cholera in mehreren Gebieten im Nordwesten des Russischen Reiches ausgebrochen, im

9 Knapper Überblick über jüdische Hilfsvereinigungen und Migration: Penslar, Shylock's Children (wie Anm. 5), S. 195-203; zu Landsmannschaften: Daniel Soyer, Jewish Immigrant Associations and American Identity in New York, 1880-1939, Cambridge, MA 1997.

10 Jacob Toury, Soziale und politische Geschichte der Juden in Deutschland, 1848-1871, Düsseldorf 1977, S. 30.

11 Allgemeine Zeitung des Judenthums (AZ), 20. Juli 1869, S. 577.

gleichen Jahr drangen Berichte einer Hungerkrise in den Grenzprovinzen Suwalki und Kowno nach Westen. Weitaus mehr hilfsbedürftige jüdische Migranten als sonst überquerten die Grenze. Die Anwesenheit von ausländischen Juden auf preußischem Territorium war vor den 1880er Jahren noch nicht automatisch ein Problem. Entlang der östlichen Grenze, vor allem in Memel, aber auch in Königsberg und Tilsit. lebten viele russische Juden, die sich eine sichere Existenz aufgebaut hatten.[12] Die Berichte der jüdischen Gemeinden in Königsberg, Memel und Stettin über große Gruppen von bedürftigen Migranten riefen führende Juden aus anderen Teilen Preußens rasch auf den Plan. Denn anders als in den Jahrzehnten zuvor konnten die einzelnen Gemeinden die Not nicht alleine bewältigen. Die Reaktion, die Debatte und die letztlich getroffenen Maßnahmen lassen sich detailliert nachvollziehen. Die Allgemeine Zeitung des Judenthums druckte 1869/70 fast in jeder Ausgabe Briefe und Berichte der wichtigsten Protagonisten und involvierten Gemeinden. Der Herausgeber (und Bonner Rabbiner) Ludwig Philippson selbst schaltete sich mehrfach in die Diskussion ein. Die Allgemeine Zeitung diente den Beteiligten in weit voneinander entfernten Regionen als Plattform zur Kommunikation und Planung. Sie sammelte und publizierte kontroverse Meinungen, Mitteilungen der Hilfskomitees und Informationen aus dem westlichen Teil des Russischen Reiches, erörterte Lösungsvorschläge, und sie spielte eine entscheidende Rolle bei der Koordination der letztlich vereinbarten Hilfsmaßnahmen.

Warum aber konnten eine wöchentlich erscheinende Zeitung und ihr Herausgeber in eine so prominente Funktion gelangen? Bis in die 1860er Jahre gab es jenseits der jüdischen Gemeinden in Mitteleuropa keine jüdischen Institutionen, die Juden betreffende Probleme aufgreifen konnten. Die einzelnen jüdischen Gemeinden kümmerten sich um bedürftige jüdische Migranten. Eine überregionale jüdische Presse als ein jüdische Interessen und Themen behandelndes Organ, das von Juden für eine breite jüdische Leserschaft gemacht wurde, hatte sich zu diesem Zeitpunkt bereits etabliert. Um 1840 entstanden in den deutschen Staaten, in Paris, Wien und London, wenige Jahre später auch in Nordamerika und Osteuropa jüdische Wochenzeitschriften für einen breiteren Leserkreis. Zeitungen wie die »Allgemeine Zeitung des Judenthums« oder die »Archives Israélites« wurden auch in Amerika gelesen, und viele Zeitungen übernahmen Artikel aus anderen jüdischen und allgemeinen Zeitungen. Die Macher der Zeitungen befürworteten die möglichst rasche Emanzipation und damit nicht nur staatsbürgerliche Rechte, sondern auch Pflichten. Aber sie propagierten auch die spezifische jüdische Verantwortung für »andere« Juden. Nicht zuletzt über die zunehmend dichte Berichterstattung der Zeitungen wurden Juden in West- und Mitteleuropa auf das Schicksal von Juden in Osteuropa und im Orient aufmerksam. Dort befanden sich im 19. Jahrhundert die nicht nur von den Zahlenverhältnissen her bedeutendsten Zentren der jüdischen Diaspora. Insbesondere in Südosteuropa und im Russischen Reich gestaltete sich ihre Lage nach 1840 zunehmend prekär.[13]

---

12 Ruth Leiserowitz, ›Die positive Grenzerfahrung. Jüdische Lebensläufe aus dem preußisch-litauischen Grenzgebiet‹, in: Hans Hecker, Walter Engel (Hg.), Zwischen Symbiose und Traditionsbruch: Deutsch-jüdische Wechselbeziehungen in Ostmittel- und Südosteuropa (19. und 20. Jahrhundert), Essen 2003, S. 111-122.

13 Jonathan Frankel, The Damascus Affair: ›Ritual Murder‹, Politics, and the Jews in 1840, Cambridge, UK 1990.

1860 entstand in Paris die erste jüdische Hilfsorganisation, die *Alliance Israèlite Universelle*. Sie institutionalisierte das vielschichtige Verantwortungsgefühl westlicher emanzipierter Juden für diskriminierte Juden im Osten. Die *Alliance* knüpfte auch an die vormoderne Tradition jüdischer Fürsprache für andere Juden an. Obwohl die *Alliance* ihre Politik durchaus an der französischen Außenpolitik vor allem im Mittelmeerraum ausrichtete, wo bedürftige sephardische Juden lebten, rekrutierte sie viele Mitglieder (und Förderer) in den deutschen Staaten. Die *Alliance* ist bisher vor allem im Kontext der neueren jüdischen Geschichte Frankreichs analysiert worden.[14] Ähnlich wie das kurze Zeit später gegründete Komitee des Roten Kreuzes war die *Alliance* eine von Privatpersonen finanzierte transnationale Interessenvertretung. Beide Organisationen waren frühe Vorläufer moderner NGO‘s, sie kombinierten spezielle Interessen mit einem universellen Anspruch und öffentlichem Engagement, in der Regel um Bedürftigen zu helfen. Die Geschichte der transnational tätigen jüdischen Hilfsvereinigungen, die mit zahlreichen lokalen jüdischen Gemeinden in verschiedenen Staaten vernetzt waren, illustriert, wie sich zivilgesellschaftliche Netzwerke unterhalb der staatlichen Ebene und gleichzeitig darüber hinaus in einer transnationalen Sphäre entwickeln konnten.

Im Zuge der Migrationskrise von 1868/69 konnte die *Alliance* beweisen, dass sie auch die Interessen ihrer Mitglieder außerhalb von Frankreich vertrat. Da die Juden in den deutschen Staaten keine vergleichbare gemeindeübergreifende Vertretung aufgebaut hatten (einen nationalstaatlichen Rahmen gab es nicht), konnte niemand dem Herausgeber der wichtigsten deutschsprachigen jüdischen Zeitung die Rolle als Organisator der Hilfsaktion, Moderator der Diskussion und Sprecher ernsthaft streitig machen. Philippson war es denn auch, der im Spätsommer 1869 die *Alliance* ins Spiel brachte. Die intensive Vernetzung über territoriale, nationale und sogar kontinentale Grenzen hinweg zur Lösung eines Juden betreffenden Problems und der öffentliche Charakter einer teilweise konfliktträchtigen innerjüdischen Diskussion waren zu diesem Zeitpunkt noch relativ neue Erfahrungen für die meisten Juden.

Im Januar 1869 berichtete der Rabbiner der jüdischen Gemeinde in Memel, Dr. Isaak Rülf, über das Elend von Juden jenseits der russischen Grenze. In Memel habe sich ein Unterstützungskomitee gebildet. Die Redaktion fügte hinzu, dass sich auch in Frankfurt am Main und Posen Komitees gegründet hätten und Geld gesammelt werde.[15] Anlässlich der in Leipzig im Frühjahr einberufenen Synodalversammlung – dem ersten Treffen dieser Art, an dem Vertreter der meisten Gemeinden aus den deutschen Staaten teilnahmen – brachte Philippson einen Antrag zur Lage der Juden in Russland ein. Ihre Situation sei so bedrückend, dass »Auswanderung« für einen großen Teil die einzige Option sei. Ziel sollte das »Innere« Russlands und zumindest für einige auch »andere Länder« sein – von den deutschen Staaten war indes nicht die Rede. Zu diesem Zweck sollten innerhalb möglichst vieler deutscher Gemeinden »Subcomités« gegründet werden, die Geld sammeln und Vertreter in eine »Hauptkommission« entsenden sollten.[16] Eine zentralisierte Organisation mit lokalen Komitees forderte auch der

[14] Michael Graetz, The Jews in Nineteenth-Century France: From the French Revolution to the Alliance Israélite Universelle, Stanford 1996; Hyman, Jews of France (wie Anm. 4), S. 115-135.

[15] AZ, 2. Februar 1869, S. 90-91.

[16] AZ, 18. Mai 1869, S. 386-387.

Vertreter des Hamburger »Comités zur Unterstützung der Juden in West-Russland«.[17] Die dichte Berichterstattung illustriert, dass selbsternannte Sprecher wie Philippson an einer langfristig angelegten Strategie feilten. Angesichts der Konstellation in Russland – große verarmte jüdische Bevölkerung, wirtschaftlicher Rückstand, intransigente Regierung – war absehbar, dass sich ähnliche Migrationskrisen wiederholen würden.

Für Rabbiner Dr. Treuenfels aus Stettin stellte »Auswanderung, organisierte Auswanderung, und zwar in möglichst großem Maßstabe« den einzigen gangbaren Weg dar. Mangels ökonomischer Voraussetzungen kämen weder Palästina noch das Innere Russlands in Frage, es bleibe nur Amerika. Dort gäbe es genug »Raum«. Er beklagte sich bitter über die kurzsichtige Politik des Weiterschickens von armen russisch-jüdischen Migranten von einer jüdischen Gemeinde zur anderen innerhalb Europas – ein Indiz für mangelnde Kommunikation und Vernetzung. Die Spenden wären effizienter angelegt, wenn die Migranten möglichst auf dem direkten Wege nach Amerika geschickt würden. Er widersprach sich damit aber in einem entscheidenden Punkt: »Was aber die Leute drüben machen sollen? Wir erlauben uns sans phrase zu sagen: haben wir sie herübergeschafft, so haben wir das unsrige gethan; die amerikanischen Juden mögen weiter sorgen.« Dieses Modell entsprach genau der von ihm so kritisierten Weiterverschickungsstrategie. Allerdings versprach er den amerikanischen Juden, dass die Überseemigranten »avisiert werden« sollten, d.h. nur »brauchbare« Migranten sollten über den Atlantik geschickt werden.[18]

Im Spätsommer 1869 wandte sich Philippson an die *Alliance* und regte eine Zusammenkunft in Berlin an.[19] Am 11. Oktober fand eine Konferenz in Berlin statt, an der Vertreter der Komitees, führende deutsche Juden wie Philippson und Moritz Lazarus sowie die Pariser Führungsetage der *Alliance* teilnahmen. Die meisten Teilnehmer waren sich über die schwierige Situation der Juden in Russland einig, für die sie die »despotische und gewissenlose Regierung« verantwortlich machten. Die russischen Juden beschrieben sie indes in sehr abfälliger Weise: Viele seien »armselige Pfuscher«; das »Studium des Talmud« bringe in ihnen eine »krankhafte Denkungsart« hervor. Vor allem aber seien sie nicht produktiv, allerdings weil sie von der russischen Regierung daran gehindert würden. Die Konferenz konnte sich indes nicht auf eine Strategie einigen, abgesehen von einem Aufruf, Geld zu spenden.[20] Im Vorfeld waren verschiedene Modelle kontrovers diskutiert worden. Einige forderten die Emanzipation der Juden in Russland. Die russische Regierung solle dem erfolgreichen preußischen Modell der Judenemanzipation folgen. In Preußen lebten die Juden »nicht mehr so dicht beisammen« (wie im frühneuzeitlichen Ghetto), die Gemeinden seien »wohlhabender«, die Juden hätten sich verbürgerlicht und seien »intelligent«. Juden hätten auch »wesentlich zur Hebung und Belebung des preußischen Handels und der Industrie daselbst beigetragen«.[21] Damit verknüpft waren zwei Vorschläge, russische Juden sollten das Recht auf Freizügigkeit erhalten und in großer Zahl in das Landesinnere migrieren (was ihnen bis dahin ausdrücklich verboten war). Und sie sollten »produktiviert« werden, vor

17 Ibid., S. 391.
18 AZ, 1. Juni 1869, S. 425-427.
19 AZ, 12. Oktober 1869, S. 820.
20 AZ, 19. Oktober 1869, S. 840-841.
21 AZ, 25. Mai 1869, S. 407.

allem als Landarbeiter und Bauern.[22] Erforderlich seien, wie es Philippson im Oktober 1869 formulierte, nicht »Almosen«, sondern »Schulen« zur »geistigen Hebung« und »Fabriken«. Letztere allerdings seien wohl nicht realisierbar.[23]

Zu diesem Zeitpunkt hatten auch führende Juden in den Vereinigten Staaten von der Krise erfahren. Unter ihnen mischten sich ähnlich wie in Deutschland Mitleidsbekundungen mit Ablehnung. Einige sprachen sich für eine Aufnahme aus, während insbesondere jüdische Zeitschriften wie der Jewish Messenger kritisch reagierten. In Absprache mit der *Alliance* konnte die im Zuge der Krise organisierte *Hebrew Emigration Aid Society of the United States* durchsetzen, dass nur arbeitsfähige Migranten nach New York geschickt werden sollten – mit der Folge, dass von mehreren tausend Juden, die in ostpreußischen Gemeinden Zuflucht gefunden hatten, nur wenige Hundert in organisierten Transporten nach Amerika weiter migrieren konnten. Es bleibt unklar, was mit den anderen Juden geschah. Immerhin waren umfangreiche Summen gesammelt worden, allein die Pariser Rothschilds hatten die Summe von 100 000 Francs über drei Jahre zugesichert.[24] Einige Migranten dürften dank dieser Unterstützung in ihre Heimat zurückgekehrt sein, andere aber gingen vermutlich auf eigene Faust nach Amerika oder Westeuropa. Schon seit Mitte der 1860er Jahre berichteten lokale jüdische Hilfsorganisationen in Amerika von einer wachsenden Zahl jüdischer Migranten aus Russland.[25]

In der Krise von 1868 konnten sich Juden in den deutschen Staaten über die Allgemeine Zeitung relativ schnell über die Situation verständigen. Die Sprecher der deutschen Juden waren zu diesem Zeitpunkt vielfach die lokalen Rabbiner. Sie waren in der öffentlichen Artikulation geübt und in der Regel mit ihren Kollegen in anderen Gemeinden gut vernetzt. Aus den lokalen Gemeinden heraus entstanden Hilfskomitees. Führende Juden koordinierten die Hilfsaktion mit Hilfe der Pariser *Alliance*. Kleinere Gruppen von Juden konnten nach Amerika vermittelt werden. Aber angesichts der gesammelten Spenden und der vielfältigen Aktivitäten war das ein bescheidenes Ergebnis.[26] Die beteiligten Juden sahen die Migranten einerseits als Opfer der russischen Politik, andererseits aber auch als problematische und nicht erwünschte Gäste, die sich deutlich von ihnen unterschieden. (Aus-) Bildung und Produktivierung in Russland, Repatriierung und »Amerika« waren die favorisierten Lösungsstrategien; eine Ansiedlung der Migranten in den deutschen Staaten wurde nicht erörtert.

Diese ambivalente Reaktion etablierter Juden sollte sich als Konstante im Umgang mit jüdischen Migranten aus Osteuropa in Deutschland und den westlichen Aufnahmeländern erweisen. Die Möglichkeit einer Massenmigration aus dem Osten erforderte 1868/69 auch deshalb eine schnelle jüdische Antwort, weil die Krise genau in die Abschlussphase der Emanzipation in Preußen fiel. Den Staat oder andere gesellschaftliche Gruppen in die Hilfsaktion einzubinden, war für die Beteiligten keine Option. Implizit wurde von den Juden als preußischen Staatsbürgern erwartet, dass sie dieses

22 AZ, 6. Juli 1869, S. 536-537.

23 AZ, 26. Oktober 1869, S. 857-858.

24 AZ, 19. Oktober 1869, S. 841.

25 Wischnitzer, To Dwell in Safety (wie Anm. 1), S. 28-36. Zur Präsenz von »Ostjuden« (das Wort tauchte so in einem englischsprachigen Text auf) in Chicago siehe: Fifth Annual Report of the United Hebrew Relief Association of Chicago, Chicago 1864.

26 Penslar, Shylock's Children (wie Anm. 5), S. 198.

von außen kommende innerjüdische »Problem« entweder in die Weiten des Russischen Reiches oder nach »Amerika« ablenkten. Nicht zuletzt aus diesem Grund vermieden es die Beteiligten, auch nur die Möglichkeit einer Ansiedlung von jüdischen Migranten aus dem Osten in Deutschland öffentlich anzuschneiden. Die Krise zeigte auch, dass den Juden in Preußen bzw. in den deutschen Staaten eine Interessenvertretung fehlte, die verschiedene Stimmen und Hilfsbestrebungen an der Basis bündeln, sich an die Spitze von Hilfsaktionen setzen und mit anderen gesellschaftlichen Gruppen verhandeln konnte. Eine solche Institution hätte indes auch den impliziten Pakt der Emanzipation in Frage gestellt und als Staat im Staate gedeutet werden können. Dieses Vakuum füllte 1868/69 die Allgemeine Zeitung. Der 1869 im Rahmen der Leipziger Synodalversammlung gegründete Deutsch-Israelitische Gemeindebund, die erste und bis in die 1890er Jahre einzige überregionale deutsch-jüdische Institution, blieb eine lose organisierte und von den großen Gemeinden abhängige Institution.[27]

Die Anfänge der jüdischen Massenmigration: Staatliche und jüdische Reaktionen

1881/82 kam es erneut zu einer noch massiveren Krise. An der russisch-galizischen Grenze sammelten sich viele tausend verzweifelter Migranten. Der für die Zeitgenossen offensichtliche und von Historikern lange nicht hinterfragte Zusammenhang mit einer Welle von Pogromen in der Südukraine wird von der neueren Forschung bezweifelt. Einiges deutet auf eine von falschen Zeitungsberichten ausgelöste Gerüchtewelle hin. Die Migranten sollten angeblich hinter der Grenze in Empfang genommen und nach Amerika gebracht werden, wo sie angeblich großer Wohlstand erwartete. Hunderte verließen ihre Heimatorte, vielfach Hals über Kopf und ohne realistischen Plan. Aus Sicht der westlichen Juden (und der allgemeinen Öffentlichkeit) handelte es sich dagegen eindeutig um eine massive Flüchtlingswelle vor den Pogromen.[28] Das war nur eines von vielen Missverständnissen zwischen den häufig eher konkreten (wenn auch nicht immer realistischen) materiellen Erwartungen der Migranten und der von ihrem eigenen Selbstbild und Erwartungen geprägten Wahrnehmung westlicher Juden.

In Mitteleuropa wiederholte sich das Reaktionsmuster von 1868/69, mit dem Unterschied, dass dieses Mal sehr viele Migranten nach Nordamerika geschickt wurden. In zahlreichen deutschen Gemeinden entstanden lokale Hilfskomitees, die Geld sammelten, sich um jüdische Migranten kümmerten und ihre Arbeit über europäische Grenzen bis hin in die Vereinigten Staaten koordinierten. Das transnationale Hilfsnetz verdichtete sich, zumal nun auch in Großbritannien und in der Habsburgermonarchie Vereinigungen nach dem Muster der *Alliance* entstanden waren. Im Zuge der Krise von 1881/82 übernahm die *Alliance* erneut die Koordination. Deutsche Juden schufen

[27] Steven M. Lowenstein, Die Gemeinde, in: Michael A. Meyer (Hg.), Deutsch-jüdische Geschichte in der Neuzeit, München 1996, Bd. 3, S. 123-150, hier S. 136-137.

[28] John D. Klier, ›Emigration Mania in Late-Imperial Russia: Legend and Reality‹, in: Aubrey Newman, Stephen W. Massil (Hg.), Patterns of Emigration, 1850-1914, London 1996, S. 21-30; John D. Klier, Shlomo Lambroza (Hg.), Pogroms: Anti-Jewish Violence in Modern Russian History, Cambridge, UK 1992.

ein zentrales Komitee, das die Arbeit lokaler Komitees steuerte und auch Vertretungen an den östlichen Grenzstationen aufbaute. Im April 1882 trafen sich alle Beteiligten wie schon 1869 in Berlin, um ihre Strategie abzusprechen. Auch dieses Mal sollten nur arbeitsfähige Migranten nach Amerika gehen; die restlichen Migranten sollten repatriiert werden. Die europäischen Juden sicherten den amerikanischen Hilfsvereinigungen sogar eine finanzielle Unterstützung zu. Im August 1882 spitzte sich die ohnehin prekäre Lage weiter zu: im galizischen Grenzstädtchen Brody saßen 20 000 verzweifelte Migranten fest, die Wiener Regierung drohte mit sofortiger Abschiebung. Umgehend beriefen führende Juden eine Konferenz nach Wien, wo die Aufgaben an die jeweiligen Organisationen und Gemeinden vor Ort definiert und Spenden neu verteilt wurden. Anfang 1883 entspannte sich die Situation.[29]

Auf den ersten Blick hatte sich die situative Netzwerk-Strategie bewährt. Es war den jüdischen Vertretern durch ihre Koordination und in ständigem Kontakt mit den Regierungen gelungen, einer Vielzahl von bedürftigen Migranten effektiv zu helfen. Aber schon zu diesem Zeitpunkt gelangten die meisten Juden auf anderen Wegen in die Vereinigten Staaten. Die Mehrheit der jüdischen Einwanderer in Amerika, das wird häufig übersehen, benötigte keine Unterstützung. Sie flohen nicht vor Pogromen und trauten auch nicht Gerüchten, sondern suchten eine konkrete Verbesserung der materiellen und sozialen Lebensbedingungen, für sich und vor allem für ihre Kinder. Diese Migranten hatten in der Regel realistische Erwartungen und relativ konkrete Informationen von bereits in Amerika lebenden Verwandten und Bekannten aus der Heimat. Diese privaten Netzwerke garantierten einen gewissen Schutz und ermöglichten vielen den Aufbau einer bescheidenen Existenz.[30]

Aber manche scheiterten und hatten weder Rückhalt in Landsmannschaften noch enge Beziehungen zu anderen Einwanderern. Amerikanische Juden vertraten ähnlich wie ihre Glaubensgenossen in Deutschland und Westeuropa den Anspruch, dass kein Jude Hilfe von Personen oder Vereinigungen annehmen sollte, die nicht jüdisch waren. Aufgrund der immer höheren absoluten Zahl von Einwanderern, mussten sich jüdische Wohltätigkeitsvereinigungen nach 1881 um deutlich mehr Personen kümmern. Schon nach einigen Monaten mischten sich kritische Stimmen in die Debatte. Unter den meisten Juden in Chicago etwa wandelte sich Mitgefühl für die Pogromopfer in deutliche Ablehnung, als die ersten »russischen Flüchtlinge« in der Stadt eintrafen.[31] Beschwerden über unerwünschte »Schnorrer«, die als nicht unterstützungswürdig galten und angeblich von Juden in Europa bedenkenlos nach Amerika abgeschoben worden seien, häuften sich in den ersten Jahren nach 1881 in der innerjüdischen Öffentlichkeit. Die Chicagoer *United Hebrew Relief Association* schickte in einigen Fällen Juden nach Europa zurück: »Wir mussten unsere Gemeinde so schnell wie möglich von ihnen befreien. Der Selbstschutz forderte das von uns.«[32]

---

29 Wischnitzer, To Dwell in Safety (wie Anm. 1), S. 37-56; Penslar, Shylock's Children (wie Anm. 5), S. 198-200.

30 Rebecca Kobrin, ›Transatlantic Detachments – Bialystok Jewish Emigres and Bialystok Jewry‹, in: Simon-Dubnow Institute Yearbook, 1 (2002), S. 107-134.

31 Chicago Occident, 16. Dezember 1881; 14. und 21. Juli 1882, 23. Juni 1882.

32 24th Annual Report of the United Hebrew Relief Association of Chicago 1882/83, Chicago 1884; siehe auch: Zosa Szajkowski, ›The Attitude of American Jews to East European Jewish Immigration (1881-1893)‹, in: Publications of the American Jewish Historical Society 40 (1951), S. 264-271.

Angesichts der Dimension der Migration stieß das durchaus eingespielte Modell der situativen Hilfskoordination in den 1880er Jahren an seine Grenzen. Mitte der 1880er Jahre verschärfte insbesondere Preußen die Politik gegenüber ausländischen Migranten. Zwischen 1885 und 1888 wurden mindestens 15 000 osteuropäische Juden und eine ähnlich hohe Zahl von »russischen« Polen abgeschoben.[33] Antislawische und antisemitische Motive spielten ausdrücklich eine Rolle, aber die Ausweisungen waren auch eine Antwort auf das Anwachsen der Migration aus dem Osten. Häufig übersehen wird ein weiterer Faktor: die Bismarcksche Sozialgesetzgebung. Die Einführung von staatlichen Sozialleistungen führte zu einer deutlichen Differenzierung zwischen unterstützungsberechtigten Inländern und rechtlosen und potentiell bedrohlichen Ausländern. Bürokratische Erfassung und Identitätskontrollen waren wichtige Elemente des sich herausbildenden Sozialstaates. Die offenere Politik gegenüber ausländischen Migranten in den westlichen Staaten, insbesondere in den Vereinigten Staaten, lässt sich auch mit relativ schwachen oder gar nicht existierenden staatlichen Sozialsystemen erklären.

Die zunehmende Differenzierung zwischen In- und Ausländern sowie die scharfen Maßnahmen gegenüber unerwünschten Ausländern durch den Staat veranlasste jüdische Hilfsorganisationen und Gemeinden im jeweiligen »Inland«, eine soziale und rechtliche Schutz- und Auffangfunktion für migrierende ausländische Juden in einer transstaatlichen bzw. transnationalen Sphäre zu übernehmen. Das bedeutete häufig einen fein abgestimmten Balanceakt. Die verstärkte staatliche Präsenz und Definitionsmacht sowie immer schärfere Kontrollen erschwerten die Situation für Migranten, die immer häufiger als unerwünscht oder sogar bedrohlich galten. Westliche Juden mussten gleichzeitig die Verantwortung für unerwünschte ausländische Juden mit ihren jeweiligen nationalen »Verpflichtungen« vereinbaren.

In den frühen 1890er Jahren weitete sich die jüdische Auswanderung aus Osteuropa zu einer Massenmigration aus; Amerika etablierte sich als das mit Abstand führende Ziel. Nun zog eine neuartige Bedrohung am Horizont auf, die führende Juden auf beiden Seiten des Atlantiks beunruhigen musste. Die jüdische Ost-West-Wanderung war kein isoliertes Phänomen. Gleichzeitig gingen auch Polen, Litauer, Ruthenen und viele andere Osteuropäer auf den gleichen Wegen in Richtung Westen. Auch in anderen Teilen der Welt nahm im letzten Drittel des 19. Jahrhunderts die interkontinentale Massenmigration als Folge eines stärkeren globalen Austausches von Gütern und immer günstigeren und besseren Transportmöglichkeiten deutlich zu. Die Präsenz von immer mehr »Fremden«, insbesondere in den rasch wachsenden Metropolen Westeuropas und Nordamerikas, löste intensive Debatten über Migrationsbeschränkungen aus. Der Ausbruch von ansteckenden Krankheiten gab den Gegnern von offenen Grenzen zusätzliche Argumente für Wanderungsbeschränkungen an die Hand.[34]

Deutschland reagierte früh und äußerst restriktiv, insbesondere auf die dauerhafte Ansiedlung von Ausländern. Aber auch die westlichen Einwanderungsländer, nicht

---

33 Wertheimer, Unwelcome Strangers (wie Anm. 3), S. 48.

34 Dirk Hoerder, Cultures in Contact: World Migrations in the Second Millennium, Durham, NC 2002, S. 331-405; Aristide R. Zolberg, ›The Great Wall Against China: Responses to the First Immigration Crisis, 1885-1925‹, in: Leo und Jan Lucassen (Hg.), Migration, Migration History, History, Bern 1997, S. 291-315; Richard Evans, Death in Hamburg: Society and Politics in the Cholera Years 1830-1910, Oxford 1987.

zuletzt die Vereinigten Staaten, setzten als Folge der globalen Wanderungsbewegungen seit den 1880er Jahren auf stärkere Kontrollmaßnahmen. 1882 schloss der amerikanische Kongress chinesische Migranten weitgehend von der Einwanderung aus, ein bedrohlicher Präzedenzfall. Kranken, völlig verarmten, kriminellen und irgendwie verdächtigen Migranten wurde immer öfter die Einwanderung verweigert, nicht selten nach subjektiven Einschätzungen der Kontrollbeamten. Der prozentuale Anteil der abgewiesenen Personen blieb vor 1914 gering, aber angesichts der gewaltigen Wanderung handelte es sich in absoluten Zahlen um tausende von Menschen. Die Kosten für die Rückführung mussten in der Regel die Schifffahrtsgesellschaften und die Transitländer übernehmen. In der Folge kontrollierte insbesondere Deutschland, das wichtigste Transitland für Amerikamigranten aus Osteuropa, bereits an der östlichen Grenze und entlang der Transitrouten in besonderen »Kontrollstationen« und verweigerte potentiell verdächtigen Migranten die Durch- bzw. Weiterreise. Neben dem Nachweis von Mindestgeldreserven für eine eventuelle Rückreise wurden vor allem Gesundheit und Hygiene untersucht.[35]

Genau diese Kriterien, Arbeitswille, Gesundheit und materielle Voraussetzungen für den selbständigen Aufbau einer Existenz, entsprachen dem Anforderungsprofil, das die jüdischen Hilfskomitees schon Jahrzehnte vorher an die aus ihrer Sicht unterstützungswürdigen Migranten gestellt hatten. Dennoch waren viele der in den Hilfsorganisationen tätigen Juden besorgt. Nicht wenige deuteten die Kontrollen als Vorboten von deutlichen Migrationsbeschränkungen und damit einer Schwächung liberaler zivilgesellschaftlicher Strukturen im Westen. Nun vollzog sich ein wichtiger Umbruch. Bis in die 1880er Jahre galt die Migration für viele Juden als ein innerjüdisches »Problem«, das partiell mit den Integrationsbestrebungen der etablierten Juden im Westen kollidierte. Doch mit dem Auftakt der Massenmigration machten sich immer mehr jüdische Stimmen breit, die weit mehr als nur die Interessen jüdischer Migranten bedroht sahen. Zu den ursprünglichen Motiven – unmittelbare Hilfe für bedürftige Migranten, Eigeninteressen der etablierten Juden – kam nun immer stärker die Sorge um die Sicherheit der Juden im Russischen Reich und Rumänien sowie der migrierenden Juden. Auf der einen Seite war die relativ freie Migration nach Westen bedroht, auf der anderen Seite verschärfte sich die Lage der Juden in Russland und Rumänien. Repatriierung war um die Jahrhundertwende für jüdische Migranten aus Russland keine realistische Option mehr. Allerdings vermieden es etablierte westliche Juden angesichts des gesellschaftlichen Klimas ausdrücklich, Migration offen als Lösung für die Juden im Osten zu propagieren.

Trotz aller Klagen über bedürftige Einwanderer an der Basis, offizielle amerikanisch-jüdische Vertreter traten spätestens nach den frühen 1890er Jahren offen als Gegner von Einwanderungsbeschränkungen auf und akzeptierten auch in der amerikanischen Öffentlichkeit ihre Verantwortung für die vielen Zuwanderer.[36] Allerdings waren Juden in Amerika nur eine unter mehreren großen Migrantengruppen und die etablierten Juden hatten im Gegensatz zu den deutschen Juden gesellschaftliche und politische Verbündete, die sich ebenfalls gegen Migrationsbeschränkungen und expli-

35 Zolberg, The Great Wall Against China (wie Anm. 34); Tobias Brinkmann, ›Grenzerfahrungen zwischen Ruhleben und Ellis Island: Deutsche Durchwandererkontrolle und Ost-West-Migration 1880-1914‹, in: Leipziger Beiträge zur jüdischen Geschichte und Kultur, 2 (2004), S. 209-229.

36 Panitz, In Defense of the Jewish Immigrant (wie Anm. 4).

zit für die Aufnahme von russischen Juden aussprachen, bis hin zu Präsident Theodore Roosevelt.[37] Obwohl die Einwanderungsgegner nach 1900 zunehmend an Boden gewannen und die amerikanische Gesellschaft durch extreme soziale Verwerfungen geprägt war: Die insbesondere von der jüdischen Reformbewegung vertretenen universellen Prinzipien ließen sich mit dem liberalen und inklusiven amerikanischen Gründungsmythos vereinbaren. Im Kaiserreich dagegen waren die Spielräume für Juden, die im Interesse anderer Juden tätig werden wollten, enger gesteckt. Eine signifikante jüdische Zuwanderung nach Deutschland war ausgeschlossen. Die Prämisse, dass Juden alleine für »ihre« Bedürftigen aufzukommen hatten, wurde von Juden nicht in Frage gestellt. Aber andere Deutsche traten auch nicht von sich aus an ihre Seite, um den jüdischen Migranten zu helfen oder Forderungen nach rechtlichen Standards für Migranten zu unterstützen.

Schon in den 1870er Jahren hatten die *Alliance* und führende westliche Juden auf diplomatischen Kanälen versucht, insbesondere die Lage der Juden in Rumänien zu verbessern.[38] Spätestens seit der Jahrhundertwende war die Tätigkeit der westlichen und deutschen Juden für jüdische Migranten deutlich stärker an der Durchsetzung rechtlicher Standards im Osten und offener Grenzen im Westen ausgerichtet. Neben der unmittelbaren materiellen Unterstützung ging es bei Verhandlungen mit Regierungen und privaten Firmen immer mehr um mittelbare Hilfe: um die Durchsetzung rechtstaatlicher und liberaler Prinzipien, die jüdische Interessen im engeren Sinne transzendierten.

Der Hilfsverein der deutschen Juden: Massenmigration und humanitäres Management auf transnationaler Ebene vor 1914

Die Gründung des Hilfsvereins der deutschen Juden im Mai 1901 war ausdrücklich eine Antwort auf die sich ausweitende Massenmigration und die schärferen staatlichen Kontrollmaßnahmen. Die deutschen Juden trugen ähnlich wie die amerikanischen Juden als eine vergleichsweise große und wohlhabende jüdische Bevölkerung (im Verhältnis zu Frankreich und Großbritannien) und als Bürger des wichtigsten Transitlandes eine besondere Verantwortung für die jüdischen Migranten aus Osteuropa. Der Hilfsverein war eine professionelle Antwort nach dem Muster bereits bestehender jüdischer Hilfsorganisationen wie der *Alliance*. Das lockere Netz der Hilfskomitees ergänzte nun eine Organisation, die schnell und flexibel reagieren konnte. Eine oberflächliche Lektüre des ersten Geschäftsberichtes erweckt den Eindruck einer nationalen Mission des Hilfsvereins. Die Juden anderer Länder hätten ihre Hilfsorganisationen gegründet, nun müssten auch die deutschen Juden nachziehen. Da war von der Verbreitung der »deutschen Sprache«, der »nationalen Kultur« unter den Juden im

[37] The Two Hundred and Fiftieth Anniversary of the Settlement of the Jews in the United States, New York 1905, S. 19.

[38] Carole Fink, Defending the Rights of Others: The Great Powers, the Jews, and International Minority Protection, 1878-1938, Cambridge, UK 2004; Fritz Stern, Gold and Iron: Bismarck, Bleichröder, and the Building of the German Empire, London 1977.

Orient und Osteuropa sowie von der »inneren Lebensberechtigung unserer deutschen Organisation« die Rede. Der Hilfsverein konnte im deutschen Kontext nur transnational im Interesse anderer Juden agieren, indem er nationale Interessen geltend machte. Das Verständnis von »deutsch« war im Sinne der Vertretung deutscher kultureller Interessen gedacht – ähnlich wie sich auch die *Alliance* und die *Anglo-Jewish Association* die Werte der französischen und britischen »Zivilisation« auf ihre Fahnen geschrieben hatten. Bei der »Zivilisierung« der Juden im Orient gab es durchaus eine Konkurrenz zwischen den verschiedenen Hilfsvereinigungen. Die Gründer des Hilfsvereins distanzierten sich ganz ausdrücklich von deutschem »Chauvinismus« und unterstrichen, dass sie »Hand in Hand« mit ihren Schwesterorganisationen in Frankreich und Großbritannien arbeiten wollten.[39]

Der Hilfsverein konnte schon im ersten Jahr nach der Gründung rund 3 000 zahlende Mitglieder bzw. Spender rekrutieren. Die Zahl nahm in den folgenden Jahren deutlich zu, 1912 waren es bereits 27 000; bald hatte der Hilfsverein so viele Spender, dass die in den Geschäftsberichten nach Gemeinden aufgeführten Namen ein detailliertes Spiegelbild jüdischen Lebens in Deutschland vor 1914 wiedergeben. Doch nicht nur die seitenlangen Namenslisten imponieren. Die Rechenschaftsberichte über die Tätigkeit des Hilfsvereins illustrieren einen hohen Grad an Professionalität, aber auch eine zunehmende Säkularisierung.[40] Anders als noch 1868/69 standen statt der Rabbiner nun profilierte Geschäftsleute in der ersten Reihe, unterstützt durch professionell ausgebildetes Personal. Die Präsentation einer durchdachten und zeitgemäßen Strategie, untermauert durch zahlreiche Illustrationen, sollte natürlich die Spender beeindrucken. Dieser Ansatz entsprach dem Geist der Zeit. Die Gründung des Hilfsvereins folgte auf eine Phase, in der sich Wohltätigkeit und Sozialarbeit in Deutschland, Großbritannien und in den Vereinigten Staaten deutlich professionalisiert hatten. In der zweiten Hälfte des 19. Jahrhunderts differenzierten Wohltätigkeitsorganisationen genauer zwischen den Symptomen und den Ursachen von Armut. Wissenschaftliche Beratung und Begleitung, exakte Dokumentation und Archivierung, die Anstellung von ausgebildeten Sozialarbeitern und Sozialarbeiterinnen sowie Medizinern, Zentralisierung, Vernetzung und Informationsaustausch mit anderen wohltätigen Organisationen sowie der Abgleich von Aufwand und Ertrag definierten seit den 1890er Jahren wohltätige Arbeit, vor allem im großstädtischen Kontext. Jüdische Wohltätigkeitsvereinigungen in Großstädten spielten vielfach eine Vorreiterrolle bei der Entwicklung neuer Strategien.[41]

Der Hilfsverein konzipierte verschiedene Hilfsprojekte für Juden in Palästina, in Rumänien, Bulgarien, dem Osmanischen Reich, in Galizien und in Russland. Im Zentrum stand dabei Bildungsarbeit, insbesondere der Aufbau von Kindergärten und Schulen. Durch »deutsche« Bildung sollten vermeintlich »rückständige« Juden verwestlicht bzw. verbürgerlicht werden. Während die Migranten Unterstützung benö-

[39] 1. Geschäftsbericht (1901-1902) des Hilfsvereins der deutschen Juden, Berlin 1903, S. 6, S. 10-11.

[40] 11. Geschäftsbericht (1912) des Hilfsvereins der deutschen Juden, Berlin 1913.

[41] Allgemein: Martin Bulmer et alii (Hg.), The Social Survey in Historical Perspective 1880-1940. Cambridge 1991; Kathleen D. McCarthy, Noblesse Oblige: Charity & Cultural Philanthropy in Chicago, 1849-1929, Chicago 1982; speziell zu deutschen Juden: Lowenstein, Die Gemeinde (wie Anm. 27), S. 123-129; Liedtke, Jewish Welfare (wie Anm. 8); Andreas Reinke, Judentum und Wohlfahrtspflege in Deutschland: Das Jüdische Krankenhaus in Breslau 1726-1944, Hannover 1999.

tigten und Hilfsangebote in der Regel positiv aufnahmen, war die Politik der Organisationen im Vorderen Orient und in Südosteuropa ohne Zweifel paternalistisch gefärbt und basierte auf Vorstellungen westlicher Überlegenheit. Der Hilfsverein flankierte offen deutsche außenpolitische Interessen im Vorderen Orient; das enge Verhältnis der *Alliance* zum französischen Staat und die *Alliance*-Schulen im Osmanischen Reich dienten als Vorbild.[42] Neben dieser durchaus ambivalenten »Entwicklungsarbeit« bildete das Thema »Auswanderung« die zweite wichtige Säule der Tätigkeit des Vereins. Hier beschritt der Hilfsverein neue Wege. In der Literatur wird vor allem das Interesse des Hilfsvereins an einer möglichst raschen Durchschleusung von unerwünschten Migranten betont.[43] Die relativ geringe Zahl in Deutschland ansässiger osteuropäischer Juden war eine Folge der rigiden deutschen Politik gegenüber Ausländern, auf die der Hilfsverein keinen nennenswerten Einfluss nehmen konnte. Zwischen 1904 und 1906 wies die preußische Regierung erneut tausende von russischen Juden aus, die teilweise seit Jahren in Preußen gelebt hatten. Die antijüdischen Ausschreitungen im Zarenreich und die chaotische politische Situation nach der Revolution von 1905 beeindruckten das preußische Innenministerium nicht. Jüdische Gemeinden oder der Hilfsverein konnten diese Maßnahmen nicht verhindern, da Juden aus Russland kein Recht auf Ansiedlung in Preußen hatten. Es war schon ein Fortschritt, dass die Behörden 1906 den Hilfsverein ausdrücklich zu Besprechungen hinzuzogen, so dass zumindest Erleichterungen erreicht werden konnten.[44] Die tief greifenden sozio-ökonomischen Ursachen der Massenmigration in Osteuropa konnten die Hilfsorganisationen selbst mit Einsatz umfangreicher Mittel allenfalls punktuell beeinflussen. Der Hilfsverein legte bald nach seiner Gründung gezielte Programme zur Förderung von Branchen auf, in denen jüdische Arbeiterinnen und Arbeiter tätig waren. Doch niemand erwartete, dass zum Beispiel die Förderung der Haarnetzindustrie in Galizien einen spürbaren Effekt auf die Abwanderung haben würde.[45]

Dem Hilfsverein blieb kaum Zeit, langfristige Konzepte zu entwickeln. Die Situation in Russland und erneut dramatisch ansteigende Auswandererzahlen zwangen die Berliner Verantwortlichen zur schnellen Reaktion. Am Ostersonntag 1903 kamen bei gezielten antijüdischen Ausschreitungen in Kischinjow mehr als vierzig Juden ums Leben, hunderte wurden verletzt. Dieser Pogrom löste angesichts der hohen Opferzahlen und der Brutalität der Täter weltweite Proteste aus.[46] Zwei Monate nach dem Kischinjow-Pogrom berief der Hilfsverein Ende Juni 1903 eine internationale Konferenz nach Berlin, an der Vertreter der wichtigsten jüdischen Organisationen aus Deutschland, Österreich-Ungarn, Frankreich, Großbritannien und den Vereinigten Staaten teilnahmen. Ziel war es, die Unterstützung für die Opfer zu koordinieren. In der Vorahnung einer erneuten Zunahme der Abwanderung beschlossen die Teilnehmer, »eine Emigration nicht nur nicht zu unterstützen, sondern ihr mit allen Mitteln

[42] Aron Rodrigue, French Jews, Turkish Jews: The Alliance Israélite Universelle and the Politics of Jewish Schooling in Turkey, 1860-1925, Bloomington, IN 1990; Eli Bar-Chen, Weder Asiaten noch Orientalen. Internationale jüdische Organisationen und die Europäisierung »rückständiger« Juden, Würzburg 2005.

[43] Ibid., S. 79.

[44] Wertheimer, Unwelcome Strangers (wie Anm. 3), S. 48, 61; AZ, 13. April 1906, S. 170.

[45] 1. Geschäftsbericht (1901-1902) des Hilfsvereins der deutschen Juden, Berlin 1903, S. 18.

[46] AZ, 8. Mai 1903, S. 217-218 (»Rote Ostern«).

entgegenzutreten.«[47] Die Vertreter der jüdischen Hilfsvereinigungen wussten, dass der erneute Ausbruch antijüdischer Gewalt kaum einen Rückgang der Migration bewirken würde. Und sie konnten die Migration natürlich nicht aufhalten, aber auch nicht dazu auffordern, sondern allenfalls Erleichterungen für die Migranten erwirken. Doch die explizite Betonung dessen, was die Organisationen eigentlich gerade nicht taten – der Migration »entgegenzutreten«–, hatte einen speziellen Grund. Die amerikanischen Einwanderungsbehörden verboten ausdrücklich jegliche Förderung von Einwanderung. Damit sollte die Abschiebung von armen und hilfsbedürftigen Personen nach Amerika verhindert werden, eine im 19. Jahrhundert durchaus gängige Praxis. Hätten sich also der Hilfsverein und andere jüdische Organisationen, auch in Amerika, offen positioniert, hätten die Folgen verheerend sein können. Einem Großteil der jüdischen Migranten hätte die Einwanderung wenn nicht verboten, so doch massiv erschwert werden können. Ein solches Szenario schilderte der Hilfsverein 1910 als »eine Katastrophe so furchtbarer Art, dass die Verfolgungen und Pogrome dadurch in den Schatten gestellt würden.« Die amerikanischen Behörden verweigerten immer wieder auch jüdischen Migranten die Einreise, wenn sie nicht eindeutig klar machen konnten, dass sie aus eigenem Antrieb einwandern wollten.[48]

1904 stiegen die Zahlen tatsächlich stark an. Die Tätigkeit des Hilfsvereins in diesem Jahr soll im Folgenden etwas genauer betrachtet werden. 1904 wanderten mindestens 100 000 Juden aus Osteuropa allein in die Vereinigten Staaten ein, die meisten über Deutschland.[49] Der Geschäftsbericht des Hilfsvereins für 1903 schilderte in aller Breite (unterlegt durch Fotografien) die Ereignisse in Kischinjow – weder ein Indiz für ein Entgegentreten gegen Auswanderung noch für mangelnde Empathie mit den Migranten, sondern eher ein impliziter Hinweis auf die Ausweglosigkeit jüdischen Lebens in Russland. Der Hilfsverein versprach den Spendern und der jüdischen Öffentlichkeit in Deutschland, »in die planlose jüdische Auswanderung Regel und Ziel hineinzubringen«.[50] Angesichts der gewaltigen Dimension der Migration sollte der Handlungsspielraum der Organisation nicht überschätzt werden. Die Mitarbeiter jüdischer Hilfsorganisationen konnten immer weniger Durchwanderer unmittelbar erreichen. Maßnahmen wie die Öffnung von Herbergen in Königsberg und Tilsit für jüdische Durchwanderer durch den Hilfsverein waren nur für einen Bruchteil der Migranten relevant.[51] Es kann daher überhaupt nicht die Rede davon sein, dass die jüdischen Hilfsvereinigungen die jüdische Auswanderung aus Europa unter ihre »Kontrolle« brachten.[52] Vielmehr ging es ihnen um mittelbare humanitäre Maßnahmen zum Schutz der Migranten: gezielte Informationen über die Presse, Reiseerleichterungen und ein geregelter Ablauf der Migration. Aber noch wichtiger war der rechtliche Schutz. Mit der Abreise aus ihren Heimatorten traten die Migranten buchstäblich in einen rechtsfreien Raum ein. Während der Reise waren sie hilflos den willkürlichen Maßnahmen staatlicher Behörden, der privaten Transportgesellschaften und diverser Betrüger ausgesetzt. An jedem Punkt der Reise, sogar noch in den amerikanischen Kontrollstati-

47 AZ, 3. Juli 1903, S. 325.
48 9. Geschäftsbericht (1910) des Hilfsvereins der deutschen Juden, Berlin 1911, S. 140.
49 Arthur Ruppin, Soziologie der Juden, Berlin 1930, Bd. 1, S. 126.
50 2. Geschäftsbericht (1903) des Hilfsvereins der deutschen Juden, Berlin 1904, S. 30.
51 3. Geschäftsbericht (1904) des Hilfsvereins der deutschen Juden, Berlin 1905, S. 42-43.
52 Bar-Chen, Weder Asiaten noch Orientalen (wie Anm. 42), S. 79.

onen, konnten sie zurückgewiesen werden. Erst wenn die Migranten nach der Kontrolle amerikanischen Boden betraten, hatten sie auch rechtlich wieder festen Boden unter ihren Füßen. Während die jüdischen Hilfsorganisationen vor 1901 vor allem situative und direkte Unterstützung geleistet hatten, versuchte der Hilfsverein die Strukturen der Durchwanderung neu zu definieren.

Ein akutes Problem war die Behandlung der jüdischen Migranten entlang der Ostgrenze. Die Durchwanderung von zehntausenden Migranten war ein gewaltiges Geschäft, von dem vor allem die großen deutschen Schifffahrtsgesellschaften Norddeutscher Lloyd und HAPAG (Hamburg-Amerika-Packetfahrt-Aktiengesellschaft) profitierten – und nicht wenige Betrüger, die die vielfach Ahnungslosen übervorteilten und mittellos an Bahnhöfen und Grenzstationen zurückließen. Mit dem preußischen Staat und der Reichsbahn hatten die Schifffahrtsgesellschaften vereinbart, die Kontrollstationen entlang der Grenze zu finanzieren und die Durchwanderung zu organisieren. Der Staat revanchierte sich, indem Migranten mit Tickets der beiden Gesellschaften bevorzugt behandelt wurden. Das machte durchaus Sinn, weil die deutschen Schifffahrtsgesellschaften im Gegensatz zu ihren ausländischen Konkurrenten für den Weiter- und eventuellen Rücktransport ihrer Passagiere bürgten und sich der staatlichen Kontrolle nicht einfach entziehen konnten. Nicht Grenzbeamte, sondern Vertreter der Schifffahrtsgesellschaften entschieden in den Kontrollstationen an der Grenze, ob osteuropäische Migranten passieren und nach Amerika reisen konnten. Vor allem Personen, denen aufgrund von Krankheit oder Armut von der amerikanischen Einwanderungsbehörde die Einwanderung verweigert werden würde, wurden bereits an der deutschen Ostgrenze abgewiesen, nach den subjektiven Einschätzungen der Angestellten der Schifffahrtsgesellschaften. Viele Migranten waren auf die massiven Kontrollen und Schikanen dieser Gesellschaften nicht vorbereitet. Lokale jüdische Hilfskomitees existierten in den Grenzorten, teilweise seit den 1880er Jahren, aber ihr Zugang zu den Durchwanderern war nicht geregelt. Der Hilfsverein informierte verschiedene jüdische Zeitungen in Russland und Österreich-Ungarn – und damit potentielle Auswanderer – detailliert über die Praxis an der deutschen Grenze, die bis in die frühen 1890er Jahre zurückreichte.[53] 1904 spitzte sich die Lage dramatisch zu. Hintergrund war ein Preiskampf der deutschen Linien mit der Cunard-Linie. Um der britischen Konkurrenz zu schaden, verweigerten die deutschen Schifffahrtsgesellschaften insbesondere Cunard-Passagieren systematisch die Weiterreise durch Deutschland. Hunderte jüdischer und anderer Osteuropäer, viele im Besitz so genannter *prepaids* (von Verwandten in Amerika vorausbezahlten Schiffskarten), wurden an der Weiterreise gehindert.[54]

---

[53] 2. Geschäftsbericht (1903) des Hilfsvereins der deutschen Juden, Berlin 1904, S. 31; allgemein zum Hintergrund: Michael Just, Ost- und südosteuropäische Amerikawanderung: 1881–1914, Transitprobleme in Deutschland und Aufnahme in den Vereinigten Staaten, Stuttgart 1988, S. 78–79, S. 101–105; siehe zu den Bestimmungen zur Durchwanderung auch: Minister des Inneren (Preußen) an den Regierungspräsident Osnabrück, Berlin, 8. Oktober 1893, in: ›Die unter den Deutschen im Ausland bestehende Rückwanderung‹, Niedersächsisches Staatarchiv Osnabrück, Rep. 335, No. 13479.

[54] Erich Murken, Die grossen transatlantischen Linienreederei-Verbände, Pools und Interessengemeinschaften bis zum Ausbruch des Weltkrieges: Ihre Entstehung, Organisation und Wirksamkeit, Jena 1922, S. 264-282; Bernhard Karlsberg, History and Importance of the German Control of Emigrants in Transit, Hamburg 1922, S. 109-116.

Die Weitergabe und der Austausch von Informationen entsprach noch einer traditionellen Strategie. Ein Hamburger Vertreter der *Alliance* hatte sogar bereits mit der HAPAG verhandelt, aber keine Zusagen erreichen können. Auch breite Kritik in der Presse an der Praxis der deutschen Schifffahrtsgesellschaften blieb weitgehend wirkungslos.[55] Der Hilfsverein beschritt nun neue Wege. Im Oktober 1904 unternahm ein führendes Mitglied des Hilfsvereins, der Philanthrop und Autor Dr. Paul Nathan eine Informationsreise entlang der deutschen Ostgrenze. Einige Monate zuvor hatte er große jüdische Gemeinden in Russland besucht und auch mit staatlichen Vertretern gesprochen. Nachdem er sich einen Überblick verschafft hatte, lancierte Nathan erfolgreich Berichte über die willkürliche Praxis in den Kontrollstationen an die allgemeine Presse. Er machte ausdrücklich den einflussreichen Direktor der HAPAG, Albert Ballin, »persönlich« für die »großen Unzuträglichkeiten« verantwortlich. Ballin war einer der erfolgreichsten Geschäftsleute des Kaiserreiches. Er hatte das geschäftliche Potential der Massenmigration früher als andere erkannt und die HAPAG um die Jahrhundertwende zur weltweit größten Schifffahrtsgesellschaft aufgebaut. Aber Ballin war auch Mitglied der jüdischen Gemeinde in Hamburg und wiederholt das Ziel von antisemitischen Angriffen. Die Anprangerung der Missstände an der Grenze, insbesondere der öffentliche Angriff im Namen einer jüdischen Vereinigung in der allgemeinen Presse auf eine jüdische Persönlichkeit, hatte unmittelbar Erfolg. Innerhalb von Tagen traf sich Ballin mit Nathan und dem Präsidenten des Hilfsvereins, James Simon. Nathan konfrontierte den Direktor mit dem von ihm gesammelten »Tatsachenmaterial«. Ballin sicherte dem Hilfsverein eine faire Behandlung aller Migranten zu und erlaubte den jüdischen Hilfskomitees an der Grenze eine ständige Präsenz in den Kontrollstationen. 1904 beschloss die HAPAG auch, jüdischen Passagieren koschere Verpflegung anzubieten. Das rechtfertigte einen höheren Passagepreis, bedeutete für viele aber auch eine wichtige Erleichterung.[56] Mit der Presseaktion hatte der Hilfsverein ein höheres Maß an Transparenz in die bis dahin nebulöse Praxis der Behörden und Schifffahrtsgesellschaften gebracht. Jüdische und andere Osteuropäer waren dem deutschen Kontrollsystem nun nicht mehr völlig wehrlos ausgeliefert. Die Akkreditierung des Hilfsvereins bedeutete auch einen besseren Schutz der Migranten vor Betrügern. Im Jahr 1904 stellte der Hilfsverein Überlegungen an, wie die Migranten besser und systematischer geschützt werden könnten.[57]

Potentielle Auswanderer sollten vor der Abreise kontinuierlich und verlässlich über die jüdische Presse und spezielle Publikationen informiert werden. Auch sollten ihnen Sprachkurse angeboten werden. An neuralgischen Punkten der Reise (Grenze, Bahnhöfe, Häfen) sollten Vertreter jüdischer Organisationen präsent sein, um die Migranten vor Behördenwillkür, unlauteren Transportgesellschaften und Betrügern zu schützen. Die jüdischen Organisationen sollten mit den Transportgesellschaften günstigere Prei-

55 Berliner Zeitung, 28. Oktober 1904; Vorwärts, 30. November 1904; siehe auch die Artikelserie ›Mit Ballin Unterwegs‹, Vorwärts, 20., 23., 27. Dezember 1904 und 5., 10. Januar 1905.

56 3. Geschäftsbericht (1904) des Hilfsvereins der deutschen Juden, Berlin 1905, S. 30-32, 41; Zitate: AZ, 28. Oktober 1904, S. 529; siehe auch aus einem Bericht der Vossischen Zeitung im Oktober 1904: Im Deutschen Reich (Berlin), November 1904, S. 616-617; zu antisemitischen Angriffen auf Ballin siehe: Im Deutschen Reich, August 1899, S. 448. In den Mitglieds- und Spendenlisten des Hilfsvereins läßt sich Ballins Name vor und nach 1904 nicht nachweisen.

57 3. Geschäftsbericht (1904) des Hilfsvereins der deutschen Juden, Berlin 1905, S. 34-35.

se für die Passage verhandeln. Mit den Regierungen der »Durchgangsländer« (insbesondere Deutschland) sollten »feste und tolerante Normen« bei der Behandlung der Migranten festgelegt werden. Die jüdischen Organisationen in den Zielländern sollten sich enger vernetzen, um die soziale Absicherung der Einwanderer zu garantieren. Gleichzeitig sollten kontinuierlich neue Einwanderungsländer erschlossen werden. Alle diese Aufgaben sollten von einer Zentrale koordiniert werden, »einer Art jüdisches Auswanderungsamt«, mit Zweigstellen in den Ausgangs-, Durchgangs- und Zielländern.

Diese Planungen wurden auf einer großen internationalen Konferenz aller wichtigen europäischen jüdischen Hilfsvereinigungen in Frankfurt am Main Anfang Dezember 1904 diskutiert und mündeten wenige Tage später in ein »Zentralbüro für jüdische Auswanderung« unter dem Dach des Hilfsvereins.[58] Die vom transnationalen Netzwerkgedanken getragene Institutionalisierung demonstriert die prominente Bedeutung des Themas Migration für die jüdischen Hilfsorganisationen – und den Abschied von der situativen Organisationsstrategie. Es lag auf der Hand, dass diese Arbeit eine kontinuierliche Akquise von Spenden erforderte. Die immer längere Liste der Spender im zweiten Teil der Vorkriegs-Geschäftsberichte belegt den Erfolg des Hilfsvereins, zumal sich auch die Arbeit mit den Migranten immer weiter professionalisierte.

Ausblick

Das »Zentralbüro für jüdische Auswanderung« erläuterte im ersten Bericht 1905 den Sinn seiner Tätigkeit. Insbesondere Juden aus Russland und Rumänien seien faktisch staatenlos, da sie keinen »Untertanenschutz« in Anspruch nehmen könnten. Die Aufgabe nicht nur des Hilfsvereins, sondern der durch die Hilfsorganisationen in verschiedenen Ländern repräsentierten (transnationalen) »jüdischen Gesamtheit« sei es, »das zu tun, was sonst einem Staatswesen zustehen würde.«[59] Diese bemerkenswerte Einschätzung unterstreicht, dass die Unterstützung der Migranten durch jüdische Hilfsorganisationen in Deutschland und im Westen mit der Gründung des Hilfsvereins ein neues Niveau erreicht hatte. Es ging nun nicht mehr primär um materielle Unterstützung, Produktivierung und die möglichst reibungslose Durchschleusung von unerwünschten Gästen. Vielmehr sah sich der Hilfsverein zusammen mit den anderen transnationalen jüdischen Hilfsvereinigungen als Interessenwahrer weitgehend schutzloser jüdischer Migranten, und implizit der schutzlosen jüdischen Bevölkerungen des Ostens. Juden aus Russland und Rumänien sollten zumindest während der Reise mit quasi-Staatsbürgerrechten ausgestattet werden, die Regierungen und Transportgesellschaften respektierten.

Die Ausdehnung der staatlichen Sphäre korrelierte in der zweiten Hälfte des 19. Jahrhunderts mit dem Aufbau eines transnationalen privaten Hilfsnetzes für nicht unterstützungsberechtigte und buchstäblich ausgegrenzte Juden. Gleichzeitig konnten deutsche, französische, amerikanische und andere Juden ihre nationalstaatlichen Bin-

[58] Ibid., S. 40.
[59] 4. Geschäftsbericht (1905) des Hilfsvereins der deutschen Juden, Berlin 1906, S. 79.

dungen nicht ignorieren; insbesondere die Emanzipation verpflichtete sie dem jeweiligen Staat gegenüber. Sie mussten auf der transnationalen Ebene daher vorsichtig agieren, um sich nicht dem Verdacht mangelnder Loyalität auszusetzen. Transnational tätige jüdische Hilfsorganisationen vertraten auch nationale Interessen vor allem in der Außen- und Kolonialpolitik, und die Wahrnehmung der bedürftigen Juden spiegelte häufig die Eigeninteressen der Förderer. Aber sie verknüpften die Interessen von bedürftigen Juden mit universellen humanitären Idealen, sie agierten öffentlich und in einer transnationalen Sphäre, verhandelten mit Regierungen und privaten Firmen, mussten ihre Mittel einwerben und deren Verwendung rechtfertigen, und sie legten großen Wert auf Transparenz und Professionalität. Der Hilfsverein, die *Alliance* und ihre Partnerorganisationen waren wichtige Vorläufer der transnationalen NGO's der Gegenwart. Das zeigt nicht zuletzt die gezielte Pressekampagne des Hilfsvereins gegen Ballin. Zeitungen sind nicht zufällig gute Quellen für die Tätigkeit transnationaler jüdischer Hilfsorganisationen. Die möglichst unmittelbare Information der (transnationalen) jüdischen und gegebenenfalls der allgemeinen Öffentlichkeit war damals wie heute ein entscheidendes Instrument zur Vernetzung einer Diaspora und zur Durchsetzung der definierten Ziele.

Eine genaue Lektüre der Geschäftsberichte des Hilfsvereins vor 1914 belegt nicht, wie vielleicht zu erwarten, wachsenden Pessimismus über die russische Politik gegenüber Juden. Spätestens nach dem Pogrom von Kischinjow und den erneuten antijüdischen Ausschreitungen vom Herbst 1905 hatten viele westliche Juden ihre Hoffnungen auf eine Verbesserung der Bedingungen für Juden in Russland begraben. Der Hilfsverein befürchtete vielmehr eine Verschärfung der amerikanischen Einwanderungspolitik. Als die Vereinigten Staaten ihre Tore für Einwanderer aus Osteuropa 1921 tatsächlich schlossen, mussten der Hilfsverein und seine Partner in anderen Ländern an die Überlegungen von 1905 anknüpfen. Nach 1917/18 wurden hunderttausende von Juden in Ost- und Mitteleuropa offiziell staatenlos und damit buchstäblich schutzlos. Viele waren durch gezielte Vertreibung und die Kriegsereignisse zu unfreiwilligen und unerwünschten Migranten geworden.[60] Der Hilfsverein und seine Partner konnten vielen tausend Vertriebenen und Flüchtlingen in der schwierigen Nachkriegszeit helfen, weil sie auf langjährigen Erfahrungen und intensiven Kontakten aufbauen konnten. Die Reichweite und die Möglichkeiten des transnationalen Hilfsnetzes blieben jedoch begrenzt. Die amerikanische Wende in der Einwanderungspolitik bedeutete das Ende der jüdischen Massenmigration aus Osteuropa.

[60] Michael R. Marrus, The Unwanted – European Refugees in the Twentieth Century, New York/Oxford 1985.

Verständigung durch Missverständnis

Die britischen Vorbilder klerikaler und laizistischer Philanthropen in Frankreich, 1870-1918

von

CHRISTIAN TOPALOV

Es gibt eine Reihe von Möglichkeiten, den Umgang mit Armut in verschiedenen Nationen vergleichend zu betrachten. Dieser Sammelband stellt das Konzept der »Zivilgesellschaft« ins Zentrum (als Gegensatz zu den Konzepten »Staat« und »Gemeinschaft«) und räumt den religiös-konfessionellen Faktoren dabei große Bedeutung ein. Die Felder der Zivilgesellschaft und der Religion bieten sich für vergleichende Untersuchungen an, und sie erlauben die Verwendung eines begrifflichen Werkzeugs, das für verschiedene Situationen in dem Untersuchungszeitraum durchgängig dieselben analytischen Kategorien liefern kann. Sicherlich brauchen die Sozialwissenschaften solche Instrumente. Erst ihr Einsatz schafft eine Ebene, auf der historische Besonderheiten in einer allgemeineren Weise beschrieben und dann verglichen werden können. Um es für den vorliegenden Fall genauer zu fassen: Man könnte die Geschichte des Umgangs mit den Armen in Europa als ein System beschreiben, in dem drei Pole ein Spannungsfeld erzeugen: regionale oder berufsständische Gemeinschaften, kirchliche und private Wohlfahrtsorganisationen, und schließlich staatliche Einrichtungen. Spielten die religiösen Organisationen – als ein Teil der Kräfte, die zur Entwicklung der Zivilgesellschaft beitrugen – nicht schon seit langem eine das Feld der Wohlfahrtspflege strukturierende Rolle? Davon ausgehend ließen sich sowohl kombinatorische als auch evolutionistische Erklärungsmodelle bilden. Auf diese Weise ließen sich auch die optimistischen oder gar teleologischen Interpretationen der Geschichte in Frage stellen: die Geschichte der durch den unaufhaltsamen Fortschritt des *welfare state* geprägten säkularen Moderne, wie sie bereits vor dem Ersten Weltkrieg von Sidney und Beatrice Webb und dann auch von Karl Polanyi postuliert wurde.[1]

Dieser Beitrag geht allerdings davon aus, dass ein komparatistisches Vorgehen möglich ist, das mit verallgemeinernden oder idealtypischen Konzepten, wie etwa das von »der Zivilgesellschaft« oder »der Religion« eher sparsam umgeht[2], und das sich auf

---

1 Sidney Webb/Beatrice Webb, Industrial Democracy, London 1897, 2 Bde.; Sidney Webb/Beatrice Webb, English Poor Law Historys, London 1908; Sidney Webb/Beatrice Webb, English Local Government: From the Revolution to the Municipal Corporations Act, London 1907-1908, 2 Bde.; Karl Polanyi, The Great Transformation: The Political and Economic Origins of Our Time, Boston 1944.

2 Aus diesem Ansatz sind schon wichtige Arbeiten hervorgegangen, z.B. über die Sozialreformer in den USA (Daniel T. Rodgers, Atlantic Crossings: Social Politics in a Progressive Age, Cambridge, Mass. 1998), über französische Architekten und Stadtplaner (Jean-Louis Cohen, Scènes de la vie future. L'architecture européenne et la tentation de l'Amérique, 1893-1960, Paris 1995), über deut-

die Vergleiche stützt, die von den hier behandelten Akteuren selbst angestellt wurden. So kann der Forscher den Blick »von oben« auf seinen Gegenstand vermeiden und der Gefahr entgehen, die Vorgänge im Sinne seiner eigenen Konzepte zu interpretieren – oder ganz einfach von seiner Kenntnis des weiteren Verlaufs der Geschichte zu profitieren oder beeinflusst zu werden. Es bleibt dem Leser überlassen, diese Vorgehensweise als Alternative oder als Ergänzung zu einer »traditionellen« Komparatistik zu verstehen. Das wesentliche Ziel des Aufsatzes ist es, die Brauchbarkeit einer Methode zu prüfen. Dabei wird besonderer Wert darauf gelegt, die historischen Situationen verstehbar und das Handeln der Beteiligten nachvollziehbar zu machen. Drei Erläuterungen – teils methodologischer, teils inhaltlicher Art – sollen kurz vorangestellt werden:

Erstens: Statt französische und britische Erfahrungen, Hilfsorganisationen oder Armutsdiskurse an der Schwelle zum 20. Jahrhundert aus unserer eigenen Perspektive zu vergleichen, wird untersucht, wie die Protagonisten damals ihre eigenen Vergleiche anstellten: Wie benutzen sie eine Situation im Ausland bzw. eine bestimmte Vorstellung oder Übertragung davon, um ihre eigene Lage zu verstehen und ihr Handeln danach zu bestimmen? Diese Methode ist ein Element eines breiteren Zugangs zum transnationalen historischen Vergleich, wie er für Fälle von kulturellen Transfers, Überschneidungen oder Gemeinsamkeiten entwickelt wurde. Im vorliegenden Fall wird den Franzosen, die Großbritannien betrachten und darüber diskutieren, mehr Gehör geschenkt als umgekehrt. Ein Grund hierfür ist, dass sich in der zeitgenössischen britischen Literatur, soweit es um Wohlfahrt und soziales Engagement geht, kein größeres Interesse für Frankreich finden lässt. In den letzten Jahrzehnten des 19. Jahrhunderts etwa wurden die französischen Praktiken, wenn sie denn überhaupt von britischen Vertretern der *scientific charity* erwähnt wurden, meist im Ton eigener Überlegenheit kommentiert, etwa wenn man bei den Franzosen in der privaten und öffentlichen Wohlfahrtspflege ein extremes Durcheinander und einen Mangel an Methode feststellte.[3] Ich möchte an dieser Stelle bemerken, dass der von mir gewählte Standpunkt es erlaubt, eines der kniffligeren – und zugleich interessanteren – Probleme jeder international vergleichenden Arbeit zu umschiffen: die Wahl der eigenen Begriffe und des eigenen Vokabulars. Wann immer wir uns mit historischen Situationen beschäftigen, ist ein erstes unumgehbares Grundsatzproblem die Wahl der Wörter, mit denen wir die untersuchten Gegenstände angemessen beschreiben können. Dieses Problem vergrößert sich, wenn schon die Protagonisten nicht ein und dieselbe Sprache benutzten. Ob man der Sprache der Quellen folgt, oder der, in welcher der eigene Text

sche, französische, (Viviane Claude, »Le travail de la différence. Expériences comparatives dans le champ municipal à Strasbourg (1900-1930)«, Genèses, 37 (1999), S. 114-134), europäische (Pierre-Yves Saunier (Hg.), »Municipal Connections: Co-operation, Links and Transfers among European Cities in the Twentieth Century«, Contemporary European History, 11 (2002)) sowie europäische und nordamerikanische Stadtverwaltungen (Pierre-Yves Saunier, »Sketches from the Urban Internationale, 1910-50: Voluntary Associations, International Institutions and US Philanthropic Foundations«, International Journal of Urban and Regional Research, 25 (2001), S. 380-403; Pierre-Yves Saunier, »Administrer le monde? Les fondations philanthropiques et la ›public administration‹ aux Etats-Unis (1930-1960)«, Revue française de science politique, 53 (2003), S. 237-255).

3 C.S. Loch, »International Congress, and the Administration of Relief in Paris. A report made verbally to the Council of the London Charity Organisation Society on the 14th of October 1889«, Charity Organisation Review, 6 (1890), S. 1-3.

gedacht und geschrieben wurde, oder in der er nach der Übersetzung gelesen wird: Das kann auf jeweils ganz unterschiedliche Aspekte des Themas oder der Auffassung von Begriffen hinauslaufen. Obwohl der vorliegende Text auf Deutsch gelesen wird, soll hier das Vokabular beibehalten werden, welches die französischen Akteure um 1900 benutzten. Besondere Aufmerksamkeit wird ihren Worten gegeben, wenn sie englische Termini übersetzten, um damit im französischen Kontext zu operieren.

Zweitens: Statt von »Frankreich« und »Großbritannien« als fest gefügten und abgegrenzten Entitäten zu sprechen, versuche ich, diese Länder jeweils als ein Konglomerat von philanthropischen Aktivitäten, Institutionen, konkurrierenden Gruppen und intellektuellen Bezügen zu beschreiben. Was ich in diesem Zusammenhang gleich vorab bemerken möchte ist, dass viele der beteiligten Personen überzeugt waren, dass die Landschaft von Wohlfahrt oder Wohltätigkeit in Frankreich sich in einem rapiden Wandlungsprozess befand, und dass sie bald derjenigen ähneln würde, die man in Großbritannien schon beobachtete. Folglich war das von ihnen konstruierte Bild Großbritanniens für sie die Zukunft Frankreichs. Ich denke, dass dieses Bild und die Aktivitäten, die es hervorbrachte, ernst genommen werden sollten. Wir wissen Folgendes: Das Aufblühen privater Initiativen und Wohlfahrtseinrichtungen, das sie im edwardianischen Großbritannien beobachteten, fand in Frankreich niemals statt. Es währte zwar auch in Großbritannien selbst nicht lange, wo der Staat dieses Aufgabenfeld recht früh übernahm, sogar früher als in Frankreich. Aber zum damaligen Zeitpunkt konnten die Akteure dies nicht wissen, und ihr Handeln sollte in Beziehung gesetzt werden zu dem, was sie zu tun glaubten, und nicht zu der späteren Entwicklung, an der ihre Projekte scheiterten.

Drittens: Auf dem Feld der Armenfürsorge in Frankreich geschah um 1900 etwas Bemerkenswertes. Zu dieser Zeit war die gesamte politische Bühne des Landes in Aufruhr. Die schon länger bestehende politische Spaltung Frankreichs in zwei Lager war durch die Dreyfus-Affäre vertieft worden; fast könnte man sagen, dass das Land am Rande einer Art von Bürgerkrieg stand. Zur Linken dieses Grabens standen die Regierung und die republikanischen Parteien, unterstützt von einer erneuerten Beamtenschaft – namentlich von den Grundschullehrern, den »schwarzen Husaren der Republik« – und von einer wachsenden Mittelklasse aus wohlsituierten Landwirten, Ladenbesitzern sowie kleinen und großen Industriellen. Auf der anderen Seite standen die immer noch mächtige katholische Kirche und die großen Teile des ländlichen Frankreich, in denen sie noch viel Einfluss hatte, hinzu kamen alter und neuer Adel, große Landbesitzer, die meisten hohen Offiziere, und immer noch eine Anzahl von Richtern, die bei der Säuberung von 1880 ungeschoren geblieben waren. Nach dem Sturz Napoleons III., dem preußischen Sieg von 1870 und der roten Gefahr der Pariser Kommune hatten die Monarchisten für einige Jahre die Regierung der Republik innegehabt und auf eine Restauration hingearbeitet.[4] Die Verfassung war nur durch den politischen Sieg der Republikaner zwischen 1877 und 1880 stabilisiert worden, wurde dann aber wieder von dem autoritären General Boulanger 1888 bedroht und im Anschluss daran, zwischen 1898 und 1900, durch die Angriffe von nationalistischer,

[4] Die entstehenden sozialistischen Gruppen, die sich sehr voneinander unterschieden und von den Gewerkschaften entfremdet waren, vereinigten sich vor 1905 nicht in einer einheitlichen sozialistischen Partei. Trotz einiger Erfolge in den Kommunalwahlen der 1890er Jahre waren sie nicht in besonderem Maße an der Wohlfahrtsdebatte um 1900 beteiligt.

monarchistischer und antisemitischer Seite. Im Jahr 1892 schließlich empfahl der Papst den katholischen Franzosen, sich zum republikanischen Regime zu bekennen; das werde sie besser befähigen, die eigenen Interessen auf einem von ihnen nicht gesuchten Terrain zu verteidigen, und 1905 endete die Auseinandersetzung vorläufig mit der Trennung von Kirche und Staat. In einer solchen politischen Landschaft hätten sich die für die öffentlichen Wohlfahrtseinrichtungen zuständigen Männer – allesamt stramme, wenn auch zum Teil eher konservative Republikaner – im Krieg mit den Protagonisten der privaten Wohltätigkeitsverbände befinden müssen, denn unter ihnen waren sehr viele Katholiken – und das waren entweder in der Wolle gefärbte Monarchisten oder allenfalls laue Unterstützer der republikanischen Verfassung. Aber stattdessen näherten sich beide Seiten um 1900, nach zehn Jahren der Spannung, aneinander an, und sie fanden zu allgemeinen Übereinkünften hinsichtlich der Vorgehensweisen und sogar zur Arbeitsteilung auf diesem Feld. Der Internationale Kongress *Bienfaisance et Assistance*, der in Paris anlässlich der Weltausstellung um 1900 zusammentrat, wurde von beiden Seiten als ein *concordat charitable*[5] beschrieben. Wie war dies möglich? Ein Grund hierfür liegt meiner Ansicht nach in den vielen Bezügen zu Großbritannien, die beide Seiten teilten.

Reform als gemeinsame Sprache

Obwohl die Dritte Republik formal 1870 mit dem Sturz von Napoleon III. begann, hatte sich das neue Regime erst 1880 konsolidiert, als die Republikaner in den wichtigsten Institutionen des Staates die Oberhand über die Monarchisten gewonnen hatten, wenn auch das Militär hier eine gewichtige Ausnahme blieb. Schon auf der Weltausstellung von 1889 war den Angelegenheiten sozialer Reform große Aufmerksamkeit gewidmet worden, und auf vielen der so genannten Internationalen Kongresse zum Thema konnte man ein interessantes Phänomen beobachten: Persönlichkeiten, die von der Wählerschaft aus der Politik oder von dem neuen republikanischen Establishment aus ihren offiziellen Positionen verdrängt worden waren, füllten die oberen Ränge von neuen Organisationen, die auf dem weiten Feld der freiwilligen Wohlfahrtspflege aktiv wurden. Soziale Reform war in der Tat von vielen geschlagenen Konservativen und Monarchisten als ein Rückzugsgebiet gewählt worden, entweder in Erwartung besserer Zeiten in der Politik oder als Startposition zu einer zweiten Karriere. Unterdessen widmeten sich Mitglieder der neuen, noch instabilen Elite der Republik denselben Angelegenheiten, zumindest wenn sie eine gewisse Eignung vorweisen konnten – zum Beispiel als Ärzte oder Ingenieure, progressive Bürgermeister, oder allgemein wohltätige Größen der Lokalpolitik. Seit dieser Zeit stand »Reform« gleichermaßen auf dem Programm von politischen Gewinnern und Verlierern. Soziale Reform wurde so zu einem Feld, in dem Männer guten Willens, die über Gegensätze in politischen Dingen hinwegschauen konnten, kooperierten. Die Grundlage hierfür war ein humanitärer Konsens und der gemeinsame Glaube an die Anwendbarkeit wissenschaftlicher Methoden auch auf diesem Feld.

5 *Concordat* hieß auch die von Napoleon 1801 erreichte Übereinkunft zwischen Kirche und Staat, welche den religiösen Aufruhr der Französischen Revolution beendete.

Im Bereich der Wohlfahrtsorganisation war die Situation jedoch nicht ganz einfach. Die Armenunterstützung in Frankreich war während des gesamten 19. Jahrhunderts von zwei miteinander verknüpften Merkmalen gekennzeichnet.

Zunächst war es ein Bereich, in dem schon immer Konkurrenz zwischen verschiedenen Gruppen von Wohltätern herrschte. Der Schutz der Armen war von jeher eine prinzipielle Pflicht für den lokalen Niederadel und die Notabeln gewesen, in jüngerer Zeit auch für die Aufsteiger der Mittelklasse, die mit ihnen in Wettbewerb traten. Reich und mächtig zu sein war niemals hinreichende Begründung eines Rechts der Herrschaft über einen Landstrich und seine Bewohner gewesen, und Ansehen musste immer neu gewonnen und sorgfältig gepflegt werden. In diesem großen Spiel, das von Tausenden wohltätiger Seelen – Aristokraten und Großgrundbesitzern, Industriellen und Kaufleuten, Geistlichen aller Konfessionen, Nonnen, wohltätigen Besuchern der Armen, Ärzten und Krankenhausverwaltern, und so weiter – gespielt wurde, gab es viele Frontlinien. Aber es kann festgehalten werden, dass die katholische Kirche und die mit ihr verbundenen lokalen Wohltäter zunächst einmal die Oberhand hatten und ihre verschiedenen Konkurrenten den Kampf bergan führen mussten.

Das zweite Merkmal war eine Folge des gerade beschriebenen: Konkurrenz zwischen den Wohltätern bedeutete, dass deren Klienten einigen Spielraum zur Verfügung hatten, in dem sie ihre eigenen Taktiken entwickelten. Ein karitativ engagierter katholischer Geistlicher lamentierte auf dem Kongress von 1900: »Einige Menschen stehen auf den Listen aller Wohlfahrtsorganisationen: Sie bekommen ihre Rente von Monsieur de Rotschild, den Eintopf vom Baron de Schickler [einem Protestanten] und das Brot vom Monsieur le Curé«[6]. Dieser »unwürdige Arme« (der *pauvre non-méritant*, oder *undeserving poor*), der sich Mildtätigkeiten erschlich, war in der Tat der Albtraum aller, die sich der Philanthropie als Wissenschaft verschrieben hatten – in jedem Land. In Großbritannien hatten diese Reformer deshalb für das Arbeitshaus und die Prüfung der Arbeitsfähigkeit der Antragsteller (den *work test*) votiert, oder zumindest für *charity organisation*, also für die zentrale Koordination der Wohlfahrt.

Der Wettkampf der Wohltäter wurde auch mit Worten ausgetragen. *Charité* (Barmherzigkeit) war der bei den Katholiken gebräuchliche, theologisch gefärbte Ausdruck. *Philanthropie* kam einige Zeit vor der Französischen Revolution in Gebrauch und war darauf ausgerichtet, die humanitäre Hingabe von jedweden religiösen Tönen zu trennen. Dieser Begriff war seit der Restauration von 1815 ein Kennzeichen der liberalen Eliten.[7] Wollte man dieser Polarisierung entgehen, dann war ein neutraler Begriff gefordert. *Bienfaisance* (Wohltätigkeit) war ursprünglich geprägt worden, um die kommunal verwalteten Institutionen zu benennen, welche durch das 19. Jahrhundert hindurch für die Armenunterstützung verantwortlich waren: Die *bureaux de bienfaisance* wurden auf freiwilliger Basis von den Bürgermeistern geschaffen, nicht mit öffentlichen Geldern, sondern durch freiwillige Beiträge finanziert, und geleitet durch

[6] Louis Paulian, »Nécessité d'un lien commun entre les diverses oeuvres charitables publiques et privées. Création d'un hôtel central et d'une caisse centrale des oeuvres charitables privées«, in: Recueil des travaux du Congrès international d'assistance publique et de bienfaisance privée, tenu du 30 juillet au 5 août 1900, Band 1, Paris 1900, S. 288-296 (Zitat S. 292).

[7] Siehe Catherine Duprat, Le temps des philanthropes. La philanthropie parisienne des Lumières à la Monarchie de Juillet, Band 1, Paris 1993 und Usages et pratiques de la philanthropie. Pauvreté, action sociale et lien social à Paris, au cours du premier XIXe siècle, Band 2, 1997.

Männer von gutem Ruf, vom Bürgermeister bestellt und ehrenamtlich tätig.[8] Diese Institutionen waren schon 1796 eingerichtet worden; im Zuge der Restauration wurden sie in *bureaux de charité* (1816) und nach der liberalen Julirevolution wieder in *bureaux de bienfaisance* (1831) umbenannt. Bald war noch ein viertes Wort in Gebrauch. In der zweiten Hälfte des 19. Jahrhunderts und vor allem in den Jahren der Dritten Republik wurden die lokalen Behörden zunehmend zur *assistance* verpflichtet: gesetzlich verankerte Hilfe für immer weitere Kategorien hilfsbedürftiger Menschen. Das waren zunächst die obdachlosen Kinder (1889), dann die kranken Armen (1893), die alten oder behinderten Armen (1905), und schließlich auch die erwerbslosen Arbeiter (1914). Mit *assistance* bezeichnete man die öffentliche Unterstützung, im Gegensatz zur nicht gesetzlich vorgeschriebenen *bienfaisance*.

Diese Begriffe und die mit ihnen verbundenen Institutionen lassen sich bestimmten politisch-sozialen Kräften zuordnen. In den 1890er Jahren waren die Institutionen und Programme der *assistance* eine Hochburg der republikanischen Kommunalpolitiker, einiger beamteter Verwalter der staatlichen Unterstützung und der Beamten aus einer noch recht schlanken Ministerialbürokratie. Aber zur selben Zeit erlebten Einrichtungen mit den Etiketten *charitables*, *philanthropiques* oder *de bienfaisance* (alle mit derselben Bedeutung: freiwillig und in der Hauptsache privat organisiert) eine Blütezeit. Katholische Wohlfahrtsorganisationen blieben relativ isoliert von den Netzwerken der Bürokraten, aber sie waren zugleich sehr einflussreich, und auch eine Anzahl von nicht-religiösen Neugründungen – oft unterstützt von der zentralen Regierung oder den lokalen Behörden – entwickelte sich nun schnell.

Es muss hier jedoch betont werden, dass die Grenzen zwischen öffentlich und privat, staatlich und freiwillig meist verschwommen waren. Die *bureaux de bienfaisance* sind ein Beispiel dafür, der *Congrès d'assistance* ein weiteres. Diese Kongresse waren private Veranstaltungen, die aber von der Regierung einberufen und zum Teil auch finanziert wurden. Der Kongress von 1889 wurde ganz bewusst *Congrès d'assistance* genannt und war eine feierliche Bekundung republikanischer Ambitionen in diesem Bereich. Er wurde von den Katholiken ostentativ ignoriert, und die einzigen prominenteren Privatpersonen, mit deren Teilnahme die Regierungsvertreter sich brüsten konnten, waren wohlmeinende Protestanten und Juden, und einige Atheisten proto-eugenistischen Typs. Nichtsdestotrotz hatte Henri Monod, der neue Direktor der *assistance* im Ministerium, der für die kommenden 16 Jahre im Amt bleiben sollte, einige ziemlich gute Karten im Ärmel: die Redner Charles S. Loch, der als Generalsekretär der Londoner *Charity Organisation Society* (*C.O.S.*) einige Bekanntheit erworben hatte, und Nathaniel S. Rosenau, der Leiter der *Buffalo C.O.S.*, im Staat New York. Beide hielten auf diesem Kongress ihre Vorträge[9], verkündeten ihre Losungen und ernteten triumphalen Applaus: keine Unterstützung ohne rigorose Fallprüfungen nach wissenschaftlichen Kriterien, keine Unterstützung für Gesunde ohne einen *work test*, und Kooperation zwischen privaten und öffentlichen Agenturen, zur Verhinderung von Leistungsmissbrauch, und schließlich Koordination zwischen den Institu-

8 Fleury-Ravarin, »Rapport sur les secours à domicile dans Paris«, in: Conseil supérieur de l'assistance publique, Actes, Band 40, o. O. (Imprimerie administrative), undatiert (1893?), S. 14-15.

9 C.S. Loch, »De l'organisation de l'assistance«, in: Congrès international d'assistance, tenu du 28 juillet au 4 août 1889, Band 1, Paris 1889, S. 51-111, und Nathaniel S. Rosenau, »Charity Organization. Ses méthodes et ses théories«, ibid., S. 111-130.

tionen. Hartgesottene Verfechter der Gemeindehoheit – wie einige Sozialisten aus dem Pariser Stadtrat – verstanden schnell, dass diese Doktrin ihnen eine Hintertür zur Kontrolle privater Wohlfahrtsorganisationen öffnen konnte. Sie murmelten zwar einige gallische Einwände, wie etwa: »[...] wir haben ohnehin nicht darauf gewartet, dass die Engländer uns das vormachen«, aber damit brachten sie doch nur ihr indirektes Einverständnis mit der neuen Linie zum Ausdruck.[10] Überzeugte Liberale nutzen die Gelegenheit, um Widersprüche in den bürokratischen Apparaten zu geiseln. Sie taten dies bei jedem sich bietenden Anlass, wie Dr. Gilbert, ein protestantischer und anglophiler Hygieniker aus Le Havre, ein Hardliner wie Loch, der jede Unterstützung für Arbeitsfähige ablehnte. Auf dem Kongress von 1897 hatte Gilbert eine öffentliche Auseinandersetzung mit Paul Strauss, einem typischen Befürworter staatlicher Hilfe. Am Ende suchte Strauss nach einem Ausweg: »Wir sind uns in einem grundlegenden Punkt einig: der methodischen Organisation der Unterstützung.« Gilbert antwortete: »Dieselben Dinge, die [M. Strauss] durch den Staat bewirken möchte, möchte ich ohne denselben bewirken.«[11]

Schon dieser kurze Dialog zeigt, dass man sich in Grundsatzfragen einig sein, aber trotzdem über die praktische Umsetzung streiten kann. Diese prinzipielle Übereinkunft erlaubt es, miteinander zu reden und zu arbeiten. »Reform« kann als gemeinsame Sprache verstanden werden, die eine friedliche Fortsetzung der Auseinandersetzungen ermöglicht. Sie ist der gemeinsame Bezugsrahmen, das gemeinsame Regelwerk. Im Frankreich der Jahrhundertwende, und für die Protagonisten sowohl privater Wohltätigkeit als auch staatlicher Unterstützung, stellte die in Großbritannien entwickelte Sprache der Wohlfahrtsorganisation diesen Rahmen dar. Aus diesem Grund war es den Katholiken möglich, am Kongress von 1900 teilzunehmen, dessen Namen man in *Congrès d'assistance et de bienfaisance* geändert hatte, um Vertretern beider Seiten gerecht zu werden. Charles Loch wurde erneut eingeladen und gab wie schon 1899 den Ton an.[12] Ironischerweise war es der Engländer Loch, der so entscheidend dazu beitrug, die Verehrer der Guillotine mit den Anhängern des Antichristen in Rom zu versöhnen. Und dies fand genau in der Phase statt, in der die Londoner *C.O.S.* dabei war, ihren bis dato großen Einfluss an die Reformer vom Schlage eines Beveridge und an die New Liberals in Churchills Board of Trade zu verlieren. Man könnte hinzufügen, dass eine erhebliche Lücke zwischen der Doktrin und den Ansprüchen der *C.O.S.* und ihren tatsächlichen Praktiken bestand.[13] Dies mag wiederum südlich des Ärmelkanals kaum von Bedeutung gewesen sein: Ein Modell muss nicht tatsächlich als solches existieren, um in effizienter Weise benutzt zu werden.

---

10 IIe Congrès international d'assistance et IIe Congrès international de la protection de l'enfance. Genève, 14-19 septembre 1896, Genf 1896, Band 2, S. 549-550.

11 Deuxième Congrès national d'assistance tenu du 15 au 19 juin 1897 à Rouen et au Havre, Band 1, Rouen, 1898, S. 161. Siehe auch Christian Topalov, »Langage de la réforme et déni du politique. Le débat entre assistance publique et bienfaisance privée, 1889-1903«, Genèses, 23 (1996), S. 30-52.

12 Recueil des travaux du Congrès international d'assistance publique et de bienfaisance privée, tenu du 30 juillet au 5 août 1900, Band 1, Paris 1900, S. 215-260.

13 Robert Humphreys, Sin, Organized Charity and the Poor Law in Victorian England, London 1995, S. 112, 172-174. Siehe auch Peter Mandler, »Poverty and Charity in the Nineteenth-Century Metropolis: An Introduction«, in: Peter Mandler (Hg.), The Uses of Charity: The Poor on Relief in the Nineteenth-Century Metropolis, Philadelphia 1990, S. 1-37.

Konsens durch Missverständnis

Eine Übereinkunft über die Methoden zur strengeren Kontrolle der Armen – und noch mehr der arbeitsfähigen Armen – schien dringend erforderlich, um den Vertretern öffentlicher und privater Wohlfahrtspflege eine Annäherung und Zusammenarbeit zu ermöglichen. Aber diese Bedingung war nicht ausreichend. Jede der Seiten musste sich zudem mit guten Gründen vorstellen können, dass sie selbst von einer so gewagten Kooperation mit dem Gegner profitieren würde. An dieser Stelle werden Vorstellungen von der Zukunft relevant, und diese bezogen sich immer auf eine Beschreibung von Vergangenheit und Gegenwart. In anderen Worten: Das Ergreifen von Maßnahmen setzt ein Geschichtsbild voraus.

Wer sich mit der Geschichte der Wohlfahrt im 20. Jahrhundert beschäftigt hat, ist vertraut mit den Narrativen der Reformer aus eben der Zeit, in der sie für ihre Überzeugungen kämpften: Vergangenheit, Gegenwart und Zukunft sind in ihren Texten eng verknüpft. Vor dem Ersten Weltkrieg waren die Webbs und Beveridge die herausragenden Vertreter dieses Genres.[14] Das Epos vom Fortschritt des Wohlfahrtsstaates, das einen Großteil der Geschichtsschreibung zum Thema dominiert, von den 1930er Jahren bis etwa zu der Zeit von, sagen wir Thatcher und Reagan, und allem was dann folgte, fußte in der Hauptsache auf der von den Reformern selbst geschriebenen Geschichte. Aber dies ist kein guter Grund zu vergessen, dass auch diejenigen, die damals unterlagen und für eine ganze Weile vergessen wurden, ihr eigenes Geschichtsbild hatten.[15]

Die Vorstellungen beider Seiten lassen sich recht gut dokumentieren, wenn man mit dem sehr dichten und kohärenten Quellenbestand arbeitet, der in der Serie von Büchern und Pamphleten über die *histoire de la charité* oder *de l'assistance* vorliegt. Es handelt sich dabei um ein regelrechtes literarisches Genre, das im damaligen Frankreich blühte. Die meisten Autoren bedienten sich der üblichen evolutionären Sprache und ließen ihre Geschichten entweder im alten Athen oder Rom, bei den Hebräern oder mit der Etablierung der christlichen Kirche in der Spätantike beginnen. In allen diesen Narrativen war die Französische Revolution ein zentraler Wendepunkt. Für die einen zerstörte sie das großartige Netz der karitativen Einrichtungen, das von Kirchengemeinden, Klöstern und wohltätigen christlichen Laien seit dem Mittelalter aufgebaut

14 Sidney Webb /Beatrice Webb (Hg.), The Public Organisation of the Labour Market: Being Part II of the Minority Report of the Poor Law Commission, London 1909; William Henry Beveridge, »Unemployment Insurance in the War and After«, in: Norman Hill et al., War and Insurance, London 1927, S. 229-252; William Henry Beveridge, Unemployment: A Problem of Industry, 1909 and 1930, London 1930.

15 Die ersten Historien der *C.O.S.* wurden geschrieben von C.S. Loch (»Charity and Charities«, in: Encyclopaedia Britannica, 10. Auflage, Band 26, 1902, S. 658-690 und 11. Auflage, 1910, Band 5, S. 885-886) und den Kreis um ihn (Helen Bosanquet, Social Work in London, 1869 to 1912: A History of the Charity Organisation Society, London 1914; Charles Loch Mowat, The Charity Organisation Society, 1869-1913: Its Ideas and Work, London 1961). Ihre Themenwahl prägte auch die professionelle Historiographie (z.B. Kathleen Woodroofe, From Charity to Social Work in England and the United States, London 1962) mindestens bis zur Revision, vor allem durch Gareth Stedman Jones (Outcast London: A Study in the Relationship Between Classes in Victorian Society, Oxford 1971). Die bis zum heutigen Tag maßgebende Geschichte der *O.C.O.B.* (der frz. *C.O.S.*) schrieb ihr Gründer Lefébure (L'organisation de la charité privée en France. Histoire d'une oeuvre, Paris 1900).

worden war.[16] Für die anderen beendete die Revolution Unordnung und Unterwürfigkeit und ebnete den Weg für die Rechte der Armen und für die wissenschaftlichen Methoden zu deren Durchsetzung.[17] Beide Seiten betrachteten das 19. Jahrhundert als Zeit der Finsternis. Aus Sicht der Monarchisten wurde die Kirche in ihren Bemühungen permanent durch schlechte Gesetze und feindlich gesonnene Bürokraten behindert. Für die Republikaner waren die autoritären Regime ein Bremsklotz gegen den Fortschritt. Aber nun – und hier waren beide Seiten sich einig – seien die Dinge im Begriff, sich zu ändern: Die neue Republik werde die Voraussetzungen für viel versprechende Initiativen schaffen. Das Betätigungsfeld der öffentlichen Hand werde erweitert, aber zugleich deutlich begrenzt auf genau definierte Kategorien von bedürftigen Menschen: Die *assistance* werde das klar umgrenzte Reich beherrschen, in dem gesetzliche Regelungen von zwar herzlos, aber doch auch nüchtern agierenden Beamten strikt durchgesetzt würden. Für die übrigen Armen sollte dann eine breit gefächerte Vielfalt privater Initiativen tätig werden, inspiriert von einem neuen, wissenschaftlichen Geist. Darüber hinaus allerdings zerbrach der Konsens: Wohltätige katholische Männer und Frauen, Befürworter säkularer Wohltätigkeitsarbeit, Vertreter der *sociétés de secours mutuel* (genossenschaftlich organisierte Gruppen, das französische Äquivalent zu Englands *friendly societies*) oder Gewerkschaftler[18] hatten keineswegs ein und dieselbe Zukunft vor Augen. Dennoch hatten viele von ihnen eine gemeinsame Hoffnung: Sie glaubten, dass man für eine neben dem öffentlichen Sektor angesiedelte freie Wohlfahrtspflege so viele Unterstützer finden und so viel Geld sammeln könnte, wie das in Großbritannien der Fall war – oder in den Vereinigten Staaten, der Nation, der einige jüngere französische Philanthropen und Reformer sogar schon vor dem Ersten Weltkrieg zugeneigt waren.

Dieses Bild von einem blühenden privaten Sektor der Wohlfahrtspflege sollte den Zustand in England beschreiben. Hier haben wir ein prototypisches Beispiel für die möglichen Verwendungen der Verweise auf ein anderes Land: »Schauen wir doch dorthin, über die Grenze, dort ist es viel besser.« Symbolischer internationaler Wettbewerb diente als Motto, und Klagen über die eigene Rückständigkeit waren ein wirkmächtiger Hebel für Wandel: »Es ist höchste Zeit, dass wir mit ihnen gleich zie-

[16] Zu den Katholiken und Liberalen siehe Maxime du Camp, La charité privée à Paris, Paris 1885; Léon Lefébure, La renaissance religieuse en France. Vues sur l'action catholique depuis cinquante ans, Paris 1886; Léon Lallemand, La Révolution et les pauvres, Paris 1898 und Histoire de la charité, Paris 1902-1910, 5 Bände; Office central des institutions charitables, Tableau de la charité à Paris avant la Révolution et pendant le XIXe siècle, Paris 1900.

[17] Zur offiziellen republikanischen Sicht z.B. Jules Gaufrès, »L'assistance par le travail sous la révolution« et »L'assistance par le travail sous l'ancien régime«, Bulletin de la Société internationale pour l'étude des questions d'assistance (août et septembre 1893); Henri Monod, Bienfaisance privée et assistance publique, Paris 1901; Paul Strauss, Assistance sociale, pauvres et mendiants, Paris 1901. Die Schriften des Congrès d'assistance selbst wurden Träger eines offiziellen Narrativs: Georges Rondel, »L'oeuvre des trois premiers Congrès internationaux d'assistance«, Revue philanthropique, 17 (1905), S. 105 sq.; Paul Strauss, »L'assistance«, in: Un demi-siècle de civilisation française, 1870-1915, Paris 1916, S. 403-420.

[18] Die grundlegende Arbeit von Henri Hatzfeld (Du paupérisme à la sécurité sociale, 1850-1914, Paris 1971) zeigt, dass die Gewerkschaften des frühen 20. Jahrhundert – hauptsächlich im Handel und weniger in der Industrie – staatliche Versicherungssysteme zunächst ablehnten, in der Hoffnung, eigene gewerkschaftliche Versicherungen für ihre Mitglieder schaffen zu können – ein weiterer britischer Traum?

hen.« Das ausländische Modell diente auch als Beleg für die Umsetzbarkeit der vorgeschlagenen Reformen: »Was die können, können wir auch.« Französische Reformer konstruierten sich das England, das sie brauchten, um über das Frankreich zu sprechen, das sie wollten. Solch ein Modell ist eine Utopie, es wird konstruiert, indem man ganz gezielt diejenigen Charakteristika des ausländischen Beispiels auswählt, deren Fehlen man im Heimatland aufzeigen will. Das britische Modell der französischen Reformer war in der Tat eine Erfindung, jedenfalls in weiten Teilen: Das britische System etwa der Arbeits- oder Armenhäuser wurde kaum einmal erwähnt.[19] Gewiss befand sich diese Einrichtung bereits um 1900 in einem rapiden Wandlungsprozess, aber auch dies wurde nicht wahrgenommen.[20] Ähnliches Schweigen herrschte zu der kommunalen Wohlfahrtsbeihilfe, auf die man in Großbritannien von den 1880er Jahren bis um 1900 immer wieder zurückgegriffen hatte, und die so scharf von den Organisatoren der Wohltätigkeit kritisiert worden war.[21]

Es sollte sich jedoch herausstellen, dass die Reformer in den mit ihrem Konsens verbundenen Hoffnungen falsch lagen. Große freiwillige Wohlfahrtsvereine und -verbände entstanden in Frankreich nicht, eine systematische Kooperation zwischen verschiedenen Organisationen nahm niemals Form an, freiwilligen Versicherungsvereinen fehlte Antrieb und Kapital, Vergütungen durch Gewerkschaften entwickelten sich nicht in nennenswerter Weise.[22] Zugleich aber weiteten die lokalen Behörden ihre Befugnisse und Pflichten kontinuierlich aus, während die Zentralregierung den Kommunen zunächst mit Zuschüssen beisprang und später auch nationale Pflichtversicherungen für verschiedene Zwecke einführte. Die Zeit des reformerischen Missverständnisses und Konsenses war kurz. Sie währte nur etwa zwei Dekaden, beginnend in den späten 1890er Jahren und endend nach dem Ersten Weltkrieg. Nichtsdestotrotz machte erst das Missverständnis einige grundlegende Entwicklungen möglich: erstens die gemeinsame Berufung auf und Legitimierung durch wissenschaftliche Methoden bei der Armenunterstützung, was die Professionalisierung des Sektors beförderte, zwei-

19 Es gibt Ausnahmen, so etwa Emile Chevallier, ein orthodoxer Ökonom, der sich später ein Stück weit dem Modell staatlicher Intervention annäherte (La loi des pauvres et la société anglaise. Organisation de l'assistance publique en Angleterre, Paris 1895) oder Paul Strauss, der nach der Pariser Kommune ins Exil floh und einer der Hauptvertreter der republikanischen Linie von Kooperation zwischen einer starken staatlichen Wohlfahrtsadministration und einem agilen Sektor der freiwilligen Wohltätigkeit wurde (»La loi des pauvres en Angleterre«, Revue philanthropique, 9 (1901), S. 152-160).

20 Siehe M.A. Crowther, »The Later Years of the Workhouse, 1890-1929«, in: Pat Thane (Hg.), The Origins of British Social Policy, London 1978, S. 35-55; Derek Fraser, »The English Poor Law and the Origins of the British Welfare State«, in: Wolfgang J. Mommsen (Hg.), The Emergence of the Welfare State in Britain and Germany, 1850-1950, London 1981, S. 9-31; Michael Edward Rose (Hg.), The Poor and the City: The English Poor Law and Its Urban Context, 1834-1914, Leicester: Leicester University Press, 1985.

21 Siehe Pat Ryan, »Politics and Relief: East London Unions in the Late Nineteenth and Early Twentieth Centuries«, in: Michael Edward Rose (Hg.), The Poor and the City: The English Poor Law and Its Urban Context, Leicester 1985, S. 134-172; James Gillespie, »Poplarism and Proletarianism: Unemployment and Labour Politics in London, 1918-34«, in: David Feldman und Gareth Stedman Jones (Hg.), Metropolis. London: Histories and Representations Since 1800, London 1989, S. 163-188.

22 Trotz der Perspektive, welche das Industrie-Unfallgesetz von 1893 ihnen zu eröffnen schien, hatten auch kommerzielle Versicherungsfirmen eine sehr begrenzte Wirkung in diesem Bereich. (François Ewald, L'Etat providence, Paris 1986).

tens den dauerhaften Austausch von Erfahrungen sowie, noch wichtiger, von Personal zwischen dem öffentlichen und dem privaten Sektor, und schließlich drittens den friedlichen Rückzug der privaten Wohltätigkeitsvereine – bis zu ihrer jüngsten Renaissance in den gegenwärtigen neo-liberalen Zeiten.

Zwei Karrieren in der Reformphase, Teil 1: Léon Lefébure und die Londoner *C.O.S.*

Ein dichteres und vielleicht überzeugenderes Bild kann durch die Verschiebung des Maßstabes historischer Beschreibung gegeben werden. Der Import von kulturellen Werten und Praktiken ist in der Tat ein sehr spezialisierter Handel und setzt besondere Fähigkeiten und Ressourcen voraus. Bei der Reform der Wohlfahrtspflege im späten 19. und frühen 20. Jahrhundert war es das Geschäft von nur wenigen der konkurrierenden Akteure, und einige von ihnen benutzten ausländische Modelle zum Voranbringen der eigenen Karriere. Zwei von ihnen, die zu aufeinander folgenden Generationen von Reformern der privaten Wohltätigkeit in Frankreich gehören, können als prototypisch betrachtet werden.

Léon Lefébure (1838-1911) war in der zweiten Hälfte seines Lebens ein typischer Vertreter dieser Gruppe. 1877, im Alter von 39 Jahren, war er einer der Gründer der *Société des prisons* (Gesellschaft für Häftlinge), Präsident der *Société de patronage des détenus libérés* (Gesellschaft zur Unterstützung entlassener Häftlinge) und Generalsekretär der *Société de protection des apprentis* (Gesellschaft zum Schutz der Lehrlinge). Seit 1862 war Lefébure Mitglied der von Frédéric Le Play gegründeten *Société d'économie sociale* (Gesellschaft für Sozialökonomie), der einflussreichsten sozialwissenschaftlich orientierten Reformbewegung innerhalb der traditionellen, überwiegend römisch-katholischen Elite.[23] Mit der Weltausstellung in Paris im Jahr 1889 begann er für »La Réforme sociale« zu schreiben, dem Journal der Anhänger Le Plays. Ein Jahr nach der Weltausstellung rief er mit starker Unterstützung durch das politisch gemäßigte republikanische Kabinett das *Office central des institutions charitables* (Zentralbüro der Wohlfahrtsverbände) ins Leben, welches explizit nach dem Vorbild der Londoner *Charity Organisation Society* sowie der *C.O.S.* von Buffalo und New York gestaltet war. Seit jener Zeit widmete er sein Leben dieser Arbeit mit begrenztem praktischem Erfolg und wurde 1905, im Alter von 65 Jahren, mit der Ehrenwürde eines Mitgliedes der *Académie des sciences morales et politiques* ausgezeichnet. Bei dieser Einrichtung handelte es sich um einen Zweig des *Institut de France* (nicht zu verwechseln mit der *Académie française*), die damals wie heute altgedienten konservativen Politikern und Akademikern eine ruhige Stellung und Schutz vor dem hektischen Alltagsgeschäft bietet. Zu dieser eher offiziellen Biographie können zwei Bemerkungen hinzugefügt werden.

---

23 Zu Le Play und seinen Anhängern siehe Antoine Savoye, »Les continuateurs de Le Play au tournant du siècle«, Revue française de sociologie 23 (1981), S. 315-344, und Antoine Savoye, »La parole et les actes. Les dirigeants de la Société d'économie sociale (1882-1914)«, in: Christian Topalov (Hg.), Laboratoires du nouveau siècle. La ›nébuleuse réformatrice‹ et ses réseaux en France, 1880-1914, Paris 1999, S. 61-94.

Erstens: Es handelte sich hierbei um Lefébures zweite Karriere. Die erste war die eines ambitionierten jungen Staatsbediensteten und Politikers, trotz seiner eher einfachen sozialen Herkunft. Seine Laufbahn hatte er, wenig überraschend, als Anwalt begonnen und wurde dann unter dem Regime Napoleons III. als Mitglied verschiedener Kommunalräte nach Algerien berufen, wo er auch Land besaß. Danach schickte man ihn ins Elsass, der Heimatregion seiner Familie. Im Jahr 1869 war er offizieller – also gewählter – Kandidat des Parlaments für das Elsass, und nach dem Fall des zweiten Empire wurde er 1871 erneut gewählt, dieses Mal in Paris, wobei ihm die monarchistische Welle nach der Niederschlagung der Kommune zugute kam. Alles schien sich für Lefébure sehr gut zu entwickeln, bis er plötzlich durch die Wahlschlappe der Monarchisten in den Parlamentswahlen von 1877 alle Ämter verlor. Er schaffte dann, dank seiner bis dahin geschaffenen Verbindungen, einen recht erfolgreichen Quereinstieg in das Feld der sozialen Reformen. Die Bücher, die er bereits über soziale Themen publiziert hatte, hatten ihm in der Tat einiges Ansehen als Fachmann verschafft, und er besaß darüber hinaus gute Kontakte zu den angeblich unpolitischen Gefängnisreformern, unter ihnen viele Anhänger von Le Play.[24] Einen Lebensweg wie diesen hatte zu jener Zeit ein großer Teil jener Politiker und Beamten hohen und mittleren Ranges gemein, die ihre Karriere als Unterstützer des zweiten Empire oder der Monarchisten begonnen, aber seit dem endgültigen Sieg der Republikaner 1877-1880 jede Chance auf weitere Posten verloren hatten.[25]

Zweitens: Lefébure war sehr gut vertraut mit britischen Experimenten im Bereich der »wissenschaftlich« betriebenen Wohlfahrtspflege, und er war klug genug, aus diesem Wissen Kapital zu schlagen. Er sah in diesen wissenschaftlichen Prinzipien den einzig möglichen gemeinsamen Nenner für die Vernetzung der wohltätigen Kräfte aller Richtungen: Monarchisten und Katholiken auf der einen Seite, Protestanten, Juden und Republikaner auf der anderen, alle vereint durch das gemeinsame Bemühen, den Armen zu helfen, ohne ihre Fähigkeiten zur Selbsthilfe zu untergraben. Seit 1890 arbeitete Lefébure an der Schaffung einer nicht-konfessionellen und nicht-religiösen Organisation – in der Sprache der Zeit: *neutre*. Diese Institution sollte in ihren Methoden eng an die englische *C.O.S.* angelehnt sein: allumfassender Zensus sowohl staatlicher als auch privater Wohlfahrtsorganisationen, der versuchsweise als Jahrbuch herausgegeben werden sollte; Aufbau eines stadtweiten Netzwerkes der Institutionen in Paris, dann Ausdehnung des Experiments auf eine Anzahl von Provinzstädten – in den meisten Fällen mit der inoffiziellen aber faktischen Unterstützung der lokalen Vertreter der Zentralregierung, also der Präfekten[26]; Versuch der Einrichtung eines Zentralregisters aller Fälle und der Festlegung einer einheitlichen Art ihrer Beschreibung und Beurteilung; Schaffung von Organisationen zur Arbeitsvermittlung, die auch die Erwerbsfähigkeit prüfen sollten. Alle diese Maßnahmen galten als die modernsten Methoden einer neuen wissenschaftlichen Ära der Wohltätigkeit. Bedeutsam

---

24 Siehe Martine Kaluszynski, »Les hommes de la Société générale des prisons (1877-1900): espace réformateur et lieu d'exercice du politique«, in: Topalov (Hg.), Laboratoires du nouveau siècle, Paris 1999, S. 161-185 und Martine Kaluszynski, La République à l'épreuve du crime. La construction du crime comme objet politique, 1880-1920, Paris 2002.

25 Andere Beispiele derartiger Biographien finden sich in Christian Topalov, »Patronages«, in: Topalov (Hg.), Laboratoires du nouveau siècle, Paris 1999, Kapitel 14.

26 Der *préfet* war der Repräsentant der Zentralregierung in jedem *département*.

war die Namensänderung von Lefébures Organisation, nachdem der Papst die Katholiken zur Respektierung der Republik aufgerufen hatte: Sie wurde im Jahr 1896 von *Office central des institutions charitables* in *Office central des œuvres de bienfaisance* (*O.C.O.B.*) umbenannt. Wenn »Barmherzigkeit« noch zu starke katholische Untertöne hatte, so war »Wohltätigkeit« in jenen eher säkularen Zeiten für alle akzeptabel.

Zwei Karrieren in der Reformphase, Teil 2: Max Lazard und die Arbeitsvermittlung in New York City

Wenn Lefébure ein Mann des 19. Jahrhunderts war, so gehörte Max Lazard (1875-1953) ohne Frage ins 20. Jahrhundert. Er wurde um 1910 öffentlich aktiv, im Alter von 35 Jahren, ein Jahr bevor Lefébure starb. In jenem Jahr hatte er eine zentrale Rolle gespielt bei der Finanzierung und Organisation einer in Paris stattfindenden internationalen Konferenz zum Thema Arbeitslosigkeit.[27] Lazard hätte ein erfolgreicher Investmentbanker werden können, aber er entschied sich für Philanthropie und soziale Reformen. Immerhin war er ein Spross des französischen Zweigs jener Familie Lazard, die drei in Paris, London und New York ansässige Geldinstitute zusammengeschlossen hatte. Für die Familien der französischen Hochfinanz war es normal, dass ihre Söhne privat erzogen wurden und sich dann in den Filialen der Verwandten im Ausland aufhielten, um das Bankgeschäft vor Ort zu erlernen. So tat es auch Max. Als er von 1896 bis 1897 in London war, lernte er das soziale Experiment von *Toynbee Hall* kennen, und 1899 in New York das Modell der *University Settlements*. Er machte auch die Bekanntschaft von Edwin R. A. Seligman, Professor für politische Ökonomie an der Columbia University, Reformer und Führungspersönlichkeit bedeutender gelehrter Gesellschaften der progressiven Ära. Nach Paris zurückgekehrt, gab Lazard die Bankierskarriere auf, heiratete und ließ sich auf dem linken Seineufer nieder. Sein Haus lag im Faubourg Saint Germain, wo noch Reste der früheren Aristokratie lebten – empörend für seine Familie, die im modernen, wohlhabenden Paris auf dem Westufer residierte. Er schrieb sich dann für das Studium der Rechte ein und begann die Elenden der Stadt zu besuchen, im Rahmen der Visitationsgesellschaft für die Erbauung armer Familien. Hierbei handelte es sich um eine ganz neue Organisation, die 1896 von zwei jungen Männern gegründet worden war: der eine ein Katholik, der das republikanische Regime akzeptiert hatte, der andere Sohn einer jüdischen Industriellenfamilie. Sie folgten ebenfalls den Maßgaben wissenschaftlicher Wohlfahrtsarbeit, aber hatten, im Gegensatz zu Lefébure, einen fest gefügten republikanischen Hintergrund.[28] Die Gründer dieser ganz neuartigen Gesellschaft hatten anfänglich auch daran gedacht, ihre Talente in den Dienst der *O.C.O.B.* zu stellen, änderten aber ihre Pläne, als sie feststellten, dass die nur in Maßen von republikanischer Couleur war.[29] Die Visitati-

---

[27] Ein detailllierter Bericht dieser Konferenz findet sich in Christian Topalov, Naissance du chômeur, 1880-1910, Paris 1994, Kapitel 3.

[28] Zur Visitationsgesellschaft für die Erbauung armer Familien siehe Sandra Dab, »›Socialisme normalien‹ et philanthropie républicaine: le Groupe d'études socialistes et la Société des visiteurs (1900-1914)«, in: Topalov (Hg.), Laboratoires du nouveau siècle, Paris 1999, S. 219-238.

[29] André Spire, einer der Gründer, machte diese Angaben in »Notes upon Aid, Public and Private, in France«, Glasgow Charity Organisation Society, 74 (1906), S. 206.

onsgesellschaft fand finanzielle Unterstützung im höheren protestantischen und jüdischen Bürgertum und rekrutierte ihre Visitatoren unter jungen Staatsdienern und Schulreferendaren. Auf diese Weise kam Lazare mit Philosophiestudenten der *Ecole Normale Supérieure* in Kontakt und wurde Anhänger von Emile Durkheim und seiner soziologischen Schule. Inspiriert von Durkheim[30] promovierte er über das Phänomen der Arbeitslosigkeit, und nach dem Erwerb des Doktortitels machte er sich daran, die oben erwähnte Tagung zu organisieren.

Die Konferenz war ziemlich erfolgreich. Finanzielle Mittel kamen vom Arbeitsministerium und der Stadt Paris, weitere Unterstützung von Politikern der linken Mitte, namentlich von Léon Bourgeois – der acht Mal Mitglied des Ministerrats werden sollte und einmal dessen Präsident, und der zugleich einer großen Zahl von reformerischen Organisationen vorstand. Lazards Arbeit zielte auf die Verbreitung der Arbeitsvermittlung und auf die Schaffung von Arbeitslosenversicherungen, verwaltet von Arbeitgeber- und Arbeitnehmervertretern auf lokaler Ebene und mit der Hilfe von Experten, und teilweise finanziert von der öffentlichen Hand.[31] Dieses Modell wurde in New York City für mehrere Wirtschaftszweige recht erfolgreich ausprobiert, wobei die *American Association for Labor Legislation* praktisches Wissen und auch gesellschaftliche wie wissenschaftliche Legitimation beisteuerte. Auf der anderen Seite war Lazard mit dem britischen *Unemployment Act* von 1908 vertraut und interessierte sich für die Organisation von lokalen Arbeitsvermittlungsstellen durch Gewerkschafts- und Arbeitgebervertreter, unterstützt oder geleitet von neutralen Experten. Er war ebenfalls informiert über einen Grundsatzentwurf des britischen Arbeitsministeriums, der 1911 in den *National Insurance Act* münden sollte. Um es kurz zu fassen: Lazard und einige andere französische Reformer sahen die zukünftigen Arbeitsvermittlungsstellen in Paris als ein erstes Experiment der nichtstaatlichen Leitung von sozialen Reforminstitutionen. Tatsächlich aber sollten die Übereinkünfte zwischen Gewerkschaften und Arbeitgebern nicht zustande kommen, und die bestehenden Pariser Arbeitsvermittlungsstellen wurden während des Krieges von den lokalen Behörden übernommen. Ebenso wurde das Angebot Lazards zur Zusammenarbeit abgelehnt. Dieses Scheitern war für ihn persönlich eine große Enttäuschung. Nach dem Krieg schloss er sich seinem gemäßigt sozialistischen Freund Albert Thomas an und ging an das *International Labour Bureau* in Genf.

Vorstellungen von der anglo-amerikanischen Zukunft

Die beiden gerade vorgestellten Charaktere hatten nicht viel mehr gemeinsam als das Folgende: Sie glaubten, dass private Wohltätigkeits- und Reforminstitutionen in Frankreich eine große Zukunft vor sich hätten und dass ihre Ausgestaltung an den Einrichtungen in Großbritannien und den Vereinigten Staaten orientiert sein sollte. Lefébure hatte seine Tatkraft in eine traditionelle, aber bald überholte Form der Wohltätigkeit

30 Max Lazard, Le chômage et la profession. Contribution à l'étude statistique du chômage et de son coefficient professionnel, thèse pour le doctorat ès sciences politiques et économiques, Université de Paris, Faculté de droit, Paris 1909.

31 Max Lazard, »Notre programme«, Bulletin trimestriel de l'Association internationale pour la lutte contre le chômage, 1 (1911), S. 5-10.

gesteckt: freiwillige Unterstützung der Armen. Lazard hingegen hatte ein ganz neues, sehr viel versprechendes Feld eröffnet: die Organisation des Arbeitsmarktes und die Arbeitslosenversicherung. Lefébure war ein Konservativer, ein vormaliger katholischer Politiker, der im Zuge einer zweiten Karriere Reformer wurde – er musste mit dieser Arbeit tatsächlich den eigenen Lebensunterhalt bestreiten. Er hoffte, wissenschaftlich orientierter Organisator eines Netzes konservativer privater Wohlfahrtsverbände zu werden, in einer Position zum Austausch und zu Verhandlungen mit den staatlichen Einrichtungen. Lazard dagegen hatte nichts mit den alten konservativen und monarchistischen Eliten gemein, er hatte einen jüdischen Hintergrund, war finanziell unabhängig und ein überzeugter Republikaner. Wie Lefébure glaubte er an wissenschaftlich fundierte Philanthropie, doch er hatte sich auf die neuen Sozialwissenschaften zu bewegt und einen umfassenderen Reformansatz anvisiert: Er glaubte, dass nur auf das Individuum zielende Interventionen nicht hinreichend oder sogar sinnlos waren und dass man die Institutionen oder Strukturen selbst verändern müsse. Obwohl er nicht auf ein festes Einkommen angewiesen war, wollte auch er ein professioneller Reformer werden, ein Experte für die Organisation des Arbeitsmarktes.

Beide hatten jenseits des Ärmelkanals bzw. des Atlantik nicht nur ein Modell gefunden, dem man, mit einigen Anpassungen, folgen sollte, sondern viel mehr: ein Experimentierfeld für ihren Glauben an eine anglo-amerikanische Zukunft der Sozialeinrichtungen Frankreichs. Mit dieser Vorstellung standen sie nicht alleine da. Die *Anglo-Saxons* (dies war der französische Begriff der Zeit) wurden mit Aufmerksamkeit, Neid oder Angst beobachtet, wie man an verschiedenen Publikationen ablesen kann. 1897 veröffentlichte Edmond Demolin (1852-1907), ein Anhänger von Le Plays sozialer Wissenschaft, der bald eine exklusive Privatschule mit progressiven pädagogischen Methoden und Geld von fortschrittlichen Industriellen gründen und leiten sollte, einen Bestseller: »Warum sind die Angelsachsen überlegen?«[32] Um 1900 schickte eine wichtige Reforminstitution, das *Musée social*, Beobachter nach England und in die Vereinigten Staaten, um Gartenstädte und das wohltätige Engagement von Unternehmern zu studieren.[33] Einige Industrielle schickten auch ihre Ingenieure zum Studium der wissenschaftlichen Arbeitsorganisation nach Amerika.[34] Obwohl der akademische Austausch immer noch überwiegend auf Deutschland ausgerichtet war, bewirkte die seit der Jahrhundertwende zunehmende politische Spannung, dass Neugier und Lob sowie das Interesse an Modellen und Referenzpunkten zunehmend zu den faktischen und potentiellen englischsprachigen Verbündeten umgeleitet wurde.[35]

Ganz besonders unter den konkurrierenden französischen Protagonisten im Wohlfahrtsbereich wurden Bilder von Großbritannien und den Vereinigten Staaten als Schlüssel zur Deutung der Zukunft angesehen, als Mittel zur Rekonstruktion der

32 Edmond Demolins, A quoi tient la supériorité des Anglo-Saxons? Paris 1897.

33 Siehe Georges Benoit-Lévy, Les garden-cities: Port Sunlight, Paris 1904 und Cités-jardins d'Amérique, Paris 1905. Zum Musée social, siehe Colette Chambelland (Hg.), Le Musée social en son temps, Paris 1998 und Janet R. Horne, A Social Laboratory for Modern France: The Musée Social and the Rise of the Welfare State, Durham NC 2002.

34 Siehe Patrick Fridenson, »Un tournant taylorien de la société française (1904-1918)«, Annales Economies, sociétés, civilisations, 42 (1987), S. 1031-1060; Yves Cohen, Organiser à l'aube du taylorisme. La pratique d'Ernest Mattern chez Peugeot, 1906-1919, Besançon 2001.

35 Siehe Christophe Charle, »Ambassadeurs ou chercheurs? Les relations internationales des professeurs de la Sorbonne sous la Troisième République«, Genèses, 14 (1994), S. 42-62.

Vergangenheit und Werkzeug zum Handeln in der Gegenwart. Es war nicht das Ziel dieser Untersuchung, den Grad der Präzision abzuschätzen, mit der sie die Vorgänge im Ausland beschrieben. In gewisser Weise spielt dies gar keine Rolle. Wie unsere Betrachtungsweise des kulturellen Transfers zeigt, besteht historische Wirksamkeit nicht aus dem, was gewöhnlich der Einfluss eines Landes A auf ein Land B genannt wird, sondern aus der Wirkung der Konstruktion oder des Bildes von Land A, wie es von den Protagonisten in Land B für ihre Zwecke benutzt wird. Ob dieses Bild oder Modell falsch oder zutreffend ist, oder zum Teil beides – seine historische Bedeutung hängt nicht von seinem Wahrheitsgehalt ab, sondern von den Handlungen der Protagonisten, die es formen und benutzen sowie von der Situation, die sie gewinnen oder verlieren lässt – in den meisten Fällen beides zugleich.

Für die hier vorgestellten Akteure handelte es sich darum, Kräfte zu mobilisieren, die unabhängig waren von der öffentlichen Verwaltung, und deren Initiativen sich nicht auf bestimmte Gruppen beschränkten, die durch Merkmale wie regionale Herkunft, Berufsstand oder Religion definiert waren. Zwar stellten weder Lefébure noch Lazard oder die meisten anderen, die einen ähnlichen Blick auf die Zukunft hatten, eine gewisse staatliche Verantwortung auf dem Wohlfahrtssektor in Frage. So hielten sie die Unterstützung der Verelendeten (*indigents*) nach strikten bürokratischen Regeln für eine legitime Aufgabe der *assistance publique*. Die systematische Betreuung der Fälle, die als aussichtsreich eingestuft waren, vor allem der gesunden Arbeitslosen, sollte dagegen zivilgesellschaftlich verfassten Organisationen überlassen bleiben. Es muss in diesem Zusammenhang auch unterstrichen werde, dass die staatliche und kommunale Sphäre noch lange nicht so hermetisch war wie im späteren 20. Jahrhundert. Die Kommunen zum Beispiel wurden eher als private Einrichtungen mit öffentlichem Charakter verstanden. Es war diese Durchlässigkeit der Grenzflächen zwischen Staat und Zivilgesellschaft, die bestimmte, für die Epoche charakteristische intellektuelle und politische Konstruktionen erlaubte. Sie war eine der Voraussetzungen sowohl für den *socialisme municipale* als auch für den *compromis charitable* zwischen Laizisten und Katholiken. Sie begünstigte auch die von Léon Bourgeois formulierte Politik des *solidarisme*, die von der Jahrhundertwende bis über den Weltkrieg hinaus von den neuen Parteien verfolgt wurde: vom *Parti radical* und dem *Parti socialiste*. Aber sieht man von einigen Bereichen ab, wie den *assurances mutuelles* oder der Unterstützung für Familien, war die innere Dynamik der zivilgesellschaftlichen Einrichtungen in Frankreich zu schwach, um die »angelsächsische« Zukunft zu verwirklichen, von der nicht wenige Reformer träumten.

Wohltätigkeit und westlicher Einfluss im Japan der Meiji-Zeit, 1868-1912

von

SHUSAKU KANAZAWA

In der Forschung zur Geschichte des Wohlfahrtsstaates ist seit den 1990er Jahren ein älteres, in mancher Hinsicht vereinfachend teleologisches Erklärungsmodell zunehmend abgelöst worden von einem komplexeren Modell, nach dem die Wohlfahrtspflege schon immer aus verschiedenen Quellen gespeist wurde. Dem ersten Modell zufolge gab es eine lineare Entwicklung von einer irrationalen und bestimmte Gruppen ausschließenden Armengesetzgebung zur rationelleren und einschließenden staatlichen Vorsorge. Das zweite berücksichtigt auch andere Bereiche, von den Familien über Nachbarschafts- und Selbsthilfe bis zu kommunalen Organisationen, von großen und kleinen privaten Wohltätigkeitsorganisationen über staatliche Programme bis hin zu kommerziellen Anbietern. Man hat in diesem Zusammenhang auch von der *mixed economy of welfare* gesprochen, in der verschiedene Anbieter wie auf einem großen Markt agieren. Gerade wenn man verschiedene kulturelle, wirtschaftliche, politische und nationale Hintergründe berücksichtigt, werden verschiedene Wohlfahrtssysteme bzw. unterschiedliche Ausprägungen dieser *mixed economy* erkennbar.[1]

Durch diese Weitung des Horizonts, und wohl auch weil die Grenzen der Leistungsfähigkeit des gegenwärtigen Wohlfahrtsstaates immer deutlicher werden, ist die Erforschung der Philanthropie im modernen Europa sozusagen en vogue. Dabei hat sich das Forschungsinteresse immer mehr aufgefächert. Während einige Untersuchungen sich auf die Praxis des Wohlfahrtswesens in einer bestimmten Region (meistens handelt es sich um mittlere oder große Städte) konzentrieren oder bestimmte wohltätige Einrichtungen untersuchen, richten andere ihren Blick auf die spezifischen Strategien von Minderheiten in ihrer Sorge für die eigenen Armen, wie etwa bei den protestantischen Dissentern und Katholiken in Großbritannien, den Juden in christlichen oder islamischen Gesellschaften, oder den Frauen in einer von Männern dominierten Gesellschaft.

Je mehr diese intensive Forschung unser Wissen darüber wachsen lässt, desto mehr gewinnt man den Eindruck, dass das Element der freiwilligen Wohltätigkeit zu allen Zeiten und in allen Gesellschaften anzutreffen ist. Umso gewagter ist es, wenn Fallstudien zur Wohlfahrtspflege bestimmter Gruppen, Orte oder Regionen mit der Feststellung abschließen, dass das private bzw. freiwillige Engagement in dieser spezi-

---

1 Christoph Sachsse/Michael B. Katz (Hg.), The Mixed Economy of Social Welfare: Public/Private Relations in England, Germany and the United States, the 1870's to the 1930's, Baden-Baden 1996. Hugh Cunningham/Joanna Innes (Hg.), Charity, Philantropy and Reform: From the 1690s to 1850, London 1998. Martin Daunton (Hg.), Charity, Self-Interest and Welfare in the English Past, London 1996. Peter Mandler (Hg.), The Uses of Charity: The Poor on Relief in Nineteenth-Century Metropolis, Philadelphia 1990.

fischen *mixed economy of welfare* eine einzigartige Rolle gespielt habe. Wie groß auch immer die Unterschiede je nach Region sein mögen, für Europa und Nordamerika darf Wohltätigkeit jedenfalls als ein selbstverständlicher Faktor vorausgesetzt werden.

Daraus aber ergibt sich die Frage, ob freiwillige Wohltätigkeit als ein universales Phänomen verstanden werden muss. Ist die Neigung, auch denen Gutes zu tun, die nicht notwendig zu den eigenen Bekannten zählen, etwas, das allen Menschen innewohnt? Selbstverständlich hat es schon immer und in jeder Gesellschaft Formen und Praktiken des Gebens von den Reicheren an die Ärmeren gegeben, aber es muss an dieser Stelle ausdrücklich betont werden, dass das Ausmaß, die Bedeutung und der Gehalt von dem, was als »Wohltätigkeit« und »Philanthropie« bezeichnet wird, je nach historischem Kontext variieren. Und wenn wir unseren Blick von den Kulturen, die traditionell mit dem Monotheismus verbunden werden, abwenden und uns denen des Polytheismus zuwenden, so werden die Unterschiede und Gemeinsamkeiten dessen, was dort jeweils als Wohltätigkeit bezeichnet wird, anschaulicher.

Die nun folgenden Ausführungen werden einige Aspekte des *jizen* bzw. der wohltätigen Praxis im Japan der Meiji-Periode (1868-1912) beleuchten. Als Übersetzung von *jizen* – d.h. wohltätiges, durch religiöse oder moralische Überzeugung motiviertes Handeln zugunsten bedürftiger Personen – ist hier der Begriff der »Wohltätigkeit« gewählt. Die Meiji-Regierung selbst und die Entwicklung des *jizen* in dieser Zeit resultierten aus dem damaligen dramatischen Wandel der Politik und dem folgenden beispiellosen Zustrom von westlichen Ideen und Gütern nach Japan sowie dem intensiven Austausch zwischen Vertretern Japans und des Westens. Ziel ist es hier, den unter westlich-christlichem Einfluss erfolgten Auf- und Ausbauprozess von *jizen* bzw. japanischer Wohltätigkeitsorganisation zu skizzieren. Dann sollen dessen Eigenheiten durch den Vergleich mit Großbritannien aufgezeigt werden, das selbst den zeitgenössischen Japanern als eines der weltweit wichtigsten Vorbilder auf diesem Gebiet galt.

Für Japan liegt eine Reihe bedeutender Forschungen zur Entwicklung seines Wohlfahrtssystems vor, und der hier vorliegende Aufsatz verdankt diesen Arbeiten sehr viel, vor allem Ikeda Yoshimasas grundlegendem Werk zur »Geschichte der sozialen Wohlfahrt in Japan«.[2] Dieser Aufsatz möchte aber über diesen Rahmen hinausgehen. Zunächst soll er von der liberal-fortschrittsgläubigen Perspektive auf den Gegenstand ebenso Distanz halten wie von der marxistischen, die beide einen Großteil der Geschichtsschreibung über die Wohlfahrt in Japan geprägt haben. Aus diesen beiden Blickwinkeln werden historische Ereignisse in Japan nach ihrem Abstand von den entsprechenden europäischen »Normalzeitpunkten« solcher Ereignisse beurteilt.[3] Des Weiteren wird hier der Aspekt der freiwilligen Wohltätigkeit in den Fokus gerückt, der ansonsten entweder unterschätzt oder dem a priori nur die Rolle einer Übergangsform auf dem Weg zur »fortschrittlicheren« Sozialarbeit und staatlichen Wohlfahrt zugesprochen wird. Drittens zieht dieser Beitrag die Einwirkung des westlichen Einflusses in Betracht und nimmt einen Ost-West-Vergleich vor, der auf zeitgenössischen Statistiken und weiteren Quellen basiert.

2 Yoshimasa Ikeda, Nihon Shakai-Fukushi-Shi, Kytoto 1986.

3 Neben Ikeda sieht auch ein anderer führender Wissenschaftler die Geschichte der Wohlfahrt als einen Prozess des Fortschritts. Vgl. Kyuichi Yoshida, Shin Nihon Shakaijigyo no Rekishi, Kyoto 2004.

Japan und sein Verhältnis zum Westen

Das Tokugawa-Schogunat, das als Sieger aus den mehr als ein Jahrhundert dauernden Kämpfen vieler *sengoku-daimyo* (lokaler Warlords) hervorgegangen war, beherrschte Japan von 1603 bis 1867 durch die strenge Unterwerfung und Überwachung der halbunabhängigen Gebiete der *daimyo* (Feudalherren). Es schloss die japanischen Inseln von der Außenwelt ab und beschränkte Außenhandel und politische Kontakte auf weniger als eine Handvoll Länder, im Wesentlichen auf China, Korea und Holland. So wurde westlicher Einfluss weitgehend ausgeschlossen. Sieht man von vereinzelten Bauernaufständen und sporadischen, von Hungersnöten, Erdbeben oder ökonomischen Flauten ausgelösten Krisen ab, muss man insgesamt festhalten, dass sich in Japan unter den Tokugawa in einem langen Zeitraum von mehr als 250 Jahren eine relativ stabile Gesellschaft mit einer sehr agilen und innovativen städtischen Wirtschaft und einer leistungsstarken Landwirtschaft entwickelte. Die Familie, die ausgedehnteren verwandtschaftlichen Bindungen und kommunale Strukturen waren wichtige stabilisierende Faktoren. Es war eine Zeit ohne Bürgerkriege oder Revolutionen. Die kaiserliche Familie und der alte Adel waren unter dem Schogunat völlig entmachtet und erhielten nur mehr formale und beiläufige Respektbezeugungen durch die Machthaber.[4]

Dies änderte sich, als eine von Admiral Perry geführte US-amerikanische Flotte 1853 an der Küste von Uraga erschien und die Tokugawa-Regierung dazu zwang, eine ganze Reihe von Häfen für den internationalen Handel zu öffnen. In der unmittelbaren Folge brachen zwischen verschiedenen Interessengruppen Auseinandersetzungen darum aus, ob die traditionelle Isolationspolitik beibehalten werden sollte. Die damit bewirkte Spaltung des Landes könnte man schematisch als Gegensatz zwischen den Unterstützern des Tokugawa und denen des Kaisers beschreiben. Als die Neuerer im Jahre 1867 die Rückgabe der politischen Macht vom Tokugawa-Schogunat an den Kaiser erzwingen konnten, überschritten die Spannungen zwischen beiden Gruppen eine kritische Schwelle und entluden sich im folgenden Jahr in einem Bürgerkrieg, den die pro-kaiserliche Seite gewann.

Für die im Namen des Tenno neu eingesetzte Regierung war diese Restauration von 1868 die Geburtsstunde des modernen Nationalstaats. Die relativ jungen Politiker, die das Land nun führten, fanden ihre Vorbilder in solch hoch industrialisierten und militärisch starken Ländern wie Großbritannien, Deutschland, den USA und Frankreich. Im Jahre 1871 reiste die berühmte Iwakura-Mission, unter deren etwa 100 Mitgliedern sich auch führende Politiker befanden, nach Amerika und Europa, um sowohl über die Zurücknahme der ungleichen Verträge zu verhandeln als auch die westlichen Vorbilder zu studieren. Diese Mission dauerte bis 1873 an.[5] Viele begabte junge Japaner wurden in den Westen geschickt, um die »fortschrittlichen« Systeme und Institutionen der Politik und des Schulwesens kennen zu lernen und um dort Natur- und Geisteswissenschaften zu studieren. Zugleich lud man Ingenieure, Architekten, Wissenschaft-

---

4 Siehe für einen Überblick über die Edo-Periode Taikei Nihon no Rekishi, Bde. 9, 10 und 11, Tokio 1993.

5 Ihre aufmerksamen Beobachtungen sind detailliert wiedergegeben bei Kunitake Kume, Tokumei Zenken Taishi Beiou Kairan Jikki (5 Bde.), Tokio 1977 (Erstausgabe 1878).

ler und Lehrer aus denselben westlichen Ländern nach Japan ein. In einer Studie wurden allein für die frühen Jahre (1867-1874) der Meiji-Zeit 586 Studenten identifiziert, die an westliche Universitäten gingen. Davon studierten 223 in den USA, 173 in Großbritannien, 81 in Deutschland und 60 in Frankreich. Die restlichen 49 Studenten verteilten sich auf andere westliche Länder.[6]

Diese großen Anstrengungen führten schnell zu ersten Resultaten. *Gakusai* (»Der Grundriss des Bildungswesens«), gestaltet nach verschiedenen westlichen Modellen, wurde 1872 beschlossen; die erste Eisenbahnlinie des Landes wurde im gleichen Jahr nach britischem Vorbild gebaut; die erste der staatlichen Universitäten stammte aus dem Jahr 1877; die Meiji-Verfassung, beruhend auf der des deutschen Kaiserreichs, wurde 1889 erlassen; und das Zivil- und Strafgesetzbuch wurden unter der Leitung des französischen Juristen Gustave Emile Boissonade ausgearbeitet.[7] Für viele neu eingeführte westliche Ideen und Begriffe schuf man entsprechende japanische Ausdrücke. So etwa *shakai* für Gesellschaft oder *kenri* für Recht im Sinne von Anrecht, um nur zwei Beispiele zu nennen. Auf diese Weise lernten Japaner kulturelle und technologische Ideen des Westens nicht nur kennen, sondern sie machten sie sich auch sprachlich zu eigen.

Bald nachdem sich Japan geöffnet und sein Gesellschafts- und Politiksystem vom feudalen Regime des Schogunats in das kaiserliche, moderne System der Meiji-Periode umgeformt hatte, musste man sich mit dem Problem zunehmender Armut auseinandersetzen, vor allem in den städtischen Gebieten: die Elendsviertel wuchsen, die Kriminalitätsraten schnellten in die Höhe, und die Straßen waren von Landstreichern und Bettlern bevölkert, die Jugendkriminalität war weit verbreitet; selbst die Zahl der Waisen nahm zu. Es war genau der Zustand, den die »fortschrittlichen« industrialisierten Länder Europas und Amerikas, zu denen Japan ja so schnell als möglich gehören wollte, bereits kennen gelernt hatten. Japanische Autoren schrieben Berichte über das furchtbare Leben in den städtischen Slums, über die Fabriken mit ihren schlechten Arbeitsbedingungen und die verarmten Dörfer, wie dies auch Europäer wie Friedrich Engels, Charles Booth und William Booth schon getan hatten. Ein gutes Beispiel bietet Matsubara Iwagoros erstmals 1893 erschienenes Werk »Saiankoku no Tokyo«.[8] Der Titel »Im dunkelsten Tokyo« verweist deutlich auf William Booths 1890 erschienenes Buch »In Darkest England and Its Way Out«. Es war für die führenden japanischen Politiker und Intellektuellen das Naheliegendste, Rezepte für den Umgang mit diesem sozialen Problem in westlichen Ländern zu suchen. Man orientierte sich an der europäischen Praxis der Armenunterstützung, die im Wesentlichen aus einer Kombination der gesetzlich geregelten staatlichen Unterstützung mit den Angeboten der privaten bzw. freiwilligen Wohltätigkeit bestand.

Anders als die meisten westlichen Länder stellte das Japan der Meiji-Periode kein gesetzliches Sicherheitsnetz wie etwa das des britischen *Poor Law* zur Verfügung. Obwohl oft als grausam und kalt verdammt, gestand dieses System jedem Armen das Recht auf eine Mindestversorgung an seinem Wohnsitz oder in einem Armen- bzw. Arbeitshaus (*workhouse*) zu. Stattdessen führte die kaiserliche Regierung Japans 1874,

6 Minoru Ishizuki, Kindai Nihon no Kaigai-Ryugaku-Shi, Tokio 1992, S. 204.

7 Für einen Überblick zur Meiji-Periode siehe Taikei Nihon no Rekishi, Bde. 12 und 13, Tokio 1993.

8 Iwagoro Matsubara, Saiankoku no Tokyo, Tokio 1988 (Erstausgabe 1893).

also im siebten Jahr der Meiji-Periode, die *Jutsukyu-Kisoku* (»Die Vorschrift der Armenunterstützung«) ein, die völlig mittellosen Einzelpersonen eine nur sehr geringe Unterstützung bot. Sie wurde Armen gewährt, die behindert, schwerkrank, zu alt, zu jung oder zu schwach für eine Erwerbstätigkeit waren. Waren solche Arme noch in die Familie eingebunden, erwartete man die wesentlichen Hilfsleistungen von ihr.[9] Da die Zentralregierung sich wegen chronisch knappen Budgets beharrlich weigerte, irgendeinen bedeutenderen Beitrag zum Unterhalt der Armen zu leisten, musste man sich nach weiteren Möglichkeiten umschauen, und der Blick fiel auf die private Wohltätigkeit. Bereits vor der Tokugawa-Periode hatte es Praktiken gegeben, die man als private Wohltätigkeit bezeichnen könnte. Dazu zählten etwa die Spenden der Kaiser, der Schogune oder lokalen Magnaten in Zeiten von Hungersnöten oder anderen Katastrophen, das Verteilen von Almosen an die Bettler in den Straßen, die Suppenküchen und die Unterkünfte für Bedürftige, die von buddhistischen Priestern unterhalten wurden, oder kurzfristige Hilfsfonds, die reiche Kaufleute in Notzeiten zur Verfügung stellten. Zu nennen sind auch einige wenige außergewöhnlich große Wohlfahrtseinrichtungen in der Provinz, beispielsweise *Kannonko* in Akita. *Kannonko* war 1829 von einem örtlichen Kaufmann und einigen Unterstützern zugunsten armer Kinder und anderer Bedürftiger gegründet worden. Wie weiter unten ausgeführt werden soll, herrschte aber die Ansicht vor, dass Japan über kein dem Westen ebenbürtiges System der Wohlfahrtspflege verfügte.[10] Deshalb richteten die Japaner auch auf diesem Sektor ihren Blick über die nationalen Grenzen hinaus und suchten zu verstehen, wie die freiwillige Wohlfahrtspflege im Westen organisiert und praktiziert wurde. Wie erfolgreich war man dort bei der Milderung chronischen Elends? Welche der westlichen Praktiken konnte man übernehmen oder an die japanischen Verhältnisse anpassen?

Missionare aus Frankreich, Großbritannien, den USA und Kanada hatten in Japan bereits einige Waisen- und Krankenhäuser aufgebaut. Diese Beispiele westlicher Wohlfahrtseinrichtungen beeinflussten vor allem diejenigen Japaner, die dem Christentum anhingen. Aus dem Westen wurde zudem Literatur über die Unterstützung der Armen importiert, gelesen, übersetzt und unter den einschlägig interessierten Personen verbreitet. Neben den vielen Studenten der Natur- und Ingenieurswissenschaften reisten einige Japaner nach Europa und Amerika, um sich dort über den Zustand und die neuesten Entwicklungen in der Wohlfahrtspflege zu informieren. Mit seiner 1908 unternommenen Reise durch Großbritannien und den europäischen Kontinent gibt uns Taro Tanako (1870-1932) ein Beispiel einer solchen »philanthropischen Tour«.[11]

---

9 Zum Wortlaut des Gesetzes und seiner Bewertung siehe Takeo Kimura, Nihon Kindai Shakaijigyo-Shi, Kioto 1964, S. 14-21.

10 Die frühe Geschichte der japanischen Wohlfahrt wird sehr gut erläutert bei Ikeda (wie in Anm. 2), S. 43-130. Außerdem bietet das folgende seltene, in englischer Sprache verfasste Buch eine gute Einführung in das Thema: The Relief Work of Japan, herausgegeben vom Bureau for Local Affairs, Home Department, Japan o. O. 1914. Der stark von nationalen Mythen und Eigenwerbung durchzogene Text behandelt den langen Zeitraum vom imaginierten Gründungsdatum der Nation im 7. Jahrhundert bis zum Vorabend des Ersten Weltkrieges. Er wurde selbst von der japanischen Forschungsliteratur bislang weitgehend übersehen.

11 Selbst die Studien- und Informationsreisen, die Briten in andere westliche Länder unternahmen, um dort bestimmte Praktiken der Wohlfahrtspflege kennen zu lernen, werden erst jüngst von der Forschung wahrgenommen. Zwei Aufsätze mit Pionierwirkung bei Cunningham/Innes (Hg.), Charity, Philantropy and Reform (wie in Anm. 1): Katherine Lloyd/Cindy Burgoyne, ›The evolu-

Im Frühjahr dieses Jahres hielt sich der Statistiker und ehemalige Angestellte des Innenministeriums auf Wunsch Eiichi Shibusawas mehrere Monate in London auf und studierte verschiedene Muster und Praktiken der britischen Philanthropie. Eiichi selbst (1840-1931) war einer der mächtigsten japanischen Unternehmer, der zunächst im Finanzwesen, in Textilunternehmen, Papierfabriken, Versicherungs-, Transport- und Eisenbahngesellschaften aktiv gewesen war und sich nach seinem Ausscheiden aus dem Geschäftsleben in vielen der damals entstehenden japanischen Wohltätigkeitsorganisationen engagierte. Im November 1908 reiste Tarô Tanaka für über einen Monat durch mehrere europäische Länder, um dort zahlreiche öffentliche und private Wohlfahrtsorganisationen zu besuchen und die Mitarbeiter von Einrichtungen und kommunalen Verwaltungen zu befragen.[12]

Das Tagebuch, das er während dieser Reise geführt hat, belegt seine Tatkraft und außerordentliche Wissbegierde (siehe Tabelle 1). So besichtigte er beispielsweise allein am 12. und 13. November sieben Anstalten in den deutschen Städten Barmen und Elberfeld, und schon am folgenden Tag traf er in Bielefeld ein, wo er dank britischer Vermittler den Pastor Friedrich von Bodelschwingh und sein ›Bethel‹ besuchen konnte, die große Arbeiterkolonie mit mehr als hundert Gebäuden, die 4 500 Personen eine Unterkunft boten, unter ihnen Epileptiker, Wohnsitzlose, Strafentlassene und Alkoholkranke. Tarô Tanaka beschrieb diese Einrichtung mit viel Bewunderung als »einzigartig auf der Welt«. Allerdings war er kein blinder Verehrer der europäischen Wohlfahrtsarbeit: Das Waisenhaus der Stadt Barmen wurde als »beinahe nutzlos« eingestuft, das Kinderasyl in München und die Besserungsanstalt in Montesson dafür kritisiert, dass den jugendlichen Insassen alkoholische Getränke ausgeschenkt wurden. Dänemark zeichnete er als diejenige unter den europäischen Nationen aus, die über die »interessanteste und vorteilhafteste Methode der Armenunterstützung« verfügte, während im britischen System »zu viel Geld verschwendet« werde. Reisende wie Tanaka machten die Japaner mit detailversessener und oft auch kritischer Aufmerksamkeit mit den europäischen und amerikanischen Praktiken der Wohlfahrtspflege bekannt, die aus ihrer Sicht so fremd und doch so nachahmenswert waren.[13]

Wohltätigkeitsorganisationen im Japan der Meiji-Zeit und in Großbritannien

Wie aber war die Lage der karitativen Unternehmungen im Japan der Meiji-Periode? Für unser Verständnis dieser Situation werden hier mehrere Statistiken aus Japan und aus Großbritannien verglichen. Die Tabelle 2 geht auf einen Bericht des Innenministeriums zurück und wurde 1915 von Magoichi Nunokawa in einer wissenschaftlichen

---

tion of a transatlantic debate on penal reform, 1780-1830‹, S. 208-227, und David Turley, ›The Anglo-American Unitarian connection and urban poverty‹, S. 228-242.

12 ›Tairiku Shakaijigyô Shisatsu Nikki‹ (»Ein Notizbuch zu Beobachtungen über die kontinentale Sozialarbeit«), in: Tarô Tanaka, Taisei Shakaijigyô Shisatsu-Ki, Tokio 1911, S. 349-436. Für Tanakas Kurzbiografie und seine historische Bedeutung siehe Keiko Katoda, ›Tanaka Tarô Cho »Taisei Shakaijigyô Sisatsu-Ki« Kaisetsu‹, in: Senzenki Shakaijigyô Kihon Bunken Shû 21 (das eine Faksimile-Ausgabe des Buches enthält), Tokio 1995, S. 1-14.

13 Tanaka (wie Anm. 12), S. 378, 380, 396, 418, 433.

Zeitschrift publiziert. Sie bietet den wohl genauesten statistischen Überblick zu japanischen Wohltätigkeitorganisationen im Jahre 1911, ein Jahr bevor die Regentschaft des Meiji-Tennos endete. Entsprechend der Art der Hilfeleistung sind die Daten in verschiedene Rubriken unterteilt.[14] Die Tabellen 3 und 4 stellen zwei verschiedene Statistiken zu den von Spenden und Förderbeiträgen (*subscriptions*) getragenen Wohlfahrtsorganisationen im Großbritannien der Zeit um die Jahrhundertwende vor. Bei der ersten handelt es sich um eine private Zusammenstellung[15]; letztere beruht auf einer amtlichen Untersuchung, die für das Großbritannien dieser Zeit recht ungewöhnlich war.[16] Tabelle 3 zeigt die Anzahl der Einrichtungen nach ihren Tätigkeitsfeldern und ihrer regionalen Verteilung, hat aber den Nachteil, dass medizinische Einrichtungen überrepräsentiert scheinen auf Kosten anderer Hilfseinrichtungen, die allesamt in die Kategorie »Waisenhäuser, Heime und andere Einrichtungen« gezwängt wurden. Zum Ausgleich spezifiziert dagegen Tabelle 4 das Einkommen der durch Subskriptionen finanzierten Wohlfahrtsorganisationen und gliedert die Tätigkeitsfelder dieser Institutionen viel detaillierter. Sie hat allerdings den Nachteil, nicht die Anzahl der einzelnen Einrichtungen wiederzugeben. Zudem muss darauf hingewiesen werden, dass diese Tabellen nicht die mit einem Stiftungskapital ausgestatteten Wohlfahrtseinrichtungen (*endowed charities*) beinhalten, deren Gesamtzahl bereits am Ende des 19. Jahrhunderts auf mehr als 37 000 geschätzt wurde und die über ein jährliches Einkommen von 2,2 Millionen Pfund allein in England und Wales verfügten.[17]

Vor einer vergleichenden Analyse der Wohlfahrtsorganisationen sollen noch einige Rahmendaten gegeben werden: Japans Bevölkerung zählte 1910 etwa 49,8 Millionen Menschen, die britische im Jahre 1911 rund 45,3 Millionen. In rein demographischer Hinsicht sind die beiden Inselreiche also sehr gut miteinander vergleichbar. Im Jahre 1888 betrug der Anteil der Landbevölkerung in Japan 67,2 Prozent, während er im Vereinigten Königreich bis 1901 auf nur noch 22 Prozent gefallen war. Der Wechselkurs zwischen den beiden Ländern lag im Jahre 1911 bei etwa einem Pfund zu zehn Yen.

Die Tabelle 2-1 zeigt deutlich, dass die Entwicklung der japanischen Wohlfahrtseinrichtungen sich seit dem Ende des 19. Jahrhunderts beschleunigte. Wie Nunokawa nachgewiesen hat, lösten allein Japans Kriege mit China und Russland (1894/95 bzw. 1904/05) eine Welle neuer Gründungen aus.[18] Dagegen erscheint die Gesamtzahl der in der Tabelle erfassten 550 Institutionen als bescheiden, wenn man sie jener in Großbritannien gegenüberstellt. Dort kam man auf die beeindruckende Zahl von etwa 2 500 durch Subskriptionen getragene Einrichtungen (Tabelle 3 und 4). Für ein akkurates

---

[14] Magoichi Nunokawa, ›Toukeijô yori mitaru Kanka-Kyûsai-Jigyô‹ (»Eine statistische Analyse der Besserungsanstalten und anderer Fürsorgeeinrichtungen«), in: Kyûsai Kenkyû, 3-6 (1915), S. 62-75 und 3-7 (1915), S. 51-71.

[15] Burdett's Hospitals and Charities, London 1909, S. 80-81 und 1912, S. 80-85.

[16] Wahrscheinlich handelt es sich dabei um die erste offizielle Statistik der durch Subskriptionen getragenen Wohlfahrtsorganisationen. Parliamentary Papers 1910 LIV, Royal Commission on the Poor Laws and Relief of Distress. Appendix Volume XXVI. Siehe die Dokumente, die vor allem über die Verwaltung der Wohlfahrtseinrichtungen berichten, S. 74-76.

[17] Parliamentary Papers 1877 LXVI, General Digest of Endowed Charities in England and Wales, S. 13-15. Parliamentary Papers 1878 XXIV, 25th Report of the Charity Commissioners for England and Wales, S. 3.

[18] Nunokawa (wie in Anm. 14), S. 62f.

Gesamtbild müsste man ihnen den kostspieligen Leistungsapparat des *Poor Law* beifügen und Zehntausende von großen und kleinen Kapitalstiftungen, die laut Tabelle 2-2 in Japan nur 18 Prozent von den angegebenen 550 Einrichtungen ausmachten. Des Weiteren ist bemerkenswert, dass in Tabelle 2-2 immerhin 59 »öffentliche« (d. h. staatlich finanzierte) Institutionen, darunter 26 Besserungsanstalten, als »Wohltätigkeitseinrichtung« gezählt wurden. Die japanische Historiographie hat den im frühen 20. Jahrhundert vom Staat geschaffenen Erziehungseinrichtungen (siehe Tabelle 2-1 und 2-2) eine große Bedeutung beigemessen und ihnen die zentrale Rolle bei der Wandlung des japanischen Wohlfahrtssystems vom primitiven Stadium der »privaten Wohltätigkeit« hin zum fortgeschrittenen System der öffentlich geförderten »Sozialarbeit« zugewiesen.[19] Auf diese spezifische Entwicklung der japanischen Armenfürsorge wird weiter unten nochmals eingegangen. Obwohl viele der vorliegenden Darstellungen eine weit in die Vergangenheit zurückreichende Praxis der Wohltätigkeit hervorheben, darf man wohl davon ausgehen, dass die japanischen Wohlfahrtseinrichtungen erst in der Meiji-Zeit einen deutlichen Entwicklungsschub erlebten. Wie in Tabelle 2-3 und 2-5 ersichtlich, gab es gerade in den Jahren 1910 und 1911 einen großen Anstieg der Aktivitäten – wobei der westliche Einfluss sicher einige Bedeutung hatte.

Die damalige Situation der japanischen Wohlfahrtspflege weist einige charakteristische Eigenschaften auf. Sowohl mit der Zahl der Einrichtungen als auch mit ihrer finanziellen Leistungsfähigkeit ragten Waisenhäuser, der medizinische Bereich, Sondererziehungseinrichtungen und allgemeine Erziehungsanstalten heraus, jedenfalls im Vergleich mit dem Mangel an Einrichtungen für Frauen und alte Menschen. Für diesen letzteren Bereich sah man sicher weiterhin die Familie als die zuständige Instanz an. Verglichen mit dem britischen Fall ist besonders augenfällig, dass Missionsarbeit, die ja in Europa in der Regel als gemeinnützige Wohltätigkeit verstanden wurde, auf Seiten der Japaner praktisch völlig fehlte. Natürlich war Japan seit der Restauration ein Betätigungsfeld christlicher Missionare, und nicht wenige im Japan der Meiji-Zeit gegründete Wohlfahrtseinrichtungen wurden direkt oder indirekt von amerikanischen, französischen, kanadischen oder britischen Missionsgesellschaften geführt (siehe Tabelle 5). Dagegen neigten weder der Buddhismus noch der Schintoismus dazu, ihre Religion in Japan – geschweige denn im Ausland – mit missionarischem Eifer zu verbreiten. Große Unterschiede gab es auch bei den Bildungseinrichtungen. In Japan beschränkten sie sich zumeist auf den Elementarunterricht und die Ausbildung sozial benachteiligter Kinder. In Großbritannien waren vor allem die mit eigenem Kapital versehenen Stiftungseinrichtungen nicht nur in der elementaren, sondern auch in der höheren Schulbildung und in der akademischen Bildung engagiert. Der Grund dafür liegt auf der Hand: Japan hatte gleich seit dem ersten Jahrzehnt der Restauration ein staatlich gelenktes Bildungssystem aufgebaut.

Dass 272, also die Hälfte der erwähnten 550 Einrichtungen mit einem Personal von weniger als fünf Personen auskamen (Tabelle 2-4), ist eines der erstaunlichen Ergebnisse der quantitativen Auswertung. In der Regel war Wohltätigkeit also buchstäblich eine Privatangelegenheit, und sie wurde in kleinem Rahmen betrieben. Aus diesem

[19] Diese Diskussion wird zusammengefasst bei Yoshimasa Ikeda, ›Kindai Nihon ni okeru Jizenjigyo no Keisei to Sono Tenkei‹, in: Jinbun (Kyoto Pref. Univ.), 37 (1985), S. 5-41, hier: S. 5-7.

Grund lag das Gesamtbudget der 550 Einrichtungen 1911 bei nur 2,5 Millionen Yen (Tabelle 2-5) oder 0,25 Millionen Pfund, während allein die britischen *subscription charities* mit mehr als 13,5 Millionen Pfund wirtschaften konnten (Tabelle 3 und 4).

Aber zweifellos war die Zahl der japanischen Wohltätigkeitsorganisationen nach der Meiji-Restauration gewachsen, und sie dehnten die von ihnen abgedeckten Bereiche aus. Dabei wurden nicht nur neue Betätigungsfelder aus Europa und Amerika übernommen, sondern auch Methoden bei der Sammlung von Geldmitteln, etwa durch Subskriptionen und Spenden. Schließlich wurden von dort auch viele Methoden und Praktiken der Fürsorge selbst eingeführt. Allerdings hat die vergleichende Analyse gezeigt, dass Japan dem Westen in rein quantitativer Hinsicht weiterhin nachstand.

Ideologien der Wohltätigkeit

Wie, so muss die Frage lauten, beurteilten die Japaner selbst die Entwicklungen in der Wohlfahrtspflege? In diesem Abschnitt sollen die Arbeiten vier zeitgenössischer Autoren analysiert werden, die über Wohltätigkeit und Sozialarbeit publiziert haben. Als erstes wäre »Das Problem der Wohltätigkeit« von 1898 zu nennen, geschrieben von Kôsuke Tomeoka (1864-1934)[20], dem Vorreiter bei der Untersuchung von Philanthropie in Japan. Er verbrachte die Jahre von 1894 bis 1896 in den USA und arbeitete selbst in Schulen für Schwererziehbare, in Nachtasylen und Besserungsanstalten, und zudem besuchte er zahlreiche andere karitative Einrichtungen. Zweitens muss die »Untersuchung über die soziale Fürsorge in Europa« (1911) von Tarô Tanaka genannt werden[21], dem schon erwähnten Reisenden in Sachen Philanthropie. Wie schon erwähnt, lebte er für anderthalb Jahre in London. Um möglichst viele Institutionen kennen zu lernen, besuchte er von dieser Stadt aus zahllose Orte in Kontinentaleuropa und Amerika – ganz zu schweigen von seinen Reisen innerhalb Großbritanniens. Als drittes zu erwähnen ist die »Statistische Analyse der Besserungsanstalten und anderer Fürsorgeeinrichtungen« (1915) von Magoichi Nunokawa (1870-1944)[22], einem der frühen japanischen Soziologen. Er stellte seine Daten auf der Grundlage des bereits angeführten Berichts des Innenministeriums zusammen. An vierter Stelle wären die »Elemente der Sozialarbeit« (1924) von Takayuki Namae (1867-1957)[23] zu nennen, dem »Vater der Sozialarbeit« in Japan. Auch er hatte mehrere Jahre in Amerika verbracht und dort die modernen Methoden organisierter Wohlfahrt und sozialer Fürsorge untersucht, wie sie von Edward T. Devine geprägt worden waren. Zusätzlich hatte er einige ausgesuchte europäische Städte bereist, darunter London, Elberfeld und Glasgow, die alle

20 Kôsuke Tomeoka, Jizen Mondai, Tokio 1898. Zu seiner Kurzbiografie siehe Youichi Doi, ›Tomeoka Kôsuke, »Jizen Mondai« Kaisetsu‹, in: Senzenki Shakaijigyô Kihon Bunken Shû 16 (das eine Faksimile-Ausgabe des Buches enthält), Tokio 1995, S. 1-8.

21 Tanaka (wie Anm. 12).

22 Nunokawa (wie in Anm. 14).

23 Shakaijigyô Kôyô, Tokio. Zu seiner Kurzbiografie siehe Yasuko Ichibangase, ›Namae Takayuki, »Shakaijigyo Kôyô« ni tsuite‹, in: Senzenki Shakaijigyô Kihon Bunken Shû 28 (das eine Faksimile-Ausgabe des Buches enthält), Tokio 1996, S. 1-9.

bekannt waren für ihre Pionierleistungen auf dem Feld der rationellen Organisation von Armenunterstützung.

Die Werke dieser vier Autoren – Kôsuke Tomeoka, Tarô Tanaka, Magoichi Nunokawa und Takayuki Namae – spiegeln eine spezifische Auffassung von der Wohlfahrtspflege in Japan und im Westen wider. Alle vier waren Christen, und sie waren miteinander bekannt. Gleichzeitig macht die Chronologie ihrer verschiedenen Veröffentlichungen den Wandel der Ansichten über Armenunterstützung im Allgemeinen sichtbar, und sie veranschaulicht den Verlauf der Entwicklung der Wohlfahrtspflege in Japan.

Diese japanischen Autoren schlossen auf jeweils eigene Art und Weise, dass die andersartigen religiösen Traditionen und Prägungen Japans zu den Gründen für die relative Stagnation der Wohlfahrtseinrichtungen ihres Landes gehörten. Während seines Aufenthalts in den USA war Tomeoka tief beeindruckt von der Lebendigkeit der dortigen Wohlfahrtseinrichtungen, die nach seiner Ansicht auf einem »tiefen christlichen Glauben der Amerikaner« beruhte. »Wenn wir die Wohltätigkeit stärken und sie wirkungsvoller machen wollen, müssen wir uns der Stärke des Christentums bedienen« – das war eine der Überzeugungen, die er aus diesen Erfahrungen gewann. Für ihn als Christ, der daran glaubte, dass »an der Spitze der Menschheit das Kreuz Christi« stünde[24], schien der einheimische Buddhismus und Schintoismus für diese Belange nutzlos. Deren Wohltätigkeit beurteilte er eher als nachteilig, da sie für falsche Zwecke eingesetzt werde: »Alle unsere bekannten buddhistischen Tempel und Schinto-Schreine sind ohne Ausnahme von Bettlern und anderen Müßiggängern umschwärmt. Dies ist eine Tatsache, die nicht geleugnet werden kann«.[25] Solche Äußerungen waren zweifellos schon von den europäischen und amerikanischen Diskursen um Schädlichkeit des bedingungslosen Almosengebens beeinflusst. Auch Tanaka kritisierte die Buddhisten, so auf dem Wohltätigkeits-Kongress in Nagoya im Mai 1910, wo er eine »Erweckung« der anscheinend in Schlaf versunkenen buddhistischen Körperschaften anmahnte. »Was in aller Welt tun die Anhänger des Buddhismus nun? [...] Sind sie nicht die einflussreichste religiöse Kraft? Welche Art von sozialer Hilfe bieten sie an? [...] Ich erkenne durchaus an, dass die Buddhisten einige wohltätige Stiftungen und andere gute Werke betreiben, wenn auch in ziemlich bescheidener Größe. Aber als Ganzes betrachtet stagnieren sie völlig. [...] Am Ende des 41. Regierungsjahres seiner Majestät [d.h. 1908] gibt es 130 835 buddhistische Priester, [...während] die Zahl der christlichen Geistlichen, katholische und protestantische zusammen, bei weniger als 1 300 liegt.«[26] Trotzdem beeindruckten die Christen mit der Zahl und Leistungsfähigkeit ihrer wohltätigen Einrichtungen.

Ein Grund für die Schwäche der Buddhisten auf diesem Gebiet könnte aber auch die ab 1868 betriebene Religionspolitik des *Haibutsu-Kishaku* gewesen sein. Traditionell war der Buddhismus in Japan auf synkretistische Weise mit dem Schintoismus verbunden. Nun aber suchte die neue Regierung, eine schintoistische Staatsreligion ohne buddhistische Anklänge zu etablieren. Dies führte unter anderem zur Zerstörung vieler buddhistischer Tempel.

---

24 Tomeoka (wie in Anm. 20), S. 39, 43.
25 Ebenda, S. 48.
26 Tanaka (wie Anm. 12), S. 447.

Tatsächlich, so bemerkte Nunokawa im Jahre 1915, »hatte bisher jedes der namhafteren wohltätigen Projekte in unserem Land eine christliche Note, und es ist zu beobachten, dass die Buddhisten eher hinter den Christen herhinken, wenn es um die Gründung neuer Einrichtungen ging«.[27] Aber obschon er den Beitrag der fremden Missionare in der japanischen Wohlfahrtspflege anerkannte, war er sich darüber im Klaren, dass sich hinter der christlichen Religion auch ein kultureller oder politischer Imperialismus verstecken konnte. So warf er den katholischen Missionaren, die schon im späten 16. Jahrhundert nach Japan gekommen waren, »politische Hintergedanken« vor, was dann zu dem strengen Verbot des Christentums unter dem Tokugawa-Schogunat geführt habe. Dieses Verbot war ja auch erst 1873 aufgehoben worden– also einige Jahre nach Beginn der Meiji-Periode. Allerdings gestand Nunokawa zu, dass die europäischen Geistlichen im modernen Japan gesellschaftlichen Nutzen bewirkten, während es »im gegenwärtigen China und Korea [...] einige Missionare mit politischen und ökonomischen Absichten gibt, [...] Vertreter des Kapitalismus ihrer Heimatländer [...].«[28] Eine ganze Reihe japanischer Autoren, Nunokawa eingeschlossen, glaubten, dass die christliche Mission im Japan des 16. Jahrhunderts und im China und Korea ihrer eigenen Zeit als Instrument eines politischen Programms diente, im neuen Japan aber von aufrichtigen religiösen Bestrebungen getragen war.

Eine solch ambivalente Einschätzung des Christentums lässt sich auch in Namae Takayukis Abhandlung aus dem Jahre 1924 finden. Namae sah die Ursachen für den Mangel an Einrichtungen für alte Menschen beim Konfuzianismus, einem anderen nach Japan importierten Moral- und Wertesystem. Der Konfuzianismus habe »größten Einfluss auf unsere Denkweise ausgeübt und uns gelehrt, dass die Verehrung und der Respekt vor den Älteren die Grundlage menschlichen Verhaltens liefern soll, und dass der Mangel an Elternliebe das größte Laster ist.« Da »jeder Bruch mit dieser Familienloyalität die strengsten sozialen Sanktionen nach sich zieht und unser moralisches Empfinden zutiefst verletzt, und weil zugleich der Respekt vor dem Alter genährt wurde«, habe sich die Fürsorge für Alte in Japan nicht so entwickeln müssen wie in den christlichen Ländern: als Institution auch außerhalb der Familie.[29]

In der fortschreitenden Chronologie der Äußerungen dieser vier Autoren lässt sich eine Entwicklung erkennen: von einer unkritischen Zustimmung hin zu einer verhaltenen Kritik, wenn nicht gar zur Ablehnung des Christentums. Nationale Leistungen und Eigenheiten wurden zunehmend als eine treibende Kraft wohltätigen Handelns anerkannt. Seit der Mitte der Meiji-Periode gründeten überdies auch die Buddhisten verstärkt wohltätige Einrichtungen.[30] Die Beobachter des Wohlfahrtssektors erkannten die Werte des Familialismus oder Kommunalismus an, auch wenn sie teils ambivalente Wirkungen hatten. Einerseits trugen sie zwar zur Minderung der Finanzlasten öffentlicher Wohlfahrt bei, aber andererseits waren sie den privaten Wohlfahrtsinitiativen im öffentlichen Raum nicht gerade förderlich.

Im Jahre 1898 skizzierte Tomeoka einige wesentliche Unterschiede zwischen den Japanern und »den Menschen in westlichen Ländern«, die »so fortschrittlich waren,

---

27 Nunokawa (wie Anm. 14), S. 705.

28 Ebenda, S. 835.

29 Namae (wie in Anm. 23), S. 103.

30 Siehe Tsukinosuke Nawa, ›Meiji Chuki ni okeru Bukkyô Jizenjigyô no Keisei ni tsuite‹, in: Shitennôji Kokusai Bukkyô Daigaku Kiyô, Daigakuin, 4 (2005), S. 29-44.

dass sie freiwillig ihre Pflicht taten, auch ohne Kontrollen oder Vorschriften der Regierung.« Die Japaner dagegen, so Tomeoka, »tanzten nach der Pfeife der Regierung«. »Wenn die Regierung unserem Volk ein gutes Beispiel aufzeigt, wird es dem folgen, wie das Gras sich mit dem Wind beugt.« Tomeoka bedauerte einen Mangel an unabhängigem Geist, den er für eine Voraussetzung für Wohltätigkeit und eine funktionierende Zivilgesellschaft hielt. Er beklagte zudem, dass »die japanischen Damen« sich zierten, auf dem Feld der Wohltätigkeit aktiv zu werden. Indessen zollte er den Frauen des Westens Beifall für ihr aktives und freiwilliges Engagement, obwohl er zugleich davon überzeugt war, das Leben einer Frau »sollte dazu bestimmt sein, Kinder zu gebären und aufzuziehen und den Haushalt zu besorgen«.[31]

Aber auch Tomeoka distanzierte sich von einer naiven Bewunderung des Westens und suchte stattdessen in den unterschiedlichen Wertesystemen Ursachen für die Unterschiede der sozialen Systeme. Dabei kam der Familie eine wichtige Rolle zu. In England, so Tomeoka, »wird jedes Elternteil, das Kind und die Schwester wie der Bruder als eigenständiges Individuum angesehen. Man trägt die Verantwortung dafür, seine eigene Frau und die eigenen Kinder zu ernähren, aber man ist nicht verpflichtet, für die übrigen [Teile der weiteren Familie] zu sorgen. Selbst wenn ein Elternteil der Öffentlichkeit zur Last fällt, so ist das Kind nicht notwendigerweise gehalten, ihn oder sie zu unterstützen und zu pflegen.« Nicht ohne Satire hielt Tomeoka dagegen, wie er die japanische Familie sah: »... wenn ein Mann hart arbeitet und gutes Geld verdient, so scharen sich nicht nur seine Frau, seine Kinder und Eltern, sondern auch seine Brüder und Schwestern und die übrige Verwandtschaft um ihn und nagen ihn ab bis auf die Knochen. Alle diese Nager sehen das als ihr unzweifelhaftes Recht an, während der rechtschaffene Mann gezwungen ist, das Ganze als schönsten Ausdruck seiner Ehre als Familienvater zu akzeptieren. Auf diese Weise wird sein ganzer Verdienst buchstäblich aufgezehrt, so dass er auch nicht das bescheidenste Vermögen sammeln kann. [...] Obgleich es eine lobenswerte Sitte sein mag, dass wir uns in unseren Familien gegenseitig aushelfen, begünstigt ihr Missbrauch unsere Neigung, uns von anderen abhängig zu machen. [...] Als ein natürliches Ergebnis solchen Verhaltens haben wir nur sehr wenige Arme, die öffentliche Wohlfahrtsleistungen empfangen. Kurzum: Diejenigen, die sich nicht selbst ernähren können, werden in unserem Land durch die gemeinsamen Mühen ihrer Verwandtschaft unterstützt, damit sie der Gesellschaft nicht zur Last fallen. [...] Wir gehen eine Vereinbarung ein, nach der wir nur überleben können, wenn wir [...] einander bis auf die Knochen abnagen und kein schlechtes Gewissen haben müssen, wenn wir alle arm bleiben. Mit anderen Worten: Jede Familie ist ihr eigenes Armenhaus.« Seine 1908/09 in Großbritannien gemachten Beobachtungen könnten diese Ansichten beeinflusst haben. Aber seine kritischen Überlegungen machten nicht an dieser Stelle halt. Er erkannte auch an, dass die japanische Nation »die gute Tradition gegenseitiger Hilfe und Unterstützung bewahrt« habe, und durch die im Vergleich zum Westen schwache Ausprägung des Individualismus sei sie weniger auf öffentliche Wohlfahrtsleistungen angewiesen. Jedoch bezweifelte Tomeoka, dass diese kulturellen Eigenheiten noch lange überleben würden: »Wir mögen gegenüber den fremden Ländern sehr stolz darauf sein«, aber »wir können uns nicht

[31] Tomeoka (wie in Anm. 20), S. 89-90, 78-83.

ausschließlich auf diesen schöne Traditionen verlassen«.[32] Für ihn war es unvermeidlich, dass diese alte Familienordnung zerfallen würde und durch einen zeitgemäßeren Individualismus ersetzt werden musste. Das heißt aber nicht, dass er diese Entwicklung freudig begrüßt hätte.

Auch Namae betonte, dass die traditionelle Familienordnung und »der Brauch der spontanen Nachbarschaftshilfe« die wichtigsten Hemmschuhe für die Ausbildung einer breit angelegten Wohlfahrtspflege waren. Da das japanische Zivilrecht den Familien zudem Fürsorgepflichten auferlege, die sehr viel weitgehender seien als in anderen Ländern, wagten es die Japaner kaum, an anderer Stelle um Unterstützung zu bitten.[33]

Die vier hier behandelten Autoren erkannten also die Unterschiede in den Sozialstrukturen Japans und der westlichen Länder, wobei sich die Aufmerksamkeit von den Ambivalenzen des westlichen Individualismus hin zu den Ambivalenzen des japanischen Familialismus oder Kommunalismus verlagerten. Wenn sie auch die Hoffnung teilten, dass die Wohlfahrtspflege westlichen Zuschnitts in Japan Fuß fassen würde, sahen sie sich in einer Konkurrenz mit dem Westen und suchten besondere nationale Tugenden hervorzuheben.[34] Sie wussten sehr wohl, dass die wohltätigen Organisationen Japans einen Vergleich mit Europa und Amerika nicht bestehen würden. Das belegen ja auch die hier vorgelegten statistischen Daten. Wichtige Ursachen hierfür fanden sie in den unterschiedlichen religiösen Traditionen und den damit verbundenen sozialen Wertewelten. Die eigenen Errungenschaften im Umgang mit den sozialen Problemen wurden zwar zunehmend hervorgehoben, aber der relative Rückstand der freiwilligen Wohlfahrtspflege in Japan wurde deutlich erkannt und im Wesentlichen bedauert.

»Im Vergleich mit den westlichen Ländern verfügen wir nur über wenige Wohltätigkeitsorganisationen«, beklagte Tomeoka. »Schauen wir uns ihren Zustand an, so müssen wir feststellen, dass sie nach wie vor mutlos und auf bescheidenem Niveau arbeiten, ungeachtet der Tatsache, dass einige auf Regierungsinitiativen zurückgehen.«[35] Der immerzu kritische Tanaka, der viele britische Wohlfahrtseinrichtungen persönlich besichtigt hatte, bemerkte zwar, dass bei einigen dieser Institutionen auch Missbrauch oder Misswirtschaft stattfand, aber er wollte nicht leugnen, dass allein die »vielen privaten Hospitäler [...] den Neid erregten«.[36] Auch Nunokawa beschrieb die wohltätigen Einrichtungen Japans aus der Zeit vor dem Krieg mit China als »sehr primitiv« und hielt fest, dass ihre wenigen Protagonisten von der Gesellschaft oft als Sonderlinge wahrgenommen wurden.[37] Und noch 1924 urteilte Namae: »In den europäischen Ländern hat es bereits vor der Industrialisierung eine Vielzahl wohltätiger Organisationen gegeben, während wir selbst im heutigen Japan nur sehr wenige vorweisen können – vom Zeitalter des Feudalismus ganz zu schweigen.«[38]

---

32 Tanaka (wie Anm. 12), S. 324-325, 450.

33 Namae (wie in Anm. 23), S. 15, 103.

34 Zur gründlicheren Erörterung siehe Katsuya Oguri, ›Meiji Makki Fukushi-Ron ni miru Oubeirekkyo heno Taikoishiki – Chûô-Jizen-Kyôkai »Jizen« wo Chusin ni‹, in: Hôgaku Kenkyû (Keiô Univ.), 74-10 (2001), S. 27-64.

35 Tomeoka (wie in Anm. 20), S. 39, 89.

36 Tanaka (wie in Anm. 12), S. 329, 335.

37 Nunokawa (wie in Anm. 14), S. 699.

38 Namae (wie in Anm. 23), S. 15.

Trotz dieser von der westlichen Welt verschiedenen Situation sollten die seit den 1870er Jahren von England und den USA ausgehenden Initiativen für eine rationellere Organisation der Wohlfahrtspflege auch auf Japan wirken. *Charity Organisation Societies* – die erste war 1869 in London gegründet worden – bemühten sich darum, die Arbeiten der vielen unabhängigen und teils miteinander konkurrierenden privaten Wohlfahrtseinrichtungen besser zu koordinieren. Das Ziel dieser Bemühungen war *scientific charity*, also eine nach wissenschaftlichen Maßstäben rationalisierte Wohltätigkeit. So formulierte ein Artikel in der »Times« zu diesem Thema: »[...] vor allem erforderlich ist die bessere Organisation, ob durch Zusammenschluss, bessere Absprachen oder wirtschaftliche Zusammenarbeit. Wie ist es nur möglich, oder auch nur vorstellbar, dass in einer einzigen Stadt [London], wie bevölkert sie auch immer sein mag, nahezu tausend eigenständige Gesellschaften und Vereine für die eine Aufgabe der Wohltätigkeit erforderlich sind? Man behandle das Thema der Wohltätigkeit wie man will, aber man wird niemals die Notwendigkeit dieses Zustandes erkennen. Wieso [...] reicht nicht ein Drittel dieser derzeit bestehenden Institutionen aus [...]?«[39]

Obwohl alle hier vorgestellten japanischen Autoren sich der viel bescheideneren Größenordnungen in der japanischen Wohlfahrtspflege bewusst waren, versuchten sie die Idee der *charity organisation* in Japan zu propagieren. Dort fehlte es allerdings eher an Wohlfahrtseinrichtungen als an Initiativen zu ihrer Koordination. Tomeoka beispielsweise wollte die »nach wissenschaftlichen Kriterien betriebene, systematische Wohlfahrtsarbeit« in seiner Heimat einführen, weil »die Methoden dort sehr unausgereift waren und Wohltätigkeit mit simplem Almosenverteilen verwechselt wurde«[40]. Ständig wiederholte er das wohlbekannte Credo dieser wohl organisierten Wohlfahrt. Er sah drei wesentliche Kerne der Wohltätigkeit: Erstens musste man »ein Freund desjenigen sein, den man beschützt«, zweitens sollte »die Wohltätigkeit nicht wahllos gewährt werden, sondern es muss der Fall eines jeden Antragstellers auf Legitimität untersucht werden, bevor man eine Entscheidung über Unterstützung trifft«, und drittens sollten die Gebenden achtbare Bürger sein.[41] Er hatte die moderne Organisation der Wohlfahrtspflege im Amerika der 1890er Jahre kennen gelernt und muss dort das wesentliche Hindernis der *scientific charity* erkannt haben: das Vorhandensein zu vieler Wohlfahrtseinrichtungen, die den Antragsstellern wahllos und bedingungslos Hilfe gewährten. Nur vor diesem Hintergrund ist Tomeokas folgende Aussage über die Wohlfahrtspflege in Japan zu verstehen, die unvereinbar ist mit seinen Klagen über den Mangel an Einrichtungen: »Ich möchte mich mit der verworrenen Zahllosigkeit der Wohlfahrtsorganisationen in unserem Land nicht zufrieden geben. [...] Wir haben die Heime für Blinde und Taube [...] die Waisenhäuser [...] die Erziehungsanstalten [...] die mildtätigen Hospitäler [...] Es sind zu viele, um sie alle aufzuzählen.«[42] Er war so begierig darauf, die westliche *charity organisation* auch in Japan zu verwirklichen, dass er die Menge der japanischen Wohlfahrtseinrichtungen (unbewusst oder absichtlich) falsch bewertete.

Der Wunsch nach einer rationellen Organisation spricht auch aus den Abhandlungen von Tanaka, einem treuen Schüler von Edward T. Devine. Tanaka war über-

---

39 »The Times«, 13.02.1869.

40 Tomeoka (wie in Anm. 20), S. XXI-XXII, 48.

41 Tomeoka (wie in Anm. 20), S. 50-67.

42 Ebenda, S. 26.

zeugt, dass die Bedürftigen nur dann durch »Unterstützung zu nützlichen Mitgliedern der Gesellschaft gemacht werden könnten«, wenn man »das System, die Organisation der Einrichtungen und die Art und Weise der Fürsorge, also die *metoode* (eine phonetische Übertragung des deutschen Wortes ins Japanische) der Wohlfahrt« tiefgehend analysiert und optimiert hatte.[43] Dieselben Ansichten lassen sich auch bei Namae finden.

Diese Wünsche und Überzeugungen trugen dann auch Früchte. Japan war nach 1900 mehr oder weniger »erfolgreich« darin, Wohlfahrt von oben – wie *shakai-jigyô* (im wörtlichen Sinn »Sozialarbeit«) – zu organisieren, was allerdings auf Kosten der Entwicklung unabhängiger freiwilliger Einrichtungen ging. Die erste Nationale Konferenz für Sozialfürsorge wurde von mehreren Privatpersonen und von Mitarbeitern des Innenministeriums organisiert und fand 1903 in Osaka statt. Fünf Jahre später wurde der *Chûô-Jizen-Kyôkai* (Zentraler Wohlfahrtsverband) gegründet, und zwar auf Initiative des Innenministeriums und einiger Schwergewichte aus der Politik und der Industrie. Unter ihnen befand sich auch Shibusawa Eiichi, der schon erwähnte Förderer von Tanakas philanthropischer Rundreise. Zudem initiierte die japanische Regierung um 1908 die so genannte »Bewegung für lokale Verbesserungen«, die der breiten Bevölkerung mit Vortragsreihen, Druckschriften und offiziellen Empfehlungen einen Gemeinschaftsgeist einschärfte und den Reichen die moralische Pflicht, ihre Geldmittel und ihre Macht auch zur Unterstützung der Ärmeren einzusetzen. Als Vertreter des Innenministeriums war Tomeoka selbst in dieser Bewegung stark engagiert.[44] Im Jahre 1911 wurde dann die kaiserliche Stiftung *Saiseikai* für die medizinische Versorgung der Armen gegründet und vom Meiji-Kaiser mit einem Startkapital von 1,5 Millionen Yen ausgestattet. Der jeweils amtierende Premierminister saß dieser großen Einrichtung vor; verwaltet wurde sie vom Innenministerium und lokalen Behörden. Sie sammelte allein im Jahre 1912 in der Bevölkerung die beeindruckende Summe von 25,85 Millionen Yen.[45] Vergleicht man dies mit den Gesamtausgaben aller 550 Wohlfahrtseinrichtungen des Jahres 1911 (siehe Tabelle 2-5), dann wird deutlich, dass die japanische Öffentlichkeit eine einzige Initiative von Seiten des Kaisers und der Regierung ernster nahm und eher unterstützte als die vielen kleinen und mittleren Einrichtungen des freiwilligen Sektors.

Bis zum Ersten Weltkrieg blieben die privaten bzw. freiwilligen Wohlfahrtsorganisationen zwar noch stark engagiert, aber sie überließen das Feld zunehmend der öffentlichen Hand, nachdem Hungerunruhen des Jahres 1918 die Regierung dazu gezwungen hatten, in der sozialen Fürsorge aktiver zu werden. Wie Namae schrieb, versuchten die breitere Öffentlichkeit und die Politiker auf jede erdenkliche Weise, die sozialen Spannungen zu entschärfen, die zu den Unruhen geführt hatten. Schließlich begannen sehr vermögende Privatleute damit, sich gegenseitig dabei zu überbieten, der Regierung und anderen öffentlichen Stellen enorme Summen zu spenden. Dieser große Zufluss an Mitteln habe dann den Aufbau öffentlicher Sozialarbeit erleichtert. In den folgenden Jahren, so Namae, schwand die Tatkraft der privaten Wohltätigkeit weitgehend dahin, während das öffentliche Wohlfahrtswesen immer aktiver und leistungs-

[43] Tanaka (wie in Anm. 12), S. 438f.
[44] Siehe hierzu Reiko Kaneda, Fukushi-Jissen ni kaketa Senkusha-Tachi, Tokio 2003, S. 57-94.
[45] Ikeda (1986) (wie in Anm. 2), S. 374-387.

fähiger wurde.[46] Das seit den 1910er Jahren zu beobachtende Wachstum des japanischen Wohlfahrtssektors – private Organisationen und freiwillige Förderer eingeschlossen – wurde tatsächlich durch seine Rationalisierung erreicht. Dieser Prozess wurde aber nicht von den Akteuren in dem Sektor initiiert und gesteuert, sondern von staatlichen Stellen.

Fazit

Die Situation in Japan war grundsätzlich verschieden von der in Großbritannien. In Großbritannien bestritt eine Vielzahl von freiwilligen Organisationen und Einrichtungen einen großen Teil der Wohlfahrtspflege. In dieser Pluralität sahen einige Reformer jedoch weniger einen Vorzug als schädlichen Wildwuchs, und mit der *Charity Organisation Society* propagierten sie Rationalisierung und »Gesundschrumpfen« des Sektors.[47] Trotzdem gediehen private Wohlfahrtsorganisationen dort weiterhin aufs Geratewohl, während die Bemühungen der *C.O.S.* indirekt – und ungewollt – zur Entwicklung des britischen Wohlfahrtsstaates beitrugen. Man kann es als Ironie der Geschichte sehen, dass eine Rationalisierung der freiwilligen Wohlfahrtspflege im Sinne der *C.O.S.* ausgerechnet in Japan umgesetzt wurde, wo es eher zu wenige freiwillige Einrichtungen gab.

Welche Schlüsse kann man aus dieser Geschichte der Wohlfahrt im Japan der Meiji-Periode ziehen? Es handelte sich um einen dynamischen Prozess, der sich zwischen den Polen der kulturellen Aneignung und der Ablehnung von westlichen Vorstellungen und Praktiken der Wohlfahrtspflege bewegte. Japan konnte zwar auf eine eigene Tradition der Wohltätigkeit zurückblicken, aber als man bei der Modernisierung des Landes nach Vorbildern suchte, schien die in den westlichen Gesellschaften praktizierte Philanthropie leistungsfähiger und fortschrittlicher. Die Japaner bemühten sich, diese westlichen Ideen zu übernehmen. Während dieses Prozesses schlugen einige der Importe Wurzeln, andere missglückten, während bestimmte, auf den Buddhismus, Schintoismus, Konfuzianismus und Familialismus bzw. Kommunalismus zurückgehende Eigenheiten (wieder-)entdeckt wurden. Die anfänglich überwiegend positiven Beurteilungen der westlichen Philanthropie wurden differenzierter. Das Spektrum reichte bald von der direkten Übernahme westlicher Vorbilder und der Verurteilung des eigenen japanischen Weges über die vorsichtige Anpassung von solchen Vorbildern bis hin zu ihrer gänzlichen Ablehnung und der Erneuerung buddhistischer Traditionen der Wohlfahrtspflege.

Obwohl die meisten japanischen Historiker überzeugt sind, dass es vor dem Ende des Zweiten Weltkrieges in Japan keine Bürger- oder Zivilgesellschaft gegeben habe, war die Wohlfahrtspflege in den ersten Dekaden der Meiji-Zeit einer der wenigen Bereiche, in denen zumindest einige Ansätze für ihre Entwicklung erkennbar waren. Diese Ansätze dürften sich allerdings weniger an eigenen Traditionen und den aktuellen

[46] Namae (wie in Anm. 23), S. 39, 53-55.

[47] Zur Kritik, mit der die Einrichtungen sich gegen die *C.O.S.* wehrten, siehe beispielsweise Charity, A Record of Philanthropic Enterprise, 1-1 (1886), S. 2f. und 1-2 (1886), S. 30. The Charity Organisation Review 4-71 (1890), S. 413. Charity Organisation Review, new series 20-115 (1906), S. 10.

Entwicklungen im Lande orientiert haben als an idealisierten oder auch mit Missverständnissen behafteten Vorstellungen von den westlichen Gesellschaften. In den Jahren nach 1900 mündete dies in eine für die freiwilligen Einrichtungen ungünstigere Situation. Ironischerweise wurden die Japaner von der Regierung dazu ermuntert, soziales Engagement nicht nur im traditionellen Rahmen der Familie zu üben, sondern ihren philanthropischen Ehrgeiz auch auf die Unterstützung des Staates oder der kaiserlichen Stiftungen zu richten, ihnen gewissermaßen »freiwillig« zu dienen. Diese Tendenz wurde dadurch verstärkt, dass Großunternehmer die staatlichen und kaiserlichen Einrichtungen mit außergewöhnlich großen Spenden bedachten. Die neue Politik begünstigte die japanische Neigung, sich einerseits auf die Obrigkeit und andererseits auf die Familie zu verlassen, und es hemmte die Entwicklung eines auf die gesellschaftliche Entwicklung gerichteten Bürgersinns. Hier lagen wenigstens einige der Gründe dafür, dass der in den Jahren zwischen 1870 und 1910 ansatzweise entwickelte, zwischen Familie, Staat und Wirtschaft angesiedelte freiwillige Sektor dann stagnierte.[48]

Für viele in der Meiji-Zeit übernommene westliche Konzepte und Ideen fehlten adäquate sprachliche Übersetzungen. Es mag bezeichnend sein, dass dies auch für den Schlüsselbegriff *citizen* / *citoyen* / *bourgeois* / Bürger galt. Man musste sich damit behelfen, unter Bürger entweder ein Mitglied der wirtschaftlich dominierenden Klasse zu verstehen (*shômin* oder *burujowa*, eine phonetische Übertragung von *bourgeois*), oder lediglich einen Bewohner der Stadt (*shijûmin* oder *shimin*), oder einen Akteur in der lokalen bzw. kommunalen Politik (*shi*, *shimin*, *kômin* oder *byurugeru*, eine phonetische Übertragung von »Bürger«).[49] Keiner dieser Begriffe vereinigte in sich die westlichen, idealtypischen Vorstellungen vom freien, unabhängigen und verantwortlichen Bürger, der eine Zivilgesellschaft bzw. *shimin shakai* gestaltete. Allerdings muss man festhalten, dass auch die japanischen Bürokraten und Intellektuellen spätestens nach dem Ersten Weltkrieg vor den modernen Phänomen »Gesellschaft« (*shakai*) und »Masse« (*taishû*) standen, und dass sie versuchten, diese schwer fassbare Masse in Bürger der Gesellschaft (*shimin*) umzuformen. Diese Bürger sollten sich mit ihren lokalen Gemeinden identifizieren und zugleich loyal zum mythisch legitimierten Kaisertum und zur imperialen Politik der Nation (*kokutai*) stehen.[50] In gewissem Sinne kann man zwar sagen, dass sich die Bürger (*shimin*) und die Gesellschaft (*shakai*) in den 1910er und 1920er Jahren begegneten – das Ergebnis aber war alles andere als eine Zivilgesellschaft. Die japanischen Philanthropen haben sich ihre Aufgaben und ihre Rolle teils von der Regierung entreißen lassen, teils freiwillig an die Institution der Familie, an lokale oder regionale Gemeinschaften und an die Regierung abgegeben. So konnten sie ihre raison d'être weder in einem öffentlichen Diskurs noch in der Realität einer *shimin shakai* begründen.

---

48 In Großbritannien galt Wohltätigkeit ganz allgemein als soziale Pflicht eines jeden Menschen, der über Vermögen und etwas freie Zeit verfügte. Der einflussreiche Idealismus T. H. Greens sah »Philantrophie als eine der Verpflichtungen des ›aktiven Staatsbürgers‹ gegenüber der Gesellschaft.« Keir Waddington, Charity and the London Hospitals 1850-1898, Woodbridge 2000, S. 29f.

49 Teruomi Yamaguchi, ›Shûkyô to Shimin no Tanjô‹, in: Rekishigaku-Kenkyûkai/Nihonshi-Kenkyûkai (Hg.), Nihonshi Kouza 8: Kindai no Seiritsu, Tokio 2005, S. 29-54.

50 Akifumi Sumitomo, ›Taishû Nationalism to Democracy‹, in: Rekishigaku-Kenkyûkai/Nihonshi-Kenkyûkai (Hg.): Nihonshi Kôza 9: Kindai no Tenkan, Tokio 2005, S. 29-56, hier: S. 49-55. Manabu Arima, ›Kokusai-Ka‹ no naka no Teikoku Nihon 1905-1924, Tokio 1999, S. 272-320. Es ist kein Zufall, dass sich die »Sozialarbeit« beinahe gleichzeitig entwickelt hat.

Tabellen

Tabelle 1: Tanakas »philanthropische Tour« auf dem europäischen Festland, Nov./Dez. 1908

Datum	Aufenthalte	von Tanaka besuchte Institutionen					Abreise nach
		1	2	3	4	5	
5. Nov.	(Abreise aus London)						Brüssel
6. Nov.	Brüssel	[Besichtigung von Sehenswürdigkeiten]					
7. Nov.	Waterloo	[Besichtigung von Sehenswürdigkeiten]					Amsterdam
8. Nov.	Amsterdam	Heilsarmee	Städtisches Arbeitshaus				
9. Nov.		Staatliche Besserungsanstalt (Fersen)					
10. Nov.		Staatliche Besserungsanstalt (Alkmaar)					Essen
11. Nov.	Essen	Wohlfahrtseinrichtungen der Firma Krupp					Barmen
12. Nov.	Barmen & Elberfeld	Städtisches Amt für Armenunterstützung	Städtisches Waisenhaus	Städtische Kinderkrippe	Elberfelder Amt für Armenunterstützung	Elberfelder Armenhaus	
13. Nov.		Volksschule	Öffentliche Badeanstalt				Bielefeld
14. Nov.	Bielefeld	Bethel					Kopenhagen

Datum	Aufenthalte	von Tanaka besuchte Institutionen					Abreise nach
15. Nov.	Kopenhagen	[Besichtigung von Sehenswürdigkeiten]					
16. Nov.		Christlicher Verein junger Männer	Königliches Waisenhaus				
17. Nov.		Städtisches Arbeitshaus	Regierungsamt für Statistik	Städtisches Büro für Statistik	Städtisches Amt für Armenunterstützung	Gewerbeschule	
18. Nov.		Regierungsamt für Statistik	Justizministerium	Städtisches Arbeitsamt			
19. Nov.		Besserungsanstalt	Justizministerium				
20. Nov.		Kinderschutzbüro	Städtisches Amt für Armenunterstützung				
21. Nov.		[Reisetag]					Berlin
22. Nov.	Berlin	[Besichtigung von Sehenswürdigkeiten]					
23. Nov.		Kleinkinderheim	Kindergarten				
24. Nov.		Arbeitshaus	Feuerwache	Obdachlosenasyl			
25. Nov.		Arbeitsamt					
26. Nov.		Preußisches Statistisches Landesamt					

Datum	Aufenthalte	von Tanaka besuchte Institutionen		Abreise nach
27. Nov.		Städtische Erziehungsanstalt (Lichtenberg)		
28. Nov.	(Reisetag)			München
29. Nov.	München	Kinderasyl	[Besichtigung von Sehenswürdigkeiten]	
30. Nov.		Städtisches Waisenhaus		
1. Dez.	(Reisetag)			Bern
2. Dez.	Bern	Amt für Statistik	Besserungsanstalt (Bachtelen)	
3. Dez.		Amt für Statistik		Paris
4. Dez.	Paris	Rathaus		
5. Dez.		Besserungsanstalt (Montesson)	Société Philanthropique	
6. Dez.		[Besichtigung von Sehenswürdigkeiten]		
7. Dez.		Mont de Piété	Frauenwohnheim der Société Philanthropique	
8. Dez.	(Reisetag)			London

Quelle: Wie Anm. 12.

Tabelle 2: Japanische Wohlfahrtseinrichtungen im Jahre 1911

	gesamt	Waisen-häuser	Alten-pflege	Gesund-heit	Armen-fürsorge	Beschäf-tigung	Unter-kunft, Versor-gung, Kredite	Einrich-tungen für Frauen	Einrich-tungen für Soldaten	Erzie-hungs-anstalt	Sonder-erzie-hung	Andere
2-1 Gründungsdatum												
vor 1877	20	4	2	4	6						2	2
1878-1887	37	8	1	9	9	2				2	3	3
1888-1897	79	19	3	10	8	1	1		4	2	19	12
1898-1902	115	46	7	11	7	4	1	2	2	5	20	10
1903-1907	150	60	4	16	6	9	2		2	5	36	10
1908-1911	146	13		21	6	13	9	8	2	39	35	8
unbe-kannt	3			1		1					1	
gesamt	550	150	17	72	42	30	13	2	10	53	116	45
2-2 Organisationsform												
privat	342	97	10	38	17	17	10	1	4	25	93	32
registr. Gesell-schaften	49	8	1	16	2	3			6		4	7

Kapital-stiftung	100	41	5	9	23	7		1		2	6	6
öffent-lich	59	4	1	9		3	3			26	13	
gesamt	550	150	17	72	42	30	13	2	10	53	116	45
2-3 Personalstärke insgesamt												
1910	2653	806	32	782	130	80	8	5	11	287	380	132
1911	4315	959	270	1201	185	158	25	5	208	317	660	327
2-4 Personalstärke pro Einrichtung												
weniger als 5	272	78	7	27	23	11	7	2	1	32	65	19
von 5 bis 9	139	45	4	14	11	6			2	17	27	13
von 10 bis 19	54	16	1	13	3	4			2	3	7	5
von 20 bis 99	33	6	1	11		1			4	1	7	2
100 oder mehr	4		1	3								
unbe-kannt	47	5	3	4	5	8	6		1		10	5
gesamt	549	150	17	72	42	30	13	2	10	53	116	44
2-5 Jahresbudget (in Yen)												
1910	1318647	333101	6026	302919	13987	69876	6829	2146	180630	222459	54198	12255
1911	2534980	1772328	174455	851407	47212	255585	21724	2923	136155	280021	176136	93573

Anmerkung: Der Abschnitt Sondererziehung umfasst die Erziehung von Taubstummen, Kinderkrippen, Erziehung der Kinder der Armen und Sonstiges.
Quelle: Wie Anm. 14.

Tabelle 3: Durch Mitgliedsbeiträge und Spenden finanzierte Wohltätigkeitseinrichtungen in Großbritannien, um 1900

	Krankenhäuser		Apotheken und Ambulanzen		Genesungsheime		Missions-stationen	
	London	Provinz	London	Provinz	London	Provinz	London	Provinz
Institutionen, für die Einzelangaben vorliegen	1896 1909 1911	99 106 110	617 710 726	88 84 85	120 131 132	190 248 253	145 154 153	0 10 10
Institutionen, für die keine Einzelangaben vorliegen	1896 1909 1911	5 1 5	85 53 71	14 9 8	24 40 40	68 47 39	20 7 9	0 2 2
Ausgaben (in Pfund Sterling)	1896 1909 1911	857069 1251219 1359583	1435127 2378563 2528360	78670 91161 92490	63994 117021 118445	270465 317571 329344	2280690 3371790 3447180	0 60916 65008

Anmerkung: Wohlfahrtseinrichtungen mit eigenem Stiftungskapital sind in dieser Tabelle nicht abgebildet. Im späten 19. Jahrhundert beläuft sich ihre Zahl auf mehr als 37 000, mit einem jährlichen Einkommen von über 2 Millionen Pfund alleine in England und Wales.

Quelle: Wie Anm. 15.

Waisenhäuser, Heime und andere Einrichtungen		Einrichtungen für Blinde		Einrichtungen für Taubstumme		Einrichtungen für chronisch und unheilbar Kranke		Zwischensumme	Dachorganisationen	insgesamt
London	Provinz	London	Provinz	London	Provinz	London	Provinz			
393	72	20	47	7	21	17	24	1860	7	1867
442	79	25	52	8	21	16	26	2112	10	2122
435	79	24	51	8	21	15	31	2133	10	2143
130	24	5	7	0	4	4	5	395	2	397
126	30	5	3	0	2	5	9	339	6	345
126	32	6	4	1	2	5	8	358	6	364
910594	209229	64462	90432	14652	68559	64610	54987	7463640	122001	7585641
2969205	259547	92870	172820	28795	78259	80761	67570	11338068	367279	11705347
3138545	270181	93523	156929	26252	82019	77321	75661	11860841	403913	12264754

Tabelle 4: Wohlfahrtseinrichtungen ohne eigenes Stiftungskapital (*subscription charities*) in England und Wales (1907)

Einkommensarten	regelmäßige Beiträge (*subscriptions*)	Zins- u.- Mieteinkünfte	Zahlungen von oder für Leistungs-empfänger	Legate	Einnahmen aus eigenen Werkstätten etc.	Verschiedenes	gesamt
Dachorganisationen	38615	3765	74614	2839	0	326	120159
Blinde	75758	33649	54612	35124	171624	2915	373682
Taubstumme	17819	16780	45343	16905	1964	390	99201
körperlich Behinderte	12971	910	8650	4646	3893	35	31105
geistig Gestörte	747	8945	103555	0	124	111	113482
Alkoholkranke	3262	11	7502	0	2183	68	13026
geistig Behinderte	26276	9642	51460	12875	13684	1531	115468
Epileptiker	9263	1195	23403	483	4371	15	38730
unheilbar Kranke	52554	15791	20559	42585	136	56	131681
Hospitäler u. ähnl. Häuser	1704969	591196	176483	944555	1673	11456	3430332
Genesungsheime	173320	49943	93875	38497	2952	889	359476
Armenapotheken u. -ambulanzen	21355	7871	33150	2793	69	451	65639
Pflegedienste	76986	6423	18448	3055	19017	1023	124952
Altenheime	146121	79625	17418	53460	190	256	297070
Kinderheime	655268	158556	144378	203501	30448	1684	1193835
Erziehungseinrichtungen	109988	26195	122330	16008	9168	179	283868
Kindergärten u. -krippen	3114	79	1251	0	34	0	4478
Beihilfen für arme Haushalte	557831	114368	111519	111547	107096	2956	1005317
Jugendbesserungsanstalten	33839	4686	366266	625	27039	6641	439096

Gefangenenhilfe	21452	2680	9867	790	5916	12	40717
Frauenbesserungsanstalten	85944	10113	18010	5719	61104	184	181074
soziale u. körperl. Ertüchtigung	525944	18488	74194	5921	473397	1813	1099757
Arbeitsvermittlung	22818	4099	1753	100	19889	1004	49663
Auswandererhilfe	18744	1555	47167	1585	155	98	69304
Kinder-, Jugend-, Frauenschutz	164337	34746	4856	146481	15158	480	366058
Hilfe zu Selbsthilfe	327751	188519	211794	86809	171	1035	816079
Zwischensumme	4887046	1389830	1842457	1736903	971455	35608	10863299
	45%	12,90%	17,00%	15,90%	8,90%	0,30%	100%
Missionen u. a. religiöse Einrichtungen							2519511
insgesamt							13382811

Quelle: Wie Anm. 16.

Tabelle 5: Christliche Wohlfahrtseinrichtungen im Japan der Meiji-Zeit (1868-1912)

Gründungsdatum	gesamt	Waisenhäuser	Einrichtungen f. bed. Alte	Einrichtungen f. medizinische Behandlung	Armenfürsorge	Beschäftigung	Unterkunft, Versorgung, Kredite	Einrichtungen f. Frauen	Einrichtungen f. Soldaten	Erziehungsanstalten	Sondererziehung	Andere
vor 1877	7	5		1							1	
1878-1887	19	9	1	2	1	2	1				2	1
1888-1897	37	16	1	3	1	5	1	1			7	2
1898-1902	16	1	1	1		1	2	4		1	3	2
1903-1907	22	6	2	2		1		2		2	5	2
1908-1911	18	2		5		3	1	2			3	2
1912	5	1		1		1				1		1
gesamt	124	40	5	15	2	13	5	9		4	21	10

Anmerkung: Die hier vorgestellten Zahlen sind nicht die gleichen wie in den von Nunokawa angefertigten Tabellen.
Quelle: Yutaka Yajima, Meiji-Ki Nihon Kirisutokyô Shakaijigyô Shisetsu-Shi Kenkyû (Eine Untersuchung der Geschichte christlicher Wohlfahrtsinstitutionen im Japan der Meiji-Zeit), Tokyo 1982, S. 3-10.

Summary

Religion and Philanthropy in the Development of European Civil Society in the 19th and 20th Centuries

The contributions to this volume examine the relationship between religion and philanthropy, between State and private agencies from different viewpoints: by comparing different countries, by focusing on individual institutions or particular religious groups or minorities, and in the analysis of inter-European or global cultural influences. Klaus Weber opens the collection of essays with a broad comparison of the concepts of ›welfare‹, ›philanthropy‹ and ›charity‹ in France, Great Britain and Germany. He then questions whether the semantic differences and their partly religious backgrounds are reflected in the social realities of the different countries or even in our current values through a comparison with new research on the relationship between private and State welfare provision. The article shows that religious traditions did not only influence charitable work directly controlled by the church but also had the power to shape State social policies.

This starting point is further explored by Thomas David and Janick Marina Schaufelbuehl in their investigation of a Central European community often overlooked in similar studies. They examine voluntary charitable work in Switzerland in the second half of the 19th century, particularly the closely bound philanthropic networks of the Reformed Protestants. Their institutions, in which the value of work and religious ethics were founded on virtues such as abstinence, orderliness and discipline, were part of a political strategy. With the help of their charitable institutions this conservative Protestant elite could secure their power, even as liberal forces were already pushing them back below Canton level. Thus Reformed Protestants not only shaped philanthropic networks but also contributed indirectly to the delay in the development of the Swiss Welfare State by comparison with other European countries. In this case philanthropic organisations on the one hand advanced the creation of civic structures, but on the other hand, as a result of their religious moral focus, they effectively excluded less conformist sections of society from charitable benefits.

Keir Waddington is concerned with the much more widely researched subject of private welfare provision in Great Britain. He presents the whole range of means and methods of voluntary arrangements though which Victorian minds were moved to support good causes. He filters the wishes and emotions from the rhetoric of the campaigns for donations, intended to stir the public and, as much as the sources permit, brings out personal motivations. Of fundamental importance was a religious moral imperative. Just as important however was the opportunity organisations offered donors to display their own generosity and thereby position themselves within the social hierarchy. In this way social networks and arenas, through which individual benevolence could be made visible, were formed and legitimised. The donor offers a fair donation: recognised by God and recognised by society.

In contrast Bettina Hitzer examines the motivation of the leading men and women within Protestant organisations in 19th-century Berlin. A microanalysis of their motives, displayed within the broader context of their organisations' histories, brings her to the conclusion that conflicts played a crucial part in the development of charitable engagement, particularly for those holding leading positions. Thus the question arises, to what extent did this form of philanthropy contribute to the development of civil society? The author concludes that two strands existed: the activities examined here contributed to a solidly based common welfare system and self organised public spheres, but only within their own faith group. At the same time, such sectarianism bore the potential for social, political and religious fragmentation, thus jeopardising recent developments in civil society.

The approach to the subject taken by Céline Leglaive is different again. With a broad historical perspective she investigates the history of one of the most important philanthropic organisations in France, the *Société philanthropique* which was founded in 1780. As an explicitly supra-denominational organisation this society played an important role in the integration of socio-religious minorities in a country in which the Catholic church traditionally dominated charitable activity. To wealthy Jews and Protestants, mostly members of the liberal business elites that had emerged in the course of the 19th century, the *Société* offered a platform for integration into French civil society. At the same time, it co-operated closely with religious orders, for the operation of its charities. But with its leadership positions frequently occupied by members of the country's long-established aristocratic families, and the provision of its welfare influenced by corporatist ideology, it nevertheless conflicted with some of the civic notions of openness and transparency.

Some eminent and particularly wealthy members of the French elite involved themselves not only with social philanthropy, but also played important roles as patrons of the arts. In her article Pauline Prévost-Marcilhacy concentrates on the Jewish members of the French bourgeoisie who were particularly involved in the creation and development of publicly accessible art collections, and to some extent even in the creation of new museums. She demonstrates that from the 1880s, in particular Jewish patrons with their most generous gifts directly encountered virulent anti-Semitism. Their engagement as philanthropists in the arts testified to the patriotic disposition of an ethnic and religious minority.

Roughly the same time period has been selected for research by Ralf Roth, not however for a particular sector of involvement, but to illuminate the overall nature of charitable foundations in the city of Frankfurt am Main between the late 18th and early 20th centuries. A remarkably dense network of foundations, active in different social and cultural arenas, by and large constituted and stabilised the civil society of this urban environment. Frankfurt, as a multi-denominational society, with seven co-existing larger faith groups, is particularly suitable as a case study for the discussion of religious motivations and restrictions in the nature of charitable foundations. As already shown in the previous example, the Jewish bourgeoisie in particular aimed to enhance their integration into the community as a whole through charitable commitments. As a result, alongside well-endowed institutions founded by Jews solely for the benefit of Jews, there existed many institutions created by Jews for the benefit of all citizens. Roth attaches much significance to individual ambition, when creators of perpetual foundations – irrespective of their religious affiliation – wanted to attain a lasting influence on the development of the urban community.

The following investigation into a network of cosmopolitan non-governmental organisations goes beyond national frameworks. Tobias Brinkmann describes in his article the conflicts which the assimilated middle class Jews of Western Europe and the USA encountered if they supported Eastern European co-religionists who fled from persecution in their homelands to the West in the late 19th and early 20th centuries. Supporting the migrants, generally regarded as cultural aliens, led to frequent accusation that this was burdening the entire community. Such accusations led many Western Jews to believe that the status which they had only just managed to achieve in their homelands was endangered. To channel the enormous flow of refugees through Germany, the Netherlands and Great Britain, and for swift assimilation into the countries in which they settled, they had to create transnational agencies. The protagonists of these organisations and networks needed to demonstrate that there was no doubt as to their national loyalties and patriotic disposition.

Christian Topalov's contribution is likewise transnational in its orientation, although with a more strongly comparative approach. His investigation is founded on an Anglo-French comparison, already employed in the 19th century by French philanthropists. Topalov also questions the extent to which ideally defined terms like ›civil society‹ and categories like ›British philanthropy‹ or ›French charity‹ are at all applicable in understanding the historical subject. He describes in detail the political and cultural environment in which the protagonists operated and shows through it how forcefully these contemporaries were led in their actions by cultural misunderstandings. It was however actually these misunderstandings in the area of welfare provision which eventually made possible compromises between Catholic traditionalists, disliked from the time of the Revolution, and the Republicans.

The concluding article by Shusaku Kanazawa deals with the model of philanthropy in a non Western culture. During the Meiji period, Japan was influenced by Western ideas not only in the modernisation of its State and economy, but also in the area of charitable work, through which some embryonic structures of civil society began to develop. Foreign models of charity were studied with astounding diligence. Western-Christian ideologies were however increasingly critically received and only partially adopted. Autochthonous religious traditions, primarily shaped by Buddhism, and the modest development of Japan's public sphere led to strong modifications of Western models. That Western political, legal and administrative structures were more faithfully adopted than Western philanthropic models only underlines the importance of religion in the formation of philanthropy.

Zu den Autorinnen und Autoren

TOBIAS BRINKMANN ist Malvin E. and Lea P. Bank Associate Professor of Jewish Studies and History, Pennsylvania State University, University Park. Im Mittelpunkt seiner Forschung steht jüdische Migrationsgeschichte im 19. und 20. Jahrhundert. Neuere Publikationen: Von der Gemeinde zur Community: Jüdische Einwanderer in Chicago, 1840-1900, Göttingen 2002; Topographien der Migration – Jüdische Durchwanderung in Berlin nach 1918, in: D. Diner (Hg.), Synchrone Welten – Zeitenräume jüdischer Geschichte, Göttingen 2005.

THOMAS DAVID ist Professeur Assistant am Institut für Wirtschafts- und Sozialgeschichte der Universität Lausanne. Seine Schwerpunkte liegen auf der europäischen Wirtschafts- und Sozialgeschichte des 19. und 20. Jahrhunderts und auf Globalgeschichte. Neuere Veröffentlichungen: Schwarze Geschäfte: Die Beteiligung von Schweizern an Sklaverei und Sklavenhandel im 18. und 19. Jahrhundert, Zürich 2006 (mit J. M. Schaufelbuehl und B. Etemad); Herausgabe des Themenheftes Traverse (1/2006), Philanthropie und Macht, 19. und 20. Jahrhundert.

BETTINA HITZER ist Wissenschaftliche Mitarbeiterin am Max-Planck-Institut für Bildungsforschung, Berlin. Ihre Schwerpunkte sind die europäische Religions-, Migrations- und Medizingeschichte des 19. und 20. Jahrhunderts. Neuere Veröffentlichungen: Im Netz der Liebe. Die protestantische Kirche und ihre Zuwanderer in der Metropole Berlin (1849-1914), Köln 2006; Arbeiter- und Frauenkolonien für die Reichshauptstadt Berlin? Protestantische Obdachlosenfürsorge im Kontext urbaner Sozialpolitik um 1900, in: B. Althammer (Hg.), Bettler in der europäischen Stadt der Moderne, Frankfurt 2007.

SHUSAKU KANAZAWA ist Associate Professor an der Kawamura Gakuen Women's University. Er hat sich eingehend mit den Unterschieden zwischen japanischen und westlichen Praktiken der Wohlfahrtspflege befasst und besonders zur britischen Philanthropie zahlreiche Publikationen in japanischer Sprache vorgelegt. In den Jahren 2006 und 2007 hat er als Visiting Research Scholar an der Modern History Faculty der University of Oxford gearbeitet. Neueste Veröffentlichung: Charity To Igirisu Kindai, Kyoto 2008 (Charity and Modern Britain).

CÉLINE LEGLAIVE-PERANI arbeitet an der Ecole des Hautes Etudes en Sciences Sociales (EHESS, Paris) an ihrer Dissertation zu jüdischen Strassenhändlern im Paris der Zeit 1850-1950. Als Mitarbeiterin im Projekt »Jewish Philanthropy and Social Development in Europe, 1800-1940: the Case of the Rothschilds« ist sie zugleich Research Fellow am Royal Holloway College (University of London).

RAINER LIEDTKE ist Wissenschaftlicher Mitarbeiter und Privatdozent in Neuerer und Neuester Geschichte am Historischen Institut der Justus-Liebig-Universität Gießen, mit Forschungsschwerpunkten in der europäische Geschichte des 19. und 20. Jahrhunderts und der modernen Stadtgeschichte. Wichtigste Veröffentlichungen: Jewish Welfare in

Hamburg and Manchester, c.1850-1914, Oxford 1998; N M Rothschild & Sons. Kommunikationswege im europäischen Bankenwesen im 19. Jahrhundert, Köln 2006.

Pauline Prévost-Marcilhacy ist Maître de Conférences an der Université de Lille III – Charles de Gaulle und unterrichtet dort moderne Kunstgeschichte. Sie forscht zur Entwicklungsgeschichte der Sammlungen, des Mäzenatentums und des Kunstgeschmacks im 19. und 20. Jahrhundert. Zur Zeit bereitet sie drei Bände über die umfangreichen Schenkungen der Rothschilds an französische Museen vor. Wichtige Publikation: Les Rothschild bâtisseurs et mécènes, Paris 1995.

Ralf Roth ist Privatdozent für Neuere Geschichte an der Universität Frankfurt/M. und Research Fellow am Royal Holloway College (University of London). Seine Veröffentlichungen behandeln die soziale und kulturelle Geschichte von Städten und Kommunikationsnetzwerken. Zuletzt erschien Das Jahrhundert der Eisenbahn. Die Herrschaft über Raum und Zeit, 1800–1914, Ostfildern 2005; Who Ran the Cities? City Elites and Urban Power Structures in Europe and North America, 1750–1940, Aldershot 2007 (mit R. Beachy, Hg.).

Janick Marina Schaufelbuehl ist Wissenschaftliche Mitarbeiterin am Institut für Wirtschafts- und Sozialgeschichte der Universität Lausanne. Sie arbeitet vor allem zur Wirtschafts- und Sozialgeschichte des 19. und 20. Jahrhunderts sowie zu den internationalen Beziehungen der Schweiz, Frankreichs und der USA. Neuere Veröffentlichung: Schwarze Geschäfte: Die Beteiligung von Schweizern an Sklaverei und Sklavenhandel im 18. und 19. Jahrhundert, Zürich 2006 (mit Th. David und B. Etemad).

Christian Topalov ist Soziologe und arbeitet als Directeur de Recherche an der Ecole des Hautes Etudes en Sciences Sociales (EHESS, Paris). Seine Forschungsschwerpunkte liegen zur Zeit auf den Netzwerken unter den Sozialreformern an der Wende zum 20. Jahrhundert und auf der historischen Semantik der modernen Stadt. Wichtige Publikationen: Naissance du chômeur (1880-1910), Paris 1994; Laboratoires du nouveau siècle, Paris 1999.

Keir Waddington ist Senior Lecturer an der Cardiff School of History and Archaeology. Er arbeitet zur Zeit zur vergleichenden Medizingeschichte (1500 bis heute) und zu stadtgeschichtlichen Themen. Publikationen: The Bovine Scourge: Meat, Tuberculosis and the Public's Health, 1860s-1914, Woodford 2006; Medical Education at St. Bartholomew's 1123-1995, Woodford 2003; Charity and the London Hospitals 1850-1900, Woodford 2000; History of Bethlem 1247-1993, London 1997 (mit J. Andrews, A. Briggs, R. Porter und P. Tucker).

Klaus Weber ist Research Fellow am Rothschild Archive (London) und Honorary Research Fellow am Royal Holloway College (University of London). Er arbeitet zur Wirtschafts- und Migrationsgeschichte des atlantischen Raumes in der Frühneuzeit und zu konfessionellen Prägungen der Wohlfahrtspflege im Europa des 19. und 20. Jahrhunderts. Neuere Veröffentlichungen: Deutsche Kaufleute im Atlantikhandel, München 2004; Schwarzes Amerika, Eine Geschichte der Sklaverei, München 2008 (mit J. Meissner und U. Mücke).